FĀIĀ FA'ATŪMUA O SĀMOA

MAI TALA O LE VAVAU

NFLRC Monographs is a refereed series sponsored by the National Foreign Language Resource Center at the University of Hawai'i under the supervision of the series editor, Richard Schmidt. NFLRC Monographs present the findings of recent work in applied linguistics that is of relevance to language teaching and learning, with a focus on the less commonly-taught languages of Asia and the Pacific.

Research among learners of Chinese as a foreign language
Michael E. Everson, & Helen H. Shen (Eds.), 2010
ISBN 978–0–9800459–4–9

Toward useful program evaluation in college foreign language education
John M. Norris, John McE. Davis, Castle Sinicrope, & Yukiko Watanabe (Editors), 2009
ISBN 978–0–9800459–3–2

Second language teaching and learning in the Net Generation
Raquel Oxford & Jeffrey Oxford (Editors), 2009
ISBN 978–0–9800459–2–5

Case studies in foreign language placement: Practices and possibilities
Thom Hudson & Martyn Clark (Editors), 2008
ISBN 978–0–9800459–0–1

Chinese as a heritage language: Fostering rooted world citizenry
Agnes Weiyun He & Yun Xiao (Editors), 2008
ISBN 978–0–8248328–6–5

Perspectives on teaching connected speech to second language speakers
James Dean Brown & Kimi Kondo-Brown (Editors), 2006
ISBN 978–0–8248313–6–3

ordering information at nflrc.hawaii.edu

FĀIĀ FA'ATŪMUA O SĀMOA
MAI TALA O LE VAVAU

'AUMUA MATA'ITUSI SIMANU

Polokalama o le Gagana Sāmoa
Iuniversitē o Hawai'i i Mānoa

NATIONAL FOREIGN LANGUAGE RESOURCE CENTER
University of Hawai'i at Mānoa

The contents of this publication were developed in part under a grant from the U.S. Department of Education (CFDA 84.229, P229A100001). However, the contents do not necessarily represent the policy of the Department of Education, and one should not assume endorsement by the Federal Government.

ISBN: 978-0-9800459-9-4

Library of Congress Control Number: 2011927250

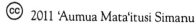 All wood product components used in interior of this book are Sustainable Forestry Initiative® (SFI®) certified

distributed by

National Foreign Language Resource Center
University of Hawai'i
1859 East-West Road #106
Honolulu HI 96822-2322
nflrc.hawaii.edu

'O LE 'OTO'OTOGA O MATĀ'UPU

AN ENGLISH LANGUAGE OVERVIEW
(by Fepuleai Lasei J. Mayer)

FĀIĀ FA'ATŪMUA O SĀMOA MAI TALA O LE VAVAU
(An Historical Narrative of the Chiefly Traditions of Samoa)

A Text for the Advanced Study
of Samoan Oral Traditions, History, and Culture

DISCLAIMER

In Samoan oratory it is often said that although the tautai *(master fisherman)* may be very skilled, even he sometimes entangles his catch on the outrigger of his canoe because of the unpredictability of the fish. To the reader, if any portion of this text gives offense in content or in references to individuals, places, or events, this was not intended. In writing a text of this nature, which touches upon the histories, titles, and traditions of Samoa, even the most skilled writer is likely to become entangled in the misuse of words or references or to disclose information that others may consider inappropriate. If this has happened in this book, your forgiveness is humbly solicited. The sincere aim of this book is to pass on the fading knowledge and skills of our ancestors to the younger generations before they are lost to them for all time. May God continue to guide us and to provide us with the knowledge and wisdom that has allowed us to keep what is holy and sacred to our people.

THE CONTENT AND PURPOSE OF THIS TEXT

More so than most other Polynesian languages, the Samoan language is highly stratified. The common spoken form of Samoan used among friends and peers, for example, would be inappropriate for public speaking at both traditional and non-traditional gatherings. At these kinds of events, Gagana Fa'aaloalo *(Respect Language)* and Gagana Fa'afailāuga *(Chiefly Language/Oratory)* are used. Gagana Fa'aaloalo and Gagana Fa'afailāuga are ways of speaking that combine specialized linguistic forms with cultural and historic content. Both speech registers interweave into the language references to Samoan history, genealogies, and, more recently, the Christian bible. The first book in this series of advanced Samoan Language by the author, *'o si manu a ali'i*, was written primarily to provide linguistic background and training. This second book is devoted to acquiring the core knowledge necessary to understand the high level of interplay in Samoan oratory between language and history.

Fāiā Fa'atūmua is presented as a resource for the learner of Samoan language, culture, and history. While it is useful for high school and university students and for families raised outside of Samoa who may not have much access to the culture, it is also a valuable resource book for older heritage speakers. Many of today's speakers may find that they simply do not have an opportunity to hear and discuss the oral traditions of Samoa in their daily lives. This book will be very useful to them. However, the text is especially dedicated to the youth of Samoa who are in search of an understanding of traditional Samoan customs and beliefs.

The Fa'asāmoa, like any other language and culture, can be articulated in many different ways. Legends, beliefs, traditions, and in particular, styles and patterns of language usage, can vary from person to person in Samoa. But what binds Samoans together are the commonalities in beliefs, values, and practices that can be found throughout the far flung villages and districts of Samoa. These core beliefs stress the importance of preserving the dignity of families and the hereditary chiefs, and in maintaining and cultivating interpersonal relationships, both public and private. *Fāiā Fa'atūmua* does not look to impose a particular bias of customs, traditions, or speech patterns on the reader, but simply offers assistance to the Samoan people and especially to today's Samoan youth to gain a deeper insight into the Fa'asāmoa.

WRITING THE TEXT

The writing of this book involved a lifetime of personal research, consultation, compilation, and trial in the classroom, as an educator in Samoa and as a teacher at the University of Hawaii at Manoa. The content is based on the needs of young adult Samoan students in advanced classes at the University of Hawaii. Many of these students possess a very limited repertoire of Samoan language skills, especially in the upper registers. While they can speak, read, write, and comprehend common Samoan speech, most have not been able to fully develop an understanding of the rich traditions and histories of the chiefly families of Samoa. This, in turn, has left many young Samoan speakers with an inadequate ability to use the higher registers of the Samoan language. Competency in polite registers and formal speech is required of adult Samoan speakers, and many of these students living abroad are experiencing an alienation from many aspects of the culture. More and more Samoan youth are not acquiring the necessary cultural knowledge and language skills that would enable them to participate fully as adults in Samoan communities outside of Samoa. This text was written to address these needs.

ACKNOWLEDGMENTS

I wish to express my heartfelt appreciation for the love and advice extended to me by numerous church ministers, high chiefs, orators and others in Sāmoa and abroad. I also wish to express my appreciation to the many young students who came through my classes at the University of Hawai'i at Manoa. These were the students of Samoan 421 (Gagana Fa'aaloalo: Respect Language), Samoan 422 (Gagana Fa'afailāuga: Oratory), Samoan 431 (Talatu'u o le Atunu'u: Samoan History), Samoan 432 (Fāiā Fa'atūmua: Genealogies), and Samoan 499 (Su'esu'ega Ta'ito'atasi: Directed Studies) from 1987 through the year 2009. Thank you for your enthusiasm and love of our culture and our nation. Your eagerness to learn about and understand the social and political systems of Sāmoa and the language of our chiefs is an indication of your commitment as heirs of the Fa'asāmoa and your willingness to accept your duty as caretakers of our ancestral legacies. May God bless you now and in all your future endeavors.

I also wish to acknowledge the following people:
Contributors, Reviewers, and Supporters:
Head of State of Samoa, Tuiātua Tupua Tamasese Tā'isi 'Efi
Professor David Hanlon, former Director of the Center for Pacific Islands Studies, University of Hawai'i at Manoa
Faumuinā Dr. Albert Wendt, Citizen's Chair, Department of English, University of Hawai'i at Manoa
Reverend Iosia 'Evile, Honolulu, Hawaii

Reverend Fuamaila Soa Jr, Honolulu, Hawaii
Galumalemana Alfred Hunkin, Director of the Samoan Studies Program at Victoria University, Wellington. New Zealand
Seuamuli Mataio Fiamalua, Samoan Language Unit, Department of Education, American Sāmoa
Sai'auala Uluiva Simanu, Utumea, Tutuila, American Sāmoa
Fa'alenu'u Lilomaiava, Sālelologa, Savai'i, Sāmoa
Tafaoimālō 'Anetone Simanu, Hamilton New Zealand.

Editors and Formatting:
Afioga Fepulea'i Lāsei John Mayer, Director, Samoan Language and Culture Program, Department of Indo-Pacific Languages, University of Hawai'i at Manoa
Loau Luafata Simanu-Klutz, Samoan Literature Specialist, Samoan Language and Culture Program, Department of Indo-Pacific Languages, University of Hawai'i at Manoa
Marie Sofa'i ma Legatasia Fale Lautī, Student Assistants, Samoan Language and Culture Program, Department of Indo-Pacific Languages, University of Hawai'i at Manoa

A NOTE ABOUT THE ORTHOGRAPHY

This text follows strict orthographic conventions for the Samoan language. Long vowels are indicated with the macron (i.e. ā, ē, ī, ō, and ū). The inverted comma (koma liliu) was the symbol originally used by the missionary scholars for the glottal stop consonant. In modern times, however, a wide range of publications in the Samoan language, both in Samoa and abroad, have used the apostrophe in its place. In this text the glottal stop is represented by the apostrophe.

In writing words with the macron and the glottal stop we have attempted to be consistent throughout the text. While we have followed as a reference Milner's classic Samoan Dictionary, in instances where the editors' collective experience was not in agreement with this text on certain words, we have chosen to use our own representations (e.g. our tāulele'a as opposed to Milner's taulele'a). In addition, there are a few cases of phonemic vowel length in minimal pairs that are not found in Milner (e.g. taeao - *morning* versus tāeao - *an important occasion)*. Similarly, several words that are represented with a short vowel in Milner, are pronounced with a long vowel when used in oratory (e.g. matafi versus mātafi - *to clear, blow away)*.

For morphological issues, we have also tried to base our representations on Milner's work - this despite the fact that some of Milner's spellings varied from commonly used conventions in modern written Samoan (e.g. The future tense/aspect marker is commonly written in Samoa as separate morphemes, 'o le 'ā. Milner recognizes it as a single word: 'ole'ā). We have found Milner's work to be well grounded linguistically, and so we have tended to follow his spellings. However, whenever our interpretations of word composition differed from Milner, we have chosen, for linguistic and other reasons, to follow our own established conventions (e.g. our 'olo'o as opposed to Milner's 'o lo'o; our Fa'asāmoa as opposed to Milner's fa'a-Sāmoa).

We recognize that there are variations in both spoken and written Samoan as the above examples illustrate. It is not our intention to present our spelling styles as a standard for others to follow. We believe that such standardization requires widespread input from Samoan speaking communities both in Samoa and abroad. The present text is simply an attempt to give the reader a book, written in the Samoan language, that follows consistent rules of spelling and word composition.

OVERVIEW OF INDIVIDUAL UNITS IN THIS TEXT

There are six Units in this text, each corresponding to an important aspect of Samoan chiefly traditions and the history of their development in Samoa. Each Unit is further sub-divided into several chapters which provide detailed discussions or specific beliefs and traditions related to the Unit topic. A glossary of key words or concepts is included at the end of each chapter. Some of the words appear in multiple glossaries because their meanings may vary depending on the context within which they are used in a particular chapter. In order to help learners internalize the material, at the end of each chapter and unit, sample tests as well as sets of activities for guided practice are provided.

Introduction   An Overview of the Book

This section explains the importance of Samoan oral traditions and the main objectives of the text. The content of the book is described and acknowledgements are expressed.

Unit One   The Chiefly Traditions of Samoa

Unit One first examines in general, the kinds of relationships that have developed historically between villages, districts, and chiefly lines in Samoa. It then looks in more detail at the historical relationships that have evolved in Independent Samoa, American Samoa, and elsewhere in the Pacific.

Unit Two   The Many Perspectives of History

Unit Two examines thee various sources of knowledge through which the historical narratives of Samoa can be examined. Several traditional legends are examined in detail.

Unit Three The Royal Families of Samoa

Unit Three examines the major Royal families of Samoa, including Tupua, Mālietoa, and Tui Manu'a. This unit looks at their historical development, their genealogies, and their interrelationships.

Unit Four   The Special Families of High Chiefs and Political Districts

Unit Four examines the major political families of Samoa and provides their genealogies and several oral traditions describing their development.

Unit Five   The Importance of Oral Traditions and Legends

Unit Five examines a wide variety famous traditional legends and from various sources and concludes with a Samoan translation of Robert Louis Stevenson's *The Bottled Imp* to show how oral traditions continue to be developed and incorporated into the Samoan language.

Unit Six   The Establishment of New Forms of Government and Christianity

Unit Six examines the development of new political systems in American Samoa and Independent Samoa and how these changes have affected the Samoan chiefly system. The unit concludes with the importance of Christianity and its integration into Samoan language and culture.

References and Further Study

This section provides a list of references consulted for this text and a list of publications and other materials for further study.

FA'ASOLOGA O IUNITE MA MATĀ'UPU O LE TUSI

VA'AIGA I LE TUSI 'ĀTOA

VA'AIGA I LE TUSI 'ĀTOA

Fa'asologa o Matā'upu

'UPU FA'AILOILO

E le'i iai ni fa'ailoilo mo matagi ma afā i Sāmoa i aso anamua 'a 'o le'i o'o atu papālagi ma a lātou masini e fua ai le tau, 'ae sā fua le tau i le falala o niu ma lā'au; ona fa'apea ai lea 'o toea'i'ina: 'Oi! Tātou nofo sāuniuni 'auā e lē falala fua le niu, 'ae falala 'ona 'o le matagi ma afā 'ole'ā o'o mai.

'Ina 'ia tusa ai ma le fa'amoemoe o le Polokalame Sāmoa i le Iunivesitē o Hawai'i i Mānoa (UHM), 'ole'ā faia ni fa'ailoga (tikerī) i tausaga o lumana'i, 'ua lāgā ai se manatu 'ua tatau fo'i ona sāuni ni alagā'oa 'ese'ese mo su'esu'ega a tamaiti ā'oga mo lea fa'amoemoe maualuga.

Sā iai lava le mana'o 'ina 'ia maua ni tusitusiga a Tama a 'Āiga ma Fale'upolu tōfia o le atunu'u mo fa'amatalaga o matā'upu fāigatā ma talagatā e uiga 'i fāiā o tamāli'i ma o lātou 'āiga tautupu i totonu o itūmālō ma le atunu'u; peita'i 'ua na'o nai fa'amatalaga itiiti a papālagi 'olo'o mafai ona maua. 'O mātā'upu lā o lenei tusi 'ua sāunia lava ma le fa'aeteete ma le mīgao e tatau ai e uiga 'i "Fāiā Fa'atūmua o Sāmoa."

'A 'o le'i talanoaina le matā'upu tau fāiā ma feso'ota'iga o itūmālō ma nu'u, e tatau ona mālamalama muamua tamaiti i le uiga moni o le 'upu *fāiā*. 'O le 'upu *fāiā* e mafua mai i 'aualaniu ma 'aualama'a, po 'o 'aualalaupapa, e mafai ai ona sopo'ia le isi itū o se vanu po 'o se vaitafe i aso o sopo femalagaa'iga i taimi o le itiiti o le tamāo'āiga. 'Ua fai ia 'auala e feso'ota'i ai le isi itū o le vaitafe ma le isi pito 'ina 'ia mafai ai e tagata ona feōa'i sa'oloto.

'O lo tātou lalolagi ma le si'osi'omaga, e fāiā mea 'uma na faia e le Atua. E iai le fāiā o tagata ma meaola po 'o mea e leai ni ola. E fāiā le tagata ma lā'au, ma manulele ma i'a o le sami, e o'o fo'i i pāneta o le vānimonimo; ma e fa'apēnā le tagata i le tagata. E o'o lava i le vā o le tagata ma le Atua. 'Ua iai lo tātou fāiā e ala i lona alo o Iesū Keriso.

'O fāiā ia ma so'otaga o le tagata ma lona si'osi'omaga 'ua fa'atāuaina i le matā'upu silisili ma le vāfealoa'i e pei ona fa'atāuaina e Dr. Taipisia Leilua, le faiā'oga o le Kolisi Fa'afaife'au i Mālua i lana matā'upu e uiga 'i le Si'osi'omaga, sā tūsia i le Sulu o 'Aperila, 2003, 'ātoa fo'i ma le lāuga a le faife'au o Rev. Uta Muāulu e uiga 'i le Gafa e lē feso'ota'i i le toto po 'o le suafa, 'ae 'ua mafai ona fa'aauauina 'ona 'o le alofa e pei 'o le alofa o Ruta iā Nāomi. (Sulu o 'Aperila 2003)

E fa'afetai tele ai i nei faife'au 'ua tupu tele ai le fiafia e sāga fa'alautele māfaufauga tāua mo fāiā ma feso'ota'iga o tagata Sāmoa ma o lātou tuā'oi o le si'osi'omaga 'ātoa ma o lātou 'āiga tautupu.

'O lenei matā'upu e lē faigofie lona au'ili'iliga, 'auā 'o le matā'upu e fa'apa'ia mata ma fa'alāvea 'a'ao pe 'ā lē sa'o le alāfua, ma 'ou te talitonu 'o le taimi lava 'e te faitau ai i nei tusitusiga, e taofitutū ai lau faitau ma 'e fa'apea ane – "Tafēfē! po 'o ai lenei tagata 'ua na lote afi?" 'A lē 'o lenā fo'i 'ua fa'apea isi, "'O ai lenei lē 'āno'ano 'ua na save'u le 'atoseu a tamāli'i ma na toe lalaga ni isi 'upu 'ua popo?" 'Ioe, na fa'amalieina le finagalo o Iesū 'ona 'o le tali filēmū a le fafine Saitonu po 'o Foinie na fa'apea ane ai, "Le Ali'i e, e moni a 'oe. 'Ae ui 'i lea, o 'ulī i lalo o le la'o'ai a tama, e 'a'ai lātou i momoi mea" (Mareko 7: 28). E faia lava lenei gāluega ma le fa'atuatua atu i lau fa'amāgaloga Sāmoa, e ala mai ai fo'i le fa'amāgaloga a Keriso pe 'āfai 'ou te so'ona faia ni fa'amatalaga lē sa'o ma lē talafeagai ma o 'outou talitonuga iā 'outou measina.

E tau fāiā o tagatānu'u 'uma o Sāmoa i o lātou 'āiga maualuluga, 'ae matamuli le tama Sāmoa e talanoa i se tupu.

'Āfai e auau le tava'e i ona fulu, ma 'ua fa'a'ofu e le Atua le sega'ula matua i fulu'ula, e fa'apēnā fo'i ona fa'a'ofu e le Atua ana fānau iti i fulu'ula'ula, Tulou! 'Ua na'ona fesilisili fānau ā'oga e uiga 'i fa'atulagaga o le atunu'u o Sāmoa ma fa'apea mai, 'Aiseā 'ua fa'apea ai? 'Aiseā 'ua ala ai lea mea? Pe 'ou te 'āiga 'ea iā Mālietoa ma Tupua po 'o ni isi o 'āiga maualuluga o Sāmoa ia, 'olo'o ta'u so'o i fa'alupega pe'ā lāuga failāuga? Pe 'aiseā 'ua fa'aigoa ai a'u e lo'u tinā ia Salamāsina po 'o Salaevalu? 'Āfai lā 'ua silafia e mātua Sāmoa tali 'o ia fesili 'uma, 'aiseā e lē ta'u ai i tamaiti?

'O fesili 'uma ia 'olo'o fa'alavelave i taliga o faiā'oga o Polokalame Sāmoa i Iunivesitē i nu'u i fafo pei o Hawai'i, 'ae fa'apēnā fo'i nai tamaiti 'olo'o *major* i le Pacific Island Studies. 'O fea lā, lātou te maua ai ni fesoasoani?

Fai mai mātua o Sāmoa, "'Aua 'e te talagafa." 'Ae fa'apēfea lā ona iloa 'e tamaiti ā'oga o lātou tausoga? 'Ou te talitonu, 'aua le talaina fa'alaua'itele ou lava gafa – 'ae 'ia 'e mālamalama i le māfua'aga o 'āigātupu o Sāmoa 'aemaise lo lua fāiā ma lou tuā'oi po 'o le 'āiga 'ole'ā alu i ai lau si'i po 'o lau fesoasoani. 'Ua sāunia lava lenei tusi mo tamaiti ā'oga, 'ae lē mo le mamalu lautele, vaganā sē 'olo'o fia maua se mālamalamaga i 'āiga tautupu o Sāmoa.

'O le tagata ma lona 'Āiga
'O le 'Āiga fo'i ma ona tagata
Susulu atu ia 'itātou fa'apei 'o le mōlī i le pogisā
La tātou āmio ia lelei
'O 'oe i lou nu'u
'O a'u fo'i i lo'u.

'Ia fa'amalieina lou mana'o ma lau faitau i lenei tusi ma fa'amāgalo ni tusitusiga 'ua so'ona fai. Fa'afetai fesoasoani mai.

'O SE MOLIMAU

So'o se Sāmoa lava, e mana'omia le silafia o gafa ma tala'aga o lona 'āiga, nu'u, itūmālō ma le atunu'u. 'O gafa, o ni mea tāua tele 'auā 'o le fa'ailoga e iloa ai 'o 'oe 'o le Sāmoa, ma fa'ailoa ai ou āiā i le pule o suafa matai, tūlāgamaota, ma fanua tau'āiga. 'O nei gafa sā tu'u mumusu mai e fofoga o o tātou tua'ā mātutua se'ia o'o mai i tupulaga talavou. 'O 'ilātou lā e fia mālamalama ma 'avea ma tulāfale tomai ma agava'a, e tatau ona lātou a'oa'o maia ia mea mai tu'ua fa'aaloalogia ma le fa'atuatuaina o nu'u. 'O nei a'oa'oga e tatau ona faia ma le fa'aeteete 'auā e ono fāitioina ai e 'āiga le fa'aalia fua e isi o a lātou meatōtino pa'ia, 'aemaise o lātou gafa.

Na 'ou tu'ua Sāmoa 'a 'o sefulu tolu o'u tausaga. 'O ia tausaga 'uma sā lē mafai ai ona maua se avanoa e nonofo ai ma māfuta ma tu'ua ma tulāfale o lo'u 'āiga. 'Ou te le'i su'esue'a au'ili"ili fo'i gafa o lo'u 'āiga ma 'āiga tāua o Sāmoa. Sā tele 'ina 'ou maua ni fa'amatalaga mai tusitusiga fa'amāumau a isi tagata. 'O nei aso, 'ua to'atele naunau Sāmoa 'olo'o nonofo ma ola a'e i nu'u i fafo, 'olo'o lātou mana'omia ni tusitusiga e maua ai nei fa'amatalaga; peita'i e matuā itiiti lava tusi ma su'esu'ega o nei mea 'ona 'o le fefefe 'o le 'au su'esu'e ma 'i lātou 'ua tomai i nei fa'amatalaga, e lolomi ma fa'asalalau o lātou tomai i gafa o 'āiga tāua, ina ne'i faitioina i lātou.

'Ua fa'aalia lā e le Tōfā 'Aumua Mata'itusi le lototele e lomia ai lona silafia o gafa o 'āiga i totonu 'o lenei tusi. 'Ole'ā fāitioina fo'i 'o ia e nisi o o tātou tagata. 'Ae 'ou te taliaina mea 'ua ia tūsia, 'o ana lava tala ma mea 'ua ia silafia; 'o le natura lea o matā'upu tau gafa. E tofu lava le tulāfale, nu'u, ma se itūmālō ma a lātou fa'amatalaga i o lātou gafa. 'Ou te taliaina su'esu'ega ma fa'amaumauga a 'Aumua o se mea tāua tele mo tama ma teine ā'oga, fa'apea le 'au su'esu'e, ma 'ilātou 'uma 'o fia mālamalama i fa'asologa o gafa o o lātou 'āiga, nu'u, ma le atunu'u. 'Ou te fa'amālō ai i le Tōfā 'Aumua Mata'itusi mo lona sogasogā ma le māfaufau mamao i lenei gāluega fītā. Fa'afetai.

To be Samoan you need to know the gafa, or genealogies, of your 'āiga, nu'u, itūmālō, and country. Gafa are of vital importance to your identity as a Samoan and to your claims to matai titles, house-sites, and land. These gafa used to be handed down by word of mouth from elders to the younger generations. Those who wanted to be learned and skilled tulāfale had to learn them from the respected tu'ua of their villages. All this learning had to be done carefully because public discussion and revelation and writing down of gafa is frowned upon because most 'āiga consider their gafa sacred property.

I left Sāmoa when I was thirteen and, over the years, because I've not been able to live with the tu'ua and tulāfale of my 'āiga, I have not learned in detail the gafa of my 'āiga and the important 'āiga of Sāmoa. I've had to go to written records and books for much of that information. Now there are large numbers of Samoans, like me, living and growing up overseas who need books containing this information. But such books and studies are few in number because scholars and those knowledgeable in gafa are afraid to publish them in case they are accused/criticised for making public the gafa of our important 'āiga.

Le Tōfā 'Aumua Mata'itusi Simanu is showing enormous courage in publishing her knowledge of gafa in this book. She will be criticised for it by some of our people. I accept the gafa she has recorded are her own 'versions' of them. But that is the very nature of gafa. All tulāfale, nu'u, and itūmālō have their own 'versions' of every gafa in Sāmoa. I welcome this study as a much needed and valuable resource for students and researchers and all those who want to know the history and gafa of our 'āiga, nu'u, and country, and congratulate Le Tōfā 'Aumua Mata'itusi for this memorable and courageous achievement.

Faumuinā Professor Albert Wendt

E UIGA 'I LE TUSI

E to'atele failāuga tusitala 'ua leva ona lātou folafola le fia faia 'o ni tusitusiga ma ni a'oa'oga o lenei matā'upu 'o *Fāiā Fa'atūmua*, 'ae masalo e o'o mai lava le i'uga o le ōlaga nei o tau fōu pea. E o'o fo'i i lo'u tusitala 'ua leva ona fōufōu 'i ai lo'u māfaufau, 'ae ona 'o le fefe lava i fāitioga. Sā pei ai lava o Toilolo 'ua lē iloa pe alo i luma, pe alo i tua lona va'a 'ona 'o le pupulu a Valomua ma tagata fa'avāivailoto. Peita'i, 'ou te manatu 'āfai e fa'atu'utu'u pea i le fefe ma le popole i fāitioga, 'o lona uiga e lē toe mafai lava ona fai se mea. 'Āfai e finagalo ai le 'autusitala talavou, 'ua tatau nei ona mātou galulue fa'atasi e vā'ili'ili 'atopūmo'omo'o a tua'ā mātutua 'olo'o soifua pea i lenei taimi, 'ina 'ia sāga fa'aopoopo pea lo tātou sao mo le atunu'u o lumana'i.

E leai se mea e sa'o 'āto'atoa. E leai fo'i se tagata e tonu 'āto'atoa; 'ua na'o lō tātou Ali'i lava o Iesū Keriso 'olo'o iai le tumu 'āto'atoa, Na te mafai ona fesoasoani i o tātou lagona vāivai, ma na 'aumai tali sa'o o fesili 'olo'o tātou lē iloa ona tali atu i tagata; e ala mai lea i le musumusuga a le Agaga Pa'ia pe 'ā tatalo pea. Fai mai Pēteru, "'Aua tou te popole, 'ae tu'u atu mea 'uma tou te popole ai iā Iesū Keriso, 'auā 'olo'o manatu mai o Ia iā te 'outou" (Peteru I: matā'upu 5, fua'i'upu 7).

17

'O fa'amatalaga o matā'upu 'o lenei tusi, 'olo'o fa'avae ma sosolo pea i luga o talatu'u ma fāgogo 'o le senituri e sefuluono ma le 'āmataga 'o le senituri e sefuluiva 'ae le'i o'o mai le Talalelei i Sāmoa. 'O lona uiga 'ole'ā toe tepa i tua ma talanoa i le tuana'i o Sāmoa e sāga fa'ateleina ai le silafia i le āfuafuaga ma le fa'atūlagaga o le Mālō Fa'amatai ma ona 'āigātupu.

'Ua lē mafai ona sa'o 'āto'atoa nei fa'amatalaga i manatu 'o le to'atele o le atunu'u, 'auā e 'ese'ese faiga fa'avāifanua ma le suiga tele 'ua iai le atunu'u i nei aso. 'O le mea lea 'ole'ā lē a'afia pe āfāina ai fa'amatalaga o fāiā ma gafa o tamāli'i ma o lātou alaalafaga i nei aso. 'Ae tau ia 'o ni nai matimati 'o totoe o magālafu o le vavau e atiafi ai fānau o le lumana'i.

IGOA O LE TUSI

'Ua fa'aigoaina lenei tusi o *Fāiā Fa'atūmua*, 'o lona uiga o lea igoa – 'O fāiā po 'o feso'ota'iga o nu'u ma itūmālō ma feso'ota'iga o tamāli'i i o lātou 'āiga tautupu. 'Ole'ā silafia ai fo'i e tagata Sāmoa ma tupulaga 'o i nu'u i fafo i nei aso le 'āiga tamāli'i e tāu 'i ai ona mātua. 'Ātonu 'ole'ā 'avea fo'i le silafia o ia measina e tupu ai le fia Sāmoa moni ma fa'atele ai le alofa ma le fealofani o tagata.

FA'ASOLOGA O LE TUSI

'Ua vāevaeina lenei tusi i vāega tetele e fitu. 'O le vāega muamua, 'O le Fa'ailoilo mo le 'Anotusi. 'O isi vāega e ono 'ua ta'ua o Iunite. 'O Iunite ta'itasi 'ua tofu ma matā'upu e a'oa'o ai tamaiti mo a lātou su'ega:

Iunite 1: 'O Fāiā Fa'atūmua mai Tala o le Vavau
Iunite 2: 'O Vavau Paepaesolo
Iunite 3: 'O 'Āigātupu o Sāmoa
Iunite 4: 'O 'Āiga Fa'apitoa o Tamāli'i ma Itūmālō
Iunite 5: 'O Talatu'u ma Fāgogo mai 'Ī ma 'Ō
Iunite 6: 'O Faigāmālō ma le Talalelei

'O fa'ai'uga o Iunite ta'itasi 'ua tūsia ai mea nei:
- Gāluega Fautuaina (Assignments)
- Iloiloga o Tomai--'O Fesili e iloilo ai le tomai ma le mālamalama 'i le matā'upu sā faitauina (Quizzes)
- Fa'aleoga ma Fa'auigaga o 'Upu--'O le fa'aleoga ma le fa'auigaina o 'upu fou 'ina 'ia sa'o le fa'aleoga e tamaiti o suafa o tamāli'i ma alaalafaga (Pronunciations and Meanings).

AOGĀ O FA'AMAMAFA MA KOMALILIU

E aogā tele fa'amamafa ma komaliliu e fa'aleo sa'o ai 'upu ma suafa o tagata ma alaalafaga moni e alaala ai. Mo se fa'ata'ita'iga – E tatau ona sa'o le fa'aleoga o le suafa Mataafa, 'auā 'ā fa'aleo i le nu'u o Lotofaga i Aleipata ona tu'u lea 'o le fa'amamafa i le "a" lona lua, ae tu'u le komaliliu i le "a" lona tolu, ona fa'aleo loa lea Matā'afa, 'a 'o le Mataafa i le nu'u o Palauli i Savai'i, e tu'u le fa'amamafa i le "a" lona lua ma le "a" mulimuli 'ae tu'u le komaliliu i le "a" lona tolu ona fa'aleo lea fa'apea: Matā'afā.

Fa'apenā fo'i le fa'aleoga o nu'u, e pei 'o le 'upu Lotofaga – A ta'u le Lotofaga i Aleipata ona fa'aleo sa'o lea e leai se fa'ailoga, 'a 'o le Lotofaga i Sāfata, e tu'u le fa'amamafa i le 'a' mulimuli, ona fa'aleo lea o Lotofagā.

'O le ala lea 'o le fesāsia'i o fa'asalalauga a Sāmoa 'ona 'o le lē iloa fa'aaogā sa'o fa'ailoga o le gagana. E matuā 'ili'tata lagona o tamāli'i ma o lātou 'āiga pe 'ā sesē ona tusia ma fa'aleo mai o lātou suafa ma o lātou fa'alupega ma a lātou measina. 'Ua alagātatau ai fo'i ona a'oa'o lelei fa'ailoga mo le fa'aleoga o aganu'u.

'O le isi itū e tatau ona silafia 'o le fa'aaogāina o fa'ailoga mo le fa'aleoga o suafa o 'āigātupu ne'i fenumia'i. 'Olo'o fa'aleo lava suafa i le gagana a le tusitala mai lona mālamalama i suafa o le atunu'u mai talatu'u anamua; 'āfai lā e sui e nisi iā lātou lava fa'aleoga, 'o lona uiga 'ua sui ona 'ua iai se māfua'aga.

'O fa'aigoaina o fānau a 'āigātupu anamua, e tau'ave lava le suafa e ta'ausoga 'uma. 'O ia suafa na fatuina ina 'ua fānau mai le pepe 'ae tupu loa se mea i le 'āiga. Mo se fa'ata'ita'iga – Na fānau Salamāsina e 'ese le susulu mānaia o lona 'aulelei pei ni sala o le māsina, fa'aigoa loa ia Salaolemāsina po 'o Salamāsina. E fa'apēnā fo'i lona tamā 'o Tamaalelagi lea na ola i le alofa tunoa o le Atua o le lagi, i le alamamao, 'ona 'ua sōsola Tutuila ma 'Ape ma 'ave i A'ana. 'Ona e leai se tinā e fa'asusua, 'ae fa'asusu i le suāniu ma fa'amalu i le launiu na fa'aigoa ai loa, 'o le Tamaalelagi.

E mānaia tele lā pe 'ā fa'asuafa fānau a Sāmoa i suafa tau 'āigātupu, ma fa'amālamalama i tamaiti māfua'aga o ia suafa, i lō le fa'aigoa i 'upu taufāifāi e pei 'o le 'upu pua'aelo, po 'o le fia tāupou.

FA'AMOEMOEGA 'AUTŪ O LE MATĀ'UPU

So'o se matā'upu lava e talanoaina i se fono po 'o se vasega, e tatau lava ona iai ni ona fa'amoemoega 'autū e tāula'i i ai manatu fa'aalia. 'Ua na'o ni nai fa'amoemoega e lima 'olo'o tūsia, 'ae ānoano le mau manatu tāua mo lenei matā'upu e tatau ona maua ai e tamaiti le 'a'ano moni o Fāiā Fa'atūmua:

- 'Ia mālamalama tamaiti ā'oga i nu'u i fafo i le tala'aga ma le fa'atūlagaga o le atunu'u o Sāmoa, 'aemaise mamalu 'ese'ese 'olo'o fa'alagi i fa'alupega pe 'ā fai lāuga a failāuga.
- 'Ia talitonu tamaiti Sāmoa i le tāua o o lātou 'āiga, 'aemaise le mamalu tau 'āigātupu 'olo'o aofia ai; e lē 'ina 'ia fiatagata ai, 'a 'ia āmio fa'atamāli'i ai.
- 'Ia iloa ai e tamaiti māfua'aga na maua ai fāiā 'ese'ese ma feso'ota'iga o o lātou āiga i isi āiga, 'ina 'ia fiafia ai fo'i ē 'auai i fa'alavelave ma atina'e i totonu o 'āiga ma nu'u.
- 'Ia fa'atupu ai pea le fiafia ma le talitonu i le aogā o le Fa'amatai ma le Vāfeāloa'i fa'atamāli'i.

- 'Ia maua ai le tomai o tamaiti i māfua'aga o fa'alupega o tamāli'i, nu'u ma itūmālō 'ātoa ma ē fa'asinotonu iai ia fa'alupega, 'aemaise le fa'alupega o Sāmoa 'ātoa o 'Āiga ma ā lātou Tama, 'o Tama ma o lātou 'Āiga.

'Ā iloa e tamaiti Sāmoa ma le mamalu lautele 'olo'o alaala i nu'u i fafo e tau o lātou gafa i 'āigātupu o Sāmoa, e lē toe 'uma le fiafia e 'auai i potopotoga ma fonotaga a Sāmoa, ma toe fia ō ai loa i Sāmoa e nonofo ai.

'O lenei Tusi o <u>Fāiā Fa'atūmua</u> 'o le fa'aauauina lea o matā'upu o le tusi <u>'O si manu a ali'i</u> na māe'a i le 2002.

'Ole'ā 'avea lenei tusi, o se tusi ā'oga (*textbook*) mo vasega māualuluga o le Samoan Studies i le Iunivesitē o Hawai'i.

'O itūlau fa'ai'u o le tusi, 'o lisi ia o tusitusiga a tagata na fa'atusatusa i ai a'u tusitusiga 'ātoa ma isi tusi 'olo'o i faletusi o le Iunivesitē o Hawai'i e tua 'i ai su'esu'ega. Ona fa'ai'u ai lea i le igoa o lē na tusia le tusi ma ona tomai.

'O Ē NA TU'UINA MAI A LĀTOU FESOASOANI

'Ou te fiafia e fa'ailoa atu ma le fa'aaloalo suafa o ē na tu'uina mai a lātou fāutuaga ma a lātou fa'ala'ei'au i lo'u taumafai vāivai mo lenei gāluega fītā; na toetoe lava fo'i ina leai se fa'amoemoe pe 'ana lē fa'amāfanafana mai le Agāga Pa'ia, "'Auā o lo 'outou vāivai, e fa'a'āto'atoaina ai lo'u Mana." Korinito II: M 12 F9.

Fa'afetai tele i le susuga a Lāsei Fepule'i Dr. John Mayer, 'o le Polōfesa fa'atonu (*director*) o le Samoan Studies Program i le Iunivesitē o Hawai'i, 'ona 'o lana fesoasoani e fa'atulaga lelei manatu o le tusi ma fa'aopoopo fa'ailoga o le gagana, 'aemaise lava lana fa'aliliuga Fa'aperetānia o manatu autū ma fa'amoemoega o lenei tusi.

Fa'amālō i le Professor David Hanlon, le fa'atonu o le Pacific Islands Studies i le Iunivesitē o Hawai'i 'ona 'o lona taliaina fiafia 'o le fa'atupega o lenei gāluega.

Fa'afetai tele i le Afioga Faumuinā Dr. Albert Wendt, 'ona 'o le molimauina o le aogā o lenei tusitusiga mo Sāmoa.

E lē fa'agaloina le alofa ma le fa'afetai tele i si o'u tamā ma nai o'u tuagane loto ālolofa, 'ua tu'ua le mālō ma tōfafā i tia, 'ona 'o a lātou tusitusiga ma fa'amaumauga o mea na lātou va'ai ma fa'alogo ai ma tautua ai i le faiga o aganu'u. E ui ina 'ua māliliu, 'a 'ua tu'u mai le gāluega e fa'aauau.

Fa'afetai tele i ē na tāina i lā'au lomitusi ma fa'amāopoopo i computer fa'amatalaga o lenei tusi. 'O Marie Sofa'i ma Legatasia Fale Lautī, 'o failautusi a le Samoan Studies Department i le UH, 'ātoa ma Luafata Simanu-Klutz, 'o le faiā'oga o le History ma le Samoan Literature. E ui lava ina fa'alavelave i le su'ega o o lātou fa'ailoga, ae sā faia lava ma le onosa'i ma le mā'elegā.

'Ou te fa'amālō ma fa'afetai tele mo le mamalu o faife'au, susuga a le Toea'ina Fa'atonu Iosia 'Evile 'ona 'o lona finagalo malie 'ou te tu'uina i lenei tusi lana sāunoaga. E fa'apea le susuga a le failautusi o le matāgāluega a Hawai'i, po 'o le fa'afeagaiga taulagi a le 'aulotu a Waimanalo, 'o Fuamaila Soa Jr., mo lana lāuga sā lāugaina i le fono tele i Mālua i le 2004. Fa'afetai tele fo'i mo le mamalu o tamāli'i 'o ē na fa'amaonia le faitauga fa'ai'u o lenei tusi.

Afioga Faumuinā, Professor Albert Wendt, 'o le *Citizen's Chair* i le
Iunivesitē o Hawai'i & Professor, Auckland University 2004-2007
Tōfā a Sai'auala Uluiva Simanu o Utumea, Tutuila

Afioga Fa'alenu'u Lilomaiava o Sālelologa

Afioga Galumalemana Alfred Hunkin, fa'atonu o le Polokalame Sāmoa i le
       Iunivesite o Victoria i Ueligitone i Niu Sila

Tōfā a Seuamuli Mataio, Gagana Sāmoa i le Kolisi Tu'ufa'atasi o Amerika
       Sāmoa

Tōfā a Tafaoimālō 'Anetone Simanu (sā A'oa'o Fesoasoani i Hamilton, NZ);
       (maliu 2005)

Fa'afetai fa'apitoa mo Tama a 'Āiga. E lē so'ona tusia e se isi suafa o Tupu o Sāmoa. E lē so'ona fesiligia fo'i e se isi finagalo o Tama a 'Āiga. Peita'i, 'ua 'ou faia le 'upu a Iesū i lona tamā, "Āva le Tāma e." E fa'apenā ona 'ou fa'atulou ma le fa'aaloalo tele ma 'ou fa'apea, "Āva Tāma e o le Atunu'u" 'auā e malu iā te 'oulua le 'au tautua.

E fa'afetai tele ai i lau afioga a le Ao o le Mālō, le Tuiātua Tupua Tamasese Tā'isi 'Efi, 'ona 'o ou taimi sā faitau ai nei tusitusiga 'ātoa ma au fautuaga tāua mo le fa'aauauina pea o sā'ili'iliga ma fa'amāumauga o fa'amatalaga o 'Āiga o tamāli'i o Sāmoa. E ui ina talalasi le atunu'u 'ae le āfāina.

E fa'apea fo'i se fa'afetai i le Afioga a le Sui Ao le Tama a le Aiga Tauā'ana ma vae o le Nofoatolu ma le Nofoafia, 'ona 'ua fa'agāsegase e silasila ane i lenei gāluega. E fa'afetai atu fo'i i a lua masiofo tāua 'ona 'o fautuaga lelei. Fa'afetai tele lava!

Fa'afetai i le tapua'iga a mātua ma 'āiga i Sāmoa 'aemaise le 'aufaigāluega a le Atua mo talosaga 'ua manuia ai fānau a Sāmoa 'olo'o a'o'oga ma gālulue i nu'u i fafo. E lē sili le ta'i i lō le tapua'i. 'O faiva fo'i e tapua'ia, e manuia. 'Ia vī'ia le Atua i la tātou gāluega fai fa'atasi ma ia tō fa'aua mai lagī ana fa'amanuiaga mo 'outou i so'o se ala 'ua ia finagalo ai. Fa'afetai! Fa'afetai tele!

VAIMĀLŪ I PU'EGA

'O le mamalu o Sāmoa 'o ē 'ole'ā faitau i lenei tusi, e lē taumate 'ole'ā to'ia i lagona fa'anātura o le tagataola e pei 'o le 'ino'ino, 'o le fāitio, 'o le musuā ma le tete'e. 'O pu'ega ia 'o lagona tīgā 'ole'ā saputu ane i le māfaufau. 'O i'inā tonu lava lea 'ua alagātatau ai ona 'ou ifo ma fa'amaulalo i luma o tamāli'i ma failāuga o Sāmoa, 'aemaise lava saofa'iga 'ese'ese a 'āigātupu ma le nofo a Tama a 'Āiga o nei aso.

Le pā'ia e o Sāmoa, e lē 'o iā te a'u se uiga fa'amaualuga po 'o se fiapoto 'ou te tusia ai tala'aga o le atunu'u, 'auā 'o mamalu 'ua fa'avae i luga o papa'alā e lē mafai ona fa'agae'etia e se isi, vāganā lava le finagalo faito'atasi o le Atua o Sāmoa.

'Āfai lava e iai se sesē ma se la'avale po 'o se sopotuā'oi, e tatalo atu ma le fa'amaulalo, fa'amolemole fa'amāgalo le tagata agasala. 'O le tofi o le tagata tautua 'o le sesē, 'a 'o le tofi o le tupu 'o le fa'amāgalo. 'Ia 'avea ai lenei fa'ato'esega, 'o se Vaimālū i Pu'ega i ni finagalo lē fa'amalieina ma 'ia nātia ane ai le 'au'auna i se tulimanu e mafai ai ona ufiufi fa'amanugase.

'Ona 'o a'u 'o se faiā'oga 'ua valusefulu ma ona tupu tausaga o le ōlaga 'a 'olo'o galue pea, 'ua sāga tupu ai lava le fiafia e tūsia ma fa'apepa sina mālamalama i talatu'u e uiga 'i le atunu'u anamua, meāmanū lava 'o mafai ona maua le mālosi e tusitusi ai ma a'oa'o atu ai i tupulaga; 'auā 'o le tasi fo'i lea 'auala o le tāla'iga o le Talalelei. Fa'afetai tele mo lau fa'amāgaloga Sāmoa. 'Ia iai pea iā Sāmoa le mamalu ma le vī'iga 'o le Atua e fa'avavau lava. 'Amene.

IUNITE I: FĀIĀ FA'ATŪMUA O SĀMOA MAI TALA O LE VAVAU

IUNITE I: FĀIĀ FA'ATŪMUA O SĀMOA MAI TALA O LE VAVAU

Fa'asologa o Matā'upu

'UPU FA'AILOILO

'O se matā'upu faigatā ona fōua e se isi Fāiā Fa'atūmua, 'auā 'o Sāmoa 'o le atunu'u fa'alagilagi ona tamāli'i. 'Āfai e lē sa'o ma lē tālafeagai fa'a'upuga o fa'alupega ma fāiā, ona nofosala lea 'o sē na te tala gafa ma fāiā o le atunu'u; 'aemaise 'ua 'auga iā te ia lava fa'amatalaga ma pogai o mea uma.

'O aso anamua, na'o tamāli'i lava ma fale'upolu e sāunoa ma fetalai i fāiā ma gafa 'olo'o feso'ota'i ai 'āiga. E lē mafai fo'i ona toe fuli fa'avae o fa'atūlagaga o nu'u ma itūmālō.
'Ua tele matai 'ua fa'asavali 'i le ala ma fa'aaunu'ua i nu'u 'ese; e o'o lava i tupu, 'ona 'ua lātou sui fa'avae o nu'u 'aemaise lava 'ae sesē pe sui fa'alupega ma pou tōfia o le saofa'iga.

'O nei aso ma le poto fou o ni isi matai talavou o ē maualuluga a'oa'oga, 'ua tau fa'aaliali lava le pule i le nu'u ma suafa tāua, 'ona 'ua osofia i lagona o le mālamalama i faigāmālō fa'apapālagi, ma 'ua galo ai le 'upu māsani a matai, "Ia fesili mulimai iā muamai."
E leai ni fa'amasinoga a Sāmoa pe 'ana fa'apea e tausisi 'uma matai ma e tautua i tulāfono o le vāfealoa'i a tamāli'i Sāmoa, 'aemaise tulāfono fa'avae o nu'u ma itūmālō 'olo'o i lalo o le fa'amalu lautele o le Fa'amatai a Sāmoa, po 'o le mālō o matai na fau e matai mo matai. 'O le fa'avaega lava o le fa'amatai ma fāiā fa'atūmua, na maua mai i tala o le vavau. 'O tala o le vavau e tele i tala 'ua popo ma nātia, 'ae 'ā 'eua loa ma lavea ai i'oimata o tamāli'i, ona poia loa lea o Faleolo ma peia le taualuga o Manu'a.

Le atunu'u pele e, 'o nei aso 'ua ao Sāmoa. 'Ua laulalo fo'i tulāfono a Mose 'ona 'o tulāfono a Iesū Keriso e fa'avae i luga o le alofa i le Atua, ma le alofa i le uso a tagata, ma lē lua te tuā'oi, ia pei 'o 'oe lava iā te 'oe. E 'ai'oi atu ai ma le fa'amaulalo, 'ia lē tetena se finagalo i se fa'amatalaga e sasi. 'O fa'amatalaga o fāiā fa'atūmua, 'ua lē 'o se tala gafa, 'a 'o le ta'u i tamaiti, mea tāua o le aganu'u e pei 'o fāiā ma gafa ma tala o 'āigatupu mai le vavau.
'O le isi mea tāua, 'ia iloa ai e tamaiti, nu'u o Sāmoa 'olo'o ta'u o tūmua ma o lātou tiute i le faiga o le atunu'u. 'O le ala lea o le fīnau 'umi o tulāfale pe 'ā fai fā'atau o lāuga, 'o le lē mālamalama o isi matai i pou o lāuga ma le vāto'oto'o o Tūmua ma Pule.
'O talatu'u po 'o 'uputu'u ma fāgogo e aofia 'uma lava i tala o le vavau. 'O tala ia 'o le 'āmataga o le lalolagi o se atunu'u.

'O le tele ia o tala o Sāmoa mai le vavau 'ae tātou te lē amana'ia lelei lo lātou aogā i aganu'u.

I.   *'O ā ia mea e ta'u o Fāiā Fa'atūmua?*

'O fāiā fa'atūmua 'o feso'ota'iga ia o itūmālō e ala i feusua'iga a tamāli'i. Se'i toe fa'amālamalama le 'upu fāiā ma le 'upu tūmua, 'auā e 'ese'ese le fa'amatalaina o le 'upu fāiā i tūlaga va'aia o le ōlaga Fa'asāmoa; fa'apea fo'i le 'upu tūmua i faiga o le aganu'u.

'O le 'upu *fāiā*, 'o le feso'ota'iga lea o ni mea faitino se lua po 'o ni feso'ota'iga e ala i āiā 'o le tagataola. Fa'ata'ita'iga: 'Ua mafai ona sopo'ia se vaitafe 'ona 'o se 'auala laupapa; 'o lona uiga 'o le 'auala laupapa, 'o le fāiā lenā o le isi itū vai ma le isi itū o le vai. 'Ua mafai fo'i ona feso'ota'i Hawai'i ma Sāmoa 'ona 'o va'alele. 'O lona uiga 'o le va'alele, 'o le fāiā lenā o Sāmoa ma Hawai'i e 'ese mai i fāiā fa'alanu Polenesia.

25

1. Fāiā tau toto

'O Sina ma Mere 'o le uso e tamā ma tinā fa'atasi: 'O le 'upu usotū'ofe 'ole'ā 'avea ma o lā fāiā 'auā e tamā ma tinā fa'atasi. E fa'apenā fo'i se fa'amatalaga o Toma ma Sione; 'o le uso e tamā fa'atasi 'ae 'ese'ese tinā, ona 'avea lea 'o le 'upu usotaufeagai e fai mo lā fāiā, 'auā 'o le usotaufeagai e tamā fa'atasi, 'ae tinā 'ese'ese. 'O lona uiga 'o lea mea, e ui 'ina 'ese'ese tinā, 'a 'o le toto lava e tasi ma le fa'a'autama lava e tasi, e ala ai ona fāiā tau toto.

2. Fāiā Tau Suafa

'Ua suafa matai fa'atasi Lā'au ma 'Aumua i le suafa 'Aumua 'ae lē 'āiga. 'O le fāiā o Lā'au iā 'Aumua, 'o le suafa matai o 'Aumua. Masalo na maua le suafa 'Aumua o Lā'au 'ona 'o se matūpālapala.

3. 'O le isi itū'āiga fāiā tau suafa, 'o se faigāuō

Mo se fa'ata'ita'iga: e uō le sa'otamaita'i a Mālietoa o To'oā ma le āvā a Sipili; ona te'i lava lea 'ua To'oā le afafine o Sipili. 'O le fāiā lā o Sipili i le 'āiga sā Malietoā 'o le suafa To'oā, masalo na maua i se ala fa'avāvega.

4. Fāiā Tau Usuga

'Ua usu Galumalemana i le alo o Sagapolutele ona maua lea 'o le tama 'o Tualamasalā. 'O le fāiā lā o Sagapolu i le 'āiga o Galumalemana, 'o le tama 'o Tualamasalā. Masalo 'ua tau manino i tamaiti le 'upu fāiā, ma 'ole'ā sāga mālamalama pea pe 'ā faitau so'o i ni isi o fa'amatalaga 'olo'o mulimuli mai. 'Āfai e talitonuina uiga o le fāiā, ona mālamalamagōfie lea 'o feso'ota'iga o le 'upu fāiā ma le 'upu tūmua.

5. 'O mea 'uma nei e mafua ai fāiā fa'atūmua o Sāmoa:
   • Feusua'iga a tamāli'i,
   • Vaegātama ma si'igaali'i,
   • Taua o pāpā,
   • Tōfiga ma māvaega a tupu,
   • Matūpālapala ma igagatō,
   • 'Aupolapola gagau,
   • Fa'auōga.

II. *'O le 'upu tūmua*

'O le 'upu *tūmua*, 'o le tū pito i luma i se laina o tagata, 'o ia lenā 'ua tūmua, 'o lona uiga e muamua ma ta'ita'i i mea e fai. E pei fo'i 'o le 'upu 'a'au muamua, 'o le 'a'au (swim) 'ua mua i luma; e pei 'o le tala iā Fiti'aumua. 'O le tama Sāmoa na mua lana 'a'au 'i Fiti ona na fasiotia lea 'o le tupu 'ae fai ai ia ma tupu o Fiti. Toe 'a'au mai 'i Manu'a fa'atū lona mālō sā ia pulea ai atunu'u o le Pasefika. 'O le Tuimanu'a sāuā tele na ala ai ona ō 'ese Toga ma Fiti, ona ō mai lea fa'ato'ilalo le mālō o Sāmoa. Na toe 'a'au mai fo'i 'i 'Upolu ma taunu'u i le nu'u o Sāle'a'aumua ma 'ua usugafa solo ai ona maua ai fo'i lea o le isi o ona suafa 'o 'Aumua Tāgafa. 'Ou te manatu fo'i 'o le māfua'aga lea o le suafa o le nu'u o Sāle'a'aumua i Aleipata, 'auā 'o le ulua'i tūmua lenā o le itūmālō o Ātua, 'ae fa'ato'ā si'i mulimuli ane 'i Lufilufi.

Fai mai le isi tala Fa'amanu'a: 'O le māfua'aga o le 'upu tūmua mai le 'āmataga, 'o le to'oto'o o Leifi sā 'auai i le fa'afale'ula a Manu'a. E to'atele to'oto'o o le aso, peita'i e 'oso 'ese lava i luma le to'oto'o 'o le failāuga o Leifi; ona vala'au mai lea 'o le Tuimanu'a – "Leifi, va'ai lou to'oto'o lenā 'ua tū mua i luma," ona maua loa lea 'o le 'upu tūmua ma le 'upu to'oto'o. 'Ātonu e sa'o fo'i lea talitonuga o Manu'a, 'auā fai mai lātou, 'o Manu'a lava e 'āmata mai ai mea 'uma o le lalolagi o Sāmoa.

'O le isi fo'i manatu e uiga i le māfua'aga o tūmua e fa'apea: 'O tama 'o Tuita'asauali'i ma Tuita'atagataola sā lā fa'ato'ilaloina 'autau a tagata Fiti sā sāuā solo i Sāmoa. Sā sāisāi tagata Fiti na maua i le taua ma 'ave fa'alalā i le malae o Sāle'aumua, na maua ai le suafa o le nu'u o Malaelā i Aleipata. Na 'uma le tutuli'esega o Fiti ma 'ua mānumālō tama nei, ona mālōlō lea i le matāutu i Lalomanu e fono ai ma 'a'ai ai.

Ina 'ole'ā fa'amāvae tama ona fai lea 'o le lā tonu – 'O Tuita'asauali'i 'ole'ā alu e nofo i Saua na te va'aia le atusasa'e e aofia ai Manu'a ma motu tuā'oi, 'a 'o Tuita'atagataola 'ole'ā nofo i Matāutu'a'ai i Aleipata e leoleoa le atusisifo; ma 'o 'ilā'ua 'ole'ā tasi 'i ai Sāmoa 'ātoa; lea 'ua maua ai le 'upu a failāuga: "E tasi mai Saua, 'ae fa'alua i Matāutu'a'ai." 'O lona uiga na'o le lua lava to'oto'o po 'o tūmua o Sāmoa e faia 'upu o le atunu'u. 'O le tala fo'i lea na maua ai le igoa Matāutu'a'ai ma le Malaefono; 'o afio'aga o Leifi Fuataga i Lalomanu i Aleipata.

Peita'i, e alu pea aso 'ae sau aso ma mea e tutupu. E sili fo'i ona tāua le tala iā Tagaloa 'o lē na mua'i faia le lalolagi o Sāmoa, na tōina mai ai le fale o Pule ma le fale o Fa'atufugaga o mālō. 'O le tala fo'i iā Nāfanua, le atua o taua, na na valo'ia le fuafuaga ma le fa'atūlagaga o faigāmālō ma o lātou nofo a Ao.

MATĀ'UPU I: FĀIĀ FA'ATŪMUA O SĀMOA I SISIFO

I. *Fāiā Fa'atūmua o `Upolu*

Na 'āmata mai lava fāiā fa'atūmua o 'Upolu i talatu'u mai le vavau e uiga 'i tofitofiga a Tuiā'ana Pili'opo i lana fānau: 'O Tua i le itūmālō o Ātua, o 'Ana i le itūmālō o Ā'ana, o Saga i le Tuamāsaga 'ātoa ma Tolufale i le 'Āigailetai. Fai mai le tala fa'a'upolu: 'o ulua'i tūmua lava ia o Sāmoa, ma 'o ulua'i to'oto'o fo'i ia o le atunu'u i ō lātou itūmālō māvae (traditional districts). 'O fāiā lā fa'atūmua o Tua, Ana, Tuamāsaga ma Tolufale 'o le 'upu lea usotū'ofe, 'auā e tamā fa'atasi lātou 'uma iā Tuiā'ana Pili'opo ma tinā fa'atasi iā Sināletava'e, le afafine o Tuiā'ana Tava'etele.

'O le uiga lā o le 'upu tūmua i le aganu'u, 'o le nu'u e tū muamua i luma 'o le atunu'u. 'O nu'u 'ua tu'u 'i ai le va'aiga o itūmālō ta'itasi lātou te faia 'upu o le atunu'u ma lātou pulea mea e fai o le aganu'u. 'O ni isi fa'auigaga o le 'upu tūmua, 'o tulāfale ia o nu'u e ta'u 'o tūmua e pei 'o Lufilufi ma Leulumoega, e tū muamua i luga ma lāga fā'atau i le atunu'u. 'Ua ta'ua fo'i ia failāuga 'o to'oto'oāu o malaefono. 'O ilātou fo'i ia 'ua fa'aigoa o fale'upolu o tōfiga o aso nei; 'ae 'ese fo'i fale'upolu e fā o tōfiga lea e limamatua ai Sāleutogipo'e. 'O Sālemuli'aga, 'o Sāfune ma Taulauniu, 'o Faleata ma Sāleutogi.

'O nei nu'u 'ua tōfia e 'avea ma tūmua, 'o nu'u fo'i nā e tatau ona āfifio ai tupu ma ali'i sili o itūmālō ma alaala ai tulāfale maualuluga e leoleoina tupu ma faia 'upu, e fa'a'upu ai finagalo o tupu, ma fa'ae'ea o lātou pāpā. 'O nu'u tūmua fo'i, e iai o lātou malaefono e potopoto i ai le atunu'u e fai ai taligāmālō tautupu, ma fai ai fonotaga e vevete ai ma soālaupule ai 'upu o faigāmālō.

1. 'O Tūmua o 'Upolu

'O nu'u nei o 'Upolu e ta'ua o tūmua i nei aso ma o lātou itūmalo e iai:

- **'O le tūmua o Lufilufi e i le itūmālō o Ātua.** 'O Ātua i mātū, e 'āmata mai i Uafato i Fagaloa e o'o i Luatuānu'u. 'O Ātua i saute, e 'āmata mai i Ti'avea i Aleipata e o'o i Matātufu. 'O Faleālili e 'āmata mai i Sāpo'e e o'o i Sāleilua.
- **'O le tūmua o Afega, e i le itūmālō o Tuamāsaga.** Tuamāsaga i mātū, e 'āmata mai i Lauli'i e o'o i Tufulele. 'O Tuamāsaga i saute, e 'āmata mai i Si'umu e o'o i Sa'anapu. E aofia ai ma Salamumu, peita'i o Salamumu e fai itūmālō fa'afaipule i Sale'aula Lealatele i Savai'i.
- **'O le tūmua o Leulumoega e i le itūmālō o Ā'ana.** 'O Ā'ana i mātū, e 'āmata mai i Faleasi'u e o'o i Sama'i i Falelātai. 'O Ā'ana i saute, e 'āmata mai Matafa'a e o'o i Matāutu i Gāgaifoolevao i Lefaga. 'O le itūmālō o Ā'ana e aofia ai 'Āigailetai. 'O Tolufale sā nofo i 'Āigailetai ma fesoasoani mai i ona uso i 'Upolu ma Savai'i.

E ui lava lā ina 'ua 'uma tofitofiga o pule'aga ma nofoaga o le fānau a Tuiā'ana Pili'opo, 'ae le'i ma'oti lelei o lātou tuā'oi tau lau'ele'ele ma nu'u.

'O le ala lea o le fetaua'i ma le femisa'i o o lātou tupu ma o lātou ta'ita'i; se'ia o'o lava ina fai a lātou taua ma fe'ino'inoa'i ai; 'ona 'o le fia pule aoao o tagata. 'O le māfua'aga lea o le osofa'ia e Toga a lātou faigamālō ma fa'ato'ilalo ai o tātou tamāli'i, 'ae nofo pologa ai le atunu'u 'ātoa i faiga a tagata Toga. 'O se matuā to'ilalopopo o Sāmoa e lē ma talatalaina. 'Ātonu 'o le ala lea na lē faia ai se tāeao fa'ailogaina i le tala fa'asolopito, e uiga 'i le tutuli'esega o Toga mai lau'ele'ele o Sāmoa.

'Ole'ā fa'amatalaina le talatu'u e uiga 'i gaoioiga o le taua a Toga ma Sāmoa i se Iunite o mulimuli mai.

2. Fāiā Fa'atūmua o le Mālō Fou

Ina 'ua tūla'i mai le fānau totoa ma le loto tetele a Leatiogie Fe'epō, 'o Tuna, Fata ma Ulumasui, ia na lagaina le to'ilalopopo o Sāmoa, ona sāunoa ai lea o Leatiogie e pei ona tusia e Brother Henry i lana tusi 'o le *Talafa'asolopito o Sāmoa* e fa'apea: "Sāmoa, 'o la'u fānau lenei na lātou lagaina le to'ilalo o Sāmoa iā Toga, ma 'ole'ā tū lava la lātou Pule iā Sāmoa 'ātoa." 'Ona fai ai loa lea 'o le toe fa'atūlagaga o le mālō fou, fa'atatau i le tagata ma lana pule'aga e fa'apea:

'O Lealali, 'ole'ā te'a i Ā'ana ma lona tūmua e tausi e Leulumoega, ma 'ia o'o lana pule i Savai'i.

3. 'O le Talatu'u

Na usu Lealali iā Fotusili, le alo o Leutele i Falefā, fa'ae'e le gafa 'o Levaogogo. Na toe usu iā Solofuti, le alo o Tauai i Fasito'otai, fa'ae'e le gafa 'o Sausi. Toe usu fo'i iā Malelegaoleto'elau, le alo o Folasāaitu i Iva, fa'ae'e le gafa 'o Tupa'imatuna, Tupa'ilelei ma Tupa'isina.

Sā tōfia Lealali e lona tamā e alu ma lona tūmua ma lona Itū'au ma le Ālātaua e nofo i le itū i sisifo o 'Upolu, ma aofia atu ai ma le motu o Savai'i. Ona alu lea 'o Lealali tu'u lona tūmua 'iā Lātai ma Se'elā, 'ae te'i 'ua toe alu 'ave'ese mai ma tu'u 'i lana fānau o Levaogogo ma le 'āiga o Sausi, ma tōfia loa e nonofo i Leulumoega. E ōmai le fānau a le fafine Savai'i i so lātou tofi, 'ae fai atu 'i ai Lealali e ō lātou e nonofo i Savai'i e ali'ita'i i ai lenā motu. Manatua 'o le usuga a Lealali i le teine Fa'asalele'aga lea e tupuga mai ai le ao a Tupa'i.

'A 'o Tuna 'ole'ā nofo i Tuamasaga i mātū ma lona Itū'au e faleo'o i ai faigamālō. 'O Fata 'ole'ā te'a i Tuamāsaga i saute ma lona Ālātaua e tua i ai faigāmālō. 'O Sāvea 'ole'ā suafa iā Mālietoa e nofo i Malie ma lona Tūmua e leo e 'Auimatagi ma Tuisāmau.

'O lona uiga lā, 'o fa'alupega ia o Tūmua ma Pule, Itū'au ma Ālātaua na maua mai lava i sāunoaga ma tōfiga a Leatiogie. 'Ua lē 'uma ai lava le pātipati ta'oto o Fe'epō.

E fōliga mai tōfiga a Leatiogie, e fa'apito na'o Tuamāsaga ma Ā'ana, 'ae ā fa'apēfea isi itūmālō o le atunu'u e pei 'o Ātua 'ātoa ma Savai'i ma Tutuila? 'O le mea moni sā fesoasoani fo'i alo o le Tuiātua; 'o tama e suafa iā Tapu'a'au ma Tapuloa i le tutuli'esega o Toga. E ui ina 'ua fa'atāma'ia o lā ola, 'a 'olo'o gagana mai o lā tulivae 'olo'o i lau'ele'ele o Ā'ana.

Peita'i, e fa'alogo mai Suga ma Paepule mai Aleipata 'ua 'uma tōfiga a Leatiogie ma 'ua pūlea e Mālietoa le mālō, ona ōmai lea 'ai'oi iā Mālietoa Sāvea se'i toe sasa'a le fafao ma toe filifili, 'ae tu'u mai se isi tūmua mo Ātua. 'Ona 'ave ai lea 'o le tūmua sā iā 'Auimatagi mō Leifi 'ae 'avea Malie ma laumua o tūmua e tausi e Tuisāmau.

'O lenei lā tōfiga 'ua feso'ota'i ai fāiā fa'atūmua o itūmālō o 'Upolu, ma 'ua 'avea pea ma va'aiga a Sāmoa 'ātoa i lana aganu'u ma mea e fai. 'O le tōfiga lenei na fa'ato'ā vāevae ai faleali'i o le atunu'u. 'O faleali'i muamua nei o le mālō fou: 'O Lealali, o Sāvea, o Suga ma Paepule. 'O 'Upolu lā, e nofo ā Tūmua.

3. Fāiā Fa'atūmua o 'Āigailetai ma le Va'aofonotī

"Ua fa'aigoa motu lāiti ia o Manono ma 'Apolima o 'Āigailetai ona e motu 'ese i le alofitai o Ā'ana; 'a 'olo'o āfifio ai ali'i o 'āiga maualuluga o le atunu'u. Manatua fo'i 'o le fānau tama a Luafataali'i, 'o Manava ma Puna; sā nofo Manava i Manono 'ae nofo Puna i Faleapuna i Anoama'a. 'O lona uiga lā e uso tama, e uso fo'i o lā itūmālō e pei ona iai 'Āigailetai ma le Va'aofonotī; 'a 'o le fa'alavelave e vāvāmamao tele. 'O 'Āigailetai i le moana loloto o Ā'ana 'a 'o le Va'aofonotī i le vaomatua loloto i le mea e tele ai mauga ma vanu o Fagaloa 'o le itūmālō o Ātua.

'Ua 'avea ia itūmālō ma itūmālō tūma'oti 'ona 'o le mālolosi i le faiga o taua mo su'egamālō a le Tuiātua ma le Tuiā'ana. Sā fai o lā fuāva'atau. 'O le Va'a o Manono sā ta'u 'o le Va'atau o Nāfanua 'a 'o le va'a o Fagaloa sā ta'u 'o le Va'a o Fonotī. E māsani ona gālulue felagolagoma'i i le faiga o taua tetele a le atunu'u ma manumālō so'o ai.

E fāiā vāvālalata nei itūmālō ma le 'āiga sā Malietoā i le Tuamāsaga ma Fa'asālele'aga. Sā matuā ta'uta'ua le mālolosi o nei itūmālō i le taua o le faitasiga o Ā'ana; 'ona 'ua lātou fasiotia le ali'i sili ma le ta'uta'ua o 'Āigailetai e suafa iā Tamafaigā po 'o Lei'ataua Pe'a, lea 'olo'o ta'u i le tusi a Ioane Viliamu 'o le tevolo.

4. 'O le Talatu'u

'O Tolufale le atali'i la'itiiti o Pili Tuiā'ana na nofo lava ia i Manono, 'ona 'o le tōfiga a Pili. 'O le uiga o le igoa Tolufale, e tolu fale o le 'āiga Tauā'ana sā fesi'ita'i 'i ai le gasegase fafine o le masiofo e fa'atali ai le fānau mai o le pepe fou. Ina 'ua matua Tolufale, ona faiāvā lea iā Sinālaufelo, le tama a Utu ma Agi i Manono, fa'ae'e le gafa 'o Luātutu ma Luafataali'i. Sā nofo Luātutu i Utuagiagi 'ae nofo Luafataali'i i Faleū. Usu Luātutu iā Filimalefua, le alo o Amiatu i Leulumoega, fa'ae'e le gafa 'o Mulipola ma Taupa'ū, 'ae usu Luafataali'i iā Sinātaeoapai i Manono, fa'ae'e le gafa 'o Puna, Manava, ma le teine 'o 'Ulalēmamae.

Toe usu Luafataali'i iā Lelāpuisalele, le afafine o Malalatea i Sala'ilua, fa'ae'e le gafa 'o Lei'ātaua Lesā. Toe usu fo'i Luafataali'i iā Sinātapaoalofi, le alo o Vele i Sāpapāli'i, fa'ae'e le gafa 'o Papāli'i Palemafuta.

Usu Papāli'i iā Fa'alulumaga, le afafine o Letufuga i Sāfotulāfai, fa'ae'e le gafa 'o Alaalatoa, Tūma'ai, ma Fitimau'ula. Toe usu Papāli'i iā Fafaguolesau, le alo o Tuiaea i Vāipu'a, fa'ae'e le gafa 'o Papāli'i Fa'atalitali'āiga. Toe usu ane Lealuga o Sātaua iā Fafaguolesau, fa'ae'e le gafa 'o Togia i Sagone ma Lautolo i Mulifanua. 'O usuga lā nei a le fānau a Pili 'ua to'atele ai tamāli'i o Manono i le motu o Savai'i. 'Ā fai lā taua a le atunu'u, e 'au lava Manono ma Savai'i.

II. Fāiā Fa'atūmua o Pule e Ono i Salāfai

'O le mau a Sāmoa mai talatu'u, sā na'o le lua lava pule sā nofo a'i Savai'i mai le 'āmataga, peita'i na o'o atu loa le 'auuso lenei, le fānau a Leatiogie 'i Savai'i ma mea Fa'amālietoa ona vāevae ai loa lea 'o Savai'i i ona itūmālō mavae e ono ma 'ua fa'aigoa loa o Pule.

'O le 'upu *pule* e tutusa lelei o lā uiga ma o lā fa'amatalaga ma le 'upu *tūmua*. 'O lona uiga lā, 'o nu'u e faia 'upu o le atunu'u, ma 'o 'ilātou fo'i e tūmua i mea e fai a le atunu'u.

Sā vave lava ona sosolo lenei pule 'i Savai'i 'ona 'ua tagatā le motu i feusua'iga a Laifai ma lona atali'i o Lāfai mai le laina o Lealali, le atali'i o Leatiogie Fe'epō. 'O le 'āiga fo'i lenei na māfua ai le suafa Salāfai po 'o Savai'i anamua.

'Āfai e sāga su'esu'e feusua'iga a nei tama ona mālamalamagōfie lea 'o feso'ota'iga ma fāiā fa'atūmua pe fa'apule, 'o nu'u ma itūmālō po 'o motu, 'ātoa fo'i ma le feso'ota'i atu i isi motu o le atu Polenesia.

'Ua iloga le aogā o Tupa'imatuna ma Laufafaitoga ma la lā fānau i le Motu o Savai'i po 'o Salāfai. Na 'āmata mai lava iā Va'asili'ifiti lea sā nofo i Vaisa'ulu i 'Iva.

- 'O Ututauofiti lea sā nofo i Matāutu i Savai'i.
- 'O Tauaofiti lea sā nofo i Sātaua.
- 'O Lelega o Fiti lea sā nofo i Sālega.
- 'O le teine o Fotuosāmoa lea sā nofo i Sāfotu.

Ona usu mai lea 'o le tagata e igoa iā Veletoa iā Fotuosāmoa, fa'ae'e le gafa 'o Seveona. 'O Seveona lā lenei na taunu'u mai 'i ai le Le'asapai, 'o le pule ma le fono mai iā Tagaloālagi.

'O le mau Fa'asavai'i, 'o pule muamua lava ia o Savai'i 'ae fa'ato'ā o'o atu mulimuli mea Fa'amālietoa e iai Letufuga ma Le'aula.

1. 'O le Talatu'u

Na usu Fotulāfai iā Vaoita, le tama'ita'i Sālelologa, fa'ae'e le gafa o Letufuga ma Le'aula ma le teine o Lupelele. 'O tama nei o Letufuga ma Le'aula na malaga iā Mālietoa i 'Upolu mo ni o lā tūmua. Sā tula a lā sega i le sogā ma le asage. Na taunu'u iā Mālietoa ma ta'u i ai lo lā mana'o, 'ae sāunoa ane i ai le ali'i fa'apea: "Ōmai 'inā ō 'iā Li'o i Si'umu na te mate maia lou lua fili." Ona ō lea 'o tama 'iā Li'o i Si'umu, 'ae tali ane i ai Li'o, "Ōmai 'inā ō 'i lumā. Tau ina 'ua fa'apopo i le Vaiutufua, 'ae tā'ele i le Vaisuifua, 'ae fa'atata i Palalaua. 'Ae se'i fa'aofo i Malie sou lua tali." E le'i maua lā ni o lā tūmua 'ae na'o o lā pule.

2. 'O Pule nei e ono o Salāfai o aso nei.

i) 'O Sāfotulāfai i le Fa'asālele'aga. 'O Fa'asālele'aga e 'āmata i Tafua e o'o i Pu'apu'a.

ii) 'O Sāle'aula i le Gāga'emauga. 'O Gāga'emauga e 'āmata i Patamea e o'o i Salei'a.

iii) 'O Sāfotu i le Gāgaifomauga. 'O Gāgaifomauga e 'āmata i Manase e o'o i Ā'opo.

iv) 'O Āsau i le itū o Āsau ma Faleālupo. E 'āmata i Āsau e o'o i Falealupo.

v) 'O Sātupa'itea i le itū o Sālega. E aofia ai Sātupa'itea ma Si'uvao e o'o i Sagone.

vi) 'O Palauli i le itūmālō o Palauli. 'O Palauli e 'āmata i Fā'ala e o'o i Gāga'emalae.
'O Palauli le Fālefā e 'āmata i Gātaivai e o'o i Papa. 'O Palauli i Sisifo e 'āmata i Taga e o'o i Gāga'emalae.
'O Savai'i lā, e nofo ā Pule.

MATĀ'UPU II: FĀIĀ FA'ATŪMUA O SĀMOA I SASA'E

I.   Fāiā Fa'atūmua o Tutuila

'O Tutuila anamua sā na'o le lua lava vāega sā ta'u fa'apea 'o Gaga'ē le itū i Sasa'e, e 'āmata mai i Faga'alu e o'o i Onenoa; 'a 'o Gagafō le itū i Sisifo e 'āmata atu i Nu'uuli e o'o i Fagamalo. Peita'i ina 'ua faimālō iā 'Amerika ona toe fa'aigoa loa lea o itūmālō ia e lua: 'o le Falelima i Sasa'e ma le Falelima i Sisifo.

Sā gāogao lava Tutuila e tau lē to'atele ni tagata, 'ae 'o se motu e totoa tele ona tagata i le faiga o taua. Sā 'avea lenei motu ma nofoaga e fa'aaunu'ua ai tama a 'āiga pe 'ā feagai ma fa'asalaga fa'aleaganu'u, ina 'ua faia'ina se tasi i se taua o Pāpā.

'Ona 'ua olaola faigāmālō a Tutuila ma Manu'a; ma 'ua pūlea i faiga fa'ateritori a le Iunaite Setete o 'Amerika, ona toe vāevae lea i itūmālō lāiti. 'Ua 'avea ai lava itūmālō lāiti ia ma itūmālō māvae o 'Amerika Sāmoa; e pei ona tūsia o lātou fa'alupega 'olo'o fa'alagi i aso nei:

"Sua ma le Vāifanua, Fofō ma Aitūlagi, Sā'ole ma le Launiusaelua, Itū'au ma Ālātaua."

'O Tutuila sā faimālō fa'atasi lava ma 'Upolu. E vāvālalata tele fo'i o lātou fāiā fa'atūmua ma 'Upolu, e o'o lava i o lātou fāiā fa'atamāli'i ma gafa tautupu. E mafuli tele a lātou faigānu'u i faigānu'u a le itūmālō o Ātua i mātū ma saute i 'Upolu. 'O le ala fo'i lea e tele ai suafa matai maualuluga o Tutuila e tutusa ai ma 'Upolu. 'O le 'upu moni lava 'o 'Upolu ma Tutuila, 'o le uso tū'ofe. E uso i tamāli'i, e uso fo'i i fale'upolu. Tātou te talitonuina lea manatu, 'auā 'o 'Upolu ma Tutuila 'o le fānau a le Fuesā o Tagaloa; e pei ona ta'ua i ona talatu'u mai le vavau; lea na tositino ai e Tagaloa le potoi ilo ma manavaola ai iā Tutu ma Ila 'ātoa ma Polu ma Tele i le matāmatagi o Aleipata.

Māumau e pe 'ana lē vāea le falao'oto 'o le māfutaga fa'auso a Sāmoa 'ona 'o faiga a mālō mai fafo, semanū e lē mafai ona 'ese'ese o lātou ta'u – 'O Sāmoa Tūto'atasi le isi itū, 'ae 'Amerika Sāmoa le isi. 'Ua pei ai Sāmoa 'o se atunu'u na fānau mai i se fafine 'afakasi – Tulou!

Sā felagolagoma'i lava itūmālō ma motu o Sāmoa 'uma i le faiga o taua. 'Ā tago'au mai 'Upolu iā Tutuila ona fa'asaga loa lea 'o Tutuila e tau mālosi. 'Ā mavae le taua ma 'ua mālō le itū sā 'au ma Tutuila, ona tu'u lea 'i ai fa'amanuiaga po 'o matūpālapala fo'i. 'Ua tu'u 'i ai fa'alupega e pei 'o tūmua mai le motu,' o Itū'au ma Ālātaua, 'o suafa matai maualuluga ma o lātou fa'alupega.

'O le faiga sā māsani ai Tutuila ma 'Upolu i aso anamua; 'ā fai lava 'o le to'oto'o fa'atūmua o Tutuila na maua mai i Lufilufi, e sa'oloto lava lenā to'oto'o fa'atūmua i le itūmālō o Ātua. E fa'apenā fo'i se tūmua o Tutuila mai le tūmua o Leulumoega po 'o Afega. E sa'oloto lava o lātou to'oto'o fa'atūmua i malae o nā itūmālō pe 'ā fai le aganu'u. Fa'ato'ā vavae'ese nei Tutuila ina 'ua vāevae le atunu'u i faigāmālō fa'aonapō nei a mālō tetele mai le 1900, 'ua ala ai ona faimālō fa'atasi ma Manu'a, 'ae pulea fa'ateritori e le Iunaite Setete o 'Amerika.

'O toa ta'uta'ua lava nei o Tutuila i aso anamua sā logologoā ai tala o sā'iligāmālō i le vā o motu. I le itūmālō o Sua ma le Vāifanua, na 'āmata mai lava iā Le'iato ma Taemā; 'ātonu 'o le māfua'aga fo'i lea na fa'aigoa ai Tutuila anamua 'o le motu o Taemā. 'O Sā'ole ma le Launiusaelua, na 'āmata lava ona ta'uta'ua 'ona 'o le mālosi o Fua'autoa ma le mamalu o Mauga na maua ai le tūmua o Tuā'olo. 'O Itū'au ma Ālātaua, na ta'uta'ua 'ona 'o le mālosi o Māneafaigā, na maua ai Itū'au mālosi. 'O Fofō ma Aitūlagi, 'ona 'o le ta'uta'ua o le toa o Tuife'ai lea sā tafu le afimūao i gā'uta o Leone; lea na māfua ai fo'i le 'āiga o Aitūlagi 'ātoa ma le usoga a Fofō ma Aitūlagi.

'Ou te manatu o toa lava nei 'o le 'āmataga na fa'avae mai ai fāiā fa'atūmua o 'Upolu ma Tutuila.

'O fāiā fa'atūmua lā o Tutuila mulimuli ane e le'i sā'ilia i ni taua, 'a 'o fāiā ma gafa tautupu.

'O isi fāiā fa'atūmua o Sāmoa na māfua 'ona 'o vāegātama e pei 'o le tala lea. Na mānana'o Faleālili i so lātou ali'i ona ō lea 'o Talo ma 'Ofoia si'i mai le tama a Salamāsina ma tausi e fai ma o lātou ali'i; ma fa'aigoa ai iā Tapusātele. 'O le gafa fo'i lea o le suafa Sātele lea 'olo'o i le nu'u o Vailoa i Tutuila. E fa'amaonia lea mea, 'auā 'ā fa'alagi fa'alupega o Sātele i Tutuila, e ta'u lava 'o le alo o Salamāsina. 'O le fāiā lā o Faleālili ma Vailoa i Tutuila 'o le suafa Sātele ma lona Itū'au sā lātou 'au i le faiga o taua.

'O le isi fo'i ala o fāiā fa'atūmua o Tutuila o si'igāali'i; e pei 'o le fa'ata'ita'iga lea: Na mana'o le itūmālō 'o 'Aitūlagi i so lātou ali'i mai Faleālili ona si'i mai ai lea 'o le suafa Fuimaono mai le gafa lava o Salamāsina. 'Ā fa'alagi lā fa'alupega o Fuimaono i Tutuila, e ta'u lava Fuimaono 'o le Gāfatasi e pei ona fai i Faleālili.

'O nei lava tusitusiga 'olo'o fa'avae i luga o tala'aga fa'aanamua o fa'avae o Sāmoa, 'ae lē 'o aofia ai lava suiga tetele a nu'u ma itūmālō 'o iai i onapō nei.

'Ua iloga nu'u o Tutuila 'ua ta'ua 'o tūmua; 'olo'o fa'alupe fo'i o tama mātutua e pei o Lauli'i, Vatia, Pago Pago, Leone, Nu'uuli, Malaeloa ma isi.

II.   *Usoga a Fofō ma Aitūlagi*

'O le aitu tagata sā igoa iā Tuife'ai sā nofo i lalo o le mauga i gā'uta o Malaeloa i Tutuila, i le mea 'ua ta'ua 'o le Vaosā; 'auā e sā se isi ona so'ona uia. 'O le ali'i lenei sā fai lona aso i tagata. E tafu pea lava lana afi e lē pē i le ao ma le pō, ma sā ta'u ai 'o le afi mūao. 'O le tagata na te va'aia lenei afi e igoa iā Salāve'a. E tafu lava lenei afi 'auā le sua a Tuife'ai.

1. 'O le Talatu'u:

Na alu le malaga a le teine Malaeloa e igoa iā Aitūlagi 'i Manu'a mo tōfiga o mālō, 'ae 'ua te'a mai ai Itū'au ma Alātaua, 'ae fetaui ai ma le tama Manu'a, ona fai lea 'o le tama iā Aitūlagi pe mafai ona lā ō 'i Tutuila; ona 'avea ai lea 'o Aitūlagi ma tuafafine o lenei tama. 'Ua fa'alogo so'o lava le tama lenei 'o ta'u le mālō o Tuife'ai 'olo'o fa'atū i le Vaosā. Ona alu loa lea 'i uta e matamata, 'ae te'i 'ua tuia ai lona vae; fai mai 'o le tuia e 'ese le telē; ona fa'aigoa ai loa lea 'o le tama iā Tuitele. 'Ua 'avea nei le tama ma tamāli'i o le nu'u, 'ae tautua mai i le vao e sauali'i. 'Ā ō mai tagata tautua e aumai le sua a le ali'i , e lē iloa atu mata o tagata 'ae na'o o lātou vae e iloa atu; ona maua ai lea 'o le igoa matai o Fāi'ivae.

Na usu Tuife'ai iā Aitūlagi, le tuafafine o Tuitele, ma maua ai lana fānau 'o Tuitasi, Tuilefano, Tuiagamoa, Tuiolemotu, Mālōtā, ma Alapālelei, ma lo lātou tuafafine o A'aoge. Na sola le aitu lenei o Tuife'ai 'ua nofo i Faleālili i 'Upolu. Mulimuli ane 'ua vaelua le nu'u o Malaeloa iā Aitūlagi ma Itū'au.

2. 'O le Toa o Tutuila

E iai le toaali'i o Tutuila e igoa iā Māneafaigā. 'O le tamāloa Asu 'ae sā nofo i gā'uta o Nu'uuli. Ona alu lea 'o le Matagāsau a Mālietoafaigā e māimoa ma tōfotofo i le mālosi o Māneafaigā. Na taunu'u le malaga a Mālietoa i le pō ona ia va'aia lea 'o le afi 'olo'o mū tasi mai lava i luga o le mauga; ona afe loa lea 'i ai 'o le ali'i 'i uta.

'O le tala a isi tagata, fa'apea na tau le taua ma to'ilalo ai Māneafaigā, 'ae fai mai isi, na fesilafa'i lelei lava ali'i nei ma toe fa'amāvae fa'atupu. 'O le taimi lenā na maua ai le tōga a Alo i

Fagasā; "'O le Pinōnō tauma'oe i si ou loto," ma maua ai fo'i ma le Itū'au mālosi 'o Fagasā ma Nu'uuli.

'O tua nei 'o le matagāsau a Mālietoa i Tutuila. 'Ua maua ai matūpālapala o isi tamāli'i o 'Upolu. Na fo'i le matagāsau a Mālietoa 'i 'Upolu, ona tali lea i le tai 'o le malaga e Falana'ipupu o le Vāimauga. Na matuā sau lava 'i le sami Falana'ipupu ma 'ava e fesilafa'i ai ma Mālietoa; ona fautua lea i ai iā Mālietoa e 'aua ne'i afe le malaga i Fagali'i 'auā 'ua tali tau le Vāimauga. Na fa'afetai atu Mālietoa iā Falana'ipupu ma sāunoa atu i ai fa'apea, "'Ole'ā fa'asefulu ona 'alaga lau 'ava pe 'ā potopoto le Vāimauga ma Faleata." 'Ua maua ai le matūpālapala o Falana'ipupu i Letogo.

Ona alu loa lea 'o le malaga 'i sisifo 'ae te'i 'ua to'a le va'a i gātai o Moata'a; ona ō ifo lea 'o Tamāpua ma Manogiāmanu ta'ita'i fa'avave le va'a o Mālietoa 'i sisifo, ma 'ua maua ai lo lā fa'alupega, "'O 'ilā'ua na ta'ita'i." 'O 'ilā'ua fo'i e 'āmata fono ma fa'ai'u fono pe 'ā potopoto 'o le Vāimauga ma Faleata. 'Ua maua le matūpālapala o Tamāpua ma Manogiāmanu.

Sā afe le malaga a Mālietoa 'i Vaiusu e mālōlō, ma sā talia lelei e le tagata e igoa iā Nu'u; ona 'ave loa lea 'i ai e Mālietoa le suafa Faigā lea sā i Sāle'upolu i Fagali'i ona maua lea 'o lona suafa 'o Nu'ufaigā. 'Ua maua ai le igagatō a Nu'u.

III.   Fāiā Fa'atūmua o Manu'a

Sā manatu Manu'a anamua, 'o lātou e lē 'o ni Sāmoa, 'ae ta'u lava lātou 'o Manu'atele. E fa'alētele fo'i ni fa'amatalaga o fāiā fa'atūmua ma 'Upolu vāganā o lātou fāiā e māfua 'ona 'o feusua'iga a tamāli'i 'ātoa ma matagāsau a o lātou ali'i maualuluga ma le ta'uta'ua; e pei 'o le tala i le feiloa'iga a Mālietoa ma le Tuimanu'a. Peita'i, 'ua silafia 'uma e le atunu'u faigāmālō a Manu'a ma lona Fale'ula. 'Ua fa'aigoa ai ona tamāli'i o fa'atui, 'ae fa'aigoa ona failāuga 'o pou po 'o to'oto'o o le Fale'ula. E tofu motu ta'itasi o Manu'a ma to'oto'o o le Fale'ula e faia 'upu o le Tuimanu'a ma lona mālō fa'afale'ula.

E ta'u le mālō o Manu'a anamua, 'o le Mālō o le Aualuma po 'o le Mālō o le Faleselau. 'Ā fono le mālō anamua e fono i lalo o lā'au. E iai le tama'ita'i o le Ao ma le 'aumaga e ta'u 'o le Alofiāmoa. 'O le Alofiāmoa e iai ma'opū ma to'oto'o e tausia le Fale'ulatauaitu. 'O To'oto'o e to'afā 'o Fili'upu, Ve'e, Logoa'i ma 'Ale. E fa'aigoa le to'afā lea o tulāfale po 'o luma o le fale po 'o le laumua. 'O 'ilātou fo'i ia e ta'u o tapu'ele'ele. E iai le mea e ta'u 'o le tolufale i Fitiuta. 'O suafa e aofia i le tolufale o Moaali'itele, Pomale ma Tau'ili'ili; peita'i 'ua fa'aopoopo i ai le suafa o Tufele 'ona 'o le talatu'u mālie lea fa'amanu'a.

1. 'O le Talatu'u

'O le ali'i e igoa iā Segilama na sau mai le atu 'Ātafa e fai lona aso iā Tofoalematā'afa, 'ae te'i 'ua lē o'o lona aso, 'ona 'o le mālie o lana ili fa'aili po 'o le ilifāgufagu. Na fiafaiāvā Segilama i le afafine o Matā'afa, ona ita ai lea 'o Matā'afa; ona sola lea 'o Segilama nofo i le togāvao ma maua ai lona igoa fou 'o Moevao. Sā su'e 'āiga solo Segilama 'ona 'o le fiaola 'ae te'i 'ua fetaui ma le tagata e igoa iā Taugāsuga. Ona fai atu lea 'o Taugāsuga iā Moevao/Segilama e alu e nofo iā Te'i.

'O Te'i lenei e fai lana lupe. Sā fa'atonu e Te'i Segilama e alu e nofo i le sauauli ma tautua mai ai. 'Ā tuai ona fu'e mai le suāvai a Segilama, ona 'auina lea e Te'i lana lupe e save'u le taualuga o le fale o Segilama; na māfua ai le suafa Tufele. Ona 'avea loa lea o Tufele ma ali'i o le Tolufale; 'ua ta'u ai nei lea saofa'iga 'o le Faleifā.

34

'O le Fonosā i Lalopu'a i Ta'ū: E na'o le to'atolu, 'o Tuimanu'a, Sōtoa ma Gālea'i. E fai le fono lenei i le Fale'ulatautagata. 'O le fono lenei e fa'afaletui ai 'upu o Sāmoa. E fa'asoa ai mamalu e 'ave 'i lea itū ma lea itū o Sāmoa.

'O le fono o le falepogisā i Lumā, e na'o Sōtoa ma Lefiti (po 'o Refiti) ma To'oto'o e to'afā ma le matua o Tauānu'u. 'O le fono lenei e fai pe 'ā masa'a le toto po 'ole'ā fa'ae'e fo'i ao ma pa'ia.

'O le fono tauati a le Faletolu ma le Faleāsao: E fa'aofi ai matai fou i totonu o le faigānu'u. E fai fo'i le fono lenei pe 'ā iai ni matā'upu a le Tuimanu'a. E tāla'i e Tauānu'u le fono lenei.

'Ina 'ua si'i le mālō i Ta'ū ona ta'u lea 'o le laumua. 'O ona to'oto'o fa'atūmua o le 'āmataga, 'o Tauānu'u, Fa'amausili, Lālāmua, ma Fofō, 'ātoa ma isi to'oto'o 'o Tulifua, Tau'ese, Logoleo, ma Tāuala, 'ae ta'u Tauānu'u 'o le matua o to'oto'o.

2. Feso'ota'iga a Faleāsao ma 'Upolu

'O Faleāsao le pitonu'u o Ta'ū. E ta'u le nu'u lenei 'o le 'āiga o Sōtoa. 'O le igoa muamua o le nu'u, 'o Leatisao. 'A 'o lea 'ua fa'aigoa iā Faleāsao.

E to'alua tamāli'i na malaga mai 'i Fausaga i Sāfata e igoa iā Aso'au ma Tūmanuvao, 'o 'ilā'ua nei na vavae'ese mai i pule'aga sāuā a Tupuivaosāuā ona ō mai lea 'i Tutuila nonofo ai, toe ō ai 'i Manu'a.

'O Aso'au lea sā na leoleoina Ao o le Tuimanu'a ne'i gaoia; 'o lona uiga 'o Aso'au 'o se fitafitatau e lē fefe. E iai le taua na fai i le vā o Fiti'uta ma Ta'ū ona mālō ai lea 'o Ta'ū 'ona 'o le tau mālosi o Aso'au ma 'ua 'avea ai loa Aso'au 'o le To'oto'o o le Fale'ula.

Sā iai le mālō i Manu'a e ta'u 'o le mālō o le 'Auāpō i nā aso ma lo lātou tupu 'o Tuife'ai; sā tau so'o ma le mālō o le Aualuma po 'o le Faleselau, ona tutuli loa lea 'o le mālō o le 'Auāpō e nonofo i Falealupo 'ae tu'u le mālō 'iā Tuimanu'a.

3. 'O le Fa'atūlagaga o le Mālō o Manu'a:
   1. Tuimanu'a
   2. Ali'i Fa'atui
   3. Usoali'i
   4. To'oto'o

4. Uiga o Fa'alupega

'O le uiga o le 'upu Tuimanu'a 'o le ao po 'o le tupu. 'O le uiga o le 'upu fa'atui, 'o le fa'aao. E fa'alagi Sōtoa ma Gālea'i mai le 'āmataga o Fa'atui o le motu po 'o le Vaimāgalo. 'O lona uiga o ia fa'alupega: E utu i ai fa'alavelave o ē sulufa'i i le fiaola.

5. 'O Malaefono nei o Manu'a e tausi e to'oto'o o le Fale'ula:

Lagī	Tauifā
La'asia	Toto'a
Tafuna'i	Vavau
Vevesi	Fa'autuga
Lologo ma Pulefa'atasi	

Se'i toe fa'amanatu le tala i le Fale'ula a Manu'a 'auā 'o le fale sā māfua ai fāiā fa'atūmua.

6. 'O le Fale'ula a le Tuimanu'a

Fai mai tua'ā o Manu'a, 'o le Fale'ula muamua sā fōliga mai i le fale o le koke. E fai i le 'ie'ie ma e pei e sosolo i luga o lā'au. E ato i fulu'ula e fatu fa'atiti ona ato ai lea 'o le fale. 'O le Fale'ula, 'o le fale o le 'āiga sā Tagaloā na fau mo le tama o Sātiaalemoa, ona tu'u lea iā Lelologatele na te tausia ma sā fa'atū i malae e ta'u o Lalopu'a ma Lalovī.

'O le Fale'ula lā, 'o le fale tau le ao o le Tuimanu'a. 'O le Fale'ula fo'i lā 'o le fale e fa'atui ai 'upu tau le mālō o le Tuimanu'a. 'O le uiga o le 'upu fa'atui i le fa'amanu'a 'o le fa'aao po 'o le fa'atupu.

E 'ese'ese lava talitonuga o Sāmoa e uiga 'i le Fale'ula, e o'o lava fo'i i tagata moni o Manu'a e 'ese'ese lava o lātou tāofi i ai. 'Āfai lā 'o le fale lava lea e tasi na fau e le 'āiga sā Tagaloā ona fa'atū lea i le lagi tuaiva ma lātou fa'aigoa 'o le Bright House; 'o lona uiga 'o le fale fo'i lava lea na tō ifo i lalo e le tama o Pili ma fa'atu i le papa'i'ila; ma 'ua tālafeagai ai lona igoa, The Bright House. 'Āfai fo'i 'o le fale lava lea a le 'āiga sā Tagaloā sā tō mai ai le fale o fa'atufugaga ma le faleomālō e pei 'o le manatu o Savai'i, ona tālafeagai fo'i lea ma le isi ona igoa fou, 'O le Fale'ula o Fātua'iupu.

'O a lā fōliga o le Ao o le Tuimanu'a e teu i le Fale'ula? Fai mai isi tagata 'o Manu'a, e fōliga mai le ulua'i Ao 'o se pale, sā fau mai i le lā'au 'o le sogā ma fāsi lauu'a. 'Ou te masalo na'o ē lava na mua i ao, lātou te fa'amatala sa'oina le uiga moni o le Fale'ula.

Ina 'ua o'o mai lā le Tala Lelei 'i Manu'a ma molimauina ai e le Misionare le mātagōfie o fonotaga a Manu'a, na fai ai lana molimau fa'apea: E 'ese lava fono a Sāmoa. 'O le 'aufono e faia tulāfono. 'O lātou fo'i e fa'amamalu i tulāfono, ma o lātou fo'i e fa'amasinoina solitulāfono.

7. Sā'afi'afiga

'O le tu'umālō o le Kōvana Sili o 'Amerika Sāmoa, le Tōfā a Tau'ese Sunia, 'o le gau lava lea o le isi pou o le Fale'ula o Manu'a. 'O le muāgagana a Sāmoa, "'Ā gau le poutū e lē tatali poulalo." 'O le fa'amoemoega lā o le atunu'u, 'ia toe fafau le Fale'ula 'ina 'ia soso'o le fau ma le fau.

'Āfai e fa'atāuaina e tupulaga talavou a Manu'a fōliga 'aulelei o le Fale'ula anamua ma lona tāua i tala o le aganu'u, ona toe taumafai lea e fa'a'āto'atoa tōtoga o le Fale'ula. 'Ia 'āmata mai lava 'i le toe fa'ae'e o le ao Tuimanu'a, se'ia o'o lava i ona poutū ma lona faleao. 'Ia so'o lelei fo'i ona ta'iao ma ona tulutulu i tao, 'ina 'ia saga fa'atāuaina e mālō o le lalolagi le mālosi ma le mamalu o le Mālō o le Manu'atele.

8. Solo i Ali'i o Manu'a

Lepolofa'alava i Lavagia
Ao Lepolofa'asoa i Amouli
'O Ulusele i Afuli
Tualu'ulu'u i Fagamalo ma Palaia i Fusi
Vaeotagaloa i 'Oneā
Tuimanu'a i Fale'ula
Ma Sōtoa i Fogāolo'ula.

'Ua vātau nei ali'i i Ao
'Ua tafia le Lepolofa'alava ma Lepolofa'asoa
Tuālu'ulu'u, Palaia ma Vaeotagaloa
'Ua 'au ma Tuife'ai ma 'ua fasia

'Ua tū mālō Tuimanu'a ma Sōtoa
E o'o mai i nei onapō.

Ma Tufele puna i le tai
Sau ta 'aufa'atasi e lelei ai
Le pule a ali'i 'olo'o 'ua pa'ū
'A 'ua pa'ū le pule a ali'i,
'Ia lāvea'i Ātua pa'usisi.

'O le Fa'alālolalo a Sināmanu'ula
'O a'u 'o Sināmanu'ula
Na alu ane 'ou te utuvai
E te lē lilo 'e te lē lanu
E lē se timu tōafuafu
Po 'o se fāna'e a se taigalu
'O le fāna'e a le tai papa'u
E fāna'e ma toe mou atu.

Le māsina 'ua mu'amu'a
'Ua mu'amu'a lou saga mai uta
'Ua suluia Tanu ma 'Apa'ula
Va'oto le fa'autugātagi
Le la'i e, se'i agi e momoli le tama'ita'i
'Ua 'ou to'ese, 'ua 'ou tūvale
'Ua 'ou masei lava.

Na fesili le nu'u 'o Pualaga
I le tai pe 'auga i fea
Lufilufi ma lou itūfia
'Ua sāua i mea
Si au fa'anatunatuga i au faigāmea.

'Ā tō sau pule laga logo'ula 'aumai
Mātou te sapaia fa'atua'ele'ele
'Ae fā'asau i mauga
'Ua tu'u lafalafa le fuata o 'ulu
'Ua matua tele 'ua sisina le 'āpulupulu.

9. 'O le Fale'ula i 'Upolu

E to'atolu le fānau a Fe'epō ma Leipale'atele. 'O Malalatea, Atiogie, ma le teine o Sina. 'O Sina, lea na usu mai i ai le Tuimanu'a Fa'ato'ia. 'O le isi aso na alu ai Malalatea 'i Manu'a e asi lona tuafafine; 'ae o'o atu, 'o fai le fa'afale'ula po 'o le alofi o ali'i. Na to'atama'i le Tuimanu'a ma le 'aufono ina 'ua solia e le tama le fono; ona tu'u lea 'i ai 'o le fa'asalaga, e alu e su'e mai ni i'a o le moana e fai ai fono o le 'ava o le alofi a ali'i. Āfai e lē maua, ona fasioti lea.

Sā so'ona fai atu lava Sina i lona tuagane e fa'apea, "Alu ma ni ma'a e fetogi i le sami 'ina 'ia feala i'a 'olo'o momoe. E pa'ō loa ma'a ona feosofi mai lea o i'a iā te 'oe ma o lātou gutu 'ua fa'amamaga. 'Ona e tago loa lea u'u fuilauvī o i'a ma tatoso mai i le matāfaga. Ona 'e sau loa lea 'aumai i le alofi o ali'i e fai ai fono o lo lātou 'ava." E ofo Manu'a i le va'ai atu 'ua toso mai i'a fe'ai.

'Ua 'uma fo'i lea fa'asalaga, 'ae toe fai atu fo'i le fono a le Fale'ula iā Malalatea, e alu e ati mai so lātou 'ava i le fanua e ta'u o Logopāpā. 'O le fanua lenā e totō ai le 'ava fe'ai. 'Ā sēsē le atiga o le 'ava, e fasioti lava le tagata e le 'ava. 'O le mea e ofo ai le fono a Manu'a, 'ona 'ua saogalēmū mai fo'i le tama ma 'ava.

'O faiga fa'alēalofa nā a Tuimanu'a ma lana 'aufono, na oso ai le musu o Sina e toe nofo i le Tuimanu'a. E va'ai atu le Tuimanu'a, 'ua sāuni le malaga a Sina ma lona tuagane 'o Malalatea e fo'i atu 'i 'Upolu. Ona fai atu lea 'o Tuimanu'a i lana masiofo, "Sina, 'ua 'ou iloa 'e te lē toe fo'i mai. 'Ae 'ole'ā e alu ma le Fale'ula o le Tuimanu'a e fa'atū i lou 'āiga, fa'atasi ma lou taitafola lea 'e te sa'oloto ai." Na alu Sina ma le Fale'ula ma fa'atū i Foga'a, i le mea sā susū ai le Mālietoa; ma 'ua fa'aigoa ai lenā lau'ele'ele o Fale'ula, i le Tuamāsaga i 'Upolu.

10. 'O le Alofi i Vasā

'O le isi fo'i tala, 'o le feso'ota'iga fa'atupu a le Mālietoa ma le Tuimanu'a i le sami sā ta'u 'o le sami sagosago, 'a 'o lea 'ua fa'aigoa nei i le sami sāmasama. 'Olo'o iai le talitonuga o Manu'a na māfua ona sāmasama lea ogāsami 'ona 'ua sasa'a suā'ava o le alofi a ali'i i luga o le vasa. 'O le alofi lea a Mālietoa ma le Tuimanu'a na māfua ai le igoa o le tānoa fai'ava a Mālietoa, 'o le Vasavasaolealofi. 'O le ogāsami lea, 'ā 'e āsia i sau malaga, e sāmasama 'ese lava lona lanu, 'ae 'ā 'e tago e asu a'e se suāsami, e manino lelei lava 'ae lē sāmasama. Peita'i, 'ua 'avea pea fōliga sāmasama'o lea ogāsami, 'o se pine fa'amau po 'o se vavau, e fa'amāonia ai lea tala tautupu. Fai mai fo'i le isi tala, 'o le feiloa'iga lenei sā faia e latalata i pupū po 'o ana papa e mapu i ai pīsaga. E māfua ai le 'upu a failāuga pe 'ā iai se vevesi fa'apea: E tetele lava pīsaga 'ae matua i le ōō. 'O le mea e sili ona tāua 'ona 'ua maua ai se feiloa'iga ma se feso'ota'iga vāvālalata a tupu o le atunu'u. Sā felafolafoa'i sāunoaga e uiga 'i le so'ofa'atasi o Sāmoa 'aemaise, 'ia talitonuina le fa'avae o faigāmālō i le Atua.

11. 'O isi Feso'ota'iga po 'o Fāiā o 'Upolu ma Manu'a

E to'alua le fānau teine a le Tuimanu'a. 'O le teine matua o Pāinu'ulasi, le tama a le tuafafine o Lūfasiaitu i Fagaloa. 'O le māfua'aga lea o lona igoa 'o Pāinu'ulasi, 'ona 'o le tele o nu'u e nofotāne ai 'ae pā e lē fānau lava. 'Ana lē alu lā 'i Toga nofo ai i le Tuitoga e lē maua lana tama lea 'o Vāetoeifaga, le tinā o Salamāsina Tafa'ifā. 'O le isi uso o Pāinu'ulasi 'o le teine o Uālegalu, 'o lona uso lea na usu atu i ai Tuitele o Leone, maua ai lana tama teine 'o Folaalelā, lea na usu mai i ai Fineitalaga, le alo o Sāgapolutele o Sāoluafata, ona iai lea 'o le tama 'o 'Aliamānaia po 'o Li'aamānaia ma le teine o Lētutupu. 'O Lētutupu lenei sā fa'ananau mai i ai Nonumaifele le alo o Tuisāmoa i Faleālili. 'A 'o le tuafafine o Nonumaifele e igoa iā Matagitausulu, sā mana'o atu i ai 'Aliamānaia.

Sā fai le tauvāga a le 'auali'i nei po 'o ai o lā'ua e nofo mai lana teine. 'O le isi lā taeao na fetaui ai i le togāvao ona iloa ai lea 'ua ōmai Nonumaifele ma le tuafafine o 'Aliamānaia, 'ae saelefua mai 'Aliamānaia e lē 'aumaia Matagitausulu, le tuafafine o Nonumaifele. Ona fa'apea atu lea 'o Nonumaifele iā 'Aliamānaia, "Oi, uā ali'i?" 'Ae tali mai 'Aliamānaia fa'apea, "'Amu'ia 'oe Nonumaifele, 'ua e ala mai i pu'e o manū, 'a 'o si Ātua ma 'ita nei 'ua ta ala mai i pu'e o mala."

'O le feiloa'iga lā lea e ta'u nei e failāuga, "'O le feiloa'iga na i le tuāvao." 'O le feiloa'iga fo'i lenei e māfua ai le alagā'upu a failāuga, "'Ua 'asa le mafua pua na i Aganoa." 'O Tuisāmoa

Nonumaifele lā lea e ona afafine 'o Gauifaleai ma Totogatā, na usu i ai Mālietoa La'auli e maua ai Nato'aitele ma Gāsoloalelā (po 'o Gāsoloaiaoolelagi).

12. 'O Sā nei o Manu'a. E vaipā le tagata na te solia i aso anamua.
- E sā le 'upu moa i Manu'a 'auā 'olo'o iai le matai tāua e suafa iā Moa.
- E sā le 'upu launiu 'ae ta'u 'o le laupopo.
- E tao pa'ua 'ulu a Manu'a 'ae na'o le 'ulu a le Tuimanu'a e vavalu.
- E lē fa'aaogāina ni lau'ulu po 'o ni laufa'i 'ae fa'aaogā lau 'ape e tali ai tāufolo.
- E fa'aigoa le fa'ausi e Manu'a 'o le fa'alala.

'Ua 'uma ona mālamalama i le 'upu tūmua ma le 'upu fāiā fa'atūmua ma tiute e faia e to'oto'o o malae mo le faiga o 'upu o Sāmoa; 'a 'o to'oto'o lā nei 'olo'o 'ua ta'oto ai tūmua o Sāmoa 'ātoa i nei aso.
- To'oto'o o tūmua i 'Upolu: (Lufilufi, Leulumoega, Tuisāmau.)
- To'oto'o o pule i Savai'i: (Sāfotulāfai, Sāle'aula, Sāfotu, Sātupa'itea, Palauli, Āsau.)
- To'oto'o o tūmua mai le Motu: (Lauli'i, Vatia, Leone, Pago Pago, Nu'uuli, Malaeloa ma isi.)

Sā na'o le iva itūmālō o Tutuila, 'ae 'ona 'ua fa'aopoopo le itūmālō 'o le Ma'opūtasi, ona maua ai lea 'o le to'oto'o o Tuā'olo 'ua sefulu ai to'oto'o, ma 'ua fa'alupe loa Tutuila 'o le Faleagafulu. 'O Tutuila e nofo ā tama mātutua isi itūmālō 'ae nofo ā tāuto'oto'o isi itūmālō. Peita'i e mafai lava ona ta'u 'uma 'o tūmua mai le motu.
Manatua lava mea tāua nei i le gagana o Fāiā Fa'atūmua:
- E nofo ā tūmua 'Upolu
- E nofo ā pule Savai'i
- E nofo ā tama matutua Tutuila
- 'Ae nofo ā to'oto'o Manu'a

II. *Fa'alagi lā 'ia pa'ia o itūmālō o Sāmoa 'ātoa:*
1. 'Upolu ma Savai'i:
    Susū Tūmua ma Pule, Itū'au ma Ālātaua,
    'Āigailetai ma le Va'aofonotī.

2. Tutuila:
    Susū le pa'ia o le Faleagafulu
    Sua ma le Vāifanua
    Fofō ma Aitūlagi
    Sā'ole ma le Launiusāelua
    Itū'au ma Ālātaua

3. Manu'atele:
    Afio le Lā'au na Āmotasi
    Le pa'ia o Fa'atui
    Le mamalu o To'oto'o o le Fale'ula
    Ma 'upu o le Manu'atele

E toe fa'amanatu atu, e māfua fāiā fa'atūmua o Sāmoa 'ona 'o mea nei:
- 'O feusua'iga a tamāli'i
- 'O vāegātama ma si'igāali'i
- 'O taua o pāpā
- 'O tōfiga ma māvaega a tupu
- 'O matūpālapala ma igagatō
- 'O Fa'auōga ma 'Aupolapolagagau.

MATĀ'UPU III: FĀIĀ O SĀMOA MA ISI ATUNU'U O LE PASEFIKA

E tatau fo'i ona mālamalama tamaiti ā'oga i o lātou fāiā ma tamaiti ā'oga mai isi atunu'u o le Pasefika.

I. *Fāiā o Sāmoa ma Toga*

'O fāiā fa'atūmua e sili ona tāua o Toga ma Sāmoa, na 'āmata mai lava i le sāunoaga a le tupu a Tala'ifei'i ina 'ua to'ilalo Toga iā Sāmoa e fa'apea, '"Ua malie toa, 'ua malie tau, Sāmoa." 'Ua 'avea ai lava lea sāunoaga, '"Ua malie toa," e fa'aigoa ai le Ao o le mālō o Sāmoa, 'o Mālietoa, ma 'ua 'avea ai pea ma so'otaga tautupu o mālō e lua. 'O le isi so'otaga 'o le usuga a Mālietoa Gānasāvea iā Pate, le alo o le Tuitoga, na maua ai le Faleono o le Atigaga i Sāgaga le Falefā. 'O le isi fāiā tāua, 'o le nofoa'iga a Tamaalelagi le Tuiā'ana, na fa'aipoipo ma le alo o le Tuitoga o Vāetoeifaga, na maua ai le teine o Salamāsina na 'avea ma tupu tafa'ifā ta'uta'ua o Sāmoa.

E tele le mau feusua'iga a tupu o Toga ma tama'ita'i Sāmoa 'ae lē 'o tūsia; 'ātonu 'ai 'o ni teine lē taualoa o le atunu'u, 'a 'ua tele ai le mau Toga 'olo'o ta'ape i lau'ele'ele o Sāmoa. Manatua fo'i sā nonofo Toga i Sāmoa i tausaga pe 200 – 300. E tele fo'i talatu'u 'olo'o fa'amaonia ai feso'ota'iga o Sāmoa ma Toga, peita'i, e lē toe galo tala'o le tutuli'esega o Toga, 'auā e pala le ma'a 'ae lē pala le tala.

1. 'O le Tutuli'esega o Toga mai Sāmoa

Ina 'ua vavae'ese mai Toga i le faigāmālō a Fiti'aumua i Manu'a, 'ona 'o le sāuā o pule'aga a lenei Tuimanu'a 'o Fiti'aumua, ona ōmai ai lea 'i motu i sisifo aumau ai, ma lātou pūlea ai le mālō o Sāmoa. 'O aso nā, sā iai pea le Tuiā'ana ma le Tuiātua, 'a 'ua leai ni mamalu fa'atupu 'o iai. 'Ua 'ave 'uma e Nāfanua o lā pāpā.

'O le Tuiātua na feagai ma le o'o mai o Toga i Sāmoa, 'o Tuiātua Teneila. Sā fai gāluega mamafa e tagata Sāmoa e pei 'o le atiga o pā ma'a maualuluga, 'o le 'eliga o utu; sā tatanu fo'i vai'eli sā tā'e'ele ma feinu ai tagata Sāmoa. Na feagai le nofoa'iga a le isi Tuiātua ma le ola mai o le fānau loto tetele a Leatiogie Fe'epō. Ona māfaufau lea 'o tama 'o Tuna ma Fata 'i se 'auala e mafai ai ona laga le to'ilalo o Sāmoa.

'O le nōfoaga o le tupu ma le mālō o Toga i Sāmoa, 'o Sāfotu i Savai'i. 'O le isi aso na ō ai tama 'i Savai'i e va'ai se mea e ālafia ai se taua e mafai ai ona maua se sa'olotoga o Sāmoa mai lenei to'ilalopopo.

E feagai le o'o atu o tama 'i Sāfotu, ma le fa'atonuga a Tala'ifei'i le tupu sāuā o Toga, 'ia ō tagata Sāmoa e fuli'ese le ma'a'alā 'olo'o fa'alavelave i le ala i le vā o Manase ma Sāfotu. 'O le igoa 'o le ma'a 'o le mataūa'e. Ona fai lea 'o le tonu a tama, se'i 'a'ami Ulumasui le tama a 'Ofu'ofumomoiufi, lo lātou tuafafine 'olo'o i Falelātai, e fesoasoani iā lā'ua.

'Ua o'o mai Ulumasui ma fai loa le tonu: e ō isi e fāife'e, 'ae ō isi e fāipusi 'ae ō isi e fāituna. Sā 'eli le utu fa'ata'amilo i le ma'a, ona la'u mai lea o suāsami fa'atumu ai le utu ma tu'u i ai tuna, fe'e ma pusi. Ona gālulue loa lea 'o nei meaola o le sami e tau fuli le ma'a, 'ae pepese le 'auuso lenei i 'upu fa'apea: "Sā tunā, sā pusī, sā fe'ē, ōmai tātou fuli'esea le ma'a 'ua telē." E le'i leva, 'ae māluelue le ma'a, ona ō atu loa lea 'o Sāmoa fuli le ma'a 'i le sami, 'ae tanu le pū sā iai le ma'a.

41

E ofo le tupu o Toga i le mālolosi o tama; 'ae na sōsola tama i 'Upolu ma 'ave le o'ao'a o le va'a o Toga e fai i le lā'au 'o le toa. Na afe le malaga i Falelātai ona tofitofi ai lea 'o le lā'au e fau ai a lātou meatau e fafasi ai Toga i se aso.

'Ua na'ona laulaututū solo atu o tagata e māimoa i le vetevetega o le lā'au; ona fōnō atu lea 'o tama, "Sāmoa, 'aua le mātamata tutū 'ae mātamata nonofo." Ona maua ai lea 'o le suafa o le maota o Tuimaleali'ifano i Falelātai, 'o Mātanofo.

Na 'uma ona fau meatau a tama ona ō lea tatanu i Pu'ē i Mutiatele i Aleipata. 'O le igoa o le isi meatau 'o le *toa*, 'a 'o le igoa o le isi 'o le *tamatāne*. Sā tanu le toa i le itū i sasa'e, 'ae tanu le tamatāne i le itū i sisifo, e fa'atali ai le aso e fai ai le taua.

E iai le aso fiafia o le mālō o Toga e ta'u 'o le 'Atoaga, 'ua fa'amoemoe e fa'amanatu ai le aso fānau o Tala'ifei'i le tupu. Sā a'o le siva o le taua a Sāmoa e ta'u 'o le Matamatamē. Na o'o loa i le aso o le 'Atoaga, ona ō loa lea 'o tama 'eli mai a lā meatau.

E 'ese le mea na tupu i meatau nei. E alu atu Tuna e 'eli le tamatāne sā tanu i sisifo, 'ua lē 'o le tamatāne 'a 'o le toa, ona fa'aaogā lea e Tuna le toa. 'Ae alu atu Fata e 'eli le toa sā tanu i sasa'e, 'ua lē 'o le toa 'a 'o le tamatāne, ona fa'aaogā lea e Fata le tamatāne. Na maua ai le 'upu a failāuga, "'Ua fese'eta'i toa ma tamatāne." 'Ua fai le taua ma usu ai le pese fa'apea:

"Matamatamē, Matamatamē
Tā le Sāmoa, tā 'ia sesē
Tā le Toga, tā 'ia pē. Matamatamē"

Sā tuli fa'ata'amilo solo Toga i 'Upolu ma tele ai le fasi o Toga; 'ae maua ai e tagata Toga nai tama Aleipata sā fesoasoani mālosi iā Tuna ma Fata i le tolotolo i Sāmatau. 'O igoa o tama o Tapuloa ma Tapua'au. Na tatipi e Toga o lā tulivae ma feato solo i le tolotolo; 'ua māfua ai le igoa 'o lenā tolotolo i Sāmatau, 'o Tulivae.

Na saogalēmū Tala'ifei'i i Nu'usugalu i le mea sā iai le fuāva'atau o Toga. Na iloa e le tupu 'ua faia'ina lana itū'au, ona tū mai ai lea i luga o le ma'a 'ua ta'ua 'o le Tulātala ma vala'au mai, "Sāmoa, 'ua malie toa, 'ua malie tau. 'Ole'ā 'ou alu, 'ou te lē toe sau i le aouliulitau, 'a 'o le aouliulifolau." 'Ua 'avea ai 'upu *malie toa* e fa'asuafa ai le Ao o le mālō o Sāmoa, 'o "Mālietoa."

2. Sā'afi'afiga a le Tinā o le Tuitoga Tala'ifei'i

'Oi, auē manatu e
Le tai lea 'ua gae'e
'Oi, auē alofa e
Lota au e.

Se mea o miti a 'ole'ole
Fā ita 'o mā momoe ma si ata tama
Se tā'aga a toloa na i Avalua
Se manu e filo i le tā'aga.

Tālofa i le Tuitoga, 'ua lē iloa i le tā'aga
Lo mātou ali'i e,
'Ia nātia ifo
'Ia lilo, lilo lava.

3. 'O le Talatu'u

'O le tasi fo'i lenei tala tautupu na 'āmata ai ona feso'ota'i Sāmoa ma Toga. Na usu Matamū o Sāmauga iā Muāleposo o Sili i Savai'i fa'ae'e le gafa 'o Sāmoanagalo po 'o Taulelei. 'O le ulugāli'i Savai'i lenei na alu atu la lā malaga 'o fai pōula a le malaga mai Toga ma le itūmālō o Fa'asālele'aga i Savai'i; ona afe lea mātamata i faigāsiva, 'ae fa'amoe si a lā tama i le sōliga o le va'a o Toga, na tau lata ane i le malae o pōula.

Na alu lava le va'a o Toga ma 'ave le tamaitiiti, ona lātou fa'aigoa ai lea iā Sāmoanagalo. Na afe le va'a 'i le motu o 'Ape e nofo ai le Pili e igoa iā Lesā, ona tia'i ai lea 'o si tama; 'ae tau ane i ai le Pili, ona lā nonofo loa lea i le 'āiga o le Pili Lesā, se'ia o'o lava ina tama matua. E fai i pō 'uma alaalafaga a le tamāli'i ma lenei tamaitiiti, na ala ai ona fa'aigoa iā Sāgāalaala po 'o Lesānāalaala.

Na fa'alogo le alo o le tupu o Toga e igoa iā Fitimaupologa 'olo'o iai le tama Sāmoa i le nu'u o 'Ape 'olo'o 'a'ave atu ona tala 'ua pei se ata e lafoia i maota o tupu i le tauafiafi; ona fa'ananau loa lea i ai 'o le loto o lenei tama'ita'i ma na fa'apea ai. "Sē 'ua ta'oto le ataata e taulelei ma lo'u loto." Ona maua fo'i lea 'o le isi igoa o le tama 'o Taulelei 'ātoa ma le alagā'upu a Sāmoa, "'Ua ta'oto le ataata o Taulelei."

Na i'u ina nonofo Sāgāalaala Taulelei Sāmoanagalo, ma Fitimaupologa, ma maua ai la lā fānau e to'alua. Na fai Lesā i le ulugali'i, ia fa'aigoa la lā fānau iā Sāgāalaala ma Lātūivai, e fa'amanatu ai la lā māfutaga ma Sāmoanagalo.

'O tama nei na ō i Sāmoa e asi 'āiga o o lā mātua. Manatua fo'i 'o Sāmoanagalo, 'o ona mātua 'o tagata Savai'i, 'a 'o Fitimaupologa 'o le alo o le Tuitoga; 'a 'o lona tinā o Matagitausulu, 'o le afafine o Manu'a i Seuga i Sāfata.

Na malaga tama nei i Sāmoa e su'e 'āiga o o lā mātua, e tofu ma le va'a. Sā tila le va'a o Sāgāalaala i le lā'au 'o le toa, 'ae tila le va'a o Lātūivai i le lā'au 'o le fau. Na tō i le vasaloloa le va'a o Lātūivai, 'ae taunu'u lelei i Sāmoa le va'a o Sāgāalaala' i le itūmālō o Aleipata, ona fa'asolo atu ai lea 'o le malaga 'i sisifo. Na mālōlō le malaga i le pitonu'u o Lotofaga ma feinu ai i le mata o le tufu i gātai, ma 'ua fa'aigoa ai lenā pitonu'u 'o Matātufu. Na fa'asolo pea le malaga 'i Sāfata ona fai lea 'o le mea'ai ma le 'ava i le anapapa i le vā o Fāusaga ma Fusi, e igoa 'o le pūoso.

Na fa'alogo ane le tamāloa Fāusaga e igoa iā Fuga sā fāgota, i le tapati o le 'ava; ona a'e lea 'o lona faiva ma alu ma lana olafoe o i'a, e 'ave e fai ai se mea'ai a le malaga. Fai mai Sāgāalaala iā Fuga, "Sē, 'ua e māu'ava." Ona fa'aigoa loa lea 'o Fuga iā Māu'ava. 'O ia lā lenei 'ua fai ma tafa'i o Sāgāalaala na te faia 'upu ma fa'ae'eina pāpā o le Mālietoa Sāgāalaala pe 'ā fa'ae'e le Ao i se isi.

'Ā o'o lā ina fai se ali'itaeao 'ae lē lava 'ava, ona fa'apea lea 'o le failāuga: "E fa'amālūlū atu, 'ua lē māu 'ava le tamāloa Sāfata."

4. 'Ua usu gafa Sāgāalaala i Sāmoa

Na usu Sāgāalaala iā Nato'aitele ma Gasoloalelā fa'ae'e le gafa 'o Lalovimamā, Vāetamasoāli'i ma 'Etegaugaaletuitoga (po 'o le 'Atogaugaaletuitoga). Toe usu iā Taputūsāuā i Savai'i, fa'ae'e le gafa 'o Fa'atūliaaupolu. 'O le tama lenei o Fa'atūliaaupolu na fasia e le itū'au a Sāfune ma Taulauniu i lana palugāula i le vai i gā'uta o Sili. Na māfua ai le 'upu, "'Ua māi vai o Tagaloa talu ai Sili ma Vaiafai le tāutala."

Na iloa e Taputūsāuā 'ua fasia lana tama, ona tagi tautala ai lea 'ona 'o le mā iā Sāgāalaala fa'apea: "'Oi, Fa'atūliaaupolu e, 'ua fasia lava 'oe 'a 'o fea 'o iai ali'i o Sālemuli'aga." 'O le 'āiga lā lenei o Sāgālala i Sāfata:

Na usu Manu'a i Seuga iā Manumāalaepa o Fusi i Sāfata, fa'ae'e le gafa 'o Nonu, Fagailesau ma Matagitausulu. Usu Tuisāmoa iā Matagitausulu fa'ae'e le gafa 'o Nonumaifele ma lona tuafafine o Matagitausulu. Ona usu lea 'o Nonumaifele iā Lētutupu, le tuafafine o 'Aliamānaia, fa'ae'e le gafa 'o Gauifale'ai ma Totogatā. Usu La'auli iā Gauifale'ai ma lona uso, fa'ae'e le gafa 'o Nato'aitele ma Gāsoloalelā. Usu loa Sāgāalaala iā Nato'aitele ma Gāsoloalelā, fa'ae'e le gafa 'o Vaetamasoāli'i, Lalovimamā ma 'Etegaugaaletuitoga. 'O onapō nā sā feamoa'i ai le fata o Mālietoa Fuaoleto'elau. Na alu atu La'auli e amo le fata, 'ae lagona ai e Fuaoleto'elau le mane'e o le fata. Na fesili Fuaoleto'elau po 'o ai lea 'ua sui 'ua mane'e ai le fata, 'ae tali mai le 'aufata – 'O le tama 'o La'auli. Fai mai loa Mālietoa Fuaoleto'elau, "'Ua mu'a puaneva lo'u isu; e lē tauilo ali'i fai tama'ita'i."

II. *Fāiā o Sāmoa ma Fiti*

'O Laufafaitoga, 'o le afafine o le Tuitoga sā nonofo ma Tupa'imatuna. Na ō 'i Toga mo lona ma'itaga muamua, 'ae te'i 'ua sili le va'a 'i Fiti, ona afe lea 'i Fiti fānau ai le fafine, ma fa'aigoa ai lana tama 'o Va'asili'ifiti. 'A 'o nonofo i Fiti le ulugāli'i lenei, ona nofo lea 'o le fafine i le toa o Fiti e igoa iā Lautala. 'Ae ina 'ua mana'o Laufafaitoga e toe nonofo ma Tupa'imatuna lona to'alua Sāmoa, ona malaga loa lea 'i Toga, 'ae 'ua tō fo'i Laufafaitoga iā Lautala le toa o Fiti. Na fānau Laufafaitoga i Toga 'o le tama, ma 'ua fa'aigoa iā Lelegaotoga.

Na o'o ina fo'i mai le ulugāli'i 'i Sāmoa, 'a 'ua tō fo'i le fafine iā Tupa'imatuna, ona fānau lea i luga o le va'a i le taimi 'ua 'āmata ona 'i'ite atu mauga o Sāmoa. 'O le teine lenei na fānau mai ma fa'aigoa loa iā Fotuosāmoa.

'O nōfoaga lā nei o le fānau a Tupa'imatuna ma le Toa o Fiti o Lautala, iā Laufafaitoga le tama'ita'i Toga:

- 'O Va'asili'ifiti e nofo i Vaisa'ulu i 'Iva.
- 'O Ututauofiti e nofo i Matāutu i Savai'i.
- 'O Tauaofiti e nofo i Sātaua.
- 'O Lelegaoletuitoga e nofo i Sālega.
- 'O le teine o Fotuosāmoa e nofo i Sāfotu.

Manatua

'O Va'asili'ifiti, 'o le atali'i matua o Tupa'imatuna ma Laufafaitoga, na usu iā Malelegaosavai'i le teine Tufutāfoe, fa'ae'e le gafa 'o Va'asiliuli. Na usu Va'asiliuli iā Fe'egaga i Sāgaga, fa'ae'e le gafa 'o Funefe'ai. Toe usu Va'asiliuli iā Fe'esoa le teine Sāle'imoa, fa'ae'e le gafa 'o Laifai. Na usu Laifai iā Matuaifatu i Falease'elā, fa'ae'e le gafa 'o Fotulāfai, Talalāfai, Muliagalāfai, Tupa'iloa, Tupa'ifa'aulu ma Tupa'ilafo.

E le'i leva tele le taimi na asiasi mai ai le Tuifiti i Savai'i e su'e nōfoaga o tagata Fiti i Sāmoa; ona malaga lea 'o Mālietoa ma le Tuifiti 'i Savai'i. Sā tali le malaga i le Matāutu i Gāga'emauga, 'auā 'o Tūtaga i Matāutu, 'o le nōfoaga lenā o le Tupu o Fiti. So'o se faigā'ai a le itūmālō, e muamua lava le inati o le Tuifiti. E maua ai le fa'aupuga a failāuga, "Se'i muamua mea i Matāutu Sā."

Sā'afi'afiga o Lautala (po 'o Laucala), le toa o Fiti iā Laufafaitoga
    Sā tutuli taliga sā lē fa'alogo
    'I manu lē taufaiolo
    'Ua fōtua'i le tausala,
    'A 'o 'ita ia nātia lava.

Ta 'ino'ino 'i 'ava lē fonotia
Ma 'ava lē taumafalia
Na fōtua'i i le asō
Ma le malaia.

E, le mālō o 'ie tāua
Le mālō o 'ie 'au'afa
'O lē sā fa'atata i Malie
'Ae fa'aofo i Palalaua.

'Aumaia lau pule mātou te teua
Se'i fa'amanū atu le laulumā ma le lautuā
Auē, 'ua malie ō!

'O le tele ia o tusitusiga ma molimau e fōliga ai sā nofo pologa fo'i Sāmoa iā Fiti. E fa'apenā fo'i tala o a tātou measina e pei 'o le 'ava ma le mālofie a tamāli'i; 'ua pei 'o ni mea nonō mai Fiti.

'Āfai e talitonuina e Sāmoa le tala i tamāli'i 'o Tilafaigā ma Taemā, 'o tama'ita'i Sāmoa moni nā, sā fe'ausi solo i le Vasa Pasefika fa'atasi ma a lā 'atoau ma a lā malu 'ua 'uma ona tā, ona fa'amaonia lea 'o le tatau, e lē 'aumaia i Fiti; 'ae na alu le malaga a teine, afe 'i Fiti, ma iloa ai e teine Fiti le tāaga o malu, e ala ai ona tatā na'o malu a teine o Fiti. 'O lona uiga, e lē 'o se aganu'u a Fiti 'auā lātou te lē 'o fa'aauauina lea aganu'u; 'a 'o le measina tōtino a Sāmoa, 'olo'o fa'aauau pea e tamāli'i e pei 'o Su'a ma Pōuli, 'o ē na māvaeaiina i ai le faiga o lea aganu'u tūmau.

III.   *Fāiā o Sāmoa ma To'elau*

'O le atunu'u 'o To'elau e tuā'oi ma Sāmoa i le itū i mātū. 'Ā agi mai se matagi i le itū i mātū o 'Upolu ona fa'apea lea 'o toea'i'ina Sāmoa, "Ua agi le to'elau, 'ua o'o fo'i i le taimi o le vāipalolo." 'O To'elau 'o le motu 'amu'amu na māfua ina 'ua ta'e ma salalau le ma'a sā tū i le ava. 'O lea ma'a sā fai ma o lātou Atua po 'o se tupua sā ifo i ai tagata.

1.   'O le Talatu'u a To'elau:

'O le manulele e igoa 'o le fua'ō na alu ifo ma lana i'a 'o le ulua, tu'u i luga o le tupuama'a lea sā tū i le ava. 'O le isi pō, na pāpā ai fāititili ma fe'emo uila; ona malepe ai lea 'o le ma'a ma fa'aigoa ai lenā ava iā Teavafatu. Na vaelua le ma'a 'ae maua mai ai le ilo (maggot) i totonu.

'O le ilo lenā na liu tagata, ona faiāvā lea i le teine Sāmoa; masalo 'o se teine Savai'i; e fua 'ina ta'u so'o le igoa Savaiki i le augātupu a To'elau. 'O le augātupu o To'elau na 'āmata mai iā Teavafatu, lea na faiāvā i le teine Sāmoa; na maua ai le tama 'o Pio. 'Ona toe faiāvā lea 'o Teavafatu i le teine To'elau, ona maua lea 'o le tama o Kovasefanua, ma 'avea loa ma tupu o To'elau e nofo i Fakaofo. Na soso'o ma lona atali'i o Tevaka.

2.   'O le fa'asologa lenei o Tupu o To'elau
1.   'O le Tuito'elau muamua 'o le Tupuama'a sā ifo i ai To'elau
2.   Teavafatu I
3.   Tevakafanua

4. Tevaka I
5. Savaiki I
6. Leua
7. Talaifue
8. Savaiki II
9. Teavafatu II
10. Letaiola
11. Lika
12. Vaopuka
13. Tāvita
14. Tetaulu
15. Savaiki III

E tele tagata To'elau na la'u mai e misionare e ā'o'oga i Sāmoa; 'o ni isi 'ua 'avea ma faife'au tausinu'u i Sāmoa. 'O isi 'ua 'avea ma matai e pei 'o le To'elau sā suafa iā Vaeila i Sātalo; sā fa'aigoa lona atali'i iā Teavafatu le suafa o le isi tupu o To'elau.

E o'o mai lava i lenei taimi 'olo'o gālulue fa'auō pea Sāmoa ma To'elau i mea tau mālō 'ātoa ma faiga fa'a'ekālesia . 'O le tausaga e 1996 na fa'ato'ā vavae'ese ai le 'ekālesia a To'elau mai le 'ekālesia Fa'apotopotoga Kerisiano i Sāmoa 'ona 'ua faia la lātou lava 'ekālesia Tūto'atasi i To'elau.

'Ia vī'ia le Atua 'ona 'o le tele o atina'e a To'elau. Masalo e lē 'o toe mamao fo'i 'ae tūto'atasi se mālō fou o To'elau, 'ona 'ua maua lo lātou poto māsani i faigāmālō a Sāmoa.

IV. *Fāiā ma Java o 'Asia i Saute Sasa'e*

E mata e fa'amāonia e Sāmoa e iai so lātou fāiā ma le atunu'u o Java; 'auā e tāli tutusa isi o a lātou 'upu o le gagana ma a tātou 'upu e pei 'o 'upu ia:

Javanese	*English*	*Sāmoan*
fitou	seven	fitu
manava	belly	manava
manu	bird	manu
kanaka	man	tagata
kina	mother	tinā
nifu	teeth	nifo
fafini	woman	fafine
karinga	ear	taliga
congo	six	ono
feku	star	fetū

GĀLUEGA FAUTUAINA

I. *Gālulue i mea ia:*

1. Fa'avasega ou lagona i mea tau fāiā.
   Fa'ata'ita'iga:
   a) Mea 'ua 'uma ona 'ou iloa
   e) Mea fou 'ua 'ou iloa nei
   i) 'O isi mea 'ou te fia iloa

2. Fa'avasega mea e tutusa ma mea e 'ese'ese ai manatu o le vasega

3. Filifili ni tala 'olo'o i le Iunite e fau ai koneseti a kulupu e fai ai se tauvāga.

4. E mānaia fo'i 'ae fai se project e pei 'o se ata fa'asolo o se tīfaga, po 'o ni slides o fāiā o Sāmoa ma isi atunu'u.

5. Fatu ni fāgogo i se va'aiga fa'alemāfaufau i talatu'u o Sāmoa 'olo'o 'aumai ai ni fe'au aogā.

6. Su'e i faletusi ma 'Ofisa o Sāmoa i atunu'u 'olo'o ā'o'oga ai, pe maua ai ni slides o fōliga o tagata anamua.

II. *Fautuaga mo Faiā'oga*

a) E fautua atu ma le fa'aaloalo i faiā'oga o ē e fiafia e a'oa'o lenei matā'upu o fāiā fa'atūmua, 'ina 'ia fa'alautele a'oa'oga i ni gāluega fa'atino a tamaiti e ala i gāluega tūsia i pepa ma gāoioiga e fa'atino ai tala (Role Play) 'ina 'ia faigōfie ona mālamalama i uiga o fa'a'upuga o tala; 'ae 'aua le na'ona fa'amatala o tala 'u'umi, ma le tupu o le fia momoe ma mumusu ai e 'ave le matā'upu; 'auā 'ā tautala umi le faiā'oga, ona fa'afāgogo tagia'o lea 'o le tala.

e) Iloiloga: E lē gata ina fa'atino le mālamalama i le faiga o tāga o tala, 'a 'ia faia fo'i ni su'ega e iloilo ai le tomai o māfaufau o tamaiti (Quizzes) fa'avāitaimi e 'ese mai i su'ega tetele 'o le Midterm ma le Final.

i) 'Olo'o fesoasoani atu lenei tusi mo ia gāluega fuafuaina ma iloiloga o matā'upu.

ILOILOGA O LE TOMAI

I. Tali fesili nei:

1) Fa'amatala uiga o le 'upu fāiā ma le 'upu tūmua.
2) 'O ā ni 'auala se ono na māfua ai fāiā fa'atūmua o Sāmoa?
3) 'O le ā le 'ese'esega o le usotū'ofe ma le usotāufeagai?
4) Se'i tusi mai se fāiā o se usotaufeagai 'ua e iloa.
5) 'O fea se 'āigātupu o Sāmoa e tau i ai gafa o ou mātua?
   Fa'amatala le fāiā.
6) Se'i fa'amatala mai se aogā o Pilipa'ū iā Sāmoa ma lona mālō.
7) 'O le ā se ala 'ua 'āiga ai tagata Sāmoa ma Fiti?
8) Fai sau tala i le Fale'ula o le Tuimanu'a.
9) 'E te iloa tuā'oi o lou itūmālō?
10) Tusi mai fa'alupega o Sāmoa 'ātoa.

II. Fai mea ia:

1) Fau se lā'au (family tree) o lou lava 'āiga.
2) Tusi sau solo e fa'aali ai lou fiafia iā Tuna ma Fata 'ona 'o le
   tutuli'esega o Toga mai lau'ele'ele o Sāmoa.
3) Fa'atulaga mai i se ala apefa'i mamalu o tamāli'i o Sāmoa
   'Āmata mai i Tama a 'Āiga e o'o i le lautīnalaulelei.

FA'ALEOGA MA FA'AUIGAGA O 'UPU

'Upu	*Uiga*
'āigatupu	'o ta'auso o 'āiga maualuluga tautupu
'auāpō	igoa o le itū tete'e o le mālō o Manu'a
ālātaua	igoa o le itūmālō e ta'ita'ia 'autau
ali'i fa'atui	tamāli'i maualuluga o Manu'a
alofi o ali'i	saofa'iga a matai e fai ai le 'ava/agatonu
aualuma	igoa o le mālō o Manu'a
augātupulaga	fa'asologa o augāfanau
Itū'au ma Ālātaua	fa'alupega o Fagasā ma Nu'uuli
igagatō	taui o le agalelei
itū'au	'o le isi 'autau
'ua 'asa le mafuapua	'ua leai se aogā o le manogi o le 'ulāpua
usoali'i	ali'i 'uma
usotāufeagai	uso e tamā fa'atasi 'ae tinā 'ese'ese
usotū'ofe	uso e tamā ma tinā fa'atasi
fa'a'autama	'āmataga o se pepe fou (child)
fa'ailoilo	tau fa'ailoa mai
fa'alupega	o pa'ia ma mamalu o tamāli'i
fa'asavai'i	'o faiga a Savai'i
fa'atamāli'i	āmio filēmū ma faiga fa'atamāli'i
Fa'atui	fa'aao
fa'atūmua	'auala po 'o gāoioiga a tūmua
fāiā	feso'ota'iga
fāiā tau usuga	feso'ota'i se 'āiga 'ona 'ua feusua'i tamāli'i
fāiā tausuafa	feso'ota'i i le suafa matai
fāiā tautoto	feso'ota'i 'ona e toto fa'atasi
fale o fa'atufugaga	fale e fuafua ai le faiga o le mālō
fale o Pule	fale e pulea ai ma fa'atūlaga ai matāfaioi
Fale'ula	maota o le Tuimanu'a
Faleagafulu	fa'alupega o Tutuila, sefulu to'oto'o o malae o Tutuila
Faleono o le Atigaga	itūpaepae o le 'āiga sā Malietoā
falepogisā	fale fono o Manu'a
fatua'i'upu	fatufatuga o 'upu o le mālō
fesilafa'i	feiloa'i i fofoga
feusua'iga	fa'aipoipo, faigā'āiga
Fofō ma Aitūlagi	fa'alupega o le Falelima i Sisifo
fono tauati	fono e tāla'ina 'uma ai tamāli'i ma failāuga o le itūmālō

fōnoa	malae 'ua fai ai le fono
fuilauvī	fa'a'ī o le i'a
gafa	fāiā po 'o se feso'ota'iga
Lā'auamotasi	Tuimanu'a sā feamoa'i
matūpālapala	taui o le tautua lelei
Māu'ava	tamāloa Sāfata
mu'apuaneva	manogi o le u'u a La'auli, sogitia
pā	e lē fānau
papatua	'apatā 'apa'au pei se moa
pōula	pō e fai ai siva ma faleaitu
poutū	pou tūtotonu o le falesāmoa
pule	nu'u ta'ita'i o le itūmālō, fa'alupega o Savai'i
sā Tagaloā	'āiga o Tagaloa
Sā'ole ma le Launiusaelua	fa'alupega o Aunu'u ma Pago Pago
sami sagosago	'ogāsami sā fai ai fesagoa'iga a Mālietoa ma le Tuimanu'a
sami sāmasama	'ogāsami 'ua sāmasama
sauali'i	aitu tagata
sauauli	tuapā o le 'a'ai e fafaga ai pua'a
si'igāali'i	si'i se ali'o o le isi itūmālō e le isi itūmālō
sogā	igoa o le lā'au
su'egāmālō	taumafai ia maua se mālō
Sua ma le Vāifanua	fa'alupega 'o le Falelima i Sasa'e
susū	āfifio mai, alaalata'i mai
taitafola	'ogāsami e malū, e mafola e leai ni 'amu 'ae papa'u
talatu'u	tala o le vavau sā tu'utu'u taliga
to'oto'o	lā'au e toto'o i ai le tulāfale pe 'ā lāuga, tulāfale e lāuga, mea faigāluega a le failāuga
To'oto'o o le Fale'ula	failāuga sili o Manu'a
tūmua	tū muamua, pito i luma, ta'ita'i
vaimāgalo	fa'alupega o Sōtoa ma Gālea'i i Manu'a. E māgalo ai le 'aunofosala.
Bright House	fale 'i'ila, fale o sā Tagaloā

IUNITE II: 'O VAVAU PAEPAESOLO

IUNITE II: 'O VAVAU PAEPAESOLO

Fa'asologa o Matā'upu

'UPU FA'AILOILO

'O le uiga o lea 'upu *vavau*, 'o le 'āmataga o se mea, po 'o le 'āmataga o se talitonuga, po 'o se fa'amaoniga fo'i o se tala, po 'o le lagisoifua o se tala. 'O le uiga o le 'upu *paepaesolo*, 'o ni mea 'ua fola solo 'ae lē tu'ufa'atasi i se nōfoaga malu e puipuia ai, po 'o 'ua fa'atalalē fo'i i ni mea tāua.

'Ua mo'omo'o fa'alupe o naumati fānau a'oa'oina a Sāmoa i nei onapō i lo lātou fia maua 'o fa'amatalaga sa'o o māfua'aga po 'o pogai o mea tōtino ma measina a Sāmoa mo le fa'alauteleina o lo lātou tomai ma o lātou agava'a, i 'upufai ma fa'avae o lo lātou atunu'u, 'a 'ua lē lava 'auala ma ni fa'amaumauga e tua 'i ai.

Tātou te lē fāitio 'i o tātou tua'ā 'ua mavae, 'auā e le'i lava le iloa e fa'amaumau ai ia mea, ma e le'i iai ni fale lomitusi ma ni *archive* e teu mau ai. 'O le ala lea 'o le sā'i o fānau ma toe salamō tagata a'oa'oina o taimi na o'o mai ai misionare, 'i le lē lava o le fa'amāopoopoga o tala o le vavau. E ui 'i lea, 'olo'o soifua le Atua o le vavau, e 'avea ai ni isi tupulaga o nei aso 'o ni sāpenapaenea, po 'o ni fa'amatala mealilo e ala i le musumusuga a le Agāga Pa'ia.

'O le uiga lē manuia o mātua anamua, 'aemaise lava tamāli'i ma failāuga, 'o lo lātou tāofiofi o fa'amatalaga e tatau ona iloa e a lātou fānau e uiga 'i māfua'aga o lea mea ma lea mea i totonu o 'āiga, nu'u, ma itūmālō, 'ae tainane fo'i le atunu'u 'ātoa. Sā iai lava lo lātou manatu fa'apito, na fai ma pāpupuni 'o le taumafai lautele 'o le 'autautua, 'ona 'o le manatu e 'aua le fa'alauiloaina a lātou meatōtino ne'i popoto ai fua fānau a isi. Sā iai fo'i se manatu anamua i le faiga o 'āiga, sā fa'avasega ai tagata fa'apea: 'o fānau a tamāli'i isi, 'a 'o fānau a tūfanua isi.

Fa'afetai i le alofa o le Atua, 'ona 'ua na fa'apupula mata o ē tauaso ma na fa'alogoa taliga o ē sā lē fia fa'alogo i 'uputu'u a le atunu'u, 'auā 'o lea 'ua taunu'u fa'alepō ma fa'aalia vavau 'olo'o paepaesolo i laufanua sā tau fa'amatala e ona tagatāfanua o le 'āmataga .

'Ua mou atu mātua ma o lātou si'osi'omaga; 'a 'olo'o totoe pea nai fa'amāoniga o a lātou tala sā fa'amatala. E tusa lava lā pe na'o ni nai ponati o tafu'e o lā'au, ma ni 'auivi o meaola e pei 'o manu ma i'a, e o'o lava i tagata; po 'o ni ma'ama'a ma ni fasipapa fo'i, 'a 'olo'o ātagia mai i'inā mea moni 'olo'o fonofono ma so'oso'o ai tala 'o le vavau 'ua motumotu ma paepaesolo i vāifanua o Sāmoa. E ui ina 'ese'ese talitonuga fa'avāifanua, 'ae 'auga lava i le mea e tasi.

E lē tatau lava ona fāitioina e le isi Sāmoa su'esu'ega ma tusitusiga a isi Sāmoa e uiga 'i ona tala o le vavau; 'ae tatau ona tau fa'afeso'ota'i fa'amatalaga mai lea augātupulaga i lea augātupulaga 'ina 'ia fa'afaigōfie ai le feso'ota'iga o gafa o le atunu'u, 'aemaise lava 'āiga māualuluga o le atunu'u 'olo'o sapi ai nei ona tagatānu'u i ona fa'alupega mātagōfie. E tāua tele le mālamalama 'i tala o le 'āmataga o se atunu'u ma mea na tutupu i lea taimi ma lea taimi.

'O le ā se vavau 'olo'o tātou manatua pea mai tala o le Tusi Pa'ia? E leai se isi o tātou na va'ai i le fa'ato'aga i 'Etena, 'ae 'ana leai le tala o le vavau e uiga 'i le fa'ato'ilaloina o 'Atamu ma 'Eva e le gata, ma lo lā lē mālamalama i le pule faito'atasi a le Atua, tātou te lē maua fo'i ia a'oa'oga lelei.

'A 'o ai o Sāmoa na te fa'amaonia na ōmai moni lava o tātou tagatāfanua mai 'Europa po 'o 'Āsia, Mesopotamia ma 'Isaraelu, e pei ona tūsia i le tala o fōlauga a tagata Polenesia na 'āinā ai Sāmoa? E fa'apēfea fo'i ona tātou talitonu i lo tātou lanu 'ena'ena 'olo'o fīnau ai le 'autusitala fa'apea 'o tagata Sāmoa e i le li'o o tagata Melanesia 'ae lē 'o Polenesia, 'auā 'o Sāmoa e tutupu mai 'iā Hamo?

'A ui ina ta'u Sāmoa e papālagi su'enu'u, 'o "Sāmoa o tagata folau," ona āvaga ai fua lea o la tātou tōfāmanino i le mea moni na tutupu a'e ai o tātou tagatāfanua? E fa'apēfea fo'i lā ona lē fa'amatalaina e o tātou tagata o le vavau, le 'auala sa'o na ōmai ai 'i totonu o Sāmoa, 'a 'o lea lātou te fa'amatala o lo lātou lava tupu'aga, na 'āmata mai e le moa o lo lātou laufanua ma māfua ai ona fa'aigoa i le 'upu, Sāmoa? E fa'apēfea ona 'e mālamalama i le fauga o le 'Olo i Pāpelu ma le ala na fa'a'ese'esea ai e le Atua gagana a tagata 'ua ala ai ona 'ese fa'aleoga o le gagana a Sāmoa?

E ui lā 'i ia mau fesili 'olo'o fa'avaitu'uipu i manatu o le 'ausu'esu'e e uiga 'i tala o le vavau, 'ae tatau lava ona iai ni tala fa'avāifanua o Sāmoa lātou, mai le 'āmataga o lo lātou lalolagi tātou te talitonu i ai, ma tausisia pea lo lātou moni.

E lē mafai ona talitonuina fa'atasi e tagata Sāmoa se tala po 'o ni tala, 'auā 'o Sāmoa e tala lasi, ma 'olo'o iai uiga fāumālō i ona tagata. E fa'apei fo'i ona 'ese'ese atua sā tāpua'i 'i ai tagata Sāmoa anamua, e fa'apēnā fo'i ona 'ese'ese talitonuga i o lātou tala'aga.

Fa'afetai i le Atua 'ona 'o le fa'atupuina o le sogasogā o tagata su'enu'u fou, ma lo lātou fa'amaumauina o ni nai motugā'afa o a tātou tala o le vavau 'olo'o paepaesolo i le lalolagi ma le Pasefika, 'aemaise totonu lava 'o Sāmoa; e ui ina tusia i manatu fa'asaienitisi. E ui fo'i ina itiiti le falute o tala moni o Sāmoa 'ua solo mai nei, 'ae tatau ona tātou fa'afetai, 'auā 'ua 'o se itiiti a legamea, e sosolo ma tupu pea le fiailoa se'ia o'o ina iloa le mea moni.

'Ua iai lava le mana'o ma le fa'amoemoe ola i tama fānau a'oa'oina a Sāmoa ma le mamalu o le 'autusitala, 'ina 'ia sāga aoao mai pea manogi o lo tātou lolo mai le anoanoa'i o tala o le vavau a Sāmoa 'olo'o paepaesolo i ona vāifanua, 'ina 'ia fa'atupuina atili ai le iloa o a tātou mea tōtino, ma tupu ai lo tātou lotonu'u ma le loto tauivi, ma mitamita ai pea lava i le suafa pele o Sāmoa.

E mana'omia ai le lagolagoina e isi Sāmoa su'esu'ega a isi Sāmoa, mo le lelei o tagata lautele 'o ē 'olo'o gālala i le fia inu i le vai'eli i Petele'ema 'olo'o i faitoto'a; e pei ona momo'o 'i ai le tupu o Tavita (I Nofoa'iga Tupu , matā'upu 11, fuai'upu 17). "Ta fia inu vai ai le vai'eli o Petele'ema 'o iai i le faitoto'a."

'Ātonu lava pe toe sefulu i le luasefulu ni senituri ona mafai lea 'i se maliega 'autasi a le 'autusitala ma le mamalu o le atunu'u o ē e fa'asino tonu 'i ai talatu'u ma fāgogo a le atunu'u, ona lātou tu'u fa'atasi fa'amatalaga 'ese'ese; ona fai lea ma tala moni e fau ai se tusi o le Tala Fa'asolopito o Sāmoa mai tala o le vavau, ma 'ia so'o fa'atasi ma tala o onapō nei, 'ina 'ia 'autasi ai Sāmoa mai lea tupulaga i lea tupulaga o lenei meleniuma fou 'ua tātou aulia.

Manatua, 'ana leai vavau, e lē fa'amaonia talatu'u ma fāgogo a Sāmoa. E lē fa'amaonia fo'i suafa o 'āigātupu o Sāmoa. 'O nu'u lava e fōliga fa'atasi vavau ma tala o a lātou meatotino, 'o nu'u fo'i nā e fāiā ma āiā 'i ia vavau.

54

MATĀ'UPU I: AOGĀ O TALATU'U MA FĀGOGO

I.   *'O le ā se aogā o Talatu'u ma Fāgogo?*

'Ana leai ni tala tau musumusu ma tu'u taliga mai e o tātou tua'ā 'ua mavae, tātou te lē iloaina po 'o fea na māfua mai ai suafa o tamāli'i ma o lātou fa'alupega; ma o lātou tulāgāmaota, laoa ma malaefono, ma vāevaega o itūmālō ma o lātou tuā'oi. E fa'apea fo'i tulaga mamalu ma fa'avae o aganu'u ma aga'ifanua 'ātoa ma le gagana fa'afailāuga. 'Ana leai fo'i tala o le vavau ma tala fa'afāgogo, tātou te lē mālamalama i faiga o sāuniga fa'apitoa o le aganu'u, e pei 'o le fa'aaogāina o le lā'au 'o le 'ava i taligāmālō; le fa'aaogāina o maniti a tamāli'i i le ta'iga o sua ma si'i i fa'alavelave Fa'asāmoa; ma semanū fo'i tātou te lē iloaina, po 'o ai o tātou tupu māualuluga ma o tātou ali'itai; 'ae fenūmia'i ai lava ma feluea'i solo fa'alou lē magā, ma e leai ai lava se vāfeāloa'i o tamāli'i ma tagatānu'u. 'O fāiā lā fa'atūmua mai talatu'u, 'ua māfua ai le sōloga manuia o le vāfeāloa'i o le atunu'u; 'ona 'ua vāvālalata feso'ota'iga i 'auala nei:

1.   'O feusua'iga a tamāli'i lea 'ua maua ai gafa ma fāiā o 'āiga tau tupu ma o lātou itūmālō.
2.   'O matūpālapala 'ona 'o le lotonu'u ma le totoa i le faiga o taua ma le tautua fa'afale'upolu.
3.   'O le lima mālolosi ma le tele o le tamāo'āiga o fanua, ma fua o le lau'ele'ele, 'ua māfua ai ona fefa'asoaa'i ma feāiāa'i, e pei ona fai e 'āiga potopoto.
4.   'O vaegātama ma si'igāali'i a itūmālō 'ua maua ai fāiā o isi itūmālō ma isi itūmālō.

'Ātoa ma le tele o ni isi 'auala fa'alēiloga 'ua te'i ai lava 'ua feso'ota'i 'āiga tamāli'i o Sāmoa, e ala i le Talalelei.

E lē 'o se mea lē aogā le mālamalama 'i fa'amatalaga o aganu'u ma le gagana mai anamua, 'auā 'olo'o fa'aauau pea lo lātou fa'aaogāina i fōliga va'aia i le faiga o aganu'u ma faiga o lāuga a failāuga; e pei 'o alagā'upu ma muāgagana mālie a failāuga, 'o tāeao, 'o feiloa'iga ma māvaega a tamāli'i. E ui ina fai mai isi tagata e lē moni ni isi mea, 'ae lē āfāina, 'auā e taulia fo'i talafatu lātou ma fāgogo. 'O ia mea 'olo'o sāga fa'amālie ai le ōlaga, ma sāga fa'amau'oloa ai le gagana Sāmoa. E leai se atunu'u e lē 'o tausisi 'i ā lātou talatu'u po 'o *oral traditions*; 'ae tele fo'i isi o a lātou tala tātou te lē iloa pe moni pe leai.

'O le mea e sili ona fa'afetai ai, 'o le tau tōmānatu o nai o tātou mātua, ma tau fa'amatala 'i misionare ma papālagi na lātou fa'amaumauina nai moia'a o aganu'u ma le gagana a matai.

'Ia, 'o fea lā na maua mai ai lou suafa matai ma lou igoāipu? 'A 'o fea na maua mai ai lou tūmua ma lou pule, po 'o ou fāiā fa'atūmua ma fa'apule? Ae na maua fa'apēfea ou to'oto'o ma ou tauto'oto'o?

'O Sāmoa 'o le atunu'u tofi; na fānau mai lava le tagata Sāmoa 'ua iai lona tofi. E lē 'o se atunu'u taliola, e lē tatalia le fiaola ma ni o lātou tofi i ni isi tagata 'ese. 'O Sāmoa 'o le atunu'u tamāli'i; 'o Sāmoa fo'i 'o le atunu'u e fa'avae i le Atua ma le Keriso toetū; 'ua lē 'o toe su'ea ai ni ona manuia fa'atūmua pe fa'apule i ni taua, 'a 'ua pule aoao le Atua soifua. 'O le ala lea 'ua mafai ai ona tūto'atasi ana faigāmālō, ma ana faigā'ekālesia.

II.   'O le ā se 'ese'esega o Talatu'u ma Fāgogo?

1. 'O *talatu'u*, e maua ai 'upu tu'u po 'o fa'amatalaga o mea moni sā va'aia ma ola ai tagata o se atunu'u, ma sā tu'ugutu fa'asolo mai 'i augātupulaga o le vavau se'ia pā'ia taimi o le mālamalama; 'ua mafai ai ona tūsia 'i pepa ma 'ua molimauina ai le tomai o tua'ā 'ua mavae.

'O ia tala sā malaga mamao mai i alā'ea o fofoga o tagata mai lea tupulaga i lea tupulaga. 'Āfai lā e mōtusia le alā'ea, ona motu fo'i lea 'o le tala ma toe tau tōmānatu lona soso'oga. E o'o mai lā le tala i le mea e muta ai, 'ua sui 'ātoa le manatu ma le uiga o le tala, 'aemaise le nōfoaga na 'āmata mai ai le malaga a le tala; 'o le ala lea o le lē tutusa 'o talatu'u a nu'u ma itūmālō. Pau lava le mea e tatau ona tulimata'i, 'o se fe'au aogā 'olo'o 'aumai e le tala 'ātoa ma lona lagisoifua po 'o se vavau.

2. 'O *fāgogo*, 'o tala ia e fatu e tagata fa'atatau i āmioga ma aga a tagata i faiga o a lātou aganu'u. E fōliga fāgogo i ni fa'alepō po 'o ni miti mālie 'ua fa'aali mai i se ata fa'asolo. E lē āfāina pe sa'o pe sesē, pau lava le mea, 'ia mālie e pei 'o se faleaitu e toē ai tagata; pe 'avea fo'i ma tala fa'amomoiloto e fa'afetāgisi ai isi.

'O le mea e sili ona tāua 'i le fāgogo, 'ia maua ai fo'i se a'oa'oga aogā ma se fe'au e a'oa'oina ai tagata.

'Ā 'e lē fa'a'auē lā 'i se fāgogo, 'o lona uiga 'ua e moegase; e pei lava 'o lā 'ua 'e toe moe i le vaveao. E tagi atu lava lā le fāgogo, 'ae 'e te lē fa'alogo mai, 'ua mua ona 'e ta'agulu; ona maua ai lea 'o le 'upu a failāuga: "'Ua fa'afāgogo tagiao au fa'amatalaga."

3. Faitau i *talatu'u ma fāgogo* ia, po 'o ā ni fe'au aogā ma ni a'oa'oga e maua mai ai.

i) 'O le ulugāli'i Uafato, e igoa 'iā Tanu le tamāloa 'ae igoa 'iā Fili le fafine. E iai la lā fānau e to'alua: 'o Sina le teine ma le tama na fānau mai e leai ni vae. Na mamā le ulugali'i 'i fōliga o le tama, ona 'ave lea tu'u i luga 'o le ma'a e lata i le apītāgalu; ona malaga lea 'o Sina ma ona mātua aga'i 'i le itū i Sisifo o le motu.

Na taunu'u le sopo a le 'āiga lenei, ona nonofo lea i le 'āiga o Mālietoa, ma tautua ai 'i le ali'i. 'Olo'o fa'amanatu pea igoa o lenei ulugāli'i, 'ona 'o le tūlāgāmaota o Mālietoa i Tuana'i. Na lagona e Sina le alofa 'i lona tuagane, 'o le pepe e leai ni vae lea na tia'i i luga o le ma'a e lata i le sami; ona toe fo'i lava lea 'i Uafato e asi. E alu atu Sina, 'ua ola le tama ma 'ua iai ona vae; ona tago atu loa lea 'i si ona tei 'ua fafa ma sopo loa i Tuamāsaga. 'O le igoa o le alasopo i Uafato na fafa ai e Sina si ona tei, 'ua ta'ua o Alofao'o.

'Ua tēte'i le 'āiga i Tuana'i 'ua tutū Sina ma lona tuagane 'ua tutupu vae, 'ae leai se igoa o le tama. 'Ua mālosi nei le tama ma 'ua 'aulelei. E lē fefe fo'i 'i se isi, 'auā 'ua iai le mana fa'atēmoni. 'O aso na nofo ai le tama i le 'āiga o Mālietoa, na sā ai le sami ona toe fāgotaina, pe solia e se isi le alofitai. Na fai le tama i ona mātua pe mafai ona alu e asu ane ni sami e fai ai a lātou mea'ai; 'ua lēlavā 'ai mea māgalo; 'ae fai atu Fili, "Tā e! 'aua 'e te alu ne'i māumau lou ola; e faigatā ilāmutu o le ali'i 'olo'o nonofo i le sami."

E le'i fīnaua'ia le tama, 'ae 'ua alu pea. Na'ona tū atu lava 'o ona vae i le sami, 'ae se'e ane loa le 'aveau fe'ai; ona tago loa lea 'o le tama, fegauia'i vae o le 'aveau. Ona fai a'e loa lea 'o le 'aveau i le tama, "Fa'amolemole ta fia ola." Ona lē fasi matea lea 'o le 'aveau, 'a 'ua fa'afaō ona mata i le ilititai e fai ma ana sala. Ona fa'amāvae loa lea 'o le tama i ona mātua, 'ae toe fo'i i lona tinā na fa'afāileleina ia. 'O ana 'upu fa'amāvae i ona mātua e fa'apea, "'Ā toe iai se isi mea e āfāina ai 'outou, 'aua ne'i galo Tā ē 'o i Ātuā."

'O ā lā mea tāua o le aganu'u 'olo'o ta'u mai i le tala, 'ātoa ma se a'oa'oga tāua mo 'oe?

- 'O le ā le ulutala moni lava o lenei tala?
- 'O ai le tagata 'olo'o 'autū i ai le ata? (*main character*)
- 'O ā ni vavau se lua e mafai ona 'e ta'u maia 'olo'o iai pea i Sāmoa i aso nei e fa'apine ai lenei tala?
- 'O ā ni au alagā'upu e maua i lau faitau i le tala.
- 'O ai lā le igoa 'ua fa'aigoa ai nei le pepe vae mumutu?
- 'O fea nu'u ma itūmālō 'olo'o iai 'āiga o Sina ma lona tuagane.
- 'O le ā se māfua'aga o le fa'asā ona tū se isi i le sami i lenā taimi?
- E mata lā 'o se fāgogo po 'o se tala moni?

ii) 'O Funefe'ai 'o le tamāli'i o Sāfune i Savai'i. Na usu Funefe'ai 'iā Leaotoafaigā, fg 'o Tagaloa. Toe usu 'iā Tauanu'ufaigā o Letogo i 'Upolu, fg 'o Utufa'asili. Na usu Tuiātua Fepulea'i 'iā Utufa'asili ona maua lea o Tologataua.

Na sau le malaga si'itōga mai Savai'i e ō 'i Aleipata e momoli tōga o le teine o Utufa'asili mai lona tamā o Funefe'ai, 'ae le'i sau ai le ali'i, na'o tulāfale o Sāfune. Na fo'i tulāfale 'i Savai'i ma le tala fiafia i le talileleia o la lātou malaga e Fepulea'i. Peita'i, na fesili Funefe'ai i tulāfale pe na 'aveane 'iā lātou le 'atopūmo'omo'o a le Tuiātua, 'a 'o le tali a tulāfale, e leai. Ona lē malie loa lea 'o Funefe'ai ma fai atu loa i le nu'u e sāuni se taua e si'i i 'Upolu 'iā Fepulea'i.

Na sau le fuāva'a ma taunu'u i Letogo, 'a 'olo'o fa'atali atu ai Utufa'asili ma lona ma'itō. Na va'aia loa e Funefe'ai lona afafine 'ua ma'i, ona tolo loa lea 'o le taua 'ua lē o'o, 'ona 'ua alofa 'i le ma'i o lona afafine, ma 'ina ne'i fānau lana tama, 'a 'ua sūsū nafinafi 'o fale'upolu. Na fānau Utufa'asili ona fa'aigoa lea 'o lana tama 'iā Tologataua.

'O se tala moni lā pe se fāgogo? Mafaufau loloto 'i le 'ese'esega o tala o le vavau 'ātoa ma ni mea aogā o le aganu'u 'ua 'e fa'ato'ā iloa 'ona 'o lenei tala.

- 'O le ā sau ulutala fetaui lelei mo lenei tala?
- 'O se uso tāufeagai po 'o se uso tū'ofe Tagaloa ma Utufa'asili?
- 'O ā uiga o igoa nei: Tologataua, Sāfune, Tagaloa, Funefe'ai?
- Mate mai po 'o le ā lea mea e ta'u 'o le 'atopūmo'omo'o a le Tuiatua.
- 'O le ā se isi fa'a'upuga e 'ave i nafinafi o fale'upolu?
- 'O ā suafa matai māualuluga 'olo'o ta'u i le tala?
- 'O fea sā nonofo ai Utufa'asili ma lona to'alua 'o Fepulea'i?
- 'O ā māfua'aga tatau na tolo ai le taua e Funefe'ai?
- 'E te iloa ni fa'alupega o Sāfune?
- Fau sau lā'au o le 'āiga o Utufa'asili e 'āmata mai 'iā Funefe'ai e o'o mai 'iā Tologataua, le tama a Utufa'asili.

57

MATĀ'UPU II: 'O LE FOAFOAGA O SĀMOA
E ONA TAMĀLI'I 'O LE VAVAU

I.   Tala o le Foafoaga o Sāmoa

E lē tasi se tala i le foafoaga o le lalolagi o Sāmoa 'ātoa ma le fa'aigoaina o le atunu'u i le 'upu "Sāmoa." E ui lava ina 'ua tātou mālamalama ma talitonu nei 'i lo tātou Atua soifua ma ana fuafuaga poto o lana mātaisau mātagōfie, 'ae tatau lava ona iai se tala'aga o mea tōtino a Sāmoa 'olo'o tutupu ma ola i ona lau'ele'ele 'ātoa ma le feso'ota'i atu o ia mea i le ōlaga o tagata.

'O le mea lea, e tatau ai lava ona tātou talia fa'amatalaga sā tu'utu'u gutu ma tu'utu'u taliga mai i lea tupulaga ma lea tupulaga e o tātou tua'ā. E tatau ai fo'i i o tātou tupulaga ma tupulaga o le lumana'i ona puipui ma teu mau, 'ae 'aua le lē āmana'ia ma fa'atalalē 'i ai, 'auā e leai lava se atunu'u e leai ni ona fa'avae ma ni ona tala fa'alaufanua.

Fa'afetai i faife'au misionare na 'aumaia le Talalelei i Sāmoa e pei 'o Reverend Thomas Powell (Paueli) ma Reverend George Turner (Tana) 'aemaise fo'i John Williams (Ioane Viliamu) i lo lātou fa'amaumauina o fa'amatalaga e uiga 'i talitonuga o tua'ā mātutua; 'o ē na soifua i tala atu o le o'o mai o le lotu, ma tala mai o le 1830. 'O ia tala sā talanoa ai toea'i'ina ma lo'omātutua 'a 'o fa'alogologo 'i ai tupulaga talavou ma misionare. 'A 'o le fesili tele i lo'u māfaufau, pē na fa'apēfea ona fatu e tua'ā ni tala i mea na tutupu i le 'āmataga o Sāmoa, 'ae le'i va'ai 'i ai o lātou mata e pei ona fai mai isi tagata su'esu'e – 'o Sāmoa e leai sona history? 'Ae fa'apēfea ona fa'afōliga tala a tagata e uiga 'i lo lātou atua 'o Tagaloa ma ana foafoaga, ma fōliga o le mātaisau pa'ia a le Atua soifua?

Peita'i, 'o nei tala sā fa'avae lava i luga o atā o mea va'aia, ma sā fa'amatalaina e pei 'o ni fa'alepō po 'o ni fāgogo. 'O ia fātuga e pei 'o se ata fa'asolo na tau fa'atino ma fa'atusatusa i mea sā tutupu i lo lātou si'osi'omaga i lea taimi ma lea taimi. 'O ia lā tala 'ua mautū ai lava lo lātou talitonuga e fa'apea, 'o Sāmoa lava na tutupu a'e i le moa o lo lātou lau'ele'ele, ma 'o lo lātou lava atua 'o Tagaloa Fa'atupunu'u po 'o Tagaloa Tupufua. 'O lo lātou talitonuga fo'i lea 'ua māfua ai lo lātou loto tetele ma le lotonu'u e tau'ave pea e o'o i ana tupulaga amulī.

'O tala e sili ona mālolosi e uiga 'iā Sāmoa ma lona tupu'aga ma lona fa'aigoaaga, 'o tala 'iā Fa'amanu'a. 'O tala fo'i ia 'ua māfua ai ona fa'apea tala a tagata o Manu'a, 'o lātou lava na 'āmata mai ai le ōlaga o Sāmoa. 'O le tala muamua e fai lava sina 'umi, 'ae 'ua 'ou taumafai e toe fetu'una'i manatu ma toe fa'afaigōfie fa'a'upuga 'ina 'ia mālamalamagōfie ai tupulaga.

1. Mātaisau a Tagaloa

'O Tagaloa, 'o le atua sā nofo i le vāteatea ma le 'ea, a 'o le 'i iai se lagi ma se lalolagi. E le'i iai se lau'ele'ele ma ni vai ma so'o se mea. Na'o se va'aiga so'ona nunumi ma le gāogaoi'ī; peita'i sā iai se papa tūsa'o sā mapu i ai Tagaloa. Sā fefulisa'i e le māfaufau o Tagaloa po 'o le ā se faiga e fa'atumu ai lenei nimonimo o le va'ai; ona te'i lava lea 'ua fai atu i le papa lea e tū ai, "Papa, māvae ia;" ona māvae loa lea 'o le papa 'ae fānau mai ai papa ta'oto, papa sosolo, papa laulā'au, papa 'ano'ano, papa 'ele, papa tū, ma papa 'amu'amu.

Na tā e Tagaloa le papa 'i lona lima taumatau, ona fānau mai ai lea 'o le lau'ele'ele ma le sami. Toe fai atu Tagaloa i le papa ona fānau mai ai lea 'o le vaimāgalo. Ona sosolo mai lea 'o le sami 'ua lilofia ai papa sosolo. Fai mai papa ta'oto, "'Amu'ia 'oe papa sosolo i lou tai." 'Ae tali mai papa sosolo, "'Aua 'e te fa'a'amu'ia mai 'iā te a'u, 'auā e o'o atu fo'i 'iā te 'oe le tai; ma sā fa'apēnā onā o'o le tai i papa 'uma. 'O papa lā ia na fau ai motu o Sāmoa.

2. Faiga o Tagata

Na fai atu Tagaloa i le Papa lava lea e tū ai, ona fānau loa lea 'o Lagi ma Tuite'elagi. Na toe fai atu fo'i i le Papa, ona fānau lea 'o 'Ilu ma Mamao ma la lā tama 'o Niuao. Na toe fai fo'i Tagaloa i le Papa, ona fānau lea 'o le tama 'o Luaao ma le teine o Luavai. Toe fai Tagaloa i le Papa, ona fānau lea 'o le tama 'o Aoalālā ma le teine o Gāogaoaletai. Ona toe fai atu loa lea 'o Tagaloa i le Papa, ona fānau loa lea 'o Tagata, 'o Agāga,' o Loto ma Māfaufau; ona gata loa lea 'o le fānau a Tagaloa ma le Papa.

3. Tōfiga o le Fānau a Tagaloa ma le Papa

'Ua fai tōfiga a Tagaloa ma le Papa i la lā fānau fa'apea:
- 'O Agāga, 'o Loto, ma Mafaufau, 'ole'ā ō 'uma e fa'atasi i totonu o Tagata 'ina 'ia poto ai.
- 'O Luaao ma Luavai, e nonofo i tuālagī lā te fa'atagataina le vai.
- 'O Fatu ma 'Ele'ele, 'ole'ā nonofo i le 'ele'ele e fa'afeagai ma tuālagī.
- 'O 'Ilu ma Mamao, 'ole'ā ō i le vānimonimo e nonofo ai.
- 'O Aoalālā ma Gāogaoaletai e nonofo i le sami ma fa'atagataina le sami.

Ona fai atu loa lea 'o Tagaloa 'iā Tuite'elagi, "Ōmaia 'inā te'e i luga le lagi."
Ona te'e loa lea 'o le lagi i luga, 'ae te'i 'ua toe pa'ū ifo, 'auā e lē mafaia e Tuite'elagi. Ona alu loa lea o Tuite'elagi 'aumai le māsoā ma le teve, 'ua fa'apipi'i ai i luga le lagi ma 'ua mau ai. 'Ae leai lava se mea 'o i ai, vāganā lava le va'ai mamao atu 'iā 'Ilu ma Mamao.
'O le māsoā ma le teve, 'o ni la'au nā, na muamua tutupu i le lau'ele'ele o Sāmoa, e pipi'i o lā sua; na ala ai ona fa'aaogā e fa'apipi'i ai i luga le lagi.

II. *Māfua'aga o Lagi ma le Fa'atagataina*

Na fānaua e 'Ilu ma Mamao le tama o Ao ma le teine o Pō, na tōfia lea e Tagaloa se fānau a Pō ma Ao e fai ma mata o lagi, ma 'o 'ilātou ia 'o le lagituatasi.

Na toe fānaua e 'Ilu ma Mamao le teine 'o Lagi, ona alu ane loa lea 'o Tuite'elagi 'ua te'e i luga Lagi 'ae fa'atagata e 'Ilu ma Mamao, ona ta'ua lea 'o le lagitualua.

Na toe te'e fo'i Lagi e Tuite'elagi 'ae fa'atagata e 'Ilu ma Mamao ma ta'ua ai 'o le lagituatolu.

Toe te'e fo'i Lagi e Tuite'elagi 'ae fa'atagata e 'Ilu ma Mamao ma 'ua ta'u ai 'o le lagituafā.

Toe te'e fo'i Lagi e Tuite'elagi 'ae fa'atagata e 'Ilu ma Mamao ma 'ua ta'ua ai 'o le lagitualima. Ona fa'apēnā ai lava lea ona fa'agāsolo le faiga o lagi se'ia o'o lava i le lagituaiva. 'O le ala lea 'o le suafa o le ulua'i Tagaloa, 'o Tagaloa Fa'atupunu'u.

1. 'O le Tōfiga o Ali'i e Pūlea Lagi

'Ua manatu Tagaloa Fa'atupunu'u e tatau ona faia ni isi Tagaloa e fai ma ali'i sili o lagi; 'o lea na ia tōfia ai isi Tagaloa fou e pei 'o Tagaloa Lēfuli, Tagaloa Asiasi, Tagaloa Tolonu'u, ma Tagaloa Sāvali. Ona fa'apea atu loa lea 'o Tagaloa Fa'atupunu'u 'iā Tagaloa Lēfuli, "Sau ia 'inā fai 'oe ma ali'i e pūlea lagi 'uma. 'A 'o 'oe Tagaloa Sāvali, 'e te 'ave fe'au 'i lagi 'uma se'ia o'o i le lagituaiva, 'i le mea e afio ai Tagaloa Lēfuli, le tupu o lagi. 'Āfai e tala'i se fono, 'ia 'e o'o lava 'i le lagituatasi e fesili 'iā Pō ma Ao po 'o 'ua maua sa lā fānau na tōfia e fai ma mata o Lagi. Na fesili Tagaloa Sāvali 'iā Pō ma Ao, 'a 'o la lā tali e fa'apea; "Sau ia, 'o la mā fānau' o Lagiuli ma

59

Lagimā; 'ua 'uma fo'i ona fai o lā tōfiga,' a 'olo'o totoe isi a mā fānau tama e le'i tōfia. 'O igoa o tama 'o Sāmoa ma Manu'a." 'O tama nā na maua ai le igoa Sāmoa ma le igoa o Manu'a – o Sāmoa, 'auā na sā 'uma lau'ele'ele i lona fānau mai. 'O Manu'a, 'auā e fānau mai le tama 'ua sātia ma manu'a le isi itū o lona ulu. Ona fai atu loa lea 'o Tagaloa Sāvali, "'Ua lelei, ō a'e 'uma tama nā ma 'oulua fo'i 'i le fono i le lagituaiva." Ona ō 'uma loa lea o Pō ma Ao ma la lā fānau i le fono, ma a lātou fānauga, 'o fetū 'uma. 'O le 'au fono e mano ma mano tagata. 'O le matā'upu o le fono, 'o le filifilia lea 'o se 'autufuga e faia se fale o Tagaloa Lēfuli, le ali'i sili o lagi. 'O tagata 'uma lava sā i le fono, 'o tufuga 'uma lava nā, ma 'o lo lātou igoātufuga, 'o Tagaloa. 'Ua 'uma ona fau le fale, ona fa'aigoa loa lea 'o le fale, "'O le Fale'ula" – the Bright House.

'O le fono lava lenā na tofi ai e Tagaloa le fānau a Pō ma Ao e fai ma ali'ita'i o le fānau a Fatu ma 'Ele'ele. 'O Lā ma Māsina ma la lā fānau o fetū 'uma, e mulimuli 'uma lava 'iā lā'ua.

2. Fauga o Motu

'Ua alu le asiasiga a Tagaloa Sāvali 'āmata mai i le atu sasa'e. Na tepa a'e Tagaloa Sāvali 'iā Tagaloa Fa'atupunu'u ona tupu lea 'o Manu'a. Toe tepa a'e Tagaloa Sāvali 'iā Tagaloa Fa'atupunu'u ona maua lea 'o Fiti. Toe tepa i le lagi ona maua lea 'o Toga. Ona toe fo'i lea 'i Manu'a le asiasiga. Na toe tepa a'e Tagaloa Sāvali 'iā Tagaloa Fa'atupunu'u ona maua lea 'o Savai'i. Na 'uma loa lava ona fau Savai'i, oso loa Tagaloa Fa'atupunu'u i le aouliuli ma mātamata ifo 'i ana gāluega sā fai, 'ua lelei 'uma. Ona alu loa lea solisoli atumauga, 'ina 'ia lelei mea e nonofo ai tagata.

'Ua fa'atonu e Tagaloa Fa'atupunu'u Tagaloa Sāvali e toe fo'i 'i le mea na 'āmata mai ai ma 'ave 'i ai tagata o le fānau a Fatu ma 'Ele'ele e fa'atagata ai nā nu'u. Ona 'ave loa lea o Ātu ma Fiti 'i Fiti ma maua ai le igoa o le atunu'u o Fiti. Toe 'ave i Toga le ulugāli'i o Ātu ma Toga, maua ai le igoa o le atunu'u o Toga; 'ae 'ave tagata Manu'a o Sava ma I'i, 'o le fānau a Valu'e ma Ti'apa 'i Savai'i - 'ua maua ai le igoa o lenā motu o Savai'i. E fa'ato'ā fai mulimuli tagata o le motu o 'Upolu ma le motu o Tutuila.

Na fai atu Tagaloa Fa'atupunu'u 'iā Tagaloa Sāvali, "Sau ia 'inā 'ave lo'u fue tagata lea ma tu'u 'iā Lā. Fāitalia ia pe fānau ai le fue. 'Ā fānau ai, ona ta'u mai lea 'iā te a'u." Ona alu lea o Tagaloa Sāvali ma le fue 'ua tu'u i le nu'u o Sāle'a'umua i le malae 'ua ta'ua o Malaelā; 'ae alu tafao solo ma tau asiasi i le fue. E alu atu Tagaloa Sāvali i le isi aso, 'ua fānau le fue; ona alu loa lea 'o le ta'uga 'iā Tagaloa Fa'atupunu'u. E alu ifo Tagaloa Fa'atupunu'u, 'o ta'atia atu potopotoi o ilo. Ona fa'ailoga loa lea e Tagaloa 'o ulu ma mata, totosi lima ma vae; ona fōliga loa lea 'i tagata. Ona tu'u loa lea 'i ai 'o Agāga, Loto, ma Māfaufau. 'O tagata nā na tutupu mai ai tagata e to'afā. 'O le isi to'alua 'o 'Upolu ma Tele. 'Ua maua ai 'Upolutele. 'A 'o le isi to'alua o Tutu ma Ila, 'ua fa'aigoa ai Tutuila. Na fa'a'uma gāluega a Tagaloa Fa'atupunu'u i lana māvaega fa'apea, "'Aua le sopo'ia e se isi Manu'a. 'Āfai e sopo'ia e se isi, ona mālaia lea; 'a 'ia alu le tagata e pule i lona lau'ele'ele 'ua tōfia 'i ai." 'O lenā māvaega, na faia lava i Malaelā.

Peita'i, e 'ese fo'i le isi tala lea o Sāmoa na tūsia e le faife'au 'o Turner. Na usu Lagiaunoa 'iā Lagimāfola ona maua lea 'o Tagaloa. Ona toe fai loa lea e Tagaloa le lagi ma le lalolagi. Na ia faia motu 'i ma'a na fa'atavavale mai i le lagi. Na sisi a'e ma'a i luga i le matau fāgota a Maui ona maua ai lea 'o le fe'e. 'O le fe'e lā lea na tuli nofo i lalo ifo o le lalolagi, ma fa'aigoa ai lenā nu'u o Sālefe'ē. 'O le fe'e lenei na na tulei a'e i luga papa, ma 'ua maua ai motu o lo tātou lalolagi. E lē tioa 'avea le fe'e ma atua sā tāpua'i 'i ai tagata, ma fa'amoemoe 'i ai lo lātou mālosi i le faiga o tauā. E fa'amata 'o lē fea tala 'e te lagolagoina?

III.   'O le Fa'aigoaina o le Atunu'u i le 'upu Sāmoa

E tolu i le fā tala tūsia e uiga 'i le fa'aigoaina o lo tātou atunu'u i le 'upu Sāmoa. 'O le isi tala fa'aanamua e uiga 'iā Lū ma lana lafu moa na māfua ai le igoa Sāmoa. 'O lenei tala sā fa'amaumauina e Dr. Augustin Kramer.

'Ae iai fo'i le isi tala i le feso'ota'iga o Lū ma Tagaloa lea 'olo'o ta'ua i le Tala o le Foafoaga sā fa'amauina e Reverend Dr. Thomas Powell.

1. 'O Lūfasiaitu ma lana Sā Moa

Na usu Malamagaga'ē 'iā Malamagagaifō, fg 'o Lupe. Ona usu lea 'o Lupe 'iā Ma'ata'anoa, fg 'o le teine 'o Palapala. Na usuia Palapala e Nu'u ona maua lea Tagaloa Fa'atupunu'u Tupufua. Na usu Tagaloa Tupufua 'iā Suluimauga le tama'ita'i Uafato i Fagaloa, fg 'o Lū. 'O Lū lā lenei na fai lana sā moa. E sā lava se isi na te 'aia se moa. Fai mai le tala, na ō ifo le faiva a tagata o le 'āiga sā Tagaloā ma a lātou 'ato i'a, 'ae ō ane moa a Lū fetogi mata ma tino o i'a. Ona feitai ai lea 'o le 'aufaiva ma ō atu tapu'e moa a Lū; ma 'ave ma lātou i mauga e 'ai ai. 'O le ita tele o Lū na si'i ai le taua ma tafasi tagata o sā Tagaloā; e 'āmata mai lava i le lagituatasi e o'o lava i le lagituavalu. E o'o atu le fasiga o tagata i le lagituaiva, 'ua ta'oto fa'alava i le ala le afafine o Tagaloa Lēfuli e suafa 'iā Lagituaiva, po 'o Leāmoā. Ona tū mai loa lea 'o Tagaloa ma sāunoa mai 'iā Lū e fa'apea, "Lū, 'ā sāga fai lava i fea lou to'atāma'i; 'o lenā 'ua fa'alava Leāmoā e togiola ai le sala a sā Tagaloā. Malie ia lou finagalo; 'ae ole'ā tu'u atu lo'u afafine e fai ma ou faletua." Ona fo'i loa lea 'o le to'atāma'i o Lū ma lana vaegā'au. Na fa'aigoa ai loa i'inā lo tātou atunu'u, 'o le Sāmoa; po 'o le "Sā moa a Lū" ma fa'aigoa ai loa ma Lū 'o Lūfasiaitu po 'o Lūfasiatua.

2. Usuga a Papa 'iā 'Ele'ele

'O le tasi fo'i lenei tala i le māfua'aga o le igoa o Sāmoa, sā fa'amauina e Brother Fred Henry. 'O Papa na usu 'iā 'Ele'ele. E va'ai atu Sālevao le taulāaitu, 'ua gaoioi le moa o 'ele'ele 'a 'o ma'i tō pe ma'i fafine. Na fānau loa lava 'ele'ele fa'aigoa loa lana tama 'o Moa. 'O le fa'atonuga a Sālevao i le ulugāli'i; 'ā fa'apea e fānau 'ele'ele, 'a 'o se tama, ona avane lea 'o lona pute fa'ata'atia i luga o se uatogi 'ae tipi 'i se to'i ma'a. 'O le fa'amoemoe lava 'ina 'ia toa le loto o le tama pe 'ā matua. 'Ae 'āfai 'o se teine, ona 'ave lea 'o lona pute e tipi 'i se i'e fai siapo, 'ina 'ia poto ai le teine e fai le siapo. 'O le vai na fa'atā'ele ai le pepe 'ua fa'asā mo Moa. E o'o lava i so'o se mea o lenā lau'ele'ele, 'ua fa'asā lava mo Moa, ona fa'apea ai lea; "'Ua sā 'iā Moa (Sacred to Moa)" ma 'ua fa'aigoa ai loa lo tātou atunu'u, 'o Sā 'iā Moa po 'o Sāmoa.

3. 'O Moa ma Lū

E to'alua le fānau a Tagaloaalagi. 'O le teine 'o Moa ma le tama 'o Lū. Na fa'aipoipo Lū i le afafine o le isi uso o Tagaloa, maua ai le tama, sā fa'aigoa 'iā Lū. 'O le isi pō, sā fa'alogo atu ai Tagaloa 'o fai le pese a le tamaitiiti lenei 'o Lū, e fa'apea, "Moa Lū Moa Lū," 'ae te'i lava 'ua sui fa'afuase'i le fa'a'upuga fa'apea, "Lū Moa Lū Moa," ona ita loa lea 'o Tagaloa matua ma tago atu 'i lona fue, sasa ai Lū ma tulei mai i lalo i le lalolagi; fa'apea atu loa Lū, "'Ua sa lā se Moa i le lalolagi lenei," 'ua maua ai loa le igoa Sāmoa.

IV. Tāua Laufanua o Sāmoa

E tāua tele 'iā Sāmoa ona laufanua, 'auā 'o le lātou tupu'aga. E pei ona talitonu tagata Sāmoa anamua, 'o lātou na tupuga mai i le moa o lo lātou lau'ele'ele; na māfua ai fo'i ona fa'aigoa ni isi o vaega o tōtōga 'o le tagata Sāmoa i 'upu nei: fanua, fatu, toto, 'ele'ele ma le palapala.

'O le 'upu fanua: 'o le fale lea o le pepe 'a 'o i le manava o le tinā. 'Ā o'o ina fānau le pepe, e sau fa'atasi lava ma lona fale po 'o lona fanua lea e ta'ua e le fa'atōsaga, 'o le fanua po 'o le to'ala. 'O lenei lā fanua po 'o le fale o le pepe, e tatau lava ona toe tanu i le fanua o le 'āiga na fānau ai, 'ae lē tatau ona tia'ia i le sami pe susunu.

'O le 'upu fatu, 'o le isi lea igoa o le ma'a i fanua o le 'āiga, ma e tatau ona totō ma tanu le fatu o le tagata i lau'ele'ele o lona 'āiga, 'auā 'olo'o iai le ola o le 'āiga.

'O le 'ele'ele: 'o le isi lea ta'u o le toto o le tagata.

'O le palapala: 'o le isi fo'i lea ta'u o le toto o le tagata. 'Ā manu'a se isi ma alu mālosi le toto ona fa'apea lea 'o le fa'a'upuga; 'ua matuā tele le 'ele'ele 'ua alu; po 'o le fa'apea fo'i, 'ua matuā tele le palapala 'o le manu'a.

'O ni isi nā o fa'amāoniga; 'o tagata Sāmoa, na tutupu lava i o lātou lau'ele'ele, 'ae le'i fōlau mai i ni isi atunu'u. E mata 'o fea le tala 'e te talia? 'Āfai lā 'o 'oe 'o se Sāmoa lotonu'u, e tatau ona e talitonu, 'o tua'ā o Sāmoa, e le'i ōmai i ni isi atunu'u 'ese.

V. 'O ai Pili? 'O se aitu po 'o se tagata?

'Olo'o fefīnaua'i talitonuga a Sāmoa po 'o ai tonu na tupuga mai ai lea aitu tagata 'o Pili. E tele le mau igoa 'ua fa'aigoa ai Pili ma tala 'ese'ese na maua ai ia mau igoa. Tasi le mea e fōliga mai lava 'o Pili fo'i, 'o lona tamā 'o Tagaloa.

'O Pili e tupu mai le gafa o Lūfasiaitu ma Lagituaiva. Na usu mulimuli Lūfasiaitu 'iā Lagiaunoa fg 'o Lagimāfola.

Usu loa Tagaloa 'iā Lagimāfola fg 'o Pilimoelagi. Fai mai sā lē usita'i Pili i lona tamā 'o Tagaloa, ona to'atāma'i ai lea 'o Tagaloa ma taia Pili i lona fuesā; ona pa'ū ai lea 'i Manu'a; na maua ai lona igoa o Pilipa'ū. Na pa'ū tonu lava 'i le vailega e fa'amālū ai ma lelega ai le alo o le Tuimanu'a; 'ua maua ai lona igoa o Pilimoevai. 'O le suafa o le teine e ona le vai o Sinālesae'e. 'A 'o le igoa o lona vaitaele-'o le Vailega.

'Ua nofonofo ai lava Pilimoevai i le vaitā'ele o le teine, na ala ai ona mā'i tō Sinālesae'e 'iā Pili. Sā sā'ili e Manu'a po 'o ai e tō ai le teine, 'ae iloa mulimuli ane 'o Pili, ona folafala ai lea 'o Manu'a.

'Ua usu Pili 'iā Sinālēsae'e fg 'o Taualugaomanu'a. Usu Taualugaomanu'a 'iā Sinālelama, le afafine o Gāogaoaleatai, fg 'o Tuimanu'asae'e. Usu Tuimanu'asae'e 'i le alo o Tufele fg 'o Pili'a'au. 'Ona 'ua sola 'ese Pili lenei mai Manu'a ma 'a'au i Tutuila, na fa'aigoa ai o Pili'a'au. 'O le tama lā lenei 'o Pili'a'au na 'a'au 'i Tutuila ma lona 'upega e igoa 'o le Mati.

E le'i leva ona i Vatia 'ae toe 'a'au 'i Aleipata, ma toe 'a'au ai fo'i 'i Savai'i; ona faiāvā lea 'i le alo o Tagaloa i A'opo ma maua ai lona suafa 'o Tagaloa A'opo. 'O lona matūpālapala lenā na maua 'ona 'o lana tautua lelei 'iā Tagaloa ma le faleselau o A'opo. E ui 'i lea, na teva 'ese ona alu lea 'i Fa'asālele'aga fai ai le ma'umaga tele; 'ae fetaui ma le asamogātiapula a Ā'ana i aso o le oge. Na sau ai le alo o le Tuiā'ana Tava'etele i le asamoga. 'O le teine o Sināletava'e; ma 'ua mana'o ai Pili i le tama'ita'i.

Na amo 'uma e Pili tiapula 'o le asamoga i 'Upolu, 'ae lē ila le mālosi o Pili, vāganā lana amo sā gau so'o i le ala, 'auā 'o le lā'au 'o le fau sā fai ai le amo. 'Olo'o tele ai lea lā'au 'o le fau i le ala aga'i i Leulumoega; 'ua ta'ua ai lenā 'ogā'ele'ele o Uluulufau.

1. 'O Tōfiga a Pili

'Ua nonofo Pili ma Sināletava'e ma tautua le Tuiā'ana; 'ua maua ai lana fānau e suafa 'iā Tua, 'Ana, Saga, ma Tolufale.

'O 'ilātou lā nā, na fa'atūina faigāmālō fa'atūmua i 'Upolu. 'A 'o le'i maliu Pili, 'ua fai lana tōfiga o nōfoaga o lana fānau, 'auā fo'i 'ua 'avea nei ma Tuiā'ana. E fai lava le tōfiga o le tagata ma 'aveatu 'i ai ana fa'amaufa'ailoga e pei 'o mea ia:

- 'O *Tua*, e alu i Ātua ma lana 'oso tōtiapula. 'O lona uiga, 'ia tō'aga e fa'ato'a le lau'ele'ele.
- 'O *'Ana*, e nofo i Ā'ana ma lana tao ma le uatogi. 'O lona uiga, 'ia mālosi ma poto i tau.
- 'O *Saga*, 'ia alu 'i le 'ogātotonu o le motu e aofia ai Tuamāsaga ma lona to'oto'o ma le fue. 'O lona uiga 'ia poto i le faiga o 'upu o le atunu'u.
- 'O *Tolufale* 'ia nofo i 'Āiga i le Tai ma fesoasoani mai i ona uso e pei 'o se feagaiga.

'O le fānau lenei a Pili 'ua fa'aigoa ai itūmālō fa'atūmua o 'Upolu e o'o mai i le asō. 'O le fa'asologa o gafa o le fānau a Pili na tutupu mai ai toa ta'uta'ua o Sāmoa e pei 'o le fānau a Leātiogie, le atali'i o Fe'epō lea na pati ta'oto. 'O tama lā ia 'o Tuna ma Fata na tutuli'esea Toga mai lau'ele'ele o Sāmoa.

2. 'O le ā lā le tāua o Pili i le atunu'u?

Sā manatu le atunu'u 'o Pili 'o se toa, 'o se tagata pito poto, 'auā sā ia a'oa'o tagata 'ia popoto i faiga o fa'ato'aga ma le faiga o 'upega e maua ai i'a e tele. 'Ua tele ai le mau fa'a'upuga a le atunu'u e uiga 'iā Pili e pei 'o ia:

- 'Ua tu'utasi le faiva o Pili.
- 'Ua sa'a i le tai le faiva o Pili.
- 'O le 'upega o Pili e tautau 'ae fāgota.

'Ana leai tōfiga a Pili, e lē iloga itūmālō o Sāmoa ma o lātou ali'i māualuluga. 'O usuga fo'i a le fānau a Pili 'olo'o tau'ave pea o lātou mamalu i faigāmālō a Sāmoa. E lē 'uma fa'amatalaga o Pili ma lona aogā 'iā Sāmoa. 'O le gafa o Pili na maua mai ai Fe'epō le tamā o Leātiogie lea na na toe fa'atūlaga lelei le mālō fou o Sāmoa i ona itūmālō e pei ona iai i onapō nei: Pule ma Tūmua. Itū'au ma Alātaua, 'Āiga i le Tai, ma le Va'a o Fonotī.

3. 'O uiga o le igoa, **Pili**

E lasi uiga o lea suafa 'o Pili, e fa'atatau lava i mea na tutupu i le ōlaga.

Pilimoelagi

E fa'amaonia lava 'o le ātali'i o Tagaloa, 'auā sā mau Pili i le lagi i le afio'aga o Tagaloa.

Pilipa'ū

Na pa'ū mai le lagi 'ona 'ua tūlei mai i lalo e lona tamā 'ona 'o le ulavale ma le fia tama matua i lona tuafafine o Moa.

Pilimoevai

Na pa'ū tonu lava 'i le vai o Manu'a e ta'u 'o le Vailega. Na nofo ai i le vai se'ia o'o ina lavea ai Sinālēsae'e i lana 'apevai.

Pili'a'au

Na fa'aipoipo i le alo o Tufele ma nofo tautua ai. Na ita i le 'āiga o lona to'alua, ona sola 'ese lea ma 'a'au ai 'i Vatia i Tutuila. E le'i fiafia i Vatia, ona 'a'au lea 'i Aleipata. E le'i 'umi ona i Aleipata, 'ae toe 'a'au fo'i 'i Savai'i.

Pili'opo

Na 'a'au 'i Savai'i ma nonofo ma le afafine o Tagaloa A'opo. Na nofo i

A'opo ma fai ai le fa'ato'aga tele e tautua ai Tagaloa ma le faleselau, ma fa'aigoa ai 'iā Tagaloa A'opó.

Pili Tuiā'ana

Na toe fai le isi ona ma'umaga tele i Palapala i gā'uta o Fa'asālele'aga ona asamo mai lea i ai o Tuiā'ana. Na sau ai lava i Ā'ana e momoli mai le asamogātiapula a le Tuiā'ana. Na fa'aipoipo ma Sināletava'e le alo o Tuiā'ana Tava'etele. 'O le tautua maoa'e a Pili i le Tuiā'ana i le faiga o fa'ato'aga ma 'upega fāgota na i'u ina 'avea ai ma Tuiā'ana.

Pilitavave

'O le fai mea vave ma le ulavale na nonofo ai ma alo o tamāli'i o Sāmoa.

Piliuli

Na liu pili uliuli, 'ae na tau mulimuli lava i lona tuafafine o Sina ina 'ua malaga 'i Fiti, 'ona 'o le fia tautua lava i lona tuafafine.

4. 'O le talatu'u

'O Sina na ō ma le Tuifiti i le va'a 'i Fiti. Na va'aia e le 'auva'a le pili uliuli 'o ogoogo a'e lona ulu i le taga o le ofu o Sina, ona masalosalo lea 'o le Tuifiti, 'o Sina e iai sona ilāmutu. 'O Pili lā lenei na 'a'au i le sami ina 'ua tia'i e Sina 'i le sami, na lāvea'i e ona uso ma 'ave tu'u i le motu tu'ufua e latalata i Fiti. 'O le tautua a Pili i lona tuafafine o Sina i Fiti, na lāvea'iina ai Sina semanū 'ā fai ai le 'ava o le Tuifiti i aso o le oge i Fiti.

Na fai le tōufi a Pili ma fa'asosolo atu e o'o i le umukuka o Sina. 'O aso 'uma lava e 'eli ufi ai Sina i tafatafa o le umukuka, 'ae lē 'uma lava le ufi. 'O le aso lava ma sia gaugāufi; ma 'o lenā na maua ai fo'i le alagā'upu a fāilāuga, "'Ua tulituli matāgau le ufi a Sina." 'Ua 'avea le soifua galue ma le tautua lelei o Pili, e fai ma lu'i i tama fānau a Sāmoa.

VI.   'O ai Fe'epō?

1. Usuga a Fe'epō

'O Fe'epō e sau mai le gafa o Si'ufe'ai. Na usu Si'ufe'ai 'iā Lepolatele, fg 'o Si'u Fuaolelaumālō. Usu Si'u Fuaolelaumālō 'iā 'Āigalamositele, le alo o Telea i Niua i Toga, fg 'o Fe'epō. Usu loa Fe'epō 'iā Lepaleatele, fg 'o Malalatea, 'o le teine 'o Sina ma le tama 'o Ātiogie.

Sā nofo Fe'epō i le mea e ta'ua o Mulivai o 'A'ele. Ina 'ua tupu tele le oge i nā onapō, ona alu lea 'o Ātiogie 'i le 'āiga o lona tinā i Afolau e 'eliufi ai e tausi ai lona tamā, 'a 'o le'i alu e ta'alo i le ta'aloga o le 'aigofie e faia i Falefā mo le vāiaso 'ātoa . Na fo'i mai Ātiogie ma fāsiufi e ono ma le 'ofu'ofu momoiufi, ona fa'avela 'uma lea e 'ai ai lona tamā. E faitau atu e Fe'epō le aofa'i o ufi, e 'ātoa lelei le fitu mo le vaiaso. Ona fa'apea atu lea 'o Fe'epō i lona atali'i, "Sole, 'ua lava mea'ai mo a'u, 'ae 'ole'ā tu'u atu lava 'oe 'e te alu e fai lou mana'o."

Sā malie 'āto'atoa le loto o le toea'ina ma fai atu i le tama, "'Ia 'e sau e tu'u mai lou tua 'iā te a'u." Ona tu'itu'i lea e le toea'ina le tua o Ātiogie ma fa'amanuia atu fa'apea, "'Ia manuia ou faiva. 'Ia pōuliuli lou tino 'ae mālamalama ou mata. 'Ia tafetoto ou ala. 'Ia maua sau fānau e to'afitu, 'ina 'ia au lava le gafa o le ufi." Na o'o lava i le to'afitu le fānau a Ātiogie.

2. Usuga a Ātiogie

Na usu Ātiogie 'iā Taua'ipolu, le afafine o 'Ale i Toāmua, fg 'o Lealali, Le'aimuli, Ve'atauia, Tuna, Fata, Sāvea, ma le teine o 'Ofu'ofumomoiufi. 'O 'Ofu'ofumomoiufi lā lea na usu mai 'i ai Tagaloa o Falelātai, maua loa le tama 'o Ulumasui; ma 'o le fa'alupega o le fānau a Ātiogie, "'o le Gafa o le ufi."

'O le talitonuga a Sāmoa, 'o se faiva lava e tāpua'ia e manuia. Na mālō aoao Ātiogie, 'auā 'o le fānau 'ua fa'amanuiaina e mātua 'ona 'o le loto alofa ma le tautua lelei.

3. 'Āiga o Fe'epō

Usu Pili 'iā Sināletava'e, le alo o le Tuiā'ana Tava'etele, fg 'o 'Ana, Tua, Saga ma Tolufale.

Usu 'Ana 'iā Sinālemana, fg 'o Matofaoā'ana.

Usu Matofa 'iā Sināletula, fg 'o Tuiveta.

Usu Tuiveta 'iā Toelauo'o, fg 'o Toso.

Usu Toso 'iā Titilagipupula fg 'o Si'use'ia.

Usu Si'use'ia 'iā Tapalemalama o Faleata, fg 'o Si'utaulalovasa ma Latafale.

Usu Si'utaulalovasa 'iā Lulai ma Lulago, 'o alo o Mata'itai o Sāmata, fg 'o To'o ma Ata e maua ai To'omata.

Usu Ata 'i le afafine o le Tuitoga, fg 'o Patau'ave.

Toe usu 'iā Fa'auliauma o Faleata, fg 'o Si'ufe'ai ma Tāfa'igata.

Usu Si'ufe'ai 'iā Lepolatele, fg 'o Si'ufuaalelaumālō.

Usu Si'ufuaalelaumalo 'i le alo o le Tuitoga, fg 'o Fe'epō.

Usu Fe'epō 'iā Lepaleatele, le afafine o Niu i Afolau, fg 'o Malalatea, Leātiogie ma le teine 'o Sina.

Usu Leātiogie 'iā Taua'ipolu, le afafine o 'Ale i Toāmua, fg 'o Lealali, Sāvea, Tuna, Fata, Ve'atauia, Leimuli, ma le teine o 'Ofu'ofumomoiufi po 'o Leatiatigie, po 'o le Lealaiolō. 'O igoa 'uma nā 'o le afafine o Leātiogie.

'Ae usu Mālietoa Sāvea 'iā 'Ama'amaula mai Tuana'i fg 'o Mālietoa Gāgasāvea.

Toe usu Mālietoa Sāvea 'iā Luafatāsaga, le afafine o Taemanutava'e i Sili, fg 'o Uilamatutu sā fa'aigoa 'iā Mālietoa Faigā.

'O le gafa la lea o Fe'epō na tupuga mai ai le suafa Mālietoa 'ua 'avea nei ma Ao o Sāmoa. 'Ua pātipati ta'oto le Fe'epō e pei 'o 'upu a failāuga. E lelei fo'i ona tātou pepese fa'atasi, ma su'esu'e uiga o fa'a'upuga 'o le pese 'o le sā'afiafiga i le 'aulakapī a le Manusāmoa; na fatu e le fa'aili a le Polymite Express.

4. Sā'afiafiga mo le 'Au a le Manusāmoa
   1. 'Ua logoitino matagi lelei,
   'O tala 'ua 'a'ave mai nei
   'O tama fānau a Sāmoa
   'Ua fai ma o'u sei
   'O lau ta'alo 'ua malie ō
   Ma lou sā'ili mālō
   'Ua iloa ai Sāmoa i 'ō ma 'ō

   2. 'O si o tā atunu'u
   E lē iloa i le fa'afanua
   'A 'o lau ta'alo
   Sē, 'ua iloa ai tā'ua
   'Ia alo i fa'aāgatama,
   'A 'ia lē galo i lou agāga le tāpua'iga
   'Olo'o tu'i mai le mulipapāga

3. Sāmoa tula'i mai
E molia le fa'afetai
'O lau ta'alo
Sē, 'ua malie mata i va'ai
Lau ta'alo fa'atausala
E lē taumate e se isi
'Ā 'e malolo, e malolo a le tamāli'i

4. 'Ia alo ia 'oe i ou faiva
Tau 'ina 'ia a'e mālō
'Ou te tāpua'i
Pei 'o le faiva o le Fe'epō
'Avane ia le tagāvai
'Olo'o tā fa'avae ai
E pei 'o lā Paulo
'O ai sē fa'asaga tau mai?

5. 'Ua faigatā 'iā ita,
Sāmōa e, lau tāpua'iga
Ne'i o'u malolo,
E fa'agalo mai 'iā ita
E māualuga pea le agāga
'O 'oe 'o le matua faitama
E malu ai ita
I mea nei 'o fa'aagātama

Tali:
'Ua pati lima ma ta'oto'oto si toea'ina
'A 'o le tinā 'ua tutulu 'ae 'ua lē pisa
'Ia pōuliuli lou tino
'Ae mālamalama ou mata
Tama Sāmoa, sē 'ia tafe toto ou ala

MATĀ'UPU III: 'O MEASINA A SĀMOA

I.   *'O le ā le uiga o lea 'upu,* **measina?**

'O le uiga moni o le 'upu *measina* mai talatu'u ma fāgogo, 'o mea tāua po 'o 'oloa tāua a le teine 'o Sina. 'O le 'upu sina e fa'aigoa ai alo teine o tamāli'i māualuluga. E o'o lava 'iā lātou sa'otama'ita'i ma a lātou masiofo, e fa'aigoa 'uma lava 'iā Sina, 'auā 'o le 'upu sina, e fōliga mamā ma 'aulelei. 'O measina lā pe 'ā sāga fa'amatalaina, 'o 'oloa tāua a le teine 'o Sina (treasure), e pei 'o 'ie tōga, 'ie sina, siapo, tuiga, palefuiono, fala ma 'ula, 'aemaise le malu. 'O ia 'oloa e teu ma fa'apelepele 'i ai; e teu mau i se nōfoaga lilo e pei 'o le utu a le tinā 'ina 'ia lē malivaoa pe 'ati e mogamoga ma sātia e manu nini'i, po 'o le gaoia fo'i. 'O nei 'oloa a Sina, 'ua fa'asi'usi'umata ma fa'amemelo 'i ai loto o mātua ma 'āiga tautupu o le teine o Sina. E lē tioa fai mai le Tusi Pa'ia: 'O le mea e iai a 'outou 'oa e iai fa'atasi ma o 'outou loto (Luka 12: f 54). 'O nei lā 'oloa tāua 'ua fai ma fa'apolopolo a 'āiga tautupu; 'ua fa'ae'e 'i ai mamalu o tamāli'i.

'Ua mavae atu lea tupulaga ma lea tupulaga ma 'ua galo atu ai le igoa o le teine 'o Sina; 'a 'ua fa'aigoa ai pea lava 'oloa tāua mai le lau'ele'ele o Sāmoa i le 'upu "measina." ('O mea a le teine 'o Sina.) E ui lā 'i measina ma measina, 'a 'o le measina e sili ona fa'apelepele ma fa'aeteete 'i ai Sāmoa, 'o fa'alupega o tama ma o lātou 'āiga. E tusa lava po 'o le ā le mālie o fa'a'upuga o se lāuga Fa'asāmoa, 'ae 'ā lē maua fa'alupega o tamāli'i o se fa'apotopotoga ma fa'alupega o a lātou measina, e faitioina lava le failāuga e le 'au mātau 'upu. 'O fa'alupega ma alagā'upu 'o ni isi ia measina. 'O ni fa'a'upuga fa'afilosofia ma fa'ametafoa, e fa'aniniva ulu ma ita ai le loto pe 'ā lē mālamalama 'i ai. 'O isi lā nā measina teu mau ma 'olo'o fa'aaogā pea i aso 'uma o le ōlaga.

E tele measina a Sāmoa 'ae lē mafai ona au'ili'ili; 'a 'o ni isi ia measina e va'aia so'o, ma fa'alogo so'o 'i ai i le fa'aaogāina i aganu'u i aso nei e pei 'o 'ie tōga, 'ie sina, lauao, palefuiono, ma fa'asolo, 'aemaise le mālōfie a tamāli'i. Peita'i e tatau ona su'esu'e atili measina 'olo'o lalovaoa i manatu o tagata e pei 'o mea ia:

- 'O 'Āigātupu
- 'O Suafa matai
- 'O tūlagāmaota ma laoa
- 'O le fa'amatai
- 'O le feagaiga a 'Āiga Potopoto
- 'O le feagaiga a le tuagane ma le tuafafine
- 'O lau'ele'ele
- 'O Aganu'u ma Aga'ifanua
- 'O le Vāfeāloa'i ma le Fa'aaloalo
- 'O le Gagana a failāuga
- 'O Atua e tāpua'i i ai
- 'O tama fānau
- 'O le suafa Sāmoa ma ona fa'avae
- 'O Faigāmālō fa'atūmua
- 'O Lagitu'umālō ma lagisōifua
- 'O Gafa o Tamālii

'Ole'ā lē mafai ona au'ili'ili i lenei mata'upu le fauga ma le 'āmataga o measina ta'itasi e pei ona tūsia, 'auā 'ua silafia 'uma e le atunu'u fa'avae o ia mea 'uma; 'ātoa ma o lātou tāua ma aogā i faiga o aganu'u, 'aemaise le tāua i soifua o tagata.

'Āfai e sāga faitau pea i lenei matā'upu ona fa'amaonia lea 'o le tele o measina, 'olo'o tūsia i le 'Ina'ilau a Tama'ita'i.

II. 'O Fa'alupega, 'o Measina Pito Tāua a Sāmoa

'Ona 'o Sāmoa 'o le atunu'u o tamāli'i, 'o le ala lea e tāua tele ai o lātou fa'alupega ma 'ua 'avea ai 'o se measina pito tāua i soifua o tamāli'i.

'O fa'alupega 'o pa'ia ia ma mamalu o tamāli'i ma a lātou mea tōtino po 'o measina e pei 'o suafa matai, igoāipu, maota, malae, sa'otama'ita'i, 'aumaga, tōga ma siapo, ma lau'ele'ele. 'O le aogā o fa'alupega e vi'ivi'i ai ma sula ai mamalu o le atunu'u, 'aemaise lava pe 'ā fa'afesāga'i 'āiga, paolo ma gafa i mea fai o le aganu'u ma taligāmālō.

E femitai tele tamāli'i pe'ā fa'alagi mai o lātou fa'alupega, 'auā 'ole'ā fa'aalia ai o lātou mamalu ma pa'ia, e pei 'o le fa'ata'ita'iga lea; "'Ua pa'ia 'Olotelē ma Pulumaukau, 'auā 'o afio'aga o 'ilā'ua, 'Ie e lua, 'o tama fa'asisina, 'o tama a le mālō, 'o tulāniu o Ātua." 'O nei fa'alupega 'ua 'o ni measina tausi a 'āiga ma fale'upolu o le nu'u o Sāoluafata. E fa'apēnā ona fai i nu'u 'uma o Sāmoa, 'auā e leai se nu'u po 'o se itūmālō e leai ni o lātou ali'ita'i. 'O le uiga o le 'upu ali'ita'i, 'o ali'i māualuluga ia o nu'u e ta'i 'uma 'i ai fa'aaloaloga e pei 'o le ta'iga o le sua ma le ta'iga o tōga. E ta'i fo'i 'i ai fa'alupega mamalu ma pa'ia o nu'u ma itūmālō.

'O le tasi lea itū e tatau ona mālamalama 'i ai 'āiga ma fale'upolu. E tusa po 'o se 'āiga e māulalo lona tūlaga i le nu'u 'ae 'ā fai sa lātou si'i, e lē 'avea o lātou fa'alupega, 'ae 'ave fa'alupega o le ali'ita'i ma le nu'u. Mo se fa'ata'ita'iga: 'Ua 'ou alu e 'ave le si'i a le 'āiga sā 'Aumuā ona fa'apea lea 'o a'u 'upu, "'Ua si'i fa'aaloalo mai 'Aumua, 'o le afio mai lava lea o lo lātou to'afā. Afio mai alo o Fanene ma le 'āiga sa Talo ma Faleālili, 'auā le 'ala 'ua fa'asino i le 'āiga sa Tunumafono.

A poto le failāuga e fa'avi'ivi'i tamāli'i i o lātou tūlāgāmamalu, 'o le failāuga fo'i lenā e sasa'a 'uma 'i ai sua o tamāli'i. E lē tāua le tele 'o isi fa'a'upuga o le lāuga, 'ae lē sa'o ma mamalu fa'alupega, 'auā e faigatā le vāfealoa'i fa'atamāli'i. 'O fea lā e māfua mai ai nei mea 'o fa'alupega?

III. Māfua'aga o Fa'alupega

E māfua lava 'ona 'o mea sā tutupu i soifua o tamāli'i ma o lātou laufanua e pei 'o le mea lea: E tele usuga a le tupu o Faumuinā 'i teine tamāli'i o le atunu'u, na ala ai ona tele suafa tau tupu o Sāmoa na maua mai ai i ana usuga. E pei 'o le tupu o Va'afusu'aga, 'o le tupu o Fonotī, 'o Sāmalā'ulu ma Tole'afoa, ona maua lea 'o lona fa'alupega - "'O Faumuinā le Tupufia."

'O fa'alupega o 'āiga, nu'u, ma itūmālō, na maua mai fo'i i mea na tutupu, po 'o feusua'iga a tamāli'i; e mafai fo'i ona fai ma o lātou fa'alupega e pei 'o le mea lea: 'o fa'alupega o Faleālili: Afio Alaalagafa ma Lauluanofo a tulāfale. 'O lona uiga, 'o le itūmālō e alaala ai gafa tautupu o Salamāsina, e pei 'o Fuimaono ma Sātele mai le 'āiga sa Tā'ele'ava; 'ātoa ma Tupua Fuiāvailili mai alo o Fānene ma le 'āiga sa Talo. 'O mamalu ia e tausi e lo lā to'alua 'o Taloolema'agao ma Tofua'eofoia lea e fa'alagi, 'o le Lauluanofo a Tulāfale, po 'o le lā nofo a tulāfale.

E ola mai lava le tamaitiiti Sāmoa 'ua iai lona tofi i totonu o le 'āiga ma le nu'u. 'Ua 'uma fo'i ona tofitofi ma fa'avasega 'āiga ma nu'u i tulagāmaota ma laoa, fa'atatau i fa'alupega tālafeagai mo lea tagata ma lea tagata, po 'o lea fale ma lea fale. Na mulimuli ona fa'apine tuā'oi ma ona tulāfono e tausi ai le vāfealoa'i o tagata, ma tāofi ai le sopotuā'oi.

'O le gagana ma aganu'u ma le si'osi'omaga o Sāmoa, 'o ona tofi ma ona fa'ailoga ia 'ua fa'amaufa'ailoga ai le tagata Sāmoa e le Atua. 'O le 'upu moni e ola mai lava le tagáta Sāmoa fa'atasi ma lona tofi, 'ae 'ā lē iloa e le tagata ona tausi lona tofi, 'ona 'o le paiē ma le fa'atamala, ona te'i lava lea 'ua fai mai; 'ou te lē fiafia 'i sea mea, 'auā e lē 'o so'u tofi.

'O Sāmoa 'o le atunu'u o tamāli'i, 'o le ala lea e fia tagata ai ona tagata ma tāutala fa'asāusili isi. E lē fia to'ilalo fo'i le isi tagata i le isi tagata, 'auā fai mai lātou, e tamāli'i lava le tagata ia i lona 'āiga. Meāmanū lā le pūlea e le vāfeāloa'i a tamāli'i āmio ma lagona fa'asāusili o tagata, semanū na'o le tau lava i aso 'uma. E lē tau tatalia fo'i i ni isi lo lātou soifua sololelei 'auā 'ua iai lava a lātou mea tōtino e ola sa'oloto ai e pei 'o fanua ma suafa ma fale.

E tāua tele lā fa'alupega i aganu'u a Sāmoa e pei lava ona ta'ua so'o, 'ā lē sa'o fa'alupega o 'āiga ma nu'u i le faiga o lāuga, e lē fiafia tamāli'i - 'aiseā, 'auā 'o fa'alupega e fa'aalia ai mamalu o tamāli'i; ma o i'oimata lava ia o tamāli'i ma 'āiga o Sāmoa, 'o o lātou fa'alupega māualuluga. 'O isi fa'alupega e māfua i mea mātagōfie, 'a 'o isi fo'i fa'alupega e maua i mea fa'alēmanuia; e ui 'i lea, 'o fa'alupega o mea pa'ia, ma mea tautupu, e pei fo'i ona vī'ia le Atua soifua i ona fa'alupega 'olo'o laulauvivilu ai le 'Aukerisiano.

"Le Atūa e, ia vī'ia 'Oe le tupu 'o le lagi ma le lalolagi. Iesū e, 'o 'Oe 'o le tama o le saesaegālaufa'i a le lalolagi 'ātoa." E o'o lava i maota ma malae, tōga ma igoāipu 'o fai o lātou fa'alupega, ma 'o le 'auala lava e tasi na maua ai fa'alupega o ia mea, e pei ona fai i fa'alupega o tamāli'i. 'O mea lava e tutupu i 'āiga ma alaalafaga. 'O se fa'ata'ita'iga, 'o le malae i le itūmālō o Sālega. Na 'uma le taua a Ā'ea i sasa'e ma Nāfanua ona mālōlō lea 'o Nāfanua i le a'ega i gā'uta o Vāipu'a. Na su'ega le tīputa o Nāfanua e le matagi, ma iloa atu ai e tamāloloa o Sālega e lē 'o se 'autau a ni tamāloloa na lātou tau a 'o le 'autau a fafine; ona mamā ai lea 'o le itū 'au a Sālega, ma 'ua fa'alagi ai lenā lau'ele'ele, 'o le "Malaeolemā;" 'olo'o fai nei ma malaefono o le a'ava. "'Ua pa'ia Malaeolemā 'auā 'o le malae ma le afio'aga o le ali'i o le itū".

E fa'apēnā fo'i ona maua fa'alupega o igoāipu a matai; 'o mea lava na tutupu i 'āiga ma alaalafaga e pei 'o le fa'alupega o le igoāipu a Samoatele i Moata'a. Na fai le taua a le Vāimauga ma le 'auāpō a Faleata. 'O lenei 'autau a Faleata o tagata tetea. E lē mafai ona tau pe 'ā mālamalama le lā 'auā e sēgaia ai mata. 'O le fa'atonuga lā a Tofaeono 'i lana itū'au e fa'apea, "'Ā uatea, tau loa; 'aua le toe fa'atali 'ae osofa'i loa le itū'au a le 'auāpō," 'o lona uiga o le uatea, 'o le timutea po 'o le timu e tō 'ae lā; ona maua loa lea 'o le igoāipu o Samoatele 'o le "'Uateatauloa." ('Aumaia lau ipu 'Uateatauloa) 'O lona uiga, e 'ave iā Samoatele.

'O fa'alupega o tōga a tamāli'i e pei ona fa'alagi pe 'ā sula e tausi o tulāfale, na maua mai fo'i i mea na tutupu e pei 'o le tōga a Le'iato i Tutuila. 'O le talatu'u e fa'apea: Na malaga Tauoloāsi'i, le teine mai Sua ma le Vāifanua, 'i Toga ma lona fala, ona pūlolou ai lea 'o tagata Sāmoa pē tali 'ātoa le to'aafe, ina 'ua fai la lātou īfoga i Toga. Ona toe fa'afo'i mai lea 'o le fala ma 'avea 'o se 'ie e lā'ei ai tamāli'i.

'O ona fa'alupega lā 'ua maua, 'o le "Pūlouoleola ma le Tasi'aeafe." Saō fa'alālelei, 'ua aneanea i malae le Pūlouoleola ma le Tasi'aeafe; 'o fu'a taualuga a Sua ma le Vāifanua, Fofō ma Aitūlagi." 'Ua tātou iloa nei 'o le si'osi'omaga o Sāmoa e tumu i fa'alupega, 'auā e tamāli'i mea 'uma 'o le lalolagi o Sāmoa.

MATĀ'UPU IV: 'O LE 'INA'ILAU A TAMA'ITA'I
I LE SĀOFA'IGA A AGANU'U A SĀMOA

I.   Tāua ma Aogā o le 'Ina'ilau a Tama'ita'i

E 'ese le tāua o tala o le vavau ma fāgogo a o tātou tua'ā 'ua mavae; e ui ina fa'aleāmana'ia lelei i manatu o tupulaga talavou o nei aso. E pei ona ta'u so'o le 'ina'ilau a tama'ita'i 'ae lē 'o mautinoa po 'o fea e mafua ai ma sona aogā i tagata.

E manatu le to'atele o tagata su'esu'e; 'o tala o le vavau ma fāgogo (oral traditions) e lē 'o ni tala sa'o, 'auā e le'i tūsia i ni tusi o se tala tu'ufa'asolo; ma 'o Sāmoa e leai sona Tala Fa'asolopito (History). Peita'i, 'ā tātou māfaufau alofa i le tau tōmānatu o tua'ā o le 'āmataga i mea sā vā'ai ma fa'alogo 'i ai, ma tau tāofi mea sā tutupu mai i lea taimi i lea taimi i o lātou si'osi'omaga; ma musumusu atu o lātou laufofoga ma o lātou leo i taliga o a lātou fānau; e ala i talanoaga i le ao ma faigāfāgogo i le pō, ona tātou matuā māofa lava lea.

E sāga fa'amanatu atu ai pea; seanoa 'ana leai 'Oral Traditions', tātou te lē iloa o tātou tala'aga, o tātou igoa vala'au, o tātou suafa matai, o tātou ali'i tāua, ma a tātou sāofa'iga, 'aemaise faigānu'u ma faigāmālō 'ātoa ma a tātou tāpua'iga i o tātou atua; ma 'ua tātou iloa ai nei po 'o ai tātou.

'Ana leai fo'i tala o le vavau a Sāmoa, tātou te lē mālamalama i o lātou fa'alupega, ma alagā'upu ma muāgagana 'olo'o māpo gagana ai nei failāuga o nei aso, 'aemaise lava, 'ua tātou mālamalama ai i le gagana a tagata, sā fa'amatala ma fa'a'upu mai ai le fa'atinoga o a tātou aganu'u.

II.   'O le ā lea mea e ta'u so'o 'o le 'Ina'ilau a Tama'ita'i?

'O le *Ina'ilau a Tamaita'i* e mapuna mai i le tala fa'afāgogo, ma 'o lenei fa'a'upuga, "Na'o tama'ita'i na au le 'ina'ilau," 'ua 'avea 'o se mata'itusiola po 'o se tesimale tau'ave i le gagana mai anamua mo le taimi nei, mo ā tāeao fo'i ma iē luā; ma e lē toe mafai ona mate lea gagana vāganā 'ua pō le lalolagi o Sāmoa. Tasi 'o le mea, 'ua pei le *Ina'ilau a Tama'ita'i* 'o se 'upu o tausuaga; ma pe 'āfai fo'i 'ole'ā fa'ase'e e le itūpā o tamāloloa le itūpā o fafine, ona lafo loa lea 'o le fa'a'upuga fa'apea, "Sē, lafo le mea faigatā lenā 'i le itūpā o tinā, 'auā na'o tamaita'i lava na au le 'ina'ilau." 'O le ā le uiga o lea fa'a'upuga? 'O ai e ona lea 'upu? 'Ae na māfua 'aiseā? 'O fea 'o iai se vavau e fa'amaonia ai lea fa'a'upuga? Se'i tātou māfaufau muamua i 'upu nei e lua; 'o le 'upu 'ina'ilau ma le 'upu tama'ita'i.

'O le 'ina'ilau, 'o le 'upu lea 'ua fa'aigoa ai e tufuga faufale Sāmoa le fatufatuga o lau i laina ta'itasi aga'i i luga; mai le faulalo e o'o i le 'au'au o le falealuga o le fale Sāmoa pe'ā ato. E lē atofolaina i laina fa'alalava, 'ae atotu'i i laina fa'atutū i luga. 'O tamaita'i, 'o le sāofa'iga lea po 'o le faigānu'u a alo teine o le nu'u e le'i fai'āiga, 'ātoa ma teine moni o le nu'u 'ua nofotane i tamāloloa o isi nu'u. 'A 'o le 'upu lā lea 'o le 'ina'ilau, e maua mai i le tu'ufa'atasiga o 'upu ia e lua o le gagana Sāmoa, 'o le *'ina'inā* ma le *taulau*. 'O le *'ina'inā*, 'o lona uiga, 'o le ita ma 'ava'avau pe 'ā tuai ona fai se fa'atonuga. Mo se fa'ata'ita'iga, "'Aiseā 'ua 'e so'ona 'ina'inā ai lava 'i si a'u tama?" 'O le *taulau*, 'o lona uiga, 'ua taunu'u le mana'o po 'o 'ua tau fuafuaga o le fa'amoemoe. Mo se fa'ata'ita'iga, "Fa'afetai i le Atua 'ua *taulau* lo tātou fa'amoemoe mo lenei māfutaga."

'Ā tu'u fa'atasi lā manatu e lua e pei ona fa'amatalaina i luga, ona fa'apea lea, "Sā *'ina'inā* le nu'u o tama'ita'i o Faleālupo ne'i tuai ona au la lātou 'ina'ilau, ona lē taulau lea o lo lātou mana'o." 'O lo lātou mana'o, 'ia 'aua ne'i nofo Sina 'iā Tinilau. 'Olo'o mulimuli mai le fa'amaoniga o lea mea.

'O Sāmoa, e tala lasi. E faumālō fo'i tamāli'i o alaalafaga i o lātou manatu, peita'i o laufanua lava 'olo'o iai ni vavau, e fa'atino mai e ni ma'ama'a po 'o papa, 'o ni ponatilā 'au, 'o se anapapa, 'o se mauga, se tofē, po 'o se vaitafe, e o'o lava i 'auivi o meaola. 'O mea lava nā e fai ma vavau e fa'amaonia ai se tala, 'aemaise lava 'o se nu'u e iai se vavau e talafeagai le fa'aigoaga o lenā vavau ma ni igoāmatai 'o le nu'u ma o lātou tūlāgāmaota, 'olo'o tau'ave pea i fa'alupega o lenā nu'u e o'o mai i le asō. 'O fāiā na'o le tagata ma lona si'osi'omaga i totonu o le nu'u, e 'avea ma ona tofi mai le Atua e tatau ona sā'ili'ili ma vā'ili'ili ma fa'amaumau ona fa'amatalaga, 'ina 'ia fa'asoa atu nā tala mo tupulaga o lumana'i.

III. 'O fea lā e maua i ai ni vavau o le 'Ina'ilau a Tama'ita'i?

'O gā'uta o le pitonu'u o Vāotupua i Faleālupo, 'olo'o iai le anapapa e fōliga 'uma lava i se fale Sāmoa o se tamāli'i. E ato i ma'a māfolafola, e fatufatu lelei i luga, ma e fōliga mai i ni 'ina'ilau se lua. 'Ua au le isi 'ina'ilau i le tauāluga, 'ae gata le isi 'ina'ilau i le 'ogātotonu o le falealuga. 'O totonu o le ana lenei, 'olo'o iai le ma'a māfolafola e fōliga i se nofoa. Fai mai tagata Faleālupo, 'o le nofoa lenā o Mālietoa e mālōlō ai pe 'ā susū atu i lenā itū o le atunu'u. Sā 'ou nofo i le nofoa lenā i le isi a'u asiasiga, 'ae fai mai le faiā'oga Faleālupo, "Mata'itusi, e fasia nei 'oe 'ona 'o lou lē mīgao i le alaalafaga o Mālietoa." 'Ua 'ou fiu e tatali le fasiga o a'u e se ilāmutu a Mālietoa, e le'i o'o mai lava e o'o mai i le asō; 'o lona uiga, e leai ni tapu o lea vavau.

'O le tala fa'afāgogo lenei na māfua ai lenei fa'a'upuga, "Na 'o tama'ita'i na au la lātou 'ina'ilau."

1. 'O le Fāgogo

Na sau le tōfale'auga a Tinilau ma lona nu'u o Sāvavau i le 'augafa'apae o Faleālupo e suafa 'iā Sināleana. Na fai pōula a le aualuma a Sina ma le aualuma a Tinilau i le pō, ma fai ai ma a lātou faigāpalo. 'O le tu'utu'uga; 'ā malama le taeao, ona fai lea 'o le tauvāga a tama o le aualuma a Tinilau ma teine o le aualuma a Sina i le atoga o le fale o Sina. 'O le fa'amoemoe o teine, 'ā goto le lā 'ae le'i au le 'ina'ilau a Savavau, 'ole'ā lē talia la lātou aumoega. 'O le tauvāga e 'āmata i le oso o le lā, 'ae fa'ato'ā 'uma pe 'ā goto le lā. 'Ia, e le'i iloa e tāulele'a o Sāvavau, le misiterio lilo a Faleālupo; e totope le faiga o fe'au o le aso ne'i goto le lā e le'i 'uma, 'auā e tuai ona oso le lā o Faleālupo ona e vāvāmamao ma Saua i Manu'a e oso a'e ai le lā; 'ae vave foi ona pogisā. E sopo'ia loa e le lā le papasē'ea i Faleālupo e lata i le fafā o sauali'i, ona pogisā fa'afuase'i loa lea 'o le nu'u, 'auā e leai sona tauafiafi.

E malama a'e le taeao, 'ua leva ona gālulue le aualuma a Sina, 'a 'olo'o momoe vāivai le aualuma a Tinilau 'ona 'o pōula anapō, 'ua tuai ai ona 'āmata a lātou 'ina'ilau. 'Ua tēte'i tāulele'a o Sāvavau ina 'ua pogisā fa'afuase'i le nu'u, 'ae le'i tāitai ona au la lātou 'ina'ilau; ona sosola loa lea 'o le aualuma a Tinilau ina 'ua mamā i le faiā'ina, 'ae fiafia ai le aualuma a Faleālupo, ina 'ua lē 'avea Sina e fai ma faletua o Tinilau. Na fo'i ma le fa'anoanoa Tinilau ma lona nu'u; ina 'ua leai se 'ai o la lātou fa'aleleaga i vāifanua o Sināleana i le Alātaua i Sisifo."

i) 'O ai lā e ona lea 'upu, "Na 'o tama'ita'i e au le 'ina'ilau?"	• 'O le susuga pa'ū a Malietoa.
ii) Na māfua 'aiseā lea 'upu?	• 'O lana māimoaga i le maota o Sināleana.
iii) E fa'apēfea ona fa'aaogā i le aganu'u lea fuaitau?	• E fa'aaogā i sāunoaga ma fetalaiga fa'ala'ei'au ma fa'alototele a matai pe 'ā fai

iv) 'O ai lātou te fa'aolaolaina ma fa'aauau lea muāgagana?	• E fa'aauau pea lava i fāgogo a lo'omātutua ma toea'i'ina, 'ātoa ma le a'oa'oga o le gagana Sāmoa e faiā'oga.
v) 'O le ā se 'auala po 'o se metotia a faiā'oga e a'oa'o ai i tamaiti lenei tala?	• 'Ia fai le fāgogo. Toe fa'amatala mai e tamaiti. 'Ia fai taga o le tala fa'akoneseti pe fa'afaleaitu. 'Ia fai se faigāpalo. 'Ia fai se tu'uga lagagā'ato, po 'o se o'agāpopo. 'Ia usu se pese, 'a 'o fai tauvāga a tamaiti.
vi) 'O ā ni a'oa'oga tāua e maua e tamaiti mai lenei fāgogo?	• E maua ai le lotonu'u ma le loto tetele e tauivi mo le manumalo. Manatua, 'o gāluega ma ta'aloga a Sāmoa, e vave ma fiafia pe 'ā ō fa'atasi ma lagigāpese ma fāgogo.

'O le 'ina'ilau a tama'ita'i ('o se *project*) po 'o se atina'e tau'ave mo le ōlaga 'ātoa, e ala i se tāleni 'ua tufaina mai i le tagata; e fa'aaogā i ai le mālosi o le tino ma le māfaufau. 'O se gāluega e faifai pea se'ia o'o ina maua le sini.

'O le a'oa'oga lā o le gagana Sāmoa mai tala o le vavau, 'o se 'ina'ilau tāua, na 'āmata mai lava i le *mother tongue*, po 'o le gagana tautala a lē na tausia ma fa'atinā 'i ai le pepe, se'ia o'o ina alu e ā 'oga. Lea na lelei ai le 'āmataga o a'oa'oga o le Gagana Sāmoa i Niu Sila, 'ona sā 'āmata lelei i vasega fa'ata'ita'i po 'o *pre schools*, ma pī faitau a faletua o faife'au.

E 'oa ma ola pea le gagana ma aganu'u i le tele o su'esu'ega ma a'oa'oga e fai fa'alāusoso'o, 'ina 'ia taufai tomai tamaiti ma faiā'oga i fa'avae mautū o le gagana. 'O le 'ina'ilau fo'i a tamāli'i o Sāmoa, 'o le fa'amaonia lea ma sainia le fa'amaoniga o vavau paepaesolo, 'ina 'ia fa'amaonia ai fo'i e le 'au faitautusi ma sāga fiafia ai pea e tāofi tala e uiga 'iā Sāmoa.

Fa'afetai lava i le atunu'u 'ona 'o le fa'atāuaina o le 'Ina'ilau a Tama'ita'i 'iā lātou sāunoaga. 'A 'o le mea moni, 'o le to'atele o Sāmoa e le'i o'o i Faleālupo i le mea 'olo'o iai le vavau o le 'Ina'ilau a Tama'ita'i.

'Olo'o iai māsalosaloga ma mātematega a tagata o Lealataua i Sisifo e fa'apea; 'o le ana lenei 'ua fai ma vavau o le 'ina'ilau, 'o le ana lea na moena'i ai tino o Va'atausili, ma sā ta'u ai fo'i lenā ana 'o le fale o Apa'ula. Silasila fo'i i fa'alupega o Faleālupo, 'olo'o ta'u ai, 'o Apa'ula o le sa'o tamaita'i. 'O le isi manatu e fa'apea: 'O le ana lenei na teu ai Pāpā o itūmālō na ave e Nāfanua pe'ā mālō i taua o Pāpā.

IV. Tama'ita'i Sāmoa ma a lātou 'Ina'ilau

E mata sā iai ni tama'ita'i Sāmoa, na fai ni a lātou fo'i 'ina'ilau sā 'ina'inā i ai ma 'olo'o au pea o lātou fa'aaogāga e o'o mai i le asō, i le faiga o aganu'u a Sāmoa? 'Oka! Se ānoano o tama'ita'i. Se'i tātou māfaufau i tama'ita'i nei.

• 'O le tama'ita'i 'o Sināa'ele, sā nofo i le nu'u o A'ele i gā'uta o Apia ma fai lana togāu'a. Na ia fa'aali mai le faiga o le siapo i lauu'a 'ātoa ma mea fai siapo e iai le tutua, 'o le pae, 'o le i'e, 'o le tata, ma le 'upeti, lea 'ua fai ma lā'ei o Sāmoa le siapo mo le faiga o aganu'u, 'a 'o le 'ina'ilau a Sināa'ele.

• 'O le tama'ita'i 'o Maofa mai le nu'u o Tula i Tutuila, na ia mua'i faia le 'Ie tōga a Sāmoa lea 'ua fai ma measina a le atunu'u ma fa'aigoa ai 'o le Pūlouoleola ma le Tasi'aeafe.

- 'O le tama'ita'i 'o Mulivaiovailele o Vāimauga, lea na na mua'i totō le 'ava tāumafa a tamāli'i ma 'ua 'avea ai pea le 'ava 'o se lā 'au talimālō a le atunu'u.
- 'O le tama'ita'i 'o Tāla'i o le Si'uamoa, na ia fa'atagiina le lega, ma fa'ata'ita'i mai le faiga o le lolo i le suāpopo ma fugālā'au manogi e palu fa'atasi ma le lega; ona sasama ai lea o tāupou ma mānaia.
- 'O le tama'ita'i 'o Metotagivale o Pu'apu'a, na ia su'iina le 'ula i fua o le fala ma lona sigano mo lana mānamea o Alo, ma fa'aigoa ai lenā 'ula 'o le tinumasalasala; lea 'ua titinu ai ma fene'ei ai tamāli'i Sāmoa pe 'ā fai taligāmālō.
- 'O le tama'ita'i 'o Sinālaloataata o le nu'u o Laloata i le Vāimauga, na ia totōina le ulua'i niu i Sāmoa i le tala o lona fale, ma 'ua tātou fa'aaogāina lea lā'au i le soifuaga fa'ale'āiga ma fa'alavelave 'o le aganu'u, e pei 'o le ta'iga 'o le sua ma le faiga o meatāumafa.
- 'O le tama'ita'i 'o Nāfanua mai le Lealātaua i Sisifo o Savai'i, na ia fauina meatau, sā fa'aaogā tele i taua a le atunu'u ma 'ua teuina pea i maota o ali'i e fai ma 'anavataua a le atunu'u.
- 'O si lo'omatua 'o Matuna mai Faleālupo, na ia lalagaina le milamila i launiu; lea na fa'ata'ita'i i ai tiputa lauu'a o lo'omātutua, ma 'ua sui nei i 'ie o fa'amalu 'ua gaui 'aso.
- 'O le tama'ita'i 'o So'oa'emalelagi mai Leulumoega; na ia fausia le lauao po 'o le tuiga e fa'apale ai lana tama o Salamāsina, 'ina 'ole'ā fa'au'u e fai ma tupu tafa'ifā; lea 'ua 'avea ai pea le tuiga ma fa'ailoga o tāupou ma 'augafa'apae.
- 'O tama'ita'i ta'uta'ua fo'i nei e ta'u 'o le pi'ilua o Tilafaigā ma Taemā mai Falelātai. Sā fe'ausi solo i le vasa Pasefika ma a lā 'atoau, 'a 'ua 'uma ona tatā a la malu, na lā ta'u maia le faiga o malu a tāupou 'a 'o le'i fa'apaūina malōfie a tamāli'i. E fa'amaonia lea mea i le talatu'u 'iā Togiola ma Taemā.

E tele pea ni isi 'ina'ilau a tama'ita'i Sāmoa 'ua lē mafai ona fa'amatala nei; 'ae 'ā tu'u ane fo'i i faigāmālō anamua, 'o tama'ita'i fo'i na lātou 'āmataina. 'Ua molimauina e le 'au su'esu'e o aganu'u a Sāmoa e fa'apea; 'o le mālō o Sāmoa, na fa'avae e tama'ita'i. E matuā fa'amaonia lava lea mea, 'auā 'o Nāfanua na ia maua 'uma Ao ma Pāpā. 'O ai e tete'e i lea mea? 'E te lē talitonu 'o le ulua'i Pālemia o le mālō fa'atūmua anamua 'o le tama'ita'i o So'oa'emalelagi? 'Āfai na tumua'i tutusa pāpā tane o Tuiā'ana ma Tuiātua ma pāpā fafine o Nato'aitele ma Tamasoāli'i, 'o ai e lē 'ioe 'i ai? 'Āfai fo'i 'o le ulua'i tupu tafa'ifā o Sāmoa 'o le tama'ita'i 'o Salamāsina, 'o ai e fīnau i lea mea? Fa'afetai mo tama'ita'i 'uma o le atunu'u 'ua o'o a lātou 'ina'ilau i le tofi matai e tausia 'āiga.

'Olo'o iai le lu'i tele mo le soifuaga o tama'ita'i i aso nei e tau fa'avāivaia ai le atina'e o 'ina'ilau a tama'ita'i, ma tāomia ai le fiafa'aaogā o tāleni a tama'ita'i Sāmoa 'o le senituri 20 ma le 21 lenei. 'O tāleni na tufa mai e le atamai o le Atua; 'ae peisea'ī 'olo'o nofo kolone pea le itūpā o tama'ita'i 'ona 'o manatu o le Vāfeāloa'i a Sāmoa i le fa'aleaganu'u, ma 'ua o'o fo'i lava i le fa'alelotu le fa'ailogatagata.

Fai mai fa'a'upuga fa'avāivailoto a le atunu'u, 'o tama'ita'i, 'o le itūpā vāivai, ma e lē taulia, 'auā e lē faitauina i ni taua. 'O manatu ia Fa'a'isaraelu, 'olo'o ta'ita'i ai tama'ita'i Sāmoa; 'a 'o Sāmoa 'o le atunu'u 'ua 'uma ona tofi mamalu ma sāofa'iga 'ese'ese, 'aemaise le tōfiga fa'atamāli'i, "'O le tama'ita'i, 'o le Feagaiga a 'āiga Sāmoa 'uma."

E ui 'i lea, 'ou te fa'afetaia le Susuga a 'Aiono Dr. Fanaafi Le Tagaloa, 'ona 'o lana 'ina'ilau māoa'e ma le tomai i mea tau gagana, 'ua lagā ai le 'au'afa teumau a Sāmoa, 'o le toe fa'atulaga ma fa'aolaola le a'oa'oga 'o le gagana i o tātou tupulaga lalovaoa, ma 'o ia fo'i 'o le ulua'i foma'i tama'ita'i (Dr.) po 'o le porofesa muamua a Sāmoa i mea tau gagana.

E fa'apea fo'i la'u fa'afetai i le Afioga a Fiamē Nāomi Matā'afa ina 'ua au lava lana 'ina'ilau i le tofi minisitā tama'ita'i o ā'oga a le mālō, e fesoasoani ai e sāga fa'amālosia le tāua o a'oa'oga o la tātou gagana ma aganu'u.

E fa'afetai fo'i i le tama'ita'i o Faimaala Taula Vaovasa 'ona 'o lona fo'i sogasogā 'ia au lana 'ina'ilau i le tofi fa'amasino i le 'ōfisa o fanua ma suafa a le mālō o Sāmoa, e fesoasoani ai mo le gagana sa'o e fai ai i'uga o fa'amasinoga; 'ātoa fo'i ma ni isi tama'ita'i maoa'e 'ua au a lātou 'ina'ilau i isi tofi māualuluga.

'Ua toe nei 'o se tama'ita'i e au lana 'ina'ilau i le tofi Pālemia ma le Ao o le Mālō o Sāmoa, 'ātoa ma se tama'ita'i e 'avea ma ta'ita'ifono o le fonotele a le 'Ekālēsia Sāmoa; 'ātonu e mafai ai ona sosofa le pāpupuni 'olo'o tutaia ai le fia 'avea o tama'ita'i ma faife'au tausi nu'u. 'O 'ina'ilau lā a tama'ita'i Sāmoa sā gālueaina i o lātou lima, 'o measina 'uma nā a Sāmoa mai anamua ma 'olo'o fa'atāuaina pea e o'o mai i nei aso i le faiga o aganu'u.

Tātou tatalo pea i le Atua 'ina 'ia fa'aauau pea 'ina'ilau a tama'ita'i Sāmoa, 'ia o'o o'o tutū i so'o se tulimanu o le ōlaga, 'auā le fa'amoemoe mo le manuia o tagata Sāmoa i le ola nei 'ātoa ma le ola 'ātalī.

'A 'o le 'ina'ilau sili lava lenei a tagata Sāmoa 'uma 'aemaise lava tinā, 'o le a'oa'o lea o la tātou gagana; 'ia lē gata i tamaiti 'ae o tagata mātutua fo'i. 'O le gagana a le tinā e sili ona āmana'ia i totonu o 'āiga, nu'u ma 'aulotu; 'ae 'ā palauvale le tinā, 'o lona uiga e lē 'o mālamalama lenā tinā i lana 'ina'ilau 'ua aga'i ina lē au; 'ae 'ā gagana lelei fa'atamāli'i ma fa'akerisiano le tinā, e fa'apēnā fo'i ona gagana lelei lana fānau ma lona 'āiga, 'auā 'o le tinā āmiolelei ma gagana lelei, e i lona laulaufaiva le tulāfono o le alofa. 'Ole'ā tūla'i mai lana fānau e fa'afetai 'i ai; ma tau'ave ai pea le lelei o la lātou 'ina'ilau se'ia fa'avavau.

V.   *'O le Sā'afiafiga i le Tinā Lelei (na fatu e le faife'au o Lale Peteru)*

1. 'Ā 'ou manatu i ou tīgā
I le iva o māsina
Sā e tau'aveina ita i lou manava
So'o se taimi 'o faigatā
'E te talosiaina pea
'Ia 'auomanū 'ae lē 'o 'auomala
 	
2. Lau tausiga mai lo'u laitiiti
E fa'amāoni e le'i fa'afiti
E fa'amāfanafana ne'i 'ou ma'alili
So'o se taimi 'ou te tagi ai
'O ou lima e sapasapai
Lagi sau pese 'ina 'ia 'ou moe ai
Tali:
'O 'oe, le tinā lelei
Leai lava se taui i lalo nei
'Auā 'o lou alofa moni
E lē mafai ona totogi
   Sā 'e tū i luga ma savali
   I le pō pe 'ā 'ou ma'i
   E, se mea a faigatā
   'O le alofa fa'atinā
	3. Fa'afuata solo i le ala ita
	Ma 'e tagi tautala
	Pe 'ā va'ai 'ua 'ou tīgāina
	'O le fatu o le 'āiga
	'O gāluega na i ou lima
	'O se fa'ata'ita'iga
	E fai ma va'aiga
	
	4. 'O se 'upu fa'atausua'i
	'O se itūpā vāivai
	'A 'o tiute fa'atino
	E lē feagai
	'Auā 'o le tū fa'amālosi
	Na 'o le fasi atu, fasi mai
	'O le 'ina'ilau e fa'amaonia ai

1. Le Atūa e,
Fa'amālō 'ua fa'afetai
Lau fa'aolataga
'Ua mātou manuia ai
Tausaga 'ua mavae
Ni sesē fa'amāgalo mai
'Ae vī'ia 'Oe
I le talutalu fou 'ua o'o mai

2. E fa'atulou atu
I le mamalu o fa'afofoga mai
Susuga a faife'au
'O tamāli'i fa'afeagai
Mafutaga a tamā
'O 'outou 'o le nofo a Ao
Sāmoa 'ātoa
'Ua 'ātoa tupe i le fafao

3. Na'o se fautuaga fa'amanatu
Lenei a le 'ina'ilau
E aogā i mātua
'Aemaise au tama fānau
Le fa'alogotā
'O le tama lea o Tupuivao
Tālofa i le tinā
Lona fa'amoemoe 'ua mao

4. 'Ā sipa le lamaga
Pe sasi fo'i 'o la'u gagana
'Ia 'apo i liu
'O 'oe 'o le tautai matapala
'O aga o tusitusiga
E sa'oloto ma fa'aauau
Tautai ane 'oe
'Ia leai se māumau

Tali:
'Ia fiafia lā'ia
'Ae'ae nei mau manuia
'Ia fa'aaogā tatau
Āiā mo lau fānau
Le Mafutāga e a Tinā
Fa'amālosi, 'ia lotomau
Ma 'ia manatua
Lau 'ina'ilau 'ia au.

MATĀ'UPU V: 'O LE Ā LE GAGANA FA'AALOALO I MANATU O SĀMOA?

I.   *'O le ā le Gagana Fa'aaloalo i Manatu o Sāmoa ?*

'O se fesili tele lea sā fa'avaitu'uipu i lo'u māfaufau. 'Ou te le'i iloa e iai se gagana lona lua a tagata Sāmoa e toe tau a'oa'oina 'ia sa'o lona fa'aaogāina i totonu o lona lalolagi. 'O le gagana lea e ta'u 'o le Gagana Fa'aaloalo.

'Ana 'ou lē ā'oga i le Gagana Sāmoa 'ou te lē matuā āmana'iaina le tāua ma le aogā o le mālamalama i lea vaega o le Gagana Sāmoa; 'o le tautala fa'aaloalo. 'O lea 'ua iloa nei, 'ā lē lelei ma mālamalama muamua i le gagana ta'atele, e fiu i tau 'a 'o le fa'aaogāaga sa'o o le Gagana Fa'aaloalo.

1. Tātou māfaufau muamua i le 'upu Fa'aaloalo.

'O le uiga o le 'upu fa'aaloalo, 'o le fefa'aaloaloa'i i le vā o le isi tagata ma le isi tagata, 'aemaise le vā o le tagata ma le Atua; e ala i āmioga e fa'aali ma le gagana e tautala ai.

E taūsoga lelei 'upu nei i le gagana fa'aaloalo; 'o le āva, migao, mata'u, usita'i, poto, atamai, ma le fa'autauta. E tusa 'o se 'au'āiga 'ua fausia se fale. 'O le mātaisau po 'o le tufuga e fa'atonutonua gāluega o le fale, 'o le alofa lea, 'a 'o lo lātou se'etalāluma 'o le fa'aaloalo lea. 'Ana leai le alofa e leai se fa'aaloalo. 'Ana leai le fa'aaloalo e le ātagia le mātagofie o le vāfeāloa'i a Sāmoa. 'O le alofa lā ma le fa'aaloalo, 'o meaalofa foa'i fua a le Atua i tagata Sāmoa e puipuia ai ona mamalu ma fa'atonutonu ai ōlaga o tagata fa'atatau i fa'avae o le atunu'u 'ua 'uma ona fa'ata'atia e o tātou tua'ā.

'Ua 'avea fo'i le fa'aaloalo ma le alofa 'o ni mea ta'avili mālolosi (*super natural power*) e fa'ata'avilia lagona o le tagata. E fesuisuia'i ai lagona e fa'atino ai ma fa'agaganaina ai faiga o aganu'u.

'Ana leai le alofa ma le fa'aaloalo e leai ni ta'igāsua, e leai ni taligāmālō, e le osia fo'i ni 'āiga i fa'alavelave Fa'asāmoa.

E mulimuli ona tautala le tagata i le gagana fa'aaloalo, 'a 'ua gagana mai fōliga mata'ata'ata ma uiga fiafia. E fa'amatala mai i gāoioiga a le tagata le gagana fa'aaloalo. E mafai fo'i e le si'uleo mālū ona ta'u mai le gagana fa'aaloalo. 'O le gagana fa'aaloalo 'o le gagana a tamāli'i, 'auā e lē mafai ona 'e fai i se tamāli'i – 'E te fia inu pia? 'Ae se'iloga 'e te iloa le gagana fa'aaloalo e pei 'o lea – E 'aumai se pia tāumafa? 'O le gagana fa'aaloalo fo'i, 'o le gagana Fa'akerisiano, 'o se gagana e gānagōfie ma le taliagōfie, 'ona 'o le fīlēmū ma le fa'amalie loto, e faigōfie ai ona feso'ota'i atu i le Agāga Pa'ia o le Atua.

2. 'O ā ni tāua ma ni aogā o le gagana fa'aaloalo?
   - E fa'aaogā le gagana fa'aaloalo e fō'ia ai fa'afītāuli ma fe'ese'esea'iga o tagata ma 'āiga ma nu'u.
   - E aogā le gagana fa'aaloalo pe 'ā fa'amālosi'au le 'autāpua'i o se ta'aloga po 'o se taua.
   - E fa'aaogā le gagana fa'aaloalo pe 'ā alu ni asamoga ma ni tōma'aga.
   - 'O le gagana fa'aaloalo e mālilie ai se 'aupālota o ni su'egātofi.
   - 'O le gagana fa'aaloalo na te fa'amalieina le 'autautua.

3. 'O 'upu fa'avae lava o le gagana fa'aaloalo; 'o le fa'amolemole, fa'afetai, ma le fa'atulou.
   - E mamulu measina a Sāmoa 'ona 'o le fa'amolemole.
   - 'O le taui po 'o le totogi o measina a Sāmoa, 'o le fa'afetai.
   - 'O le teuteuga o fa'alavelave matuiā a Sāmoa, 'o le fa'atulou.

'O fa'atinoga 'āmata na'o le gagana fa'aaloalo a Sāmoa e tatau ona a'oa'o lelei i tamaiti o lātou uiga moni, 'ātoa ma lagona o'otia e ala ai ona tautala ma fa'atino mai; 'ae lē 'o le te'i lava 'ua 'ote le tinā i lana tama fa'apea – "'O le ā le 'upu e tatau ona fai? 'O fea e tu'u i ai lou gutu 'ae lē fa'atulou?" 'Ia, 'ailoga na a'oa'oina muamua si tamaitiiti e uiga 'i ia mea? 'A 'o lea 'ua 'otegia.

'O Sāmoa 'o le atunu'u e fa'alagilagi ona tamāli'i ma 'ua o'o lava fo'i i ona tagatānu'u 'uma, 'ua fia tamāli'i 'uma lava. – 'auā fai mai le gagana o lea mea – E tamāli'i lava le tagata ia 'i lona 'āiga. Fa'afetai 'ae gagana 'uma tagata Sāmoa i le gagana fa'aaloalo, 'auā 'o le gagana moni lenā a tamāli'i. "E iloa le tamāli'i i lana gagana," 'ae fia tamāli'i le tūfanua 'ae iloa i fua leaga o lana āmio ma lana gagana.

'Ā tu'ufa'atasi le gagana fa'aaloalo ma le tautala lelei ona ta'u lea 'o le gagana mamā (*clean language*). 'Ā tautala lā tagata i le tautala leaga i luma 'o se fa'apotopotoga, ona fōliga lea 'o lana gagana, 'o se gagana ma'a'a. 'O lona uiga e lē 'o i lea failāuga se fa'aaloalo i le tautala lelei, 'ua 'uma ona toe fa'amamaluina lona teuteuga e o tātou tamāli'i ma misionare; ma 'avea ai 'o le gagana fa'atamāli'i ma le Fa'akerisiano.

'O o tātou uiga lelei ma o tātou tagata lilo e fa'aalia 'uma lava i la tātou gagana fa'aaloalo, 'auā 'o le gagana fa'aaloalo, 'o le gagana o le alofa tūnoa. E fa'aali mai e le gagana fa'aaloalo uiga alofa e alu a'e i le loto. 'O le fa'aaogāina o fa'alupega o tamāli'i, 'o le tasi lea vaega pito tāua o le gagana fa'aaloalo.

'Ā lē iloa e tagata Sāmoa le gagana fa'aaloalo, e lē mafai ona talanoa sa'oloto i tagata mātutua ma tagata māualuluga, 'aemaise matai. 'O le ala lea e fefefe ai ma matamumuli isi tagata Sāmoa i 'auai i fonotaga ma fa'alavelave 'ona 'o le lē mālamalama i le fa'aaogāina sa'o 'o le gagana fa'aaloalo i ona tūlaga aoao; po 'o fea tonu le taimi e fa'aaogā ai, 'a 'o ai fo'i tagata sa'o e tatau i ai lea gagana; 'ae po 'o ā fo'i 'upu sa'o e fa'aaogā i lea taimi ma lea taimi, po 'o lea tūlaga ma lea itū'āiga o mea e fai.

II. E fa'apēfea ona a'oa'o le gagana fa'aaloalo?

Manatua e liliu 'upu o le gagana ta'atele i 'upu fou o le gagana fa'aaloalo. Tasi le mea, 'aua le a'o taulotoa na'o 'upu ta'itasi, 'a 'ia a'oa'o i fuai'upu o talanoaga e 'āmata mai 'i le tino o le tagata, e pei 'o lea - 'O ai na fa'afugaina lou ao po 'o lou lauao?, 'ae lelei pe 'ā fa'amamā ma lau soesā. 'Ia talanoa lava i luga 'o se mea moni lava na tupu. 'O le fa'aaogāina fo'i o le gagana fa'aaloalo i le taliga o mālō i totonu o 'āiga ma nu'u, e mata fiafia 'uma ai tagata 'olo'o talanoa.

E lē faigōfie le a'oa'oga o le gagana fa'aaloalo; 'ae 'ā fai fa'akoneseti ma fai fa'afaleaitu, 'ole'ā vave fo'i ona maua e tagata le 'a'ano o le fa'aaloalo ma le fa'aaogāina o le gagana fa'aaloalo.

'O le gagana fa'aaloalo, 'o le gagana o fautuaga; 'ae lē se gagana o 'otegiaga. 'O le gagana e tagi ai; 'ae lē se gagana e ata fa'amaela ai. 'O le gagana e salamō ai; 'ae lē se gagana e loto ma'a'a ai. 'O le gagana e fa'amalo'ulo'u ai le atunu'u, 'auā 'o le gagana e ea ai vanu ma laugatasi ai mauga. E leai lā se aogā e a'o ai e le tagata Sāmoa le gagana fa'aaloalo, 'ae na te lē fa'aaogāina ma ola ai.

1. E iloa 'Oe i Lau Gagana Faaaloalo

'O le fea itū'āiga gagana Sāmoa e iloa ai oe 'o le Sāmoa? 'O le tautala leaga e fa'aaogā ai na'o le *k* ma le *g*, po 'o le tautala lelei e fa'aaogā fa'aalausoso'o ai le *t* ma le *n*? 'Ā lē 'o lenā, 'o lou tautala 'ea i le gagana fa'aaloalo a tamāli'i po 'o lou tautala fa'alēmigao fa'atūfanua? 'O lou tautala 'ea i le kalamā sa'o o le gagana Sāmoa po 'o lou tautala i le *pidgin* fa'alomifefiloi?

Manatua, 'o lau gagana e fa'amasinoina ai 'oe. E le'i manatu Peteru, 'ole'ā āmana'ia e le 'au'auna teine a Herota le itū tau lana gagana; 'ae lē iloa e 'ō'ō le vao. 'Ai lava lā se fesāsia'i o fa'amatalaga a Peteru e tau nanā ai lona pepelo ma lona fefe; 'ae na te lē iloa e mau ē fa'alele mau ē mātau. E fa'apēnā fo'i tātou. Tātou te lē fa'avasegaina 'upu 'ole'ā lafo, 'aemaise lava pe 'ā popole pe ita. E ui lava ina iai le tulāfono tau gagana fa'apea, "Māfaufau muamua ona fa'ato'ā tautala ai lea." "*Think before you leap*," 'ae lē mafai ona tāofiofi, 'auā 'o le natura a le gagana osovale, e 'otomeki (*automatic*). Fai mai fa'aupuga a Sāmoa, e iloagōfie lava le tamāli'i o sāunoa mamalu ma sāunoa fa'aaloalo. 'A 'o le ā le uiga o lea 'upu, E fia tamāli'i lava le tūfanua, 'ae iloa i ona fua?

Fai mai le manatu o Misionare na lātou fa'atūlaga la tātou gagana, 'O le gagana a Sāmoa 'o le tautala lelei; 'o le ala lea o le fa'amaumau o tusitusiga i le gagana 'o le *t* ma le *n*. 'O le gagana fa'atamāli'i, 'auā 'o Sāmoa 'o le atunu'u o tupu ma tamāli'i. 'O le gagana fo'i Fa'akerisiano e filēmū ma gānagōfie, e faigōfie ai ona feso'ota'i atu i le Agāga o le Atua. 'A 'o le fesili tele, pe 'aiseā na lē tāofi ai loa e misionare ma tamāli'i o Sāmoa le tautala sesē po 'o le tautala leaga o tagata 'uma? 'Ua na'o Sāmoa lava le atunu'u o le Polenesia ma le Pasefika, e 'ese le gagana e tautala ai, 'ae 'ese le gagana e tusitusi ma faitau ai.

'A 'o o'u ta'amilo i le atunu'u i la'u gāluega, 'o la'u mea lava lea sā mātau, pe to'afia ni tagata tautala lelei i lea nu'u ma lea nu'u. 'O le 'upu moni lava, e na'o le 10 pasene o le aofa'i o le Sāmoa e tautala lelei, 'a 'o le 90 pasene e tautala leaga. Na'o Aga'e i Manu'a e iai lo'omātutua e tāutala fa'asāuea 'ae tāutala lelei. 'O le itū fo'i o Āsau ma Faleālupo, na'o faletua o faife'au, 'auā 'ai sā ā'o'oga i Papauta, 'ātoa ma le 'āiga o Va'ai i Vaisala e tautala lelei tagata. Na te'i lava 'ua 'ou tautala lelei ai ma a'u i tausaga e 7 sā 'ou nofo ai i le 'āiga o Va'ai, 'ae na 'ou toe fo'i mai loa 'i 'Upolu, ona 'ou toe tautala leaga fo'i lea. 'O lona uiga lā, 'o le tautala lelei e fa'alagolago i le mana'o o le tagata, 'a 'o tautala i tūlaga o le ōlaga 'olo'o tautala ai, 'ātoa ma le nōfoaga 'olo'o tautala ai.

Māumau pe 'ana iai sina fa'a'upuga a Misionare ma tamāli'i Sāmoa na tusia le gagana, e fa'apipi'i ane i le fa'ava'a o le Tusi Pa'ia Sāmoa po 'o le Tusi Pī a tamaiti, e ta'u mai ai iā 'itātou, 'o le tautala lelei, 'o le tautala sa'o lea a Sāmoa; 'a 'o le tautala leaga, 'o le tautala lea e lē sa'o a Sāmoa, 'auā 'ai sā filogia i gagana a isi atunu'u, e pei 'o Toga ma Fiti, ia 'ua leva ona nonofo i Sāmoa; 'ātoa fo'i ma gagana a faife'au Tahiti ma faife'au Rarotoga na gālulue mo le fa'atalaleleia o Sāmoa. E ui 'i lea, tātou alu sesē ai ia fa'apea; 'a 'ia alofa le Atua e fa'amāgalo Sāmoa pe'ā 'ua faulalo'ese lana gagana.

2. Mo le Fa'atupu Manatu

'O le ā tonu lā le gagana 'ua manatu faiā'oga e a'oa'o ai tamaiti Sāmoa ma le mamalu o Sāmoa o alaala i nu'u i fafo? 'A 'o le ā fo'i ni tulāfono fa'avae ma ni metotia e fō'ia ai fa'afitāuli ma to'atugā o le gagana Sāmoa, i ona vaega 'ese'ese; 'ina 'ia aofia le aoao tetele o le Sāmoan Studies; 'ia aofia ai le gagana o aso nei, gagana o le vavau, gagana fa'aaloalo, gagana fa'afailāuga, ma le gagana Fa'akerisiano? 'A 'o ā fa'aleoga o 'upu o le gagana i matātā 'ese'ese a le mālō ma fale faigāluega, 'ina 'ia lāugatasia ai Sāmoa i Sasa'e ma Sāmoa i Sisifo ma Sāmoa i nu'u i fafo atu o Sāmoa. E mata e lē aogā i ai le Fale'ula o Fatua'i'upu 'ua fa'avae nei?

'Āfai 'ua 170 ma ona tupu tausaga talu ona fa'aaogā le tautala lelei ma le tautala leaga e tagata Sāmoa, 'o lona uiga e 'ātoa fo'i le isi 170 o tausaga o tau fa'atūlaga sa'o la tātou gagana pe 'ā fai e toso lava le poto ma talitonuga fa'aleitūlagi lava ia.

E gagana mea 'uma o le soifuaga o le tagata ma lona si'osi'omaga. 'Ā lē iloa le gagana Sāmoa, 'ua leai se aganu'u a tagata. 'Ā leai se aganu'u, 'ua leai se atunu'u e ta'u 'o Sāmoa, ma 'ua matuā pogisā le itū o le kelope 'olo'o tū ai lo tātou atunu'u; ona leai ai lea 'o se Sāmoa!

'Ua pei le gagana Sāmoa 'o se gagana nofo kolone. 'Ua tautalagia so'o fo'i le gagana Sāmoa i manatu o tagata su'esu'e gagana; 'ua pei ai la tātou gagana 'o se gagana to'ilalo. Tulou!

Fai mai le polofesa tau māfaufauga ma gagana a tagata, e suafa 'iā Steven Pinker, 'ua 'ātoa nei le 6,000 gagana 'ua tautatala ai tagata o le lalolagi, 'a 'o le 90 pasene o ia gagana e i'u lava ina lē iloa i le isi 100 tausaga o lumana'i, 'ona 'o le tele o fenumia'iga o gagana. 'Ou te talitonu lava a'u, e lē mafai ona mate le gagana ma aganu'u a Sāmoa, vāganā 'ua tātou te'ena lo tātou tofi, ma lo tātou fa'ailoga (*identity*) na fa'amau fa'ailogaina ai 'itātou e le Atua o gagana.

E lē galo 'iā te a'u le 'upu a le polofesa o gagana o George Martin o le Victoria University o Wellington i le 1967. Fai mai George, "Mata'itusi, e 'ese le soft and sweet o le gagana Sāmoa;" 'ae lē iloa e si tamāloa, 'ā ita loa le Sāmoa, 'ua lē *soft and sweet* lana gagana, 'a 'ua *harsh and ironic*.

GĀLUEGA FAUTUAINA

1.   Fai fa'akoneseti se tala mo māsina ta'itasi. 'Ia tofu le kulupu ma le tala mo se tauvāga.

2. Vavae foe o le matā'upu i le ā'oga o se pese fai tāga.

3. Fai se fa'aaligāmeasina e pei 'o siapo, 'ie tōga, ma isi mea; ma fa'amatala ma le faiga o ia mea. Fai vaega e faigōfie ai.

4. Su'e mai fa'alupega o lo tou 'āiga po 'o le nu'u.

5. Tofi ni failāuga se to'alua. 'O le isi e tautala leaga 'a 'o le isi e tautala lelei. Fa'avasega po 'o le fea tautala e logomālie.

6. Tusi se ata o so'o se vaega o le foafoaga o Sāmoa e ona tamāli'i.

ILOILOGA O TOMAI

Vaega I
Tali fesili nei:

1. 'O ā ni aogā o talatu'u ma fāgogo i aganu'u a Sāmoa?

2. Fa'amatala se 'ese'esega o talatu'u ma fāgogo.

3. 'O ā ni feso'ota'iga tāua o Sāmoa 'ua māfua ai ona nofo lelei ona tagata?

4. Se'i fa'amatala mai sou silafia i le gagana fa'aaloalo a Sāmoa.

5. 'O ā ia mea e ta'u 'o tāeao o Sāmoa?

6. Fa'amatala mai le fāgogo i le 'ina'ilau a tama'ita'i.

7. 'O le ā se a'oa'oga na 'e maua mai i le 'ina'ilau?

8. 'O le ā le misiterio lilo a Faleālupo e māsani ona sesē ai tāfaogā i le papasē'ea?

9. 'O fea e maua mai ai fa'alupega o Sāmoa?

10. 'O le ā le uiga o le fa'alupega, "'O Sāmoa 'o le atunu'u tofi 'ae lē 'o se atunu'u taliola?"

Vaega II -- Filifili sau ata o atina'e ia:
1. Tusi se ata o le 'ina'ilau a So'oa'emalelagi ma fai sona fa'amatalaga.

2. Tusi se ata 'o le pāmoa a Lū ma fa'amatala le tuligāsi'a a le 'āiga sā Tagaloā.

FA'ALEOGA MA FA'AUIGAGA O 'UPU

'Upu	Uiga
'anavataua	meatau
'ato pūmo'omo'o	ta'ui o 'Ie fa'atupu
aualuma	tama'ita'i 'o le nu'u
'i'e	lā 'au e sasa ai u'a
igoāipu	igoa e inu ai le 'ava
'ina'ilau	'o le matāfaioi
'Olotelē	maota o Sagapolu i Sāoluafata
uso tāufeagai	uso e tamā fa'atasi 'ae tinā 'ese'ese
uso tū'ofe	uso e tamā ma tinā fa'atasi
fa'aaloalo	usita'i 'ona 'o le alofa
fa'afaleaitu	fai tāga ma 'upu malie 'o se tala
fa'afesāga'iga	fa'afeagai fōliga
fa'afuata	fafa i le fatafata
fa'afugaina	sele le lauulu
fa'agaganaina	fa'atautalagia
fa'alagilagi	fa'alupelupe
fa'alupe o naumati	e pei ni lupe o le toafa le fia feinu
fa'alupega	pa'ia ma mamalu
fa'amalo'ulo'u	fa'amāsi'isi'i mai
fa'ata'avilia	fa'agaoioia
fa'atupunu'u	e faia nu'u ma tagata
fa'avaitu'uipu	vai 'ua leva ona to'a i le ipu inu
fa'avāivailoto	fa'atupu musu
fāgogo	tala fatu
Fale'ula o Fatua'i'upu	fa'alāpotopotoga mo le gagana Sāmoa
fātuga	fatufatuga o manatu
faulalo'ese	fau e tagata 'ese le gagana
faumālo	mana'o fia mālō
feaiā'a'i	tofu ma le āiā i se mea
fefa'aaloaloa'i	fa'aaloalo mai 'ae fa'aaloalo atu
femitai	fa'alialiavale
fesāsia'i	'ua fa'alēmanino le gagana
feusua'iga	faigā'āiga
foafoaga	'o le fuafuaga o se gāluega
gānagofie	faigōfie ona fa'a'upu
gāogāo'i'ī	leai se mea e iai/avanoa
lalovaoa	lē mālamalama
laulauvivilu	māsani ai

lē fīnaua'ia	fai lava le mea e loto i ai
lega	pauta e u'u ai tāupou
lomifefiloi	'ua tusia i gagana 'ese'ese
mamalu	o pa'ia
māsoā	'o le lā'au e fai ma mea fa'apipi'i
mātaisau	'o le foafoaga o se mea
matamumuli	loto vāivai, solomuli
mata'u	fefe tele
matūpālapala	taui 'o se tautua
measina	'oloa tāua
Melanesia	atumotu uli
Metotāgivale	teine tagivale
mīgao	āva ma le fa'aeteete
misionare	faife'au 'ua tu'ua 'āiga 'ona 'o le Talalelei
misiterio lilo	tupua lilo
nofo kolone	to'ilalo
pae	atigi fīgota
paepaesolo	fola solo o ni mea
papa'ano'ano	fasipapa laiti
Papauta	ā'oga a teine o le LMS
pidgin language	gagana fefiloi
Polenesia	atumotu e tele
ponatilā'au	toega o lā'au 'ua pā'u'ū
pōula	faigāfiafia
Pulumaukau	maota o Tagaloa i Sāoluafata
saesaegālaufa'i	faitauga o 'āiga tāua
Salēfe'ē	'o le nu'u i seoli
sāofa'iga	'o ē 'ua suafa matai
Sāpenapaenea	fa'amatala mealilo
si'igāali'i	'a'amiga o se ali'i a se itūmālō
Sināleana	augafa'apae a Faleālupo
si'osi'omaga	o laufanua e si'omia ai
Si'uāmoa	pitonu'u o Amoa
soesā	'ava a le tamāloa
sogasogā	nanauta'i
sula	folafola, fa'ailoa mai
tāeao	'o mea ofoofogia e tutupu i aso
tafa'ifā	e fā tulāfale a le tupu
tafu'elā'au	le pogai o le lā'au
Tagaloa	'o le atua o le 'ea
tagatafanua	tagata e ona le fanua
Tahiti	igoa o le atunu'u
tata	fāsilau'a e solo ai le siapo
taulau	'ua taunu'u le fa'amoemoe
The Bright House	'o le fale 'i'ila

Tinilau	tamāli'i mauāvā o Sāvavau
Tinumasalasala	'ulāfala
titinu	fa'amānaia, nene'e
tōfāmanino	mālamalamaga/manatu manino lelei
tōmānatu	tau māfaufau i se mea 'ua galo
tuiga	pale o le tamāli'i
tupufia	e tele tupu na tutupu ai
tutua	lā 'au e fa'ata'atitia ai u'a pe 'ā sasa
vaegātama	vavae fa'atamafai
vāfealoa'i	'o le vā fa'atamāli'i
vavau	fa'amaoniga o se tala, lagisoifua
"harsh and ironic"	leo malō ma le malomaloā
Hamo	le atali'i o Noa
Rarotoga	igoa o le atunu'u

IUNITE III: 'O 'ĀIGĀTUPU O SĀMOA

IUNITE III: 'O 'ĀIGĀTUPU O SĀMOA

Fa'asologa o Matā'upu

'UPU FA'AILOILO

'Āfai 'ole'ā sosopo le manuvale i le fogātiaseu o tamāli'i, fa'amolemole 'aua le fa'aaogāina le na'a, 'a 'ia fetu'una'i le muniao ma 'eu ane a'u i se tulimanu māfanafana, e fa'apūlou ai i le tuālima pe 'āfai e iai se sesē 'ole'ā lagatila.

'Ua sāga mai 'iā pōuli fa'amatalaga o 'āigātupu o Sāmoa, ma 'o le fa'amoemoe o lenei Iunite 'o le toe liutōfāgaina o soifua o tua'ā 'ua mavae, o ē 'ua tōfafā i tiasā; se'i o tātou toe mātamata fa'alemāfaufau i o lātou fōliga mamalu ma le tausa'afia, na ala ai ona ta'u mamaluina mea e fai a le atunu'u ma 'ua fa'alagilagi ai fa'apea:

- 'O Sāmoa 'o le 'āiga o tupu, 'āiga o nofo, 'āiga o pāpā
- 'O Sāmoa 'o le atunu'u tofi, 'ae lē 'o se atunu'u taliola
- 'O Sāmoa 'o le i'a iviivia ma le fue lavelave
- 'O Sāmoa e pa'ia sāuo'o ma 'ua ta'atia a alao'o ona mamalu mai Saua e o'o i Faleālupo; 'ātoa ma le tele o isi fa'alupega e sāga si'i maualuga ai le suafa o Sāmoa ma ona tamāli'i.

E leai se tagatānu'u o Sāmoa e lē tau sona gafa i 'āigātupu, 'auā 'ua 'uma ona tofi ona 'āiga, ona lau'ele'ele ma ana measina e ola fiafia ai, ma 'ua 'avea ai pea ma muāgagana le 'upu fa'apea – "E tamāli'i lava le tagata ia i lona 'āiga."

'Āfai 'e te matamuli 'ona 'o lou manatu e lē tau lou gafa i se 'āigātupu, 'ia 'e talitonu mai, e o'o i le isi tausaga 'ua pa'i i ai lou gafa. 'Aiseā? 'Auā e itiiti a'a o le lā'au 'i a'a o le tagata. E lē iloa fo'i ala o vae po 'o lau tama 'ole'ā fai paolo i se alo o Mālietoa po 'o se alo o Tuimanu'a i lenā tausaga.

E 'ese le tāua o lou iloa o ou fāiā i 'āiga māualuluga o le atunu'u, 'auā 'ā leai sou fāiā, e leai fo'i sou āiā tau suli. E tatau ai lava 'ona e mālamalama i fāiā o 'āiga tautupu e pei 'ona e mālamalama nei, i ni isi o fāiā fa'anu'u ma fa'aitūmālō e pei ona tau fa'amatala i le Iunite I. 'A 'o lea 'ole'ā faitau i fāiā tautagata ma 'āiga 'ona 'o feusua'iga a tamāli'i. 'O lenei fo'i lā Iunite III, 'o le fa'ailoaga i fānau, pe na fa'apefea ona maua igoa fa'avae o 'āiga tetele o Sāmoa, ma fāiā o le isi 'āiga i le isi 'āiga.

Sā iai le manatu anamua, 'o 'āiga tetele lava na 'āmata ai Sāmoa. 'O le 'āiga sā Le Vālasī sā ta'u 'o le 'āiga pa'ia; 'o le 'āiga sā Tuālā sā ta'u 'o le 'āiga fa'alagilagi, ma le 'āiga sā Tunumafonō sā ta'u 'o le 'āiga mālosi. Mulimuli ane 'ua fai fo'i 'āiga o isi tamāli'i, se'ia o'o ina 'ua tūla'i mai le Mālietoa, ona peisea'i lea 'ua lua 'āiga tetele o le atunu'u, 'auā 'o le tele lava o 'āiga o le Tuiā'ana ma le Tuiātua 'ua 'au'au fa'atasi ma 'ua ta'u ai loa 'o le 'āiga sā Tupuā; 'a 'o itūmālō 'uma e tutupu mai i le gafa o Mālietoa 'ua i lalo o le 'āiga sā Mālietoā. E fa'apenā fo'i se manatu mo le 'āiga sā Tuimanu'ā.

'O nei lā 'āiga e tolu ma o lātou fuaifale, 'olo'o filifili mai ai ē e 'avea ma tupu po 'o ē 'ole'ā fa'anonofo i suafa tautupu, ma fa'ae'e 'i ai pāpā o tupu; e māfua ai le fa'alupega; 'o Sāmoa 'o le 'āiga o tupu, 'o le 'āiga o nofo ma le 'āiga o pāpā. 'O 'āiga tetele lā nei o sā Malietoā ma sā Tupuā ma sā Tuimanu'ā 'olo'o lātou tausia le ola saogalēmū o le atunu'u.

So'o se 'āiga tautupu, e tamāo'āiga ma mamalu, 'auā e tele lau'ele'ele ma le 'au tautua. Manatua fo'i le fa'a'upuga māsani, "'O lē e tele ana 'oa, e tele fo'i ana uō," po 'o "E tele uō a le mau'oa," ma 'o le mea 'o iai lo tou 'oa e iai 'ātoa fo'i ma o outou loto." (Luka 12: 34) 'O Sāmoa 'o le atunu'u tofi; e lē 'o se atunu'u taliola. 'O lona uiga e lē tatālia i ni isi tagata 'ese ni o lātou fia'a'ai ma ni o lātou fa'alavelave.

'O le isi lā manatu i le 'upu lea fa'alavelave Fa'asāmoa, 'o le lavelave o mamalu ma fa'alupega e tele o tamāli'i 'ole'ā masi'i mai e fai se fa'aipoipoga po 'o se maliu. 'Ātonu e sa'o fo'i lea manatu 'auā 'o tamāli'i o Sāmoa, e mafai ona ō i fa'alavelave ma sina tōga e tasi, 'ae fa'alava se si'i i o lātou mamalu lavelave 'ole'ā fa'alagilagi. E maua ai fo'i lea fa'alupega, 'o mamalu o Sāmoa 'o se fue lavelave ma se i'a iviivia. 'O ona mamalu fo'i ma pa'ia 'ua ta'atia a alao'o mai Saua e o'o i Faleālupo, 'o lona uiga, 'ua āiga tautupu 'uma Sāmoa.

Silasila lā i feusua'iga a tamāli'i, ma mātau po 'o ai tamāli'i na māfua ai igoa o lea 'āiga ma lea 'āiga o Sāmoa. 'O nei lā feusua'iga a tamāli'i 'olo'o fa'aalia ai fāiā ma gafa o 'āigātupu mai tala lava o le vavau. 'Āfai e 'ese'ese ma lou silafia, 'ia 'e manatua lava; e 'ese'ese usuga, e 'ese'ese fo'i tupulaga; 'ae tau'ave pea lava suafa māsani o tamāli'i mai lea usuga i le isi usuga, ma 'ua fai ma mea e fefīnaua'i ai 'āiga. Pau lava le mea, 'ia iloa e le tagata ona fa'avasega le laina tautupu e aofia ai lona pui'āiga.

'O le fetalaiga a Iesū i le Mātaio m5 f3 i le lomiga tuai o leTusi Pa'ia : "'Amu'ia ē lotomaulalo 'auā e o lātou le mālō o le lagi." 'Amu'ia fo'i Sāmoa pe 'ā lotomaulalo ona tagata, 'auā e tūmau ai pea le mamalu o o lātou tofi. 'Aua le fa'avāivaia o tātou manatu e uiga 'i talatu'u a Sāmoa, ma le sā'iliga o fāiā o Sāmoa, 'ona 'o fa'a'upuga a Paulo 'iā 'Efeso fa'apea: "'Aua tou te tu'u i 'upu tu'u ma tala o le vavau 'ātoa ma gafa, 'auā tou te fe'ese'ese ai." Peita'i Sāmōa e, e 'ese 'Efeso, 'ese Sāmoa. 'O 'Efeso, sā tau ta'ita'i fa'ai'a a mātau ona tagata, 'a 'o Sāmoa e pūlea e lana vāfeāloa'i fa'atamāli'i ma le Fa'akerisiano ona tagata.

'Āfai 'ua 'āmatamea papālagi i le talaga o gafa o tamāli'i o Sāmoa, 'ole'ā fa'apefea lā ona fāitioina su'esu'ega a ana tama fānau moni?

'O le māfua'aga lā o suafa o 'āiga, 'o le tamāli'i lava e tele ana usuga ma to'atele tagata o ona 'āiga tautupu, 'o ia fo'i lenā e fa'aigoa le 'āiga i lona suafa.

MATĀ'UPU I: 'ĀIGA SĀ TUPUĀ

I.   Na fa'apēfea ona maua 'Āigātupu o Sāmoa?

'O ē lava sā tau mālosi mo le fa'ato'aina o nu'u ma itūmālō, 'o ē fo'i e tele fanua, 'oloa, ma tagata tautua,' o 'ilātou ia na 'āmataina 'āiga, nu'u, ma itūmālō.

Mo lou silafia 'a 'o faitau feusua'iga, 'ua fa'apu'upu'uina le 'upu *fa'ae'e le gafa* i le *fg*.

'Ātonu e lē talafeagai nei fa'amaumauga o feusua'iga a tamāli'i o le atunu'u ma finagalo o talavou o nei onapō, ma 'avea ma mea e fe'ese'esea'i ai finagalo i gafa ma feso'ota'iga o fāiā o 'āigatupu; peita'i, e tatau pea ona tūsia fa'amatalaga e talafeagai ma fa'alupega 'olo'o fa'aaogā i totonu o le atunu'u i aso nei. Tau lava 'ina 'ia manatua, e 'ese'ese augātupulaga, 'ese'ese fo'i usuga a tamāli'i, 'ae tau'ave pea o lātou suafa tau 'āigatupu 'ina 'ia lē motusia gafa māualuluga. Mo se fa'ata'ita'iga, e 'ese le usuga a Asomuaalemalama na usu 'iā Leoleoata, 'ae 'ese le usuga a Asomua na usu 'iā Letelesā Tala'epa i Faleata. Peita'i, 'ole'ā lē 'avea ia 'ese'esega ma mea e fa'avāivaia ai le tūsia o tala tāua o 'āigātupu o Sāmoa. 'O le isi fo'i mea 'ia manatua, 'o tamāli'i māualuluga anamua e lē tasi se usuga.

1. 'O le 'Āiga sā Tupuā

'O se 'āiga tautupu lea e pito to'atele, 'auā 'ua aofia 'uma ai 'āiga tamāli'i ma a lātou tama. 'Ua aofia ai le Tuiā'ana, Tuiātua, Matā'afa ma Tuimaleali'ifano. E o'o lava fo'i 'iā Mālietoa ma le Tuimanu'a e aofia 'uma ai lava 'auā so'o se tupu lava po 'o so'o se tama a 'āiga, 'o lona ta'u lava 'o le Tupua. 'O le uiga o le 'upu tupua, 'o le tupu, po 'o le ali'i e silisili ona māualuga e pei 'o se atua, e tapua'i ma fa'amoemoe 'i ai tagata.

E iai tamāli'i o Sāmoa anamua sā fa'asuafa 'iā Tupua; peita'i e le'i fa'atāuaina 'o se tama a 'āiga; 'ae na fa'asuafa loa Fuiāvailili le alo o Muāgututi'a le tupu, 'i le Tupua, ma fa'ae'e 'i ai pāpā 'o le Tuiātua ma le Tuiā'ana, ona 'avea loa lea ma tama a 'āiga, ma fa'avae ai loa lenei 'āiga tautupu 'o le atunu'u, ma fa'aigoa 'iā sā Tupuā.

'O le tama lenei o Tupua Fuiāvailili na saesae laufa'i ai le atunu'u ma fa'amaonia ai 'ua tatau ona 'avea ma fa'avae fou o 'āiga tautupu o Sāmoa. E ui 'i lea, e tatau lava ona tātou toe fa'amanatu pea tamāli'i o anamua na mua'i se'ei i nofoa o 'āiga o le atunu'u.

Tātou 'āmata mai 'iā Tuiā'ana Pilisosolo e pei ona tūsia e Dr. Augustine Kramer Vol. I, se'ia o'o mai 'iā Tuiā'ana Tamaalelagi.

2. Tuiā'ana Pilisosolo

Usu Tuiā'ana Pilisosolo 'iā Tō'aimailagī, fg 'o Nifosili.

Usu Tuiā'ana Nifosili 'iā 'Upegamamao o Nofoāli'i, fg 'o Fuaoletaulo'o.

Usu Tuiā'ana Fuaoletaulo'o 'iā Usumalefua o Nofoali'i, fg 'o Tō.

Usu Tō 'iā Faga, fg 'o Tuiā'ana Tava'etele ma le teine o Sinātafua.

Usu Setagatamatua Taula 'iā Sinātafua, fg 'o Fulisiailagi.

Usu 'Ogāfanuatele o Leulumoega 'iā Fulisiailagi, fg 'o Fa'asiliailagi.

Usu Tuiā'ana Uōtele 'iā Fa'asiliailagi, fg 'o Fa'alulumaga.

Usu Letufuga o Sāfotulāfai 'iā Fa'alulumaga, fg 'o Fitimau'ula.

Usu Tagaloafa'aofonu'u 'iā Fitimau'ula, fg 'o Selaginatō.

Usu Tagaloa Selaginatō 'iā Vaetamasoāli'i, le afafine o Sāgālala i Sāfata,, fg 'o Tuiā'ana Tamaalelagi, lea e ta'ua 'o le ali'i o Tutuila ma 'Ape.

3. 'O le Talatu'u

Na manana'o Tutuila ma 'Ape i so lā ali'i, ona fai atu lea 'o Selaginatō i le usoga, "'O lo lua ali'i 'olo'o i Sāfata;" ona moe mānatunatu lea i ai 'o tulāfale nei 'o Tutuila ma 'Ape i le aso e fānau ai Vaetamasoāli'i. Na ō tulāfale nei i Sāfata, si'i mai le pepe ina 'ua fa'ato'ā fānau mai, ona sosola mai lea 'i le ala i Tanumalala se'ia o'o i tai i le laufanua o le nu'u, ona toli ai lea 'o le niu e fa'asusu ai le pepe.

Na o'o ifo loa i Lagī i le afio'aga o le Tuiā'ana ona teu ai loa lea 'o le ulumoega po 'o le moega o le pepe, e le teine o Vālasi So'oa'emalelagi. 'O le mea lenei na ala ai ona maua le igoa o lenā tūmua, 'o Leulumoega. Sā tausi fiafia e Vālasi le pepe, 'ae sā popole lava pe 'ā fa'apēfea ona ola lenei pepe, 'auā 'ua leai se tinā; ona fa'apea loa lea 'o le tonu, "'Ia tātou fa'amoemoe ia e tausi mai i le lagi." Na ola manuia le pepe ma fa'aigoa loa 'iā Tamaalelagi.

'Ua matua Tamaalelagi ma 'ua maluali'i, 'a 'o onapō ia 'olo'o Tuiā'ana Sagote I. Sā auaso Ā'ana i lenei tamāli'i o Sagote. E tele fo'i ana tulāfono mamafa sā pologa 'uma ai le itūmālō e pei o mea nei:

- E sā manogi o le vao.
- E sā fīgota o le sami.
- E sā mea 'uma 'iā Sagote (*sacred to Sagote*).

'O nei poloa'iga sāuā uma, na faia 'ona 'o le fia fasioti lava 'iā Vālasi So'oa'emalelagi ma lona tuagane o Tamaalelagi. Na logo e Vālasi ona tuagane i Savai'i e fesoasoani mai i lo lātou puapuagā, ona sau ai loa lea o Tupa'i ma ana 'au, fa'ato'ilalo le mālō o Sagote, ma sunu'i ai loa le ālāfale a Nāfanua i Leulumoega e ta'u, "E i'u mai Mālō." 'O le ulua'i taua lava lea o pāpā.

4. Tuiā'ana Tamaalelagi

'Ua 'avea nei Tamaalelagi ma Tuiā'ana. 'O le ali'i e 'aulelei tele, na ala ai ona gau e tausala lona titi; ona usu gafa ai lea 'o Tamaalelagi 'iā Sāmoa ma e sefulu ana usuga.

Usu Tuiā'ana Tamaalelagi 'iā Namo'aitele, le afafine o Folasāaitu i Faleata, fg 'o Tuala   Tamaalelagi.

Toe usu 'iā Gese, le afafine o Malufau i Lauli'i, fg 'o Malufau.

Toe usu 'iā Umalau po 'o Se'i'a'uaea, le afafine o Lilomaiava Seve i Sāfotu, fg 'o Pesetā.

Toe usu 'iā Seiomana, le afafine o Vaovasa i Faleāsi'u, fg 'o Tuitama.

Toe usu 'iā Fulisiailagitele, le afafine o Tuma'ai i Sāfotulāfai, fg 'o Tuioti.

Toe usu 'iā Taualofaa'e, le afafine o Tālima i Faleātiu, fg 'o Feiloivao.

Toe usu 'iā Sianatoe, le afafine o Lā'ululolopō i Gāga'emalae, fg 'o le teine o Tuitogama'atoe.

Toe usu 'iā Siotafasi, le afafine o Puni i Sāmatau, fg 'o Tilive'a.

Toe usu 'iā Siotamea, le isi afafine o Puni i Sāmatau, fg 'o Lea'anā.

Usu loa 'iā Vaetoeifaga, le afafine 'o le Tuitoga, fg 'o le teine o Salamāsina Tafa'ifā.

5. Salamāsina

Usu Mālietoa La'auli 'iā Gauifaleai, fg 'o Nato'aitele ma Gasoloalelā.

Usu Sāgālala 'iā Gasoloalelā, fg 'o Vaetamasoāli'i, Lalovīmamā ma 'Etegaugaaletuitoga.
Usu mai Tagaloa Selaginatō 'iā Vaetamasoāli'i, fg 'o Tuiā'ana Tamaalelagi.
Usu Tuiā'ana Tamaalelagi 'iā Vaetoeifaga, le afafine o le Tuitoga, fg 'o Salamāsina, le ulua'i Tupu Tafa'ifā.

6. Fofoaivao'ese

Usu Tapumānaia 'iā Salamāsina, fg 'o Fofoaivao'ese ma Tapusātele.
Usu Tauātamaniula'ita 'iā Fofoaivao'ese, fg 'o Taufau, 'o Sina, ma Asomuaalemalama.
Usu Tau'ili'ilipapa 'iā Taufau, fg 'o Tupuivaosāuā. 'O ia lea na tafea ai le utu a Taufau.

7. Tupuivaosāuā

Usu Tupuivaosāuā 'iā 'Iliganoa i Sāfata, fg 'o Luamanuvae.
Usu Luamanuvae 'iā Ufitumupu'ē i Satupa'itea, fg 'o Falana'ipupu.
Usu Falana'ipupu 'iā Suluo'o i Iva, fg 'o 'Ili.
Na usu 'Ili 'iā Taloāpātinā i Palauli, fg 'o 'Ilimatogafau.
Usu 'Ilimatogafau 'iā Teletaneolevao i Lepea, fg 'o Tuimavave.
Usu Tuimavave 'iā Salaina'aloa i Falefā, fg 'o Fa'asuamale'aui.
Usu Fa'asuamale'aui 'iā Leativaosalāfai, fg 'o Filisounu'u.
Usu Filisounu'u 'iā Faumalevai i Fagali'i, fg 'o Matā'afa Iosefo.

8. Tupufia a Faumuinā

Usu Tuiā'ana Titōivao o Lotofaga 'iā Sināletulutulu, le alo o Fofoaivao'ese, fg 'o Faumuinā le Tupufia.
Usu Faumuinā le Tupufia 'iā Atamūlau o Fa'asālele'aga, fg 'o Va'afusu'aga.
Usu Faumuinā 'iā Talaleomalie, le alo o Māta'utia i Fagaloa, fg 'o Fonoti.
Usu Faumuinā iāTu'uamaleali'i o Vāimauga, fg 'o le teine o Sāmalā'ulu.
Usu Faumuinā i le teine Sala'ilua, fg 'o Lealaitafea.

9. Tapusātele

Usu Tapusātele 'iā Tātini o Salani, fg 'o Tapufautua.
Usu Tapufautua 'iā Sāilau, le alo o Leutele i Falefā, fg 'o Sefuiva.
Usu Sefuiva 'iā Sāfaialo, le tama'ita'i Si'umu po 'o Satupa'itea, fg 'o Fuimaono.
Usu Fuimaono 'iā 'Oilau, le alo o Fanene, fg 'o Fuiāvailili.
Usu Tuiātua Muāgututi'a 'iā Fenunuivao, le alo o Leutele, fg e pā, ona si'itama lea 'iā Fuiāvailili lea na fa'asuafa 'iā Tupua le ali'i o Tūmua. 'O ia lea na saesaelaufa'i ai Tūmua ma Pule 'ae fetuatuana'i ai malae o Ātua, 'ona 'ole'ā fa'ae'e 'i ai Ao ma Pāpā o le Tuiātua ma le Tuiā'ana.
E tau le gafa o Salamāsina i 'āigātupu 'uma o le atunu'u.

10. Va'afusu'aga

Usu Va'afusu'aga 'iā Sigaluōpea, le alo o To'ala i Faga i Savai'i, fg 'o Unasa.
Usu 'iā Sūlauateu i Fāsito'otai, fg 'o Niulēvaea.
Usu i le alo o Segi i Amoa, fg 'o Tofa.
Usu 'iā Taupaopao o Sāfotu, fg 'o Utumapu.
Usu 'iā Fe'eonu'u, le alo o Seiuli i Faleata, fg 'o Tole'afoa.

11. Fonoti

Usu Fonotī 'iā Fuatino, le alo o Toalepaiali'i i Sātapuala, fg 'o Muāgututi'a.

Toe usu 'iā Tā'eleasaasa, le afafine o Tautaiolefue i Tufulele, fg 'o le teine o Falenāoti.

12. Muāgututi'a

Usu Muāgututi'a 'iā Tauamaatu, le alo o Fa'autagia i Sāoluafata, fg 'o Fepulea'i ma Lagi.

Toe usu Muāgututi'a 'iā Poto, le alo o Luafalealo i Luātuanu'u, fg 'o Seutātia ma le tama o Ti'a.

Toe usu Muāgututi'a 'iā Fenunuivao, le alo o Leutele i Falefā, fg 'o Tupua Fuiāvailili.

13. Fuiāvailili ma lana Tā'ototolu

Usu Fuiāvailili 'iā Mātuaifale'ese, le alo o Tauvao i Palauli, fg 'o 'Afoafouvale.

Toe usu Fuiāvailili 'iā Tuālupetū, le alo o Luātua i Sāle'imoa, fg 'o Galumalemana.

Usu i le alo o Leutele i Falefā, fg 'o Luafalemana.

14. 'Afoafouvale

Usu 'Afoafouvale 'iā Poto Taumuliolei'a, le afafine o 'Ale i Sāfata, fg 'o teine o Sināletava'e ma Manu, ma le tama o Simanu 'Afoa.

Usu Simanu 'Afoafouvale 'iā 'Olotauātia, le afafine o Tuiloma i Faleālili, fg 'o Tuisāmoa Momoe.

Usu Tuisāmoa Momoe 'iā Tumoe, le afafine o Talauega, fg 'o Tuisāmoa Tifā.

Toe usu Tuisāmoa Momoe 'iā Nōema, le afafine o Fa'alogo i Si'umu, fg 'o le teine o Fa'aifo.

Usu Tuisāmoa Tifā 'iā Mēlegaalenu'u, le afafine o Tūao i Lefaga, fg 'o Tuisāmoa Va'alotu ma Amete Tagaloa.

15. Luafalemana

Usu Luafalemana 'iā Gese, le afafine o Leniu i Lauli'i, fg 'o Usufonoimanū ma teine 'o Salaina'aloa ma Atimaletamole.

Usu Usufonoimanū 'iā Taualamaleva'a, le afafine o Lepupu i Lepā, fg 'o Sivaito'ō.

Usu Sivaito'ō i le afafine o Mati'atalia i Falefā fg 'o Itūfia ma le teine 'o Tāualamaleva'a.

Usu Luafalemana Itūfia 'iā Tuioninimo, le afafine o Matiuleasuasufolau, fg 'o Pōmale ma le teine 'o Nauatu'u.

Toe usu Luafalemana Itūfia 'iā Galutu'u, le afafine o Faleafaga i Salesātele, fg 'o Paitomaleifi.

Usu Tuiātua Paitomaleifi 'iā Tūsoloimaile, le afafine o Matai'a i Faleata, fg 'o 'Alipu'upu'u.

Usu 'Alipu'upu'u i le afafine o Ma'ilo o Faleāsi'u fg 'o Lalu.

Usu Lalu 'iā Sāvita, le afafine o Tofaeono i Vaiala, fg 'o Paitomaleifi.

16. Galumalemana ma lana Tā'otolima

Usu Galumalemana 'iā Gāluegaapāpā, le afafine o Maiava i Savai'i, fg 'o Nofoasāefā, 'o Ta'isi ma le teine 'o Puamemea.

Toe usu 'iā Leteletaemā, le afafine o Leleisi'uao i Palauli, fg 'o Tuālaulelei, 'o Paepaegaaletauveve, 'o Aviimata'ata'ata ma le teine o Taloāpātina.

Toe usu 'iā 'Iliganoa, le afafine o To'omata i Solosolo, fg 'o Tūpōlēsava.

Toe usu 'iā Teu'ialilo Luafaletele, le alo o Sāgapolutele i Sāoluafata, fg 'o Tualamasalā.
Toe usu 'iā Sauimalae, le alo o Tuimaleali'ifano Tuita'alili, fg 'o I'amafana, 'o Putefua, 'o 'Ua'uaāpua'a, ma le teine 'o Lanuola.

17. Nofoasāefā

'O Nofoasāefā 'o le atali'i o Galumalemana na toe tuātā ane i le faletua o lona tamā e igoa 'iā Sauimalae, ona iai lea 'o le tama o Taeoali'i. 'O Nofoasāefā na tete'e ina 'ua mavaea'ina e Galumalemana lona sui pe 'ā tu'umālō—'o le tama 'olo'o i le manava o lana masiofo o Sauimalae. Na fānau Sauimalae 'o tama 'o I'amafana ma 'Ua'uaāpua'a. 'O le ala lea 'o le toe faiāvā o Nofoasāefā i le āvā a lona tamā 'ina 'ia soso'o pea le gafa tautupu. Peita'i na sui lava I'amafana i le nofoa'iga a tupu, lea na 'avea ma Tuiā'ana ma Tuiātua, ona sui ai loa lea 'o Mālietoa Vāinu'upō 'ae taunu'u mai loa le lotu LMS i Sāmoa.

Usu Nofoasāefā 'iā Tūsoloimaile, le afafine o Matai'a i Faleata, fg 'o Leasiolagi.
Usu Leasiolagi 'iā Usipua, le afafine o Nonumasesē i Faleāsi'u, fg 'o Moegāgogo.
Usu Moegāgogo 'iā Tā'ele'umeke, le afafine o Leilua Fāu'olo i Sāfotulafai, fg 'o Tamasese.
Usu Tuiā'ana Tamasese 'iā Fuatino, le afafine o Taimālieutu i Nofoāli'i, fg 'o Tamasese Lealofi.

18. Taeoali'i

Usu Taeoali'i, le alo o Nofoasāefā, i le afafine o Alisi i Faleālupo, fg 'o Su'atele Tāpeli.
Toe usu Taeoali'i i le afafine o Puletiu i Lepā, fg 'o Tupuanalelea, ma Putemotu.
Usu Putemotu 'iā Sinagege, le afafine o So'ona'ai i Fasito'otai, fg 'o Sōsaia ma le teine o Lōata.
Toe usu Putemotu 'iā Va'aelua, le fafine Tutuila, fg 'o Tupua Fiamē.
Usu Tupua Fiamē 'iā Titilupe o Faga'itua fg 'o Puluia, Va'aso'aia, ma Tupua.
Usu Sōsaia 'iā Tau'oa, le afafine o Utuga i Samusu, fg 'o Va'aso'aia.
Toe usu Taeoali'i 'iā 'Oilau, le alo o Ma'ilo i Fagatogo, fg 'o Tupua Tame'ame'a.
Usu Tupua Tame'ame'a 'iā Tūlimalefo'i, le alo o Mauga i Pago Pago, fg 'o Matua'iala ma Siāgigi.
Toe usu Tupua Tame'ame'a i le alo o Leagai i Tula, fg 'o Salanoa ma le teine o Sāimu'a.
Masalo o Tupua Tame'ame'a lea na lelea i Hawaii na tupuga mai ai le King Kamehameha o Hawaii.

19. Tā'isi

'O Tā'isi 'o le alo o Galumalemana.
Usu Pulugātai 'iā Silaia, le alo o Sili i Sālelologa, fg 'o Fa'aāgāpulu.
Usu mai Lā'uluanofovaleane 'iā Fa'aāgāpulu, fg 'o Fa'atupuinati.
Toe usu i ai Tuiātua Lelaolao 'iā Fa'aāgāpulu, fg 'o Sili, 'Euga, Tuātimu, ma le teine 'o Punipuao.
Usu mai Luamanuvae o Sālelologa 'iā Punipuao fg 'o Tinousi.
Usu loa Tā'isi 'iā Tinousi fg 'o Tuālogo ma le teine 'o Sa'iliemanu.
Usu Faitalatupu'ese 'iā Sa'iliemanu, fg 'o Foalima.
Usu Foalima i le afafine o Utuga i Sāmusu, fg 'o Taefole.

Toe usu ane Leitūala o Palauli 'iā Sa'iliemanu, fg 'o Vāvātau ma lona tuafafine 'o Mosoalesā.

Usu Vāvātau 'iā Pu'eomanū, fg 'o Silivā'ai.

Toe usu Vāvātau 'iā Leativā, le afafine o Laga'aia i Palauli, fg 'o Niuvā'ai.

Na toe usu Tā'isi 'iā Utuutugaoā, le alo o Taimasiono i Āsau, fg 'o Lamagātoloa.

Usu mai Mālietoa Fitisemanu 'iā Lamagātoloa, fg 'o 'Āigaevalu ma Tu'itōfā.

Usu mai Tuimaleali'ifano Suatipatipa 'iā Tu'itōfā, fg 'o Tuiā'ana Sualauvī.

'Ia silafia lelei lenei mea: E toe feusua'i lava fānau a 'āigātupu e pei ona fela'asa'i ai suafa 'ona 'o le mana'o lava e 'aua ne'i motusia gafa tautupu. 'O se mea fa'anoanoa, 'ua mātauina i tusitusiga a papālagi, 'āfai 'o se usuga a se tupu i se 'āiga lē taualoa i aso anamua, 'ona lē tūsia lea i le gafa. Peita'i, 'ou te manatu, e tāua fānau 'uma i le silafaga a le Atua, 'auā 'o le au o mātua fānau, ma 'ia 'aua ne'i gotouga se suli tautoto o 'āigātupu 'auā 'o tama moni o le 'ele'ele.

II. *Fuaifale o le 'Āiga sā Tupuā*

Usu Leāsiolagi 'iā Fauitua, le alo o Amekelepapa i Sāfata, fg 'o Sauimalae.

Usu ane Tuiā Sa'iliauma 'iā Sauimalae fg 'o Manulua ma 'Ele'ele.

Usu Manulua 'iā 'Ula, le alo o Sa'u i Apolima, fg 'o Mailei.

Na toe usu fo'i Leasiolagi 'iā Fa'afofoli, le alo o Fuimaono, fg 'o Tosimaea.

Usu Tosimaea 'iā Pāfuti, le alo o Matā'afa, fg 'o Tuālauie.

Usu loa Sāgapolu 'iā Tuālauie fg 'o le isi Sāgapolu.

Na usu Simanuali'i 'iā Tululautū, le alo o Telea i Sāoluafata, fg 'o Loau.

Usu Loau 'iā Tuloutele, le alo o Tiālavea i Faleāpuna, fg 'o Tagaloa Loau.

Usu Tagaloa Loau 'iā Toāfei, le alo o Liufau i Leulumoega, fg 'o Leaituolalonei, Tululautū, ma Fa'amanini

Toe usu Tagaloa Loau i le alo o Tomanogi i Lufilufi, fg 'o Tagataoleao.

Usu Leaituolalonei i le alo o Tautaiolefue i Sāle'aula fg 'o Fatumanavao'upolu ma Taelalopu'a.

Usu Fatumanavao'upolu i le alo o Lilo i Lauli'i fg 'o Tagaloa Tu'iuli.

Usu Tagaloa Tu'iuli i le afafine o 'Asa i Sālelesi fg 'o Tagaloa Taloaina.

Usu ane Kerslake 'iā Si'ufaga, le tuafafine o Tagaloa Tu'iuli, fg 'o Tagaloa Tuala Siaosi.

Usu TagaloaTuala Siaosi 'iā Sofi, fg 'o Tuala Tagaloa Sale.

II. *'O isi Feusua'iga a Tamālii o le 'Āiga sā Tupuā*

Usu Tagaloa 'iā Tātupu o Sili, fg 'o Tōfeliua'i.

Usu Mālietoa Tauāsā 'iā Tōfeliua'i, fg 'o Malieloli.

Usu Pa'iosāmoa 'iā Malieloli, fg 'o Laupulouofiti.

Usu Manu'a Sāgāalala 'iā Laupulouofiti, fg 'o Tusanilefai'a'ao.

Usu Lilomaiavaali'i 'iā Tusanilefai'a'ao, fg 'o Toeosulusulu.

Usu Toeosulusulu 'iā Alainu'uoti i Satapuala, fg 'o Toalepai ma Ali'itasi.

Usu Atanoa o Si'umu 'iā Ali'itasi, fg 'o Su'afaigā.

Usu Toalepai 'iā Seutiāmanu'a, fg 'o Melegālenu'u ma Fuatino.

Usu Fonotī, le tupu, 'iā Fuatino, fg 'o Muāgututi'a.

Usu Muāgututi'a 'iā Fenunuivao, fg 'o Tupua Fuiāvailili e ona le Tā'ototolu.

Usu Su'afaigā 'iā Sigaluopea, le alo o To'ala i Amoa, fg 'o Le'autulī ma Gāutusa.

Usu Le'autulī 'iā Pēone o Leulumoega, fg 'o Utualuga.

Usu Utualuga i le alo o Tanuvasa, fg 'o Uilatea.

Usu Tiliga i le alo o Suāfo'a o Sāoluafata, fg 'o Su'a Tagaloa ma teine 'o Mita'i ma Tu'i.
Usu Su'a Tagaloa 'iā Nanisē, le alo o Fualau i Fai'a'ai, fg 'o Matu'u ma Taiaga.
Usu Matu'u i le alo o Tago i Gātaivai, fg 'o Su'a 'Olofa'i.

IV.   *Ao Tuiātua*

'O le isi lenei vāega tele o le 'āiga sā Tupuā, 'o ē na tupuga mai i le Ao Tuiātua. E vevesi lava Ā'ana ma Savai'i i faiga sāuā a le tupu o Toga, 'ae tūmau pea augātuiātua. Na fa'ato'ā feso'ota'i lelei lava le Tuiā'ana ma le Tuiātua 'ona 'ua fa'ae'e pāpā o nei tupu e lua 'iā Tupua Fuiāvailili, le tamasi'i mai Ātua.

E tele le mau Tuiātua, 'ae lelei ona tātou 'āmata mai 'iā Tuiātua Moea'itealoa. Na usu Tuiātua Moea'itealoa 'iā Leapaga o Faleālili, fg 'o Tuiātua Polailevao. 'O le ali'i lenei na fuefue ali'i ai Tupa'i ma Ta'inau o Lufilufi, ma 'avea ai loa Lufilufi e fai ma tūmua; 'a 'ua lē toe tūmua Aleipata 'ona 'ua 'apo tau Leifi le ta'ita'i tāua o Aleipata.

'O le Tuiātua lenei sā nofo i Folasa i gā'uta o Lufilufi, i aso 'a 'o gāsegase; na ōmai ai tama Faleālili ma le i'a tele e ta'u 'o le ulua, e asi mai ei le gāsegase o le tupu. Na ia fa'aigoa ai le tagata Lufilufi na fa'asoaina le i'a 'iā Sele'anamanilimalelei. 'O le fa'asoaga o le i'a e fa'apea: "'Ave le ao 'iā Aleipata, 'ave le 'ogātotonu ma ona uso 'iā Anoāma'a ma Lufilufi, 'ae 'ave le i'u 'iā Faleālili." 'O le fa'alupega lā o Atua i nā onapō e fa'apea:
"'O ao o Ātua, 'o uso o Ātua ma i'u o Ātua."

1. 'Ai Tāuga a le Tuiātua

Na usu Tuiātua Polailevao 'iā Momoeifuifatu, le alo o Pa'u i Sāfotulāfai, fg 'o Tuiātua Fotuitāma'i. 'O le ali'i lenei o Fotuitāma'i na 'ai tāuga i pāpā i le tama'ita'i Faleata e suafa 'iā Leteleipesega. Na vave musu Fotuitāma'i i le Ao Tuiātua, ona sola lea 'ae tia'i le Ao, 'ona 'ua to'atāma'i i le lē ō atu o Leifi ma Aleipata i le tanuga o lona tia i Mulifanua.

Ona Tuiātua loa lea 'o Fa'atufugā. 'O le ali'i lenei sā tanu lona tia i Vaie'e i Sāfata. Na ō 'i ai Leifi ma Aleipata i le tanuga o le tia, 'ae fetaui ai ma le fafine A'ufaga 'o alu ifo ma le 'avegālau. 'O si fafine e mativa, 'auā sā lāvalava i le titi lausului; ona ula lea 'i ai 'o le 'auali'i Aleipata ma toē 'i si fafine. Fai mai le tali a le fafine A'ufaga: "'Oi, 'ā 'outou toē mai, 'a 'o le uiga lenā o lo 'outou lima vāivai; 'ua 'ave ai nā ma'a i togafe'ai. E le ono Aleipata ma ma'a. E pipi'i tia 'ae mamao ala." Na fa'alogo atu Leifi i le tala a le fafine, ona ita loa lea 'ona 'ua tauvale le 'upu a le fafine i lona loto. Fai atu loa Leifi i tagata Aleipata, "Tia'i ma'a i lalo 'ae toe fo'i i Aleipata." 'Olo'o iai nei i gā'uta o A'ufaga ma'a 'u'umi i le fanua e igoa 'o 'Olopau, 'a 'o le tele o ma'a 'ua fa'aaogā e A'ufaga i le faiga o a lātou aupā: "E pipi'i tia 'ae mamao ala," 'ona 'o le taumafai e tanu atu lenei tia, 'ae mamao ala i le vā o Aleipata ma Vaie'e i Sāfata.

'Ua tia'i fo'i e Fa'atufugā le Ao 'ona 'ua lē ōmai Leifi ma Aleipata i le tanuga o lona tia, ona Tuiātua ai loa lea o Toetā. 'O Toetā e leai sona tia na tanu, 'ae na'o lana fusi sā 'eli i gā'uta o Sātaoa. Sā potopoto i ai Ātua 'ae le'i ō fo'i 'i ai Aleipata ma Leifi; ona fafasi ai lea 'o isi tagata Ātua ma totō fa'atiapula i le fusi.

Na musu fo'i Toetā e fai ma Tuiātua, ona tia'i lea 'o le Ao 'ae Tuiātua ai loa Vaotui. 'O le ali'i lenei e leai sona tia na tanua, 'ae alu ta'aseu i gā'uta o Lotofaga, ma sāuni fa'aliloililo ai le tauā e si'i 'iā Leifi ma Aleipata.

Na iloa e Leifi le mea 'ole'ā tupu, ona alu ai lea tāgo'au 'iā Anoāma'a. Sā fai le pese a Leifi fa'apea: 'Ia 'amia le si'aga i le nu'u. Sā tali mai isi fa'apea: 'A 'ua āsia le lā itū? 'Ae tali mai fo'i isi fa'apea: Mātou te fefefe i le mālō. Ona toe alu fo'i lea o Leifi i Faleālili e tāgo'au i ai, 'ae te'ena e Faleālili; ona toe alu fo'i lea 'i Lotofaga. Sā fa'aafe Leifi e le tamāloa Matātufu e igoa 'iā Falepuavave, toe taunu'u mai i ai ma le tamāloa Sapo'e e igoa 'iā Letogaulupa'a, ona fai fa'atasi lea o lo lātou 'ava. Na fai le tonu 'ole'ā tu'u 'iā Falepuavave ma Letoga le fa'alavelave o Leifi ma Aleipata; ona ō loa lea o Leifi ma Aleipata momoe i Lotofaga, 'ae tasili a lātou tao i le fale o le 'āiga na momoe ai. Tōlotolo atu loa Falepuavave ma Letoga tō mai tao o Leifi. Na lagona e Leifi 'ua solia le fale; 'o lona uiga 'ua 'ave 'ese ana tao, ona mulimuli ai lava lea 'iā Falepuavave ma Letoga e tuliloa.

E ō atu i le vaeluāpo Falepuavave ma Letoga, 'ua amo mai le fata'o le Tuiātua Vaotui e tagata o Lotofaga, ona fai atu lea i le 'aufata, e tu'u ane le āmoga o le fata se'i sui lā'ua; ona talia lea e le 'aufata. E le'i 'umi ona amo le fata e le 'auali'i ula lenei, 'ae fa'apa'ū loa i lalo le fata; feosofi atu loa fasi le Tuiātua; 'ae taunu'u atu loa fo'i ma Leifi. 'Ua iloa e le Tuiātua 'ua to'ilalo; ona lafo mai loa lea 'o le Ao 'o le Tuiātua 'iā Leifi ma fa'apea mai, "Sē Leifi, 'o manū nā. Leifi Tuiātūa e! Leifi Tuiātūa e!" Ona alu loa lea 'o Leifi ma le Tuiātua 'iā Māta'utia i Utufa'alalafa i Aleipata; ona Tuiātua loa lea 'o Māta'utia. 'O Māta'utia lā lenei na fa'aipoipo ma So'oa'emalelagi Le Vālasi le tāupou a Tuiā'ana Tamaalelagi, 'ae sā fai ma tinā fai o Salamāsina le tupu Tafa'ifā.

2. Augātuiātua

Usu Tuiātua Tuālemoso 'iā 'Itegatā fg 'o Tuloutele.

Usu Toloutele 'iā Sināataata le alo o le Tuifiti fg 'o Malaetele.

Usu Malaetele 'iā Sāmalā'ulu le alo o Tuimanu'a fg 'o Taemo'omānaia.

Usu Taemo'omānaia 'iā Lefe'eialali fg 'o Leutelelē'i'ite.

Usu Leutelelē'i'ite 'iā Fetūtāfeilo fg 'o 'Aumua Leulua'iali'i.

Usu 'Aumua Leulua'iali'i 'iā Suluifala'uaitai fg 'o Fagaso'aia.

Toe usu 'Aumua Leulua'iali'i 'iā Fe'esago fg 'o Fepulea'i.

Usu Fepulea'i 'iā Utufa'asisili le alo o Funefea'i i Sāfune fg 'o Tologataua.

Usu Tologataua 'iā Fogālepapa le alo o Vālai i Ti'avea fg 'o 'Aumua Tāgafa.

Toe usu Tologataua 'iā Luafata'alae o Si'umu fg 'o Fatumanavao'upolu ma Taelalopu'a.

Na usu Tuiātua 'Aumua Tāgafa 'iā Le'ateatele i Malaeponapona fg 'o Moea'itealoa.

Usu Moea'itealoa 'iā Matagitausulu, le alo o Tuisāmoa i Faleālili, fg 'o Polailevao.

Usu Polailevao 'iā Momoeifuifatu, le alo o Pa'u i Sāfotulāfai, fg 'o Fotuitāma'i ma Sefa'atauemaga.

Usu Fotuitāma'i 'iā Teleitama'ita'i, le alo o Tauā i Aleipata, fg 'o Pu'epu'emai ma Ali'itasi.

Toe 'ai tāuga Fotuitāma'i 'iā Teleipesega, le alo o Faumuinā i Lepea, e pā.

MATĀ'UPU II: 'ĀIGA SĀ MALIETOĀ

I.   *Na fa'apēfea ona maua le suafa o le 'Āiga sā Mālietoā?*

'Ua leai se Sāmoa na te lē iloaina le māfua'aga o le suafa Mālietoa 'olo'o 'ua 'avea ma Ao mamalu o le atunu'u.   E pei ona silafia e le atunu'u le talatu'u i le tutuli'esega e le fānau a Leātiogie Fe'epō tagata Toga mai o tātou lau'ele'ele, na tū le tupu o Toga o Tala'aifei'i i le ma'a i Tulātalā ma fa'apea mai, "'Ua malie toa. 'Ua malie tau Sāmoa."

E lē na'o se sāunoaga tu'ulafoa'i a Tala'aifei'i; 'a 'o le sāunoaga 'olo'o 'aumai ai le fe'au aogā. 'Olo'o momoli mai i lea sāunoaga le agāga fa'amālō fa'atasi ma le pale 'o le mānumālō e fa'apale ai le Ao o le mālō o Sāmoa.

'O le suafa lā Mālietoa, 'o le tasi lea vavau e fa'amaonia ai talatu'u a Sāmoa, 'auā 'olo'o tūmātilatila mai i le mauga fa'atasi ma le fu'a taualuga o le mānumālō sā fa'aigoa, "'O le Fu'a o le Sa'olotoga," *the Flag of Freedom.*

1. 'Āiga sā Mālietoā mai Tala o le Vavau

Usu Le'upolusāvea 'iā Lealainuanua, le afafine o le Tuitoga Tala'aifei'i, fg 'o Mālietoa Naulua'itofi.

Usu Mālietoa Naulua'itofi 'iā Leutogi'avea i Sala'ilua fg 'o Mālietoa Soana'ilepule.

Usu Mālietoa Soana'ilepule 'iā Malelegasesē fg 'o Mālietoa Seali'itele.

Usu Mālietoa Seali'itele 'iā Taiā'opo fg 'o Mālietoa Uilamatutu.

Usu Mālietoa Uilamatutu 'iā Tōfigaali'i i Sāle'imoa fg 'o Mālietoa Fetōloa'i.

Usu Mālietoa Fetōloa'i 'iā Nuailegalagala, le afafine o Sālima, fg 'o Mālietoa Sāvea'ena.

Usu Mālietoa Sāvea'ena 'iā Sinālesagosago i Fagali'i fg 'o Mālietoa 'Ula.

Usu Mālietoa 'Ula 'iā Letimufa'ame'ia i Si'umu fg 'o Mālietoa Leipale'alei.

Usu Mālietoa Leipale'alei 'i le afafine o Mulitalo i Sāfata, fg 'o Mālietoa Uituālagi.

Usu Mālietoa Uituālagi 'iā Gatoloaiaoolelagi i Vāimauga fg 'o La'auli ma Fuaoleto'elau.

Usu Mālietoa La'auli 'iā Gauifaleai, le afafine o Tuisāmoa i Faleālili, fg 'o Lenato'aitele ma Gāsoloalelā.

Toe usu Mālietoa La'auli 'iā Saumatuli i Māgiagi fg 'o Mālietoa Falefatu.

Usu Mālietoa Falefatu 'iā Vaematāsalaotele i Moata'a fg 'o Mālietoa Sāgāgaemuli.

Usu Mālietoa Sāgāgaemuli 'iā Sinālemanumi fg 'o Mālietoa Taulapapa.

Usu Mālietoa Taulapapa 'iā Letelesā i Faleata fg 'o Mālietoa Seiuli.

Usu Mālietoa Seiuli 'iā Foafoamai fg 'o Mālietoa Leafuitēvaga.

Usu Mālietoa Leafuitēvaga 'iā Tonumaisiva i Manono fg 'o Mālietoa 'Aeo'ainu'ū.

Usu Mālietoa 'Aeo'ainu'ū 'iā Seupuanume, le afafine o Lavea i Sāfotu, fg 'o Mālietoa Laulauofolasa.

Usu Mālietoa Laulauofolasa 'iā Ali'itasi fg 'o Mālietoa Ti'a.

Usu Mālietoa Ti'a 'iā Taufaalematagi, le afafine o Li'o i Sāpapāli'i, fg 'o Muā'ausā, Sulusulumaivasa, ma Mālietoa Fitisemanu.

Usu Mālietoa Fitisemanu 'iā Pālō, le afafine o Memea i Sāfune, fg 'o Mālietoa Vāinu'upō, lea na taunu'u 'i ai le Lotu T.A 1830.

Usu Mālietoa Vāinu'upō 'iā Aitūlagi, le afafine o Gātoloai i Sāfotulāfai, fg 'o Mālietoa Mōlī.

Usu Mālietoa Mōlī 'iā Fa'aalaitaua, le afafine o Su'a i Salelāvalu, fg 'o Mālietoa Laupepa.

Usu Mālietoa Laupepa 'iā Sisavai'i, le afafine o Tupua i Āsau, fg 'o Silivā'ai, Fa'amūsami ma Mālietoa Tanumafili I.

Usu Mālietoa Tanumafili I 'iā Momoe, le afafine o Meleiseā i Poutasi i Faleālili, fg 'o Ioane-Sāvea, Uluiva-Sisavai'i, Tamato-Salamāsina, ma Mālietoa Tanumafili II Ākī, le Ao o le Mālō Tūto'atasi o Sāmoa mai le 1962.

Usu Mālietoa Ākī 'iā Tunuileafī, le afafine o Setū Molio'o i Faleāpuna, fg 'o tama 'o Laupepa, 'o Mōlī, ma le teine 'o Momoe.

Toe usu Mālietoa Ākī 'iā Falenaoti Tiresa, le afafine o Patū Tauvela i Vaiala, fg e pā.

Sā usu mai le tagata Tutuila 'iā Uluiva, le alo o Mālietoa Tanumafili I; masalo 'olo'o iai ona alo i Tutuila.

Sā usu Faumuinā Fiamē Matā'afa Mulinu'ū I 'iā Fa'amūsami, le alo o Mālietoa Laupepa, fg 'o le teine 'o Salaevalu ma Fiamē Faumuinā Matā'afa Mulinu'ū II, lea sā 'avea ma ulua'i Pālemia o le mālō o Sāmoa.

2. 'O isi usuga a Mālietoa Sāvea

Usu Mālietoa Sāvea 'iā Luafatāsaga, le afafine o Taemanutava'e i Sili, fg 'o Mālietoa Gāgasāvea.

Usu Mālietoa Gāgasāvea 'iā Pate, le alo o le Tuitoga, fg 'o Taogaga, Sāveatama, Seupule, Niuali'i, Fuataogaga, ma Poluleuligaga.

Usu Tofaesiuoa'ana 'iā Ve'a, le alo o Mālietoa Sāgāgaemuli, fg 'o Atuaia.

Usu Atuaia 'iā Sefa'atauemaga II fg 'o Tagoa'i ma Tuliaupupu ma Suluama.

Usu mai Fualautoalasi o Sātalo Faleālili 'iā Suluama fg 'o Tuana'itelegese.

3. Mālietoa Fuaoleto'elau

Usu Mālietoa Fuaoleto'elau 'iā Polataiaifoga'a, fg 'o le matuaali'i o Va'alagagatā; 'o le tamā lea o sā 'Asomuā. 'O Māsui ma Sāveatautā sā nonofo i le lau'ele'ele 'olo'o iai le laoa ma le laupatapata.

Sā manatu Li'o 'ia pule Mālietoa Fuaoleto'elau i le lau'ele'ele o le Tuamāsaga e pau mai i uluulufau, pau mai i le vai matafia i gagafō, 'ae peita'i na tofi mai i ai le uso o le Mālietoa Sāvea o Fata e nofo i lona itū, 'ātoa ma le tama o Sāveatama; 'ae nofo Tuna, le isi uso o Mālietoa, i lona itū 'ātoa e pau mai i utu i Mulivai i gāgaifo 'ae pau mai i Leipasusū i gaga'ē. Ona nofo ai lea 'o Fuataogaga i Sāgaga le Vāimauga, 'ae nofo Mālietoa Sāvea matua i lona itū e pau mai i Mulivai i A'ele i gaga'ē, 'ae pau mai i Tufulele i gagafō, ma nonofo ai loa tama e to'afā; 'o Mālietoa Sāvea, o 'Auimatagi, 'o Fata ma Maulolo ma ta'u ai lātou o Sāgaga le 'Ailaoa. Ona fāleono lea 'o le Atigaga, 'ae itūfā i alo o Fānene. 'O Māvaega nā a Mālietoa na i Tulimatala.

Na nofo Li'o i le laoa ma le laupatafetalai, 'ae fa'alogo atu 'ole'ā si'i mai le ma'atuā'oi e le alātaua ma le pitolua, ona 'auina lea e Li'o lana fānau tama, e igoa 'iā Silaitai ma Faga 'iā Fuaoleto'elau e afio mai. Na fa'asaga le fofoga o le Alātaua ma Si'utoga ma Atipati, 'ua fa'atāumafa Mālietoa. Na 'eli le ufi e le atali'i o Li'o o Saugagalue, 'ae te'i 'ua gau le ufi; 'ona 'ave a'e lea 'o le ufi i luga; 'ae va'ai atu, 'ua tumu le lua'i ufi i le toto. 'Ona fa'apea lea 'o le 'upu a Li'o, "'Oi, fā'i 'o lo'u fefe 'iā Mālietoa, 'a 'o lo'u fefe i le ufi," 'ai 'ua to'asā Sālevao. Ona nofo pea lea 'o Fuaoleto'elau i Si'umu, 'ae tūpito Si'utoga ma Atipati. 'O le igoa o le 'ele'ele sā nofo ai Mālietoa Fuaoleto'elau i nā onapō, 'o le sā Malietoā.

II. *'O Tōfale'auga a Tamāli'i a le 'Āiga sā Malietoā*

Na aumomoe Folasāaitu ma Sāgāalaala i alo o Mālietoa La'auli e suafa 'iā Nato'aitele ma Gāsoloalelā. Na musamusa ai Sāgāalaala, na ala ai ona gali e teine lona titi ponapona. Na mana'o Faleata ia nofo Nato'aitele 'iā Folasāaitu 'ae musu Nato'aitele, e fia nofo 'iā Sāgāalaala. Ona nofo loa lea o Gāsoloalelā 'iā Folasāaitu 'ae nofo Nato'aitele 'iā Sāgāalaala. Na fai le feagaiga a le uso teine lenei e fa'apea, "'Ā agaleagaina se isi o lā'ua e lona to'alua, ona sola atu lea lā nonofo to'alua i le tane e tasi." Na agaleaga Folasāaitu 'iā Gāsoloalelā, ona sola loa lea nofolua ma Nato'aitele 'iā Sāgāalaala.

'O le solo lā lenei a Gāsoloalelā na fai 'iā Folasāaitu 'ona 'o lona agaleaga.

Folasāaitu e, lou leaga
Na e oso i lou vasavasa ma lau ti'otala
Na e mele ai lau tuamafa
Sā olotū i tafatafa o ou tōfāga

III. *Tāufia a Taulapapa*

Usu Tuiātua Moea'itealoa 'iā Lāuoi o Lufilufi, fg 'o Pepe.

Usu Pepe 'iā Leutogi'avea, le alo o Leifi, fg 'o Fa'atausau, 'o Utu ma Misa.

Usu Fa'atausau 'iā Fa'aalaotaua, le alo o Su'a i Sālelāvalu, fg 'o Le'ota'ota o Mo'a, po 'o Leota Lēo'o.

Usu Leota 'iā Fai'aipa'a, le alo o Ulugia i Toāmua, fg 'o Matu'uleilua ma le teine o Taputūutumai.

Usu Tuisugatauā 'iā Taputūutumai, fg 'o Sālimagālemai.

Usu Sālimagālemai 'iā Tuitogaalepea, fg e pā.

Ae usu Matu'uleilua 'iā Tava'etele, le alo o Tuisāmoa i Faleālili, fg 'o Mafaitu'uga.

Usu loa Mafaitu'uga 'iā Tuitogaalepea, fg 'o le tama o Taulapapa.

'O le tama lā lenei 'o Taulapapa e tolu ana usuga lea e iai Seiuli, Leulua'iali'i, ma To'omata. E maua ai le Taufia a Taulapapa. 'O le uiga o le 'upu Taufia, 'o le to'afia o alii.

Na usu To'omata i le alo o Seinafo i Lotofaga, fg 'o 'Amituana'i. Sā fa'aigoa le atali'i o To'omata 'iā 'Amituana'i, 'auā na fa'ato'ā a'ami To'omata e Solosolo, 'a 'ua tuana'i tōfiga a Taulapapa.

MATĀ'UPU III: 'ĀIGA SĀ TUIMANU'Ā

I. *Na fa'apēfea 'ona maua le suafa o lenei 'āiga tautupu o Sāmoa?*

'O le Tuimanu'a, 'o le tupu o Manu'a. E 'ese'ese lava fa'amatalaga i le ala na maua ai le 'upu Manu'a ma le 'āmataga o le Ao Tuimanu'a. 'O ni isi nei o fa'amatalaga mai tala o le vavau, 'ae anoanoa'i tala o lenei 'āigātupu o Sāmoa anamua 'ua lē mafai ona tusia 'uma. 'A 'o le tala lenei mai Saua ma Aga'e.

1. 'O le Talatu'u

'O Tuita'asauali'i ma Tuita'atagataola 'o le fānau a Leapaitualima ma Lagi. 'O le usuga a Tuita'asauali'i na tupu mai ai Fatu 'a 'o Tuita'atagataola na maua ai 'Ele'ele.

Ona usu lea 'o Fatu 'iā 'Ele'ele, maua ai Pō ma Ao.

Usu Pō 'iā Ao maua ai Sātiailemoa.

Usu Sātiailemoa 'iā Fuka, fg 'o Tagaloaui Moa, lea na fai lo lā 'ava ma Pava i Saua, lea fo'i na maua ai le isi tāeao usu a Sāmoa 'o le "tāeao na i Sauā."

Na fai Tagaloaui Moa i lona 'āiga, "'O lo tātou āiga, ole'ā igoa 'iā sā Moā."

Usu loa Tagaloaui 'iā Sināsaumaua, fg 'o Moa Fa'aeanu'u.

Usu Fa'aeanu'u 'iā Sināfafagailetua, fg 'o Fa'aoioimanu.

Usu Fa'aoioimanu 'iā Lulutu, fg 'o tama 'o Le'aumatagata ma Lōlogatele.

Usu Lōlogatele 'iā Mamaluotaua, le afafine o Lega i Fitiuta, fg 'o Li'āmatua ma Galea'i.

Toe usu Lōlogatele 'iā Moetalāluma, fg 'o Sōtoa ma Li'ātama.

Na vaelua mea tau 'āigātupu i le uso lenei e to'afā. 'Ua 'iā Li'āmatua ma Galea'i mea tauaitu, 'ae 'iā Sōtoa ma Li'ātama mea tautagata. Na tau le taua i le vā o tama nei, 'ona 'ua sola Li'āmatua ma le Ao o le Tuimanu'a sā fa'ae'e 'iā Li'ātama ona feoti 'uma ai lea 'o tama, 'ae fai mai le tala na matuā manu'a tele Li'āmatua 'ona 'ua tatui i tao e Li'ātama ona fa'ato'ā maua loa lea 'o le 'upu Manu'atele ma le 'upu Tuimanu'a ma 'o le ulua'i taua lava lea i totonu o Manu'a.

2. 'O le Tuimanu'a Tama'ita'i

'Ae 'aiseā na Tuimanu'a ai le teine o Mākerita?

'O Sātele Seumālō o Vailoatai o Tutuila na alu e mātasau i Manu'a, 'ona e iai lo lā feso'ota'iga ma Sōtoa Lei'ataufuti; ona igoa ai loa lea o Sātele 'iā Sōtoa ma le isi fo'i ona igoa o Tīta'e. Na māfua le igoa Tīta'e 'ona 'ua ta'e fa'amalele lana niu i le ala 'ae sā se mea e pa'ō i le afio'aga o Sōtoa ma le Tuimanu'a. 'O Sātele Tīta'e lā lea na na 'aveatua i Manu'a le teine Falefā e igoa 'iā Molitafea, na te 'aveina se vaitāumafa o Sōtoa.

Na usu le tamāloa Faleāsao e igoa 'iā 'Aufogāpou 'iā Molitafea, ona maua lea 'o 'Amepelia. 'O le teine lea 'o 'Amepelia na usu 'i ai Pa'u Young i 'Upolu ona maua lea o Mākerita. 'O Sōtoa Paega na fa'ae'ea le Ao 'o le Tuimanu'a 'iā Mākerita 'auā sā tausi lelei 'i ai Mākerita i lona gāsegase; ma, na'o Mākerita na taga ai le maota i Lalovī e nofo ai, 'ona 'o le pule fa'aSōtoa.

II. *Feso'ota'iga a Manu'a ma motu i sisifo*

Usu Leapaituālima 'iā Lagi le afafine o Tuipulotu, fg 'o Tuita'asauali'i ma Tuita'atagataola.

Usu Tuita'atagataola 'iā Momoeilefiso, fg 'o Tuiletoga ma Sauolefale.

Usu Sauolefale 'iā Pilinuanua, fg 'o Timali ma Moeifale'oa.

Usu Moeifale'oa 'iā Mulimatagi, fg 'o Tutu, 'o Sava, ma Tauānu'u.

Usu Tauānu'u 'iā Titifa'asoa, le teine Faga'itua, fg 'o Uluvaotetele.

Usu Uluvaotetele 'iā Mulisisili, le teine Avao i Manu'a, fg 'o Pipu'u.

Usu Pipu'u 'iā 'Alisi, fg 'o Lā.

Usu Lā 'iā Lemagamagaifatua, fg 'o 'Alo'aloalelā.

'O le ali'i lenei 'o 'Alo'aloalelā na fe'au e le 'āiga o lona to'alua; na alu ai 'iā Pōmaao 'aumai ai le pā seu i'a e ta'u 'o le 'auomala 'ae te'i 'ua fa'ai'u i le 'auomanū. Na usu 'Alo'aloolelā i le alo 'o le Tuifiti, fg 'o Popoto.

'O le tama'ita'i lenei o Popoto na sau i Sāmoa e su'e sona to'alua 'auā 'ua so'o le atu Fiti e leai se tāne na te mafaia. 'O aso tonu ia sā ta'aseu ai Lefaoseu mai Lepā i Savai'i i le tiaseu o Ulumū. Na fa'alogo loa Lefaoseu i tala o le tama'ita'i lenei o Popoto, tago atu loa i le na'o lana 'upega seu lupe, 'ua seu ai le teine mai Fiti. Usu loa Lefaoseu 'iā Popoto, fg 'o Taufa'alematagi. 'Ona usu mai loa lea o Alao o Faleālupo 'iā Taufaalematagi, fg 'o Saveasi'uleo le pusi, 'o Ulufanuasese'e, ma Mulio'āiga.

Na 'inosia Saveasi'uleo e ona mātua 'ona e nofo ma 'ai ona uso, ona tuli loa lea e nofo i le sami. 'O le isi aso na alu atu ai Ulufanuasese'e lona uso e fa'ase'e i le sami, 'ae oso ane fo'i Saveasi'uleo e 'ai, peita'i na 'ote i ai Ulufanuasese'e fa'apea, "Isa! 'Ai lava 'o uso vale nei, 'ole'ā e toe sau fo'i e 'ai a'u, 'a 'ua 'uma o tā uso 'o 'e aia." 'Ona fa'amāvae loa lea o Saveasi'uleo i lona uso fa'apea: "'Ole'ā 'ou alu i Pulotu 'ou te nofo ai, 'ae tā te toe fetaui lava i i'u o gafa." 'O le māvaega lenei 'olo'o ta'u so'o e failauga *o le māvaega na i le onetai* po 'o *le māvaega na i le tai*. Ona alu lea 'o Ulufanuasese'e usugafa i Falelātai.

Usu Ulufanuasese'e 'iā Taelalofutu, le alo o Tagaloa i Falelātai, fg 'o teine pi'ilua o Tilafaigā ma Taemā; 'ia sā fe'ausi solo i le vasa. Na alu Tilafaigā 'i Pulotu ona usu ane lea 'i ai o Saveasi'uleo le uso o lona tamā, fg 'o le teine o Nāfanua, le atua o taua. Lea lā 'ua faamaonia ma fa'ataunu'u le māvaega a Saveasi'uleo. 'Ae nofo Taemā i Tutuila, e iai le Tāfuna'igaalelā.

Na usu ane Moamoaniua 'iā Taemā, fg 'o Seali'itūmatāfaga po 'o Seali'itū 'o aso nei.

Na usu fo'i Ulufanuasese'e 'iā Sinātafua, fg 'o Sivālavala.

Usu Sivālavala i le fāisua a le pa'a a le Tuiā'ana, fg 'o Titilimulimu.

III. *Fāiā fa'atupu a le Tuimanu'a ma Tamāli'i o Sisifo*

E to'alua alo tama'ita'i o Tuimanu'a i le tuafafine o Lū i Fagaloa. 'O le teine matua e suafa 'iā Pāinu'ulasi. 'O le uiga o le igoa Pāinu'ulasi, 'o le lasi o nu'u na malaga 'i ai ma nofotāne ai 'ae pā lava, e lē fānau.

Na alu la lātou malaga i Toga ma tamāloloa tautai e to'alua e igoa 'iā 'Aumua ma 'Oloātua mai lona 'āiga i Fagaloa. Na taunu'u le va'a i le motu pito mai o Toga ona afe lea 'i ai 'ona 'ua fia tāumafa le tama'ita'i. Ona nofo ai lea 'o Pāinu'ulasi i le Tuitoga ma 'ua ma'itō ai.

'O aso 'uma lava, e ō ai ali'i nei o le 'aumalaga e tatao a lā 'upega e su'e ai ni ula mo le gāsegase o le masiofo. 'O le aso na ola ai le failele a Pāinu'ulasi na ō atu ai tamāloloa e asi 'upega, 'ua leai ni ula, 'ae na'o vae o ula 'olo'o totoe i fagāula.

'Ua fānau le pepe a le masiofo, 'o le teine, ona fa'aigoa loa lea 'o le teine 'iā Vaetoeifaga. 'O se tama'ita'i 'aulelei. 'O le tama'ita'i lā lenei o Vaetoeifaga na malaga ma lona tamā 'i 'Upolu

101

na ala ai ona fa'aipoipo ma Tuiā'ana Tamaalelagi. 'O lona sefulu ai lea o fa'aipoipoga a Tamaalelagi 'ona tu'umalō ai lea 'o le Tuiā'ana, a 'ua Tuiā'ana ai lona afafine 'iā Vaetoeifaga e suafa 'iā Salamāsina, lea na 'avea ma ulua'i tupu tafa'ifā o Sāmoa. E iai le tuagane o Vaetoeifaga, na mānana'o i ai 'Aumua ma 'Oloātua lā te 'avea e fai mo lā ali'i, 'ae fai 'i ai le Tuitoga e fai lelei lona atali'i 'auā 'o ona alo e faigā, ona maua loa lea 'o le igoa o le tama o Ulualofaigā. 'O le suafa matai lea 'ua avea ma tamāli'i i Fagaloa ma le itūmālō o le Va'aofonotī.

'O le uso o Pāinu'ulasi e suafa 'iā Uālegalu. 'O Uālegalu lenei na usu mai i ai Tuitele o Leone ona iai lea 'o le teine 'o Folaalelā. 'O Folaalelā lea na usu mai 'i ai Fineitalaga, le alo o Sāgapolu o Sāoluafata, fg 'o Lētutupu ma 'Aliamānaia.

Na usu Tuisāmoa Nonumaifele o Faleālili 'iā Lētutupu, fg 'o Gauifaleai ma Totogatā, ona usu mai loa lea o Mālietoa La'auli 'iā Gauifale'ai, fg 'o Nato'aitele, ma Gasoloalelā.
A'o le'i maliu Mālietoa La'auli sā fai lana māvaega fa'apea i tūmua ma 'āiga: "'Ā fānau so'u atali'i, ona fa'ailo lea i le ususū, 'ae 'ā fānau so'u afafine 'ia 'avea ma tinā o le atunu'u."

Na 'avea Gauifaleai ma tupuga o le 'āiga sā Gauifaleaī 'a 'o lona alo o Nato'aitele sā 'avea ma Ao o Tuisāmau ma 'Auimatagi ma le 'āiga sā Gauifaleaī, 'aemaise le Itū'au i Tuamāsaga i mātū. 'O Vāetamasoāalii na 'avea ma Ao o le Alātaua i Tuamāsaga i Saute.

'O Vaetamasoāali'i lā lea na usu mai 'i ai Tuiā'ana Tagaloa Selaginatō o Savai'i, fg 'o Tuiā'ana Tamaalelagi lea e ona lona afafine o Salamāsina, le ulua'i tupu tafa'ifā.

GĀLUEGA FAUTUAINA

1. 'Ia taumafai e fa'ata'ita'i i taimi o vasega faiga o lā'au o 'āiga (*family tree*) 'ina 'ia maua ai le tomai mo lea fo'i gāluega tāua, 'o le faiga o *family trees* o o lātou lava 'āiga fa'apitoa, *nuclear family* po 'o le *immediate family*.

2. Fa'aali i tamaiti le faiga o le fa'amanuia a Fe'epō i lona atali'i o Leātiogie.

3. Fa'amatala i tamaiti le saesaegālaufa'i a Tūmua ma Pule 'ona 'o Tupua Fuiāvailili.

4. Fa'aata le tala i le Tutuli'esega o Toga mai Sāmoa.

ILOILOGA 'O TOMAI

Tali fesili nei

1) 'O le ā sou mālamalama i le fa'avāega o le 'āiga sā Tupuā?

2) 'O fea itūmālō e ona o lātou tama a 'āiga nei?
      a) Tupua
      e) Mālietoa
      i) Tuimanu'a
      o) Tonumaipe'a
      u) Lilomaiava
      f) Tagaloa

3) 'O ai e ona le fa'a'upuga lea:
      "Sāmoa, 'Ua malie toa
      'Ua malie tau."

4) 'O ai ni itūmālō se lima 'e te iloa e aofia i le 'āiga sā Malietoā?

5) 'O ai tama a 'āiga, 'olo'o nōfoia nofoa o 'āigātupu i aso nei?

6) Tusi mai le fa'afanua o 'Upolu ma fa'ailoga mai itūmālō na fa'avae ai le
    mālō o Pili.

7) Tusi ni alagā'upu na maua 'ona 'o gāluega a Pili.

8) 'O ai mātua o Salamāsina Tafa'ifā?

9) 'O ai tamāli'i e iai a lātou mea ia: ta'otolima, ta'ototolu, tupufia, Taufia?

10) Su'e po 'o ai 'āiga o Sāmoa 'e te maua i ai gafa o Salamāsina 'ua tusi atu?

11) 'O ai ni Ao ma Pāpā o Sāmoa 'olo'o aofia i lea gafa?

12) 'O Tuiā'ana Tamaalelagi le tamā a Salamāsina--e mata e to'afia ni uso
    taufeagai 'o lenei tama'ita'i o Salamasina?

13) 'Aiseā e lē tūsia ai Alapepe le tamā moni o Fofoaivao'ese i le gafa?

14) Na māfua i se ā ona saesaelaufa'i Tūmua ma Pule 'ae fetuatuana'i ai malae
    o Tūmua 'iā Fuiāvailili?

FA'ALEOGA MA FA'AUIGAGA O 'UPU

'Upu	Uiga
'āiga o nofo	'āiga e filifili mai ai nofo o suafa tautupu
'āiga o pāpā	'āiga o Ao o le atunu'u
'āiga pa'ia	'āiga mamalu
agaleagaina	e lē alofagia, tuli'esea
'ai tāuga	'a'ai i tauga o aumoega
alāfale	fa'apine ai se pule'aga
atusasa'e	nu'u o le itū i sasa'e
augāmālietoa	augānofo a sā Malietoā
augātupu	tagata o 'āiga tautupu
augātupulaga	fa'asologa o tupulaga
aumomoe	o tāfaoga a aumaga i tama'ita'i
'auomala	alāmalaia
'avegālau	fa'afafaga o lautolo
'Isaraelu	nu'u o le Atua i aso anamua
itūfā	e fa itū o se pule'aga
i'u o gafa	fānau iti
iviivia	tele ivi pei se i'a
olotū	tagi ma tūtū
onetai	matāfaga, oneone o le sami
ulua	i'a
ulumoega	o fala 'ua fa'aputu e fai ma moega
'uputu'u	'upu e tu'u fa'asolo
uso vale	uso fa'atauva'a/uso valea
usuga	faigā'āiga
fa'ae'e	fa'apale
fa'ae'ea ao	fa'apa'iaina ao
fa'ai'amātau	pei se i'a 'ua maua i le mātau
fa'ailoaga	fa'asinoga, fa'amālamalamaga
fa'alagilagi	fiatagata, fiailoa
fa'apale	fa'apūlou, fa'apa'ia
fa'ase'e	ta'aloga e sese'e
fa'avāivaia	tau lē mana'omia
fagāula	mailei e maua ai ula
fāiā	so'otaga
faigā	faigatā
fāitioina	manatu faipona
faleono	ono nu'u gālulue fa'atasi
feusua'iga	faigā'āiga a ulugali'i
fofoga o Alātaua	tulāfale e faia 'upu o le itūmālō

105

fogātiaseu	vāega pito i luga o le tiaseu
folasa	fanua
fuaifale	vāega o le 'āiga
fuefue	tapili
gaga'ē	itū i sasa'e
gagafō	itū i sisifo
gafa	so'otaga, fāiā
lagatila	osovale, oso fa'afuase'i
Lagī	maota o Tuiā'ana Tamaalelagi
laoa	fale o le tulāfale
laupatafetalai	igoa o le laoa o Li'o i Si'umu
Laupatapata	fa'alupega o le laoa o Li'o
Le Vālasi	suafa o le 'āiga
Leipasusū	igoa o lau'ele'ele
leo'o	mua i le suafa
liutōfāga	toe 'eli le tagata oti ma sui le mea e tanu ai
māfua'aga	'āmataga
Malaetele	malaefono
maluali'i	Tino 'ese ma maualuga
manuvale	manu lē taulia
mātasau	tofotofo, mātau mamalu o isi
mele	fa'alēāmana'ia, tia'ia
musamusa	sivasiva pei e musa
na'a	lā'au e tapē ai lupe
nofotāne	fai le to'alua'o le teine
paolo	'āiga o faiāvā ma nofotāne
pāpā	mamalu ma pa'ia o Ao
papa o pesega	'o le ana e pepese ai aitu
papaōō	'o le ana e goto/galoma i ai pisaga
pā seu i'a	mea fāgota
pi'ilua	tagata e pipi'i tino, māsaga lua
pōuli	aso o le pōuliuli
pui'āiga	vāega o se 'āiga
Pulotu	nu'u e ō i ai agāga
saesaegālaufa'i	faitauga o 'āiga o tamāli'i
sa'olotoga	leai se fa'alavelave
sāunoaga	tautalaga a ali'i
si'aga	fa'aolaga o se afi
sosopo	osovale, sopotuā'oi
sunu'i	totō, fa'amau i lau'ele'ele
ta'aseu	fealua'i solo e seulupe
ta'e fa'amalele	pei leo tele le niu
tagātānu'u	tagata moni o le atunu'u
tāgo'au	'autau fa'atasi ma se isi nu'u
tai sagosago	'ogāsami sā fai ai fesagoaiga

talatu'u	tala tu'ufa'asolo mai le 'āmataga
tamāo'āiga	tele mea e maua
tamasi'i	tamāli'i e si'i e se isi nu'u
tanuga	ufiufiga
ta'otolima	e lima āvā
tau 'āigātupu	fa'asino i 'āigātupu
tauaitu	fa'asino i aitu
tāufia	usoga a tamāli'i
tausa'afia	alofagia, mana'omia
tausala	tāupou, tamāli'i
tautai	tagata poto i le sami
tia	mauga seulupe
tiasā	o tu'ugamau o ali'i
tiaseu	mea maupu'epu'e e fai ai faleseu
ti'otala	manu tautala
titi	lā'ei
titiponapona	titi e fai fa'apona
tōfāga	moega
togafea'i	vāvāmamao
tuamafa	lupe ta'ita'i o le lauamanu
Tuiātua	tupu o Ātua
tuliloa	mulimuli ai
Tulimatala	'o le malae i Faleata
tūmātilatila	maualuga ma lauiloa le tūlaga
tūmua	o nu'u e va'aia mea e fai a itūmālō
Tunumafono	suafa o le tamāli'i
tupuga	'āmataga na tupu mai ai
tupulaga	fa'asologa o aso 'o le olaga
tu'ulafoa'i	lē āmana'ia
tu'umālō	maliu le ali'i
vai matafia	e tele magāvai
vasaloloa	sami mamao
vasavasa	va'afolaulau
vavau	'āmataga, lagisoifua

IUNITE IV: 'O 'ĀIGA FA'APITOA O TAMĀLI'I MA ITŪMĀLŌ

IUNITE IV: 'O 'ĀIGA FA'APITOA O TAMĀLI'I MA ITŪMĀLŌ

Fa'asologa o Matā'upu

110

Iunite IV
'O 'Āiga Fa'apitoa o Tamāli'i ma Itūmālō

'UPU FA'AILOILO

I. *Fa'aleoga o Suafa o 'Āiga*
     'Āiseā 'ua fa'amuamua ai le sā i luma o suafa o 'Āiga ?

1. *sā*: 'O lona uiga 'o se mea 'ua sā ona soli e se isi, 'ua fa'asāina mo le ali'i po 'o
        le matai. Na māfua mai lava ina 'ua fānau le tama 'o Moa; na fai atu ai Sālevao 'iā Fatu
        ma 'Ele'ele fa'apea: 'o le vai lenei na tā'ele ai le tama, 'ātoa ma le fanua, 'ua fa'asāina 'uma
        lava mo Moa" (*sacred to Moa*).
2. *sā*: 'O lona uiga e pa'ia ma mamalu le tamāli'i; e sā se isi ona tautala 'i ai pe
        pa'i atu 'i ai. 'Ua 'o se atua lava (*sacred*).
3. *sā*: 'O lona uiga, 'o lē e ona se mea po 'o lē e ona le 'āiga, po 'o tagata o lea nu'u.
        E a ia lea nu'u (*belonged to*).

     A tātou sāga māfaufau lā i le fa'aigoaina o 'āiga o Sāmoa, e mata 'o lēfea uiga e fetaui
lelei ma le fa'aleoga lea, sā Malietoā? 'O le fa'aleoga muamua, po 'o lona lua, po 'o lona tolu e
pei ona tusia i luga?
     'O le isi fo'i itū, a fa'apea e iai le *sā* i luma o le igoa o le matai e ona le 'āiga, ona fa'aleo
lea fa'apea – sā Matā'afā. E tatau lava ona iai se fa'amamafa i le vaueli mulimuli o le suafa o
le'āiga.
     E fa'amaonia lea fa'aleoga i le fāgogo i le laumei ma le malie 'olo'o fa'atagi i Vaitogi i
Tutuila.

          Laumei faiaga
          Māsū ma si au tama
          'O iai le moegā'afa
          'Aumai se lautī laulelei
          E lāvalava le laumei

          Fonuea, Fonuea
          Laulau mai se manamea
          'O sā ī lē i luga nei
          'O sā Letulī lē i luga nei
          'Ā uaina, 'Ā lāina
          'Ā solo e māta'ina
          Logo i tula le i'a

     E pei fo'i ona fa'aleo mai itū'āiga o sā 'Eperū i le Tusi Pa'ia, 'o sā Levī, sā Hivī, ma sā
Iepusē. 'Ā iai lā se fa'amamafa i le vaueli mulimuli o le suafa o le tamāli'i, 'o lona uiga 'o ia lenā
e ona le 'āiga. E a ia lea 'āiga po 'o lea nu'u. Fa'aleo lā'ia ma tusia suafa o 'āiga fa'apea . . . :

     • sā Malietoā
     • sā Tupuā
     • sā Pesetā

111

. . . 'auā 'o le fa'aleoga sa'o lenā ma lona tusiga 'olo'o tusia i le Tusi Pa'ia. 'Ae 'ā fa'aleo le 'Āiga sā Le Vālasi, 'ona leai lea 'o se fa'amamafa. 'Āiseā? 'O lona uiga 'o le tamāli'i e sā ma pa'ia. E lē tioa fa'alagi lona 'āiga 'o le 'Āiga Pa'ia. Peita'i 'o lea lē 'avea nei manatu ma mea 'ole'ā sui ai ta'uga ma tusiga o suafa o 'āiga tamāli'i pe 'ā lē finagalo ai.

Ina 'ua fa'atalaleleiina Sāmoa, ona fa'apea lea 'o se manatu: E ui ina pa'ia ma mamalu tamāli'i o se 'āiga, 'a 'o tagata 'uma e tau i lona gafa, e a le tamāli'i 'uma ia tagata. Mo se fa'ata'ita'iga: 'o tagata e tau gafa i le Mālietoa, e a Mālietoa 'uma ia tagata, e 'avea ma ana fānau ma ona 'āiga tausi, ma fa'amaonia ai le fa'alupega o Sāmoa:

- 'Āiga ma a lātou tama.
- Tama fo'i ma o lātou 'Āiga.

'O le māfua'aga lā o suafa o 'āiga, 'o le tamāli'i lava e tele ana usuga ma to'atele tagata o ona 'āiga tautupu, 'o ia fo'i lenā e fa'aigoa le 'āiga i lona suafa. 'O le isi itū e tatau ona sāga fa'amālamalama, 'o le uiga o le fa'ailoga "fg" 'olo'o tusia i feusua'iga a tamāli'i. 'O le *fg* - 'o le fa'apu'upu'uga lea o le fa'a'upuga, *fa'ae'e le gafa*, e pei 'o le fa'ata'ita'iga lea:

Na usu Tuiosasa'e 'iā Tuiosisifo, fg 'o Tuiosasa'emasisifo.

MATĀ'UPU I : 'ĀIGA FA'APITOA O TAMĀLI'I

I.   'Āiga sā Le Vālasī ma ona Fuaifale

1. 'O ai Vālasi?

'O le 'āiga lenei e māfua mai i le suafa o le tama'ita'i o Le Vālasi, le alo o Tonumaipe'a Sāuo'āiga, lea sā fai ma tinā fai o Sālamasina le ulua'i tupu tafa'ifā o Sāmoa. E ta'u lenei 'āiga, 'o le 'Āiga pa'ia. 'Āiseā? 'auā 'o le 'āiga e tau i le tupu o Salamāsina. 'O Le Vālasi lenei sā fai ma masiofo a le Tuiātua Māta'utia i Aleipata. Na maliu fasia Māta'utia, ona nofo ai lava lea ma tausi 'āiga o lona to'alua, ma 'ua fa'aigoa ai ia 'āiga 'uma e tau i le Māta'utia, 'o 'āiga o Le Vālasi. E tele fuaifale o le 'Āiga sā Le Vālasī 'ae lē mafai ona tusia 'uma. 'O ni isi lā nei fuaifale e 'āmata mai i usuga a Tupuola.

Na usu Tupuola o Lotofaga 'iā Ilifuti, le afafine o Letaala, fg 'o Seinafo.

Usu Seinafo 'iā Taufagālupe, le alo o Leilua i Savai'i, fg 'o Siolosega Sāmatauānu'u.

Usu loa Sāmatauānu'u 'iā Vaimoe, le afafine o Pō'alaga i Lepā, fg 'o Ufi'aupupu ma le teine o Taufau.

Usu mai Fānene o Faleālili 'iā Taufau, fg 'o Meleiseā ma Leilua.

Usu Fānene 'iā Sāmalā'ulu, fg 'o Te'o ma Tuātagaloa. Ona totofi loa lea 'o le fānau a Fānene i o lātou fa'alupega e fa'apea:

- Meleiseā 'ole'ā sa'o aualuma
- Leilua 'o le feagaiga
- Tuatāgaloa 'o le sā'o fetalai, ma le to'o sāvili e sā'ili i ai le tōfā pe 'ā vale
  le fale Mālietoa. 'A 'o Te'o lea na pō ai le nu'u, e nofo i Falefasa ma lona tao ma le uatogi e leo ai pāpā o Tupua Fuiāvailili.

Na 'uma lenā tōfiga ona malaga mai lea 'o Leulumoega e fa'ae'e lo lātou Ao 'o Fiamē i se isi o le fānau a Fānene 'auā e tutupu mai i le gafa o le Tuiā'ana Fiamē, 'a 'o le fa'alavelave, 'ua 'uma tōfiga o le fānau a Fānene; ona fa'apea atu lea 'o Fānene iā Taufau, "Sau ia 'inā alu e 'a'ami lou tuagane e fa'ae'e 'i ai le Ao o Tūmua. Ona avatu ai lea 'o Ufi'aupupu fa'ae'e 'i ai le Ao 'o le Fiamē; ma 'o le ulua'i Fiamē lava lenā i Lotofaga. 'O le tama lenei e sefulu ana usuga, lea 'olo'o ta'ua fa'apea:

Afio mai Fiamē ma lou falesefulu.

2. 'O le isi fo'i lea Fuaifale o le 'Āiga sā Le Vālasī

E to'alua le fānau tama a Tuimavave ma Leteletaneolevao i Lepea. 'O igoa o tama 'o Fa'asuamale'aui ma Silupevaelei. 'O tama nei na si'i tama 'i ai Tupuola o Lotofaga ma Tago o A'ufaga. Na si'i mai e Tago Silupevaelei 'ae si'i mai e Tupuola Fa'asuamale'aui. Sā toe momoli Fa'asuamale'aui 'i Āmaile 'ona 'o le fa'asāuā, 'ae tāofi lava le atali'i o Tago 'o Silupevaelei. 'Ae na o'o ina gāsegase Sāmatāuānu'u i Lotofaga, ona fai lava lea ma māsani a Silupevaelei le alu e asi le gāsegase o le ali'i ma ana teu fa'atupu.

Sā fai fai pea lava lenei tautua a Silupevaelei se'ia o'o lava ina malie le ali'i 'o Sāmatāuānu'u; ona fa'apea ane loa lea 'iā Silupevaelei, "Sole, sē 'ua malie le fa'atamāli'i ma lou loto alofa, 'a 'o ona tau, 'ole'ā 'e Tupuola fa'atasi ma lou fuaifale lea, "'o le 'Āiga sā Le Vālasī."

Na usu Tupuola Silupevaelei 'iā Seutātia, fg 'o Palesiva.

Usu Palesiva 'iā Moa'ula o Salani, fg 'o Palemānaia.

Usu Palemānaia 'iā Unutoa o Lepā, fg 'o Tupuola Mateola.

Usu Tupuola Mateola 'iā Tuitogama'atoe, le alo o Fiamē i Lotofaga,
     fg 'o Fatialofa Tipita'ai.

Toe usu Silupevaelei 'iā Seutātia i Lufilufi, fg 'o Tipitā'ai ma Nouē.

Usu Tipitā'ai 'i le alo o Sagale i Sā'anapu, fg 'o Sagale Tūsolo.

Usu Sagale Tūsolo 'iā Ali'itasi i Lefaga, fg 'o Sagale Mānaia.

Usu Sagale Mānaia 'i le afafine o Maiava, fg 'o Sagale Fuapopo.

Usu Sagale Fuapopo 'i le teine Matātufu, fg 'o Sagale Tato'i.

3. Tasi fo'i lea Fuaifale o le 'Āiga sā Le Valasī

'O teine nei 'o Va'aloa ma Va'asā, 'o tama'ita'i o le 'Āiga sā Le Vālasī i Lotofaga.

Na usu Fiamē o Lotofaga 'iā Masu, le afafine o Sitagata i Lotofaga lava, fg 'o Lea'ena ma teine 'o Va'asā ma Va'aloa.

Na usu mai Luafalemana, le alo o Tupua Fuiāvailili 'iā Va'aloa, fg 'o Fiamē Sāmugāpua'a ma le teine 'o Vaemanu.

Na usu Leasiolagi o Salani 'iā Vaemanu, fg 'o Tāfaogālupe.

Na usu mai Fune o 'Ulutogia 'iā Tāfaogālupe, fg 'o Faulalogata ma le teine 'o Tautuamamao.

Na usu mai Faulalogata 'iā Tuālau'ie o Salani, fg 'o Fiamē Sipaia.

Toe usu Faulalogata 'iā Tua, le alo o Mauga i Pago Pago i Tutuila, fg 'o Tinifi.

Na usu Fiamē Sipaia 'i le alo o Pālelei i Vailoa i Tutuila, fg 'o Tulī.

'O Tautuamamao, le tuafafine o Faulalogata, na usu 'i ai Lei'ātaua o Manono, fg 'o Mulinu'ū.

Na usu Mulinu'ū 'i le alo o Maiava i Faleāsi'u, fg 'o Salaevalu.

Na usu Faumuinā Misimoa o Lepea 'iā Salaevalu, fg 'o Mulinu'ū Fiamē Faumuinā Matā'afa I.

Na usu Matā'afa Faumuinā Fiamē 'iā Fa'amūsami, le alo o Mālietoa Laupepa, fg 'o Fiamē Faumuinā Matā'afa Mulinuū II, le ulua'i Pālemia o le mālō o Sāmoa mai le 1962 e o'o i le 1975, ma le teine 'o Salaevalu.

Na usu Matā'afa, le Pālemia, 'iā Lā'ulu Fetauimalemau, le alo o Māmea Mātatūmua i Lefaga, fg 'o le teine o Nāomi, le Minisitā o le Kapeneta.

4. 'O le tasi fo'i lenei vāega o le 'Āiga sā Le Vālasī

Na usu Lilomaiava, le tama a le aitu ma le tagata, 'iā Seutātia, le alo o Fonotī le tupu, fg 'o Nofoatolu.

Ona usu lea 'o Nofoatolu 'iā Vaiana, le alo o Tofa i Sāipipi, fg 'o Nofoatolu Unutoa Feti'i.

Usu loa Nofoatolu Unutoa Feti'i 'iā Va'asā, le alo o Fiamē i Lotofaga, fg 'o Ti'auluva'a ma Lagouta ('olo'o i Palauli).

'Ae usu Luafalemana o Falefā 'iā Va'aloa, fg 'o Fiamē Sāmugāpua'a ma Manu ('olo'o i Tutuila).

5. 'O le isi fo'i vāega lenei o le 'Āiga sā Le Vālasī
    Na usu Leitūitua o Sāfune 'iā Seutātia, le alo o Fonotī le tupu, fg 'o Papālagimativa.
    Usu Papālagimativa i le alo o 'Afoa i Taga, fg 'o Faumuinā Misimoa.
    Usu Faumuinā Misimoa 'iā Sala, le alo o Sāgapolutele, fg 'o Faumuinā.

II.   'Āiga sā Tuālā ma ona Fuaifale
    'O le 'Āiga sā Tuālā e ta'u 'o le 'āiga fa'alagilagi o le atunu'u. E tafili sāunoa i le vā o
'āigātupu; ma na 'āmata mai lava i usuga a Tuiā'ana Tamaalelagi. E sefulu usuga a lenei tamālii,
'o le ala lea o le to'atele o alaalafaga e fa'alagi 'o le 'Āiga sā Tuālā. E lē mafai ona maua 'uma i
nei tusitusiga le mamalu o tamālii e tatau ona aofia o lātou 'āiga i lalo o le fa'amalu lautele o le
'Āiga sā Tuālā, 'ae tau 'o ni nai feso'ota'iga itiiti e fa'ailo ai fāiā fa'atūmua o ni isi o tamālii.
    'Ua 'uma ona tūsia usuga a Tamaalelagi i fāiā fa'atūmua i le Iunite III, 'ae lelei ona
fa'amanatu fāiā tau 'āiga o lona alo matua o Tuala Tamaalelagi.

1. Tuala Tamaalelagi
    Usu Tuiā'ana Tamaalelagi 'iā Namo'aitele, le alo o Folasāaitu i Faleata, fg 'o Tuala
    Tamaalelagi.
    Usu Tuala 'iā Sautiaaleū, le afafine o Mālietoa Uituālagi, fg 'o Peo ma Matagitau.
    Usu Peo 'iā Momonogoto, le afafine o Filiva'alātetele i Nofoāli'i, fg 'o Malufaito'aga,
    Tauālelei ma Tauimaile.
    Usu Malufaito'aga 'iā 'Avegātoloa, le afafine o Sāmaila i Falease'elā, fg 'o Fenunuti.
    'O Fenunuti lā lea 'olo'o ta'ua 'o le matua o le 'Āiga sā Tuālā.
    Usu Fenunuti 'iā Uituāfanua, le afafine o Tailua i Salani i Faleālili, fg 'o Lealatūomanu'a
    ma le teine 'o Sināmulivanuiaua.
    Toe usu Fenunuti 'iā Tinovao, le afafine o Luatuānu'u i Tufulele, fg 'o Tautaiolefue ma
    Mauailegalu.
    Toe usu Fenunuti 'iā Itiitiotagia, le afafine o 'Ausālilo i Falease'elā, fg 'o Leatuāvao.

    Na usu ane So'iso'i o Fāsito'outa 'iā Mauailegalu, fg 'o Le'aupepe ma le teine o
    Setupuaseve.
    Usu Le'aupepe 'iā Manofo, le afafine o Tau'auve'a i Fāsito'outa, fg 'o 'Ai'onolevave.
    Toe usu 'i le afafine o Si'u i Faleāsi'u, fg 'o Le'aupepetele.
    Usu 'Ai'onolevave 'iā Iliganoa, le afafine o 'Amituana'i i Lalomanu, fg 'o Tuala ma
    Tuaifaiva.
    Toe usu 'iā Togitoto, le afafine o Alipia i Leulumoega, fg 'o Si'umatai'a.
    Toe usu 'iā Filitua, le afafine o Agatai i Leulumoega, fg 'o 'Ai'ono Fīna'i.

    Usu Tuaifaiva 'iā Fa'amuamua, le afafine o Feaunati i Fāsito'outa, fg 'o Tautalamaaitu.
    Usu Tautalamaaitu 'iā A'aoge, le afafine o Pula i Sāle'imoa, fg 'o 'Ai'ono Fili'afa.
    Usu 'Ai'ono Fili'afa 'iā Sāmalā'ulu, le afafine o Fuāmatu i Fagali'i, fg 'o Luluali'i, 'o
    Matuaifaiva, 'o Tuala, 'o Mataumu ma le teine o Sani'ie.

    Usu Le'aupepetele 'iā Tuaolupetū, le afafine o Matiu i Utuali'i, fg 'o Moefa'anoa.
    Usu Moefa'anoa 'iā Gese i Lauli'i, fg 'o le teine o Naisani.
    Usu Ta'au Samoa i Falelātai 'iā Naisani, fg 'o le Tamaaleve'a.
    Usu Tamaaleve'a 'iā Fuatino, le afafine o 'Ai'ono i Fāsito'o, fg 'o Samoa Tagaloa.

115

Toe usu 'iā Tā'eleumeke, le afafine o Fāu'olo i Sāfotulāfai, fg 'o Taeotu'u, 'o Soēiamaua ma le teine o Sesilia.

Usu Samoa Tagaloa 'iā Leativāosālafai, le afafine o Tagaloa Lealaimanu'a i Tufu, fg 'o teine o Tua ma Malia.

Usu ane Faumuinā 'iā Tua, fg 'o Si'upolu.

Toe usu Moefa'anoa 'iā Suinā, le afafine o Ma'ilo i Faleāsi'u, fg 'o teine 'o Tū, 'o Fuatino ma le tama 'o Pō'ese.

Usu Pō'ese 'iā Fafagailetua, le afafine o Tu'isila i Aleipata, fg 'o Fa'amātāne.

Usu Fa'amātāne 'iā Sāpioāmoa, le afafine o Tīgā i Āmoa, fg 'o To'omata, Tautai, ma Si'u.

Usu To'omata Tautai i le afafine o Tagaloa, le uso o Tofaeono, fg 'o Fa'autu.

Toe usu Pō'ese 'iā Sāmalā'ulu, le afafine o Tuālau i Palauli, fg 'o Fa'a'ai, 'o Sāiā'ana ma Malala.

Usu Fa'a'ai 'iā Tuiolomanu, le afafine o Mānupuava i Faleālupo, fg 'o Taeipo ma Leutu.

2. Alo o Sina – So'otaga ma le 'Āiga sā Tuālā

Na usu Tuiā'ana Sagate 'iā Sina, le alo o Fa'aolosā i Apia, fg 'o tama nei ma o lātou fa'alupega po 'o o lātou igoa vala'au fo'i i aso anamua:

*   Lemalu sā igoa 'iā Le'aufueloloa
*   Lemāmea sā igoa 'iā Lā'autūvanu
*   To'omalātai sā igoa 'iā Le'efu
*   Seumanutafa sā igoa 'iā Leuli

'O 'ilātou nei na vavae 'ese mai le nu'u o Apia 'ona 'o le lē malilie i mea tau 'ele'ele, ona nonofo lea i gā'uta o Lepea; peita'i 'ua toe si'i le nōfoaga o Lemalu ma Lemāmea 'i le tuā'oi o Lefaga ma Tuamāsaga i saute. 'O le pogai lea o lo lā fa'alupega: "'O Lemalu ma Lemāmea ma lo lā fale na tō'ese."

Na toe usu Fa'aolosā 'iā Sanomanū le alo o le Tuimanu'a, fg 'o Leuli Seumanutafa ma Le'efu To'omalātai.

Usu Le'efu Toomalātai i le afafine o Fua'ava i Vailoa i Aleipata, fg 'o Tuālemoso.

Toe usu Le'efu Toomalātai i le fafine Fāsito'o, fg 'o Niutōvaleivanu.

Usu Niutōvaleivanu 'iā Tili le afafine o Seve i Faleālupo, fg 'o Seumanutafa.

Usu Seumanutafa 'iā Fitimaleifi le afafine o Tuālevao i Sala'ilua, fg 'o Lealaitafea.

3. Tasi fo'i lea vāega o le 'Āiga sā Tuālā

Usu Tautaiolefue 'iā Tolotūvao, le afafine o Lāuofo i Luatuānu'u, fg 'o Tuala, Vui, Vaiouga, Matafeo ma le teine 'o Tā'eleasaasa.

Usu mai loa Fonotī le tupu 'iā Tā'eleasaasa, fg 'o Falenāoti.

Usu mai Pesetā 'iā Falenāoti, fg 'o Pesetā.

Usu Pesetā 'iā Tinousi, le teine Faleāsi'u, fg 'o Tīgā.

Na usu Fonotī le tupu 'iā Fuatino, le alo o To'alepaiali'i i Sātapuala, fg 'o Muāgututi'a.

Usu Muāgututi'a 'iā Tauamaatu, le alo o Fa'autagia i Sāoluafata, fg 'o Fepulea'i ma Lagi.

Toe usu Muāgututi'a 'iā Fenunuivao, le alo o Leutele i Falefā, fg 'o Tupua Fuiāvailili.

4. Māvaega a Muāgututi'a i ona 'Āiga

   Na o'o ina vāivai le gāsegase o le tupu 'o Muāgututi'a, ona fai lea 'o lana māvaega fa'apea 'iā Lufilufi ma Leulumoega: "'O si o'u atali'i 'o Tupua Fuiāvailili 'ole'ā 'outou feagai, 'a 'o si o'u atali'i o Fepulea'i, 'ole'ā tautua. 'O 'outou sā Tuālā ma sā Le Vālasī, 'ia 'outou fa'afofoga mai i a'u 'upu: "'O 'oe sā Le Vālasī 'ole'ā tausi e Lufilufi, 'a 'o 'oe sā Tuālā 'ole'ā tausi e Leulumoega. 'O 'oulua fa'alupega e fa'apea:
   - 'O sā Le Vālasī, 'o le 'āiga pa'ia, 'a 'o sā Tuālā, 'o le 'āiga fa'alagilagi.
   - 'O le igoa o lau lua tōga 'o le Pulumaleleuleu.
   - 'O 'Ai'ono, 'ole'ā fa'a'ele'elea 'auā tūna o le tautuaga o si o'u atali'i, 'a 'o Taimālieutu 'ole'ā nofo i Lupese'ē e fofoga ai sā Tuālā 'auā 'upu o si o'u atali'i o Fuiāvailili."

   Ona fai loa lea 'o le sā'iliga o ni 'āiga o Tupua Fuiāvailili po 'o fea, 'a 'o ā ni mea e maua ai. E lua lā 'auala na sā'ili ai 'āiga o Fuiāvailili:
   Saesaegālaufa'i a Tūmua ma Pule.
   'O le Fetuatuana'iga o malae o Ātua.

5. Fetuatuana'iga o Malae o Ātua

   E tua Mulinu'ū i Falenu'utupu, tālā le lafo o Manuō.
   E tua Falenu'utupu i Vainu'ū, tālā le lafo o Molio'o.
   E tua Vainu'ū i Vai'ili'ili, tālā le lafo o Moe'ono.
   E tua Va'ili'ili 'iā Fogāvaiuta, tālā le lafo o Iuli.
   E tua Va'ili'ili ma Fogāvaiuta 'iā Salani ma Alofīsula, tālā le lafo o Ofo'ia.
   Tua Salani i Falefasa, tālā le lafo o Taloolema'agao.
   Tua Falefasa i Faletoi, tālā le lafo o Fa'autagia.

   Ona fa'apea loa lea 'o tūmua, "Sē, 'o le tama a 'āiga le tama nei. 'O lea 'ua lava o tātou tōga." 'Ua loto mālilie 'uma lā Lufilufi ma Leulumoega e nofo i le nofoa'iga a tupu Tupua Fuiāvailili. 'Ua ta'u ai loa fo'i le tōga a le 'Āiga sā Fenunuivaō, 'o le tōga o le fa'asoasoaga a Tūmua.

   'O le isi lā lea ala o le so'otaga vāvālalata a le 'Āiga sā Tuālā ma le 'Āiga sā Fenunuivaō. Su'e le faiga o le saesaegālaufa'i a Tūmua ma Pule, ma le Fetuatuana'iga o Malae, 'olo'o tūsia o lā fa'amatalaga i le tusi, 'O si manu a ali'i (2002).

III.   'Āiga sā Fenunuivaō ma ona Fuaifale
   'O le 'āiga lenei 'ua fa'aigoa i le suafa o le masiofo a le Tuiā'ana Tuiātua Muāgututi'a 'o Fenunuivao. 'O Fenunuivao 'o le alo o Leutele i Falefā. 'O le 'āiga lenei 'ua ta'uta'ua lava 'ona 'o Tupua Fuiāvailili lea na saesae laufa'i ai le atunu'u. 'O isi lā nei fuaifale e fā o le 'Āiga sā Fenunuivaō 'ua mafai ona tusia.
   Usu Fonotī le tupu 'iā Fuatino, le afafine o To'alepai i Sātapuala, fg 'o Muāgututi'a.
   Usu Muāgututi'a 'iā Fenunuivao, le alo o Leutele o Falefā, fg 'o Tupua Fuiāvailili.
   Usu Tupua Fuiāvailili 'iā Punipuao, le alo o Alaisā, fg 'o Luafalemana.
   Usu Luafalemana 'iā Gese, le afafine o Leniu i Lauli'i, fg 'o Sālaina'aloa.
   Usu Tuimavave 'iā Sālaina'aloa, fg 'o Fa'asuamale'aui.
   Usu Fa'asuamale'aui 'iā Leativāosalāfai i Palauli, fg 'o Filisounu'u.
   Usu Filisounu'u 'iā Faumalevai, le afafine o Fuāmatu i Fagali'i, fg 'o Matā'afa Iosefo, Tupuola Pio, ma le teine 'o Sāimu'a.

1. 'O le isi lea Fuaifale o le 'Āiga sā Fenunuivaō

Na usu mai Solia o Faleālupo 'iā Sāuimalae, le alo o Tau'ili'ili i Aleipata, fg 'o Si'usi'u.

Toe usu Tuiā'ana Sualauvī 'iā Sāuimalae, fg 'o Pa'upusi ma Le'iatosā.

Usu Salanoa 'iā Pa'upusi, fg 'o Matā'afa Muliufi.

Usu Matā'afa Muliufi i le afafine o le Tuiuea, fg 'o Salanoa Ioane.

'Ae usu Le'iatosā 'i le teine Lotofaga, fg 'o Pūlou.

Usu Pūlou i Tutuila, fg 'o 'Ili.

2. 'O le isi fo'i lea Vāega o le 'Āiga sā Fenunuivaō

'Olo'o iai le 'ese'esega o manatu fa'apea o Tauatāmaniulaita, 'o le alo o Tonumaipe'a i Sātupa'itea, 'a 'o isi fai mai, 'o le alo o Lāulusā i Gātaivai.

'Ae na usu Tauatāmaniulaita 'iā Fofoaivao'ese, le alo o Salamāsina, fg 'o Taufau, 'o Sināletulutulu, ma le tama 'o 'Asomuaalemalama.

'O 'Asomuaalemalama lea na usu 'i le alo o Faumuinā i Lepea, fg 'o Atanoa ma le teine 'o Talaepā.

Usu mai loa Valomua o Sātupa'itea 'iā Talaepā o Si'umu, fg 'o Sāofa'ialo. Usu Sefuiva o Salani 'iā Sāofa'ialo, fg 'o Fuimaono.

Usu Fuimaono 'iā Oilau, le alo o Fānene i Faleālili, fg 'o Fuiāvailili.

'Ona si'i tama loa lea 'o Muāgututi'a ma Fenunuivao 'iā Fuiāvailili, lea e māfua ai le 'Āiga sā Fenunuivaō.

3. Tasi fo'i lea Vāega o le 'Āiga sā Fenunuivaō

'O Muāgututi'a, 'o le alo o Fonotī le tupu, na usu 'i le afafine o Fa'autagia i Sāoluafata, fg 'o Fepulea'i ma Lagi.

Toe usu 'iā 'Aigagaalefili, le alo o Lilomaiava i Palauli, fg 'o Māta'utia, 'o Fualau, ma le teine 'o Taloapātina.

Toe usu 'iā Fenunuivao, le alo o Leutele i Falefā, fg 'o Fuiāvailili. 'Ona 'o Muāgututi'a lā 'o le tama a le 'Āiga sā Tuālā 'a 'o Fenunuivao 'o le tama'ita'i o le 'Āiga sā Fenunuivaō, e māfua ai ona fāiā le 'Āiga sā Tuālā ma le 'Āiga sā Fenunuivaō. 'Ā o'o lā ina fa'ae'e pāpā o le suafa Tupua, ona fīnau loa lea 'o Lufilufi le nu'u tūmua o Ātua, ma le 'āiga sā Tuālā po 'o ai a fa'ae'ea pāpā, ma na i'u ai lava ina su'e le pule.

4. 'Āiga sā Tunumafonō ma ona Fuaifale

'O le 'āiga lenei sā ta'ua 'o le 'āiga mālosi 'ona 'o lo lātou mālolosi i le faiga o taua; ma lo lātou fe'ausi lava i Tutuila e toe fa'afo'i mai lo lātou ali'i o Tole'afoa sā fa'aaunu'ua ai, lea na tū ai Alapapa ma sā'afī fa'apea:

Le matāgi e 'aua ne'i agi
Peāu e o le sami 'aua ne'i fati
I'a fe'āi e, 'aua ne'i fa'asagaoge
'Ae se'i sao atu Tole'afoa

5. 'O ai lā na 'āmataina lenei 'Āiga ?
   'O le Talatu'u
   Na usu Leali'ifano i Palauli 'iā Fililēsalue le alo o le Tuiātua, fg 'o Popo'ai ma Taufaitoa.
'O teine nei sā nonofo 'uma i le Tuitoga.   Na fanaua e Taufaitoa Togialelei ma Puipuifatu, 'ae
fanaua e Popo'ai Tuiavi'i.
   Na tōfia Togialelei e 'avea ma Tuitoga; ona lē mālilie ai lea o ona uso, ma ō ai loa 'i Fiti,
ōmai ma le aitutau o Fiti e igoa ia Tulelefanaao fasioti Togialelei. Ona sōsola lea 'o Puipuifatu
ma Tuiavi'i 'i 'Upolu nonofo ai. 'O tama lā nei na usu gafa ma maua ai le 'Āiga sā Tunumafonō.

IV.   *Na fa'apēfea ona maua le igoa o le 'Āiga sā Tunumafonō?*
   Na usu Puipuifatu 'iā Timu'iapaepaetele, fg 'o Seiuliali'i.
   Usu Seiuli 'iā Vaeūelematu'u, le alo o Tuigaleava i Sā'anapu, fg 'o Tunumafono ma
Fe'eonu'u. 'O Tunumafono lā lea na 'āmata mai ai le 'āiga 'ona 'o le tele o ana usuga, ma
'ua fa'aigoa ai le 'āiga i le suafa Tunumafono.

   E lua vaega 'ua mafai 'ona tūsia.
   Usu Tunumafono 'iā Sālulaufala, le afafine o Leu i Sātaoa, fg 'o Taoa.
   Toe usu Tunumafono 'i le alo o Lutu i Maugaali'i, fg 'o Maugagaoā.
   Toe usu 'i le alo o Mageo i Tutuila, fg 'o Afemata.
   Toe usu 'iā Pulaalemoli i Afolau, fg 'o Pule.
   Usu loa Pule 'iā Logonoa o Nu'usuatia, fg 'o Leituala.
   Usu Leituala 'iā Migamoemoe, fg 'o 'Amalele. Na tōfia Taoa ma Afemata e nonofo i
Si'ulepa 'ae 'ā iai se fa'alavelave ona tālo lea 'o le i'ulauniu i alo o Tunumafono.

1. Tasi lea Fuaifale o le 'Āiga sā Tunumafonō
   Na usu Va'afusu'aga 'iā Fe'eonu'u, le tuafafine o Tunumafono, fg 'o Tole'afoa.
   Usu Tole'afoa 'iā Tāleta o Si'umu, fg 'o Laumatiāmanu. 'O Laumatiāmanu lea 'ua 'avea
ma fa'auluuluga o le 'Āiga sā Tunumafonō.
   Usu Laumatiāmanu 'iā Tūtūmanu, le afafine o Fasavalu i Falelātai, fg 'o Taufau ma
Tūvaotai.
   Usu Lilomaiava 'iā Taufau, fg 'o Tuita'alili ma Lanuola.

2. Tasi lea vaega o le 'Āiga sā Tunumafonō
   Na toe usu ane 'i ai 'Ale 'iā Tāleta, fg 'o Fautua.
   Usu 'Ama o Lotofagā 'iā Fautua, fg 'o 'Ama Fiamē ma Ologaaletuitoga.
   Usu 'Ama Fiamē 'iā Lupepe o Tufulele, fg 'o 'Amalele.
   Usu 'Amalele 'iā Luafaletele i Falefā, fg 'o le isi 'Amalele.
   Usu 'Amalele 'i le afafine o Māneafaigā i Tutuila e igoa ia Soli'ai, fg 'o Ama Pesetā.
   Usu 'Ama Pesetā 'iā Leutogi'avea o Fālefā, fg 'o 'Autulī.
   Usu 'Autulī 'iā Talaleomalie, le alo o Māta'utia i Fagaloa, fg 'o Taetipatipa.
   Toe usu 'Autulī 'iā Si'ita'itoga, fg 'o Naitosala.

V.   *'Āiga sā Lilomaiavā ma ona Fuaifale*
   'Ua silafia 'uma e le atunu'u le tala i le māfua'aga o le suafa Lilomaiava. 'O le tasi lenei
'āiga tamāli'i o Sāmoa e lē tatau ona fa'agalo ona tamāli'i ma a lātou usuga; 'ua tele ai fo'i fāiā

fa'atūmua ma fa'apule e maua mai ai 'auā 'ua tupu tele lenei fo'i 'āiga o Lilomaiava. 'O le isi lea Ao o Savai'i.

Na usu le Tuitoga 'iā Popoai, fg 'o Togialelei ma Tuiavi'i.

Usu Tuiavi'i 'iā Siaposuisui i Sātapuala, fg 'o Tuifa'asisina.

Usu Tuifa'asisina 'iā Ta'atiaifaleolo, le alo o Taito i Sātapuala, fg 'o Tiumalumatua.

Usu Tiumalumatua 'iā Māseigaale'a'ava, le afafine o Ugapō i Faleālupo, fg 'o Tiumaluali'i.

Usu Tiumaluali'i 'iā Fuataifa'aulu, fg 'o Lilomaiava Lēo'o (na i le ava i Utumalama).

Usu Lilomaiava Lēo'o 'iā Sāmalā'ulu, e pā, ona ta'aifala ai loa lea 'o le tama o Aiolupotea ma maua ai le Lilomaiava sā fa'aigoa 'o le Tamaaleaitumaletagata.

Usu loa le Tamaaleaitumaletagata 'iā Poto, le teine Iva, fg 'o Leleisi'uao, 'o Fano, ma Lealaileasiosio.

Usu Leleisi'uao 'iā Niavā, le alo o Pātū i Vaiala, fg 'o Teletaemā.

Usu atu Galumalemana 'iā Teletaemā, fg 'o Tuālaulelei, Paepaega, ma Taloapātina.

Toe usu Lilomaiava 'iā Taufau i Falelātai, fg 'o Asi Tuiā'ana, o Tuita'alili, ma le teine o Letelemalanuola.

1. 'O le ā le māfua'aga o le suafa Lilomaiava?

'O le <u>Talatu'u</u>

Na alu Tiumalumatua e galue i le isi aso 'ae mānava ifo 'o ta'atia le atu (i'a) i le fale; ona fesili lea 'i lona 'āiga po 'o fea e 'aumai ai le i'a; 'ae tali atu lona 'āiga fa'apea: "'O le i'a na sau ma le toea'ina lale 'ua lilo mai i le ava." Ona fa'apea loa lea 'o le ali'i 'o Tiumalumatua, "'Ua lelei lā 'ua maua ai le igoa o si o'u atali'i 'o Tiumalumalilomaiava."

Usu loa Tiumalumalilomaiava 'iā Tusānilefaia'ao, le afafine o Manu'alesā i Sāfata, fg 'o Toeolesulusulu, 'ae usu Lilomaiava Nailevaiiliili 'iā Fa'atūtū, le afafine o Mata'afā i Palauli, fg 'o Sālū.

Na toe usu Lilomaiava 'iā Lamagātoloa, le teine Āsau, fg 'o Leilua, 'o Fāliuga, 'o Tauavāmea, ma le teine o Lomialagi.

Toe usu 'iā Talaepā, le teine Si'umu, fg 'o Tilafono, 'o Fa'avaoga, ma le teine o Ūfagapiu.

Toe usu 'iā Tumupu'e i Sāmata, fg 'o Seve ma Tilimafana.

Toe usu 'iā Leofao i Sātupa'itea, fg 'o Aiolupotea Nonumea, ma le teine 'o 'Āigagalefili.

Toe usu 'iā Sināgauta'ala, le afafine o Tuitele i Leone, fg 'o Momoi ma I'aulualo.

Toe usu 'iā Sāmalā'ulu, le afafine o Faumuinā, fg 'o Tamaaleaitumaletagata.

Usu loa le Tamaaleaitumaletagata 'iā Taufau, le afafine o Laumatiāmanu i Si'umu, fg 'o Tuimaleali'ifano Tuita'alili ma le teine o Telemalanuola.

Toe usu 'iā Poto, le afafine o 'Amituana'i i Solosolo, fg 'o Leleisiuao ma le teine 'o Sāmalā'ulu Tāneilemāsina.

Toe usu 'iā Tilomai, le afafine o Tole'afoaiolō, fg 'o Pesetā.

Toe usu 'iā Leilua Susūvaivai, le afafine o Tuimanu'a i Manu'a, fg 'o Leilua Isuvaivai.

2. Tasi lea Vaega o le 'Āiga sā Lilomaiavā

Na usu Tuimaleali'ifano Tuita'alili 'iā Tuitogama'atoe, le afafine o Tau'ili'ili i Āmaile, fg 'o le teine 'o Sāuimalae.

Toe usu 'iā Ulualafā, le afafine o Pula i Sāle'imoa, fg 'o Leavaise'etā.

Na usu Tuiā'ana Galumalemana 'iā Sāuimalae, fg 'o I'amafana, 'Ua'uaapua'a, Putefu'a, ma le teine 'o Telemalanuola.

Usu 'Ua'uaapua'a 'iā Lauluaefā, le afafine o To'alepai i Sātapuala, fg 'o Logoniutetele.

Usu Logoniutetele 'iā Talalea, le afafine o Tofa i Āmoa, fg 'o Sāipa'ia.

Usu Sāipa'ia 'iā Fuatapuivai, le afafine o Tuāfuti Lei'ātaua Letauā, fg 'o Sāipa'ia na maliu i Toga.

Na usu Sāipa'ia na maliu i Toga 'iā Iesilika, le afafine o Mo'omū i Sālelāvalu, fg 'o Sāipa'ia, Tuimaleali'ifano, ma To'alepai.

VI.   'Āiga sā Tonumaipe'ā ma ona Fuaifale

Na fa'apēfea ona maua le suafa o lenei 'āiga?

'Ua tātou mālamalama 'uma i le tala lauiloa i le vāvega na fai e pe'a (*bats/flying foxes*) mo le fa'asaoina o le teine Vaisala i Savai'i 'o Leutogitupa'itea, le alo o Muli'agalapaitagata ma Poulifataaletagaloa. 'Olo'o fa'amanatuina pea lenei tala e failāuga pe 'ā fa'aaogā le alagā'upu lea mai le teine o Leutogitupa'itea, "Fa'afetai 'ua tātou feiloa'i i magāfetauola."

1. Faletama a le 'Āiga sā Tonumaipe'ā

'O ni isi lā nei 'o faletama mai usuga a tamāli'i na 'āmata mai ai lenei 'āiga, mai tala o le vavau.

Na usu Seali'imatāfaga 'iā Savelefatafata, le alo o Lefa'asāu ma Leuunu, fg 'o Sāgataetuna.

Usu Tuiāsau o Vaisala 'iā Sāgataetuna, fg 'o Poulifataaletagaloa.

Usu Muli'analapaitagata 'iā Poulifataaletagaloa, fg 'o Lāfaitāulupo'o ma le teine 'o Leutogitupa'itea.

Usuia Leutogitupa'itea e le Tuiuea, fg 'o le tama o Fa'asega.

'O le ulua'i Tonumaipe'a 'o Sāuo'āiga, le alo o Lāfainatau ma Mo'oui o Palauli.

Usu loa Tonumaipe'a Sāuo'āiga 'iā Le'atogaugaaletuitoga po 'o 'Etegaugaaletuitoga, le alo o Sānaalaala i Sāfata, fg 'o Tau'ili'ili, Tupa'ilevaililigi, ma le teine 'o Le Vālasi So'oa'emalelagi.

Na usu Tau'ili'ili 'iā Leutogitui, le afafine o Tuifa'asisina i Sātapuala, fg 'o Saumaipe'a.

Toe usu 'i le afafine o Tuiā'ana Vaemā, fg 'o So'oa'emalelagi.

Toe usu 'iā Moelēoi, le alo o Tuisāmoa i Faleālili, fg 'o Ali'imalemanu ma Tu'uauatō.

'O lona lua o Tonumaipe'a 'o Saumaipe'a.

Na usu Saumaipe'a 'iā Tuaetali, le alo o Lā'ulunofovaleane i Gātaivai, fg 'o Tapumānaia.

Usu loa Tapumānaia 'iā Salamāsina, fg 'o Fofoaivao'ese ma Tapusātele.

Usu ane Tauatāmaniulaita o Sātupa'itea 'iā Fofoaivao'ese, fg 'o Sina, Taufau, ma le tama 'o 'Asomuaalemalama.

E lē 'uma ona tala usuga a tamāli'i māualuluga o lenei 'Āiga o sā Tonumaipe'ā, 'ae 'ua tātou silafia ai le māfua'aga o le suafa o le 'āiga. 'O le meaalofa a Leutogitupa'itea i lona tuagane o Lāfaitāulupo'o, 'o le suafa Tonumaipe'a. 'O le suafa lava na maua i se ala fa'avāvega: "'O le tonu na fai e pe'a." (*Bats' Plan*)

'O Lāfaitāulupo'o, le tuagane o Leutogitupa'itea, na usu 'iā Momoeitanumaga i Va'oto, fg 'o Lāfaiali'i. 'O le ali'i lenei 'o Lāfaiali'i na alu 'i le fono i Malaetele ina 'ua potopoto Salāfai. Sā usu le fono e le'i o'o atu Lāfaiali'i, 'ae o'o lava ina 'uma le fono 'ole'ā muāala Salāfai ma susū le Tagaloa, e le'i o'o atu lava Lāfai. E usu atu Lāfai 'i le fono 'ae ta'a atu lana lupe i Papaofo; 'ae pa'ō mai ona 'apa'au i luga o le malae. Ona tagiauē loa lea o lona tuafafine sā i le fono ma fa'apea, "Auē, tuagānē, tālofa 'ua e lē māu fono." 'Ona tū a'e lea 'o Puluseu ma fai atu, "'Ole'ā tuāfono i Malaefatu, 'auā Lāfai 'ua lē māufono." E 'uma ane le fono lea, 'ua maua ona i'u e fa'apea, "'Ole'ā ali'i o le nu'u Le Tagaloa, 'ae 'afualātaua Lāfai."

2. 'O le Talatu'u

'O le Māfua'aga o le suafa Tonumaipe'a.

Na usu Tuitoga Mānaia 'iā Leutogitupa'itea, le teine Vaisala e pā, ona fuā lea 'o lona loto 'i le āvā Toga a le tupu e iai lana tama. 'O le isi aso na ō ai le 'autaunonofo a le tupu e fa'amālū 'ae tutui ai e Leutogitupa'itea le tumua'i o le pepe a le fafine Toga i le tuāniu, ona oti ai lea 'o si pepe, 'a 'olo'o tā'ele lona tinā.

Na fai le fa'asalaga o Leutogi e le mālō o Toga. E fa'ati'eti'e i le maga o le fetau 'ae tafu i ai le afī 'ina 'ia mū ai, peita'i e le'i āfāina ai Leutogi 'ona 'ua fai le tonu e pe'a, lātou te tapēina le afi ia lātou fe'auvai, tulou! 'O le ala lea na maua ai le suafa Tonumaipe'a. E ō atu tagata Toga e asi Leutogi po 'o 'ua oti, 'ae fai mai 'i ai Leutogi, "Fa'afetai 'ua tātou toe feiloa'i i magāfetauola."

Sa toe 'ave Leutogi i le motu tu'ufua e fa'aaunu'ua ai. E lē maua ai se mea'ai ma ni vai inu. Na ō atu fo'i pe'a e la'u atu 'iā Leutogi fuālā'au 'aina e pei 'o 'ulu, fa'i, vī, ma ifi e fai ai lana umu, 'ae taufi i 'ili'ili o le sami; ona maua ai fo'i lea 'o le suafa Tau'ili'ili. E fai lava le umu a Leutogi, 'ae tilotilo mai lava i ai Losi, le aitu o le motu. Lea 'ua maua ai le igoa o le sa'o tamaita'i a le Tonumaipe'a o "Tilomai". Na feiloa'i ai i'inā le Tuiuea ma Leutogi.

Na usu le Tuiuea 'iā Leutogitupa'itea, fg 'o le tama 'o Fa'asega. Ona fai lea 'o Leutogi 'i lana tama ina 'ua matua, "Sole, sau 'inā alu 'i Sāmoa ma 'ave igoa ia i lo'u tuagane o Lāfaitāulupo'o. 'O le Tonumaipe'a, Tau'ili'ili, ma Tilomai e fa'amanatu ai mea na tutupu i lo'u ōlaga. 'Ia 'outou ō ma tautai ia e to'alua e tautaia lou va'a. 'O igoa o tautai 'o Tui ma Fanoga. Ona sau lea 'o Fa'asega i Sāmoa ma usugafa ai, 'ae le'i toe fo'i i lona tinā i Uea.

Na usu Fa'asega 'iā Selogonatui, le alo o Folasālē'i'ite o Falelima,
fg 'o Finetele.

Ona usu ane lea 'o Amuimuia o Sāle'aula 'iā Finetele, fg 'o le tama 'o Tologauvale ma le teine o Uluifuga.

Na usu Tagaloasā 'iā Uluifuga, fg 'o Fotulātele.

Na tutuli e mātua o Uluifuga tagata e to'alua o Vae'au ma Vaea'i e ō i le ali'i o Tagaloasā ma lona faletua o Uluifuga e 'ave ifo sina vai se'i tā'e'ele ai, ma 'ave ifo le fale o fa'atufugaga o pule, ma le fale o fa'atufugaga o mālō. E ō atu le sāvali lenei e lē'o iai Tagaloasā i le fale, 'olo'o galue, 'ae na'o Uluifuga 'o iai. Ona fai atu lea 'o Uluifuga 'i tagata na ō atu, " 'Aua lava ne'i 'oulua tali i se 'upu pe 'ā fesili atu le ali'i, po 'o le ā le ala o la 'oulua sāvali; 'ae faitalia a'u ona tali 'i ai." Na o'o ifo le Tagaloasā 'ua iai tama i le fale, ona fesili loa lea 'i ai, "'O fea ali'i lua te ōmai ai?" Na tali 'i ai Uluifuga fa'apea, "'O tama nei na 'auina mai e le toea'ina ma le lo'omatua e 'ave atu sina pulapula lātou te fa'ato'a ai." Ona fai atu lea 'o Tagaloa, "'Ua lelei, ōmai 'inā ō, 'ae se'i 'ave atu i se aso nā mea." Ona 'ave ifo ai lea 'o le vai 'olo'o i Sāle'aula e ta'ua 'o le Vaitu'utu'u; ma 'o le igoa Vaitu'utu'u 'ua fa'aigoa ai nei le malaefono o le afio'aga o Sāle'aula.

VII. 'Āiga sā Moelēoī

Tasi lenei 'āiga e tele ona tamāli'i māualuluga i Savai'i; 'ae na 'āmata lava lenei 'āiga i usuga a Tuisāmoa o Faleālili 'iā Taetelelēmā, le alo o Fiamē o Sāmatau. Tasi le mea se'i toe tepa tasi i tua i tua'ā na tupu mai ai Taetelelēmā e pei ona tūsia i tala o le vavau.

Na usu Ma'ata'anoa 'iā 'Imoa, le afafine o Vele i Faleata, fg 'o Na'a.

Usu Na'a 'iā A'au o Sātupa'itea, fg 'o 'Ausi.

Usu 'Ausi 'iā Upega o Palauli, fg 'o le teine o Vaefatapō.

Usu Lafuniulevave o Sātupa'itea 'iā Vaefatapō, fg 'o Fe'etetele.

Usu Ali'imalemanu o Palauli 'iā Fe'etetele, fg 'o Mātofitele.

Usu Letele o Sāgafili 'iā Mātofitele, fg 'o Leunatele.

Usu Luātua o Sāle'imoa 'iā Leunatele, fg 'o 'Iligatele ma Namo'aitele.

Usu Fiamē o Sāmatau 'iā Namo'aitele, fg 'o Taetelelēmā, Taeteleligivale, Taetelelāgotasi.

Usu loa Tuisāmoa o Faleālili 'iā Taetelelēmā, fg 'o le teine 'o Moelēoi. 'O Moelēoi lā lea na fa'aigoa ai lenei 'āiga .

Na usu Tau'ili'ili o Sātupa'itea 'iā Moelēoi, fg 'o Ali'imalemanu ma le teine 'o Tu'uauatō. 'O Ali'imalemanu lea 'ua 'avea ma matua o le 'Āiga sā Moelēoī. Toe usu mai 'i ai Tupa'ilevaililigi, le uso o Tau'ili'ili, 'iā Moelēoi, fg 'o Loli ma Lautafī. Na tōfia Loli e nofo i Vāipu'a 'ae nofo Lautafi i Faletoi.

Na usu Lautafi 'iā To'oā i Sagone, fg 'o Tapua'ī.

Toe usu Lautafi 'iā Malelemaniao i Sātupa'itea, fg 'o 'Asiata.

Usu Pesefeamānaia o Gaga'ē 'iā Tu'uauatō, fg 'o Falesefulu ma le teine 'o Savelefaigā.

Toe usu ane Tematau o Āsau 'iā Tu'uauatō, fg 'o Niusulu ma Tauvao.

Na usu Niusulu 'i le afafine o Tūgaga i Sāfune, fg 'o Tufuga ma Fiso.

'Ae usu Tauvao 'iā Tave, le afafine o Ivai i A'opo, fg 'o Masoetulia.

Usu Masoetulia o Asau 'iā Fa'anā, le afafine o Tu'u i Sāfune/Sāmauga, fg 'o Malienafau.

Usu Maiava o Matāutu i Savai'i 'iā Malienafau, fg 'o Gāluegaapāpā.

Usu Galumalemana 'iā Gāluegaapāpā, fg 'o Nofoasāefā, 'o Ta'isiuli ma le teine 'o Puamemea.

VIII. 'Āiga sā Pesetā

Na fa'apēfea ona maua le suafa o le 'Āiga sā Pesetā?

Na usu Lilomaiava Seve o Palauli 'iā Se'anae, le afafine o Tuifa'asisina i Sātapuala, fg 'o le teine o Sei'auaea.

Usu Tuiā'ana Tamaalelagi 'iā Sei'auaea, fg 'o Pesetā. 'O ia lea na māfua ai lenei 'āiga.

Usu Pesetā 'iā Nati, le afafine o So'oalo i Sāmauga, fg 'o Tu'u ma Malaitai ma le teine 'o Segaalesulu.

Toe usu ane Ulumuamalevatia o Sāfotu 'iā Nati, fg 'o Pesetā Peitaliga.

Usu Pesetā Peitaliga 'iā Potosāmau'u o Sāle'aula, fg 'o Seupule, 'o Vou, ma Pousolo.

Usu Pousolo 'i le afafine o Manumea i Matāutu i Savai'i, fg 'o Suimasala po 'o Suisala.

Usu Suimasala 'iā Leulua'itūmua, le afafine o Tautaiolefue o Sāle'aula, fg 'o Suisala, Leoavave, Matai'a, Tautaiolefue, Maiava ,ma le teine 'o Moli.

IX.   'Āiga sā 'Asomuā ma ona Fuaifale
'Ua silafia 'uma e le atunu'u le tupuga o le suafa 'Asomuaalemalama.
    Na usu Tauatāmaniulaita, le alo o Tonumaipe'a, 'iā Fofoaivao'ese, le alo o Salamāsina, fg 'o Taufau, 'o Sināletulutulu, ma 'Asomuaalemalama. Na tōfia 'Asomua e nofo i Si'umu. E tele fo'i usuga a 'Asomuaalemalama e tau ai i 'āigātupu 'uma o Sāmoa e pei 'o isi ia:
    Na usu 'Asomua 'iā Telesā, le alo o Faumuinā i Lepea, fg 'o Ataatanoa ma le teine o Talaepā.
    Ona usu lea 'o 'Atanoa 'iā Ali'itasi, i Mulivai i Sāfata, fg 'o Leatigagavālevale.
    Usu Leatigaga 'iā Tautua Seali'inōmai, fg 'o Tologauvale.
    Usu mai Su'apa'ia 'iā Tologauvale, fg 'o Tuiloma.

    Usu Moiloava 'iā Tilomai, le afafine o Sā'ilivao, fg 'o Tuāvao.
    Usu Tuiloma Tuāvao 'iā Moeaoina, le afafine o Muāva'a, fg 'o Utupō ma Vālo'ia.
    Usu Moiloava Utupō 'iā Pululautele, le afafine o Timaloa i Matātufu, fg 'o Tafa'ipa'ia ma 'Olotauatia.
    Usu Moiloava Tafa'ipa'ia i le alo o Fasavalu i Falelātai, fg 'o Laulautua.
    Usu Tūileto'a 'iā Laulautua, fg 'o Mulufuaina, Mākerita, ma Matagi.

    Usu Tafa'ipa'ia 'iā Poto, le alo o Fiu i Sālelologa, fg 'o
Su'apa'ia Ututauseega, lea na ō ma Mālietoa Fitisemanu e su'e mālō iā Nāfanua.

1. Tasi lea vāega o le 'Āiga sā 'Asomuā
    Na usu Mālietoa Fuaoleto'elau 'iā Polataia, le alo o Tofaeono, fg 'o Va'alagagatā, 'o Pa'itena, ma Alofainu'u. 'O Va'alagagatā lea 'ua 'avea ma matua o le 'Āiga sā 'Asomuā.
    Na usu Alofainu'u 'i le alo o Tuiātua Fotuitāma'i, fg 'o 'Asomua ma lona tuafafine 'o Tapusalaia. E iai le manatu mai anamua, 'o Tapusalaia lenei na sola 'i Tutuila 'ona 'o le ita i āmio a 'Asomua.

2. Tasi fo'i lea vāega o le 'Āiga sā 'Asomuā
    Na usu Va'alagagatā 'iā Vaeolesau, le alo o Maiava i Leone i Tutuila, fg 'o Pa'itena.
    Usu mai Pa'itena 'i le alo o Tagaloa i le Falefā i Savai'i, fg 'o Alofainu'u ma Fa'amuamua.
    Usu Alofainu'u 'iā Sea'atasi o Sātitoa, fg 'o Tapusalaia.
    Usu atu Atuimoana 'iā Tapusalaia, fg 'o Maupēnei.
    Usu Ugapō o le Si'uāmoa 'iā Maupēnei, fg 'o 'Ausiaamānaia.
    Usu 'Ausiaamānaia 'iā Talatalavā o Sāmatau, fg 'o Sapioāmoa.
    Usu mai loa le Tuitoga 'iā Sapioāmoa, fg 'o Leitūlagi, o Lātūmailagī, ma Tāleta.

    Na manatu Tofaeono, 'ai 'ā motusia la lā feagaiga ma Tapusalaia; ona folau loa lea 'i Toga i le va'a e igoa 'o le Fotulupe e feiloa'i ma Sapioāmoa. Na fai i ai le māvaega a Sapioāmoa iā Tofaeono e fa'apea: "Tofaeono, 'ole'ā 'aveatu si a'u tama o Tāleta 'e te agatonu ai, 'ae 'aveatu le inati o le Tuitoga e fai ma tala i Mulivai."

Usu ane loa Tole'afoa o Sāfata 'iā Tāleta, fg 'o Laumatiāmanu.

Toe usu ane 'i ai 'Ale o Mulivai 'iā Tāleta, fg 'o Fautua.

Usu loa 'Ama o Lotofagā 'iā Fautua, fg 'o 'Ama Fiamē ma Ologaaletuitoga.   Usu atu Talauega o Sātalo 'iā Ologaaletuitoga, fg 'o Salisali.

Usu Tuātagaloa Leali'inatu'uaō 'iā Salisali, fg 'o Lumāfatupaito ma Pulotu.   Usu Lumāfatupaito 'iā Tūmanuāiga, le alo o Sefuia i Salani, fg 'o Tapusalaia.

3. E valu usuga a 'Asomua 'olo'o maua:

    Usu 'Asomua 'iā Leoleoata i Laloata, fg 'o Nonu.

    Usu 'iā 'Eleitino o Moto'otua, fg 'o Tonumailau.

    Usu 'iā Ta'ate'a i Faleata, fg 'o Atanoa ma Talaepā.

    Usu 'iā A'aoge i Nofoāli'i, fg 'o Asuao.

    Usu 'iā Falenaoti i Āmaile, fg 'o Tupuola.

    Usu 'iā Leapaga i Sāga, fg 'o Tālalealoto.

    Usu 'iā Vaemanu i Nu'uuli, fg 'o Fa'a'itenu'u.

    Usu 'iā Fuatoga i Leone, fg 'o Masi'asomua ma 'Iliganoa.

X.   *'Āiga sā Le'iatō ma ona Fuaifale*

'O le 'āiga lenei na 'āmata mai 'iā Togiolatu'itu'iotoga.   'Ona 'o tala lava 'iā Tilafaigā ma Taemā na folau i le 'iato sā o le va'a o Tatua ma Tanō na tafea i le vasa; ona fa'amautū lea i Sā'ilele; 'ae mulimuli ane 'ua fai 'āiga 'i ai Togiola i teine, fg 'o Togiolatu'itu'iotoga.   Na tu'i e Taemā ma Tilafaigā vae o Togiola 'ae fai mai le fānau a Togiola: "e pei 'uma lava 'o ni tu'itu'i a ni teine Toga," ona fa'aigoa loa lea 'o le atali'i o Togiola 'iā Togiolatu'itu'iotoga.

'O le ala o le māfua'aga o le fa'asuafa o Togiola 'iā Le'iato 'ona 'o le 'iato o le va'a sā fai ma tamā o le pi'ilua 'a 'o fe'ausi i le sami.

'O usuga lā nei a Le'iato e aofia ai Tutuila, Manu'a, 'Upolu, ma Savai'i, 'ātoa ma le ala na o'o ifo ai le suafa Le'iato i Faga'itua.

    'O Le'iatosā Togiola na sui lona suafa 'iā Le'iatotuāfanua, 'ae Le'iatoalofi lona atali'i, 'o Le'iatotu'itu'iotoga, 'ua 'ave 'uma 'i ai ona mamalu.

1. 'O usuga lā nei a tamāli'i o sā Le'iatō na tūsia e Dr. Augustine Kramer.

    Na usu Le'iatotu'itu'iotoga 'iā Vī le tama'ita'i Faga'itua, fg 'o Lea'amapula'a.

    Usu Le'iato Lea'amapula'a 'iā Vai, le tama'ita'i Amaua, fg 'o Le'iato Matavao ma le teine 'o Sina.

    Usu Taua'a Alofa 'iā Sina, fg 'o Le'iato.

    Usu Le'iato lea 'iā Fa'avalega, le afafine o 'Ātoafili, fg 'o le isi Le'iato ma le teine o Tūgalaufa'i.

    Usu Māta'utia Su'afa'asisina 'iā Tūgalaufa'i, fg 'o le isi Le'iato.

2. Tasi lea Fuaifale o le 'Āiga o Le'iato

    Na usu Tuiātua (le sāuali'i) 'i le afafine o Maeata'anoa i Faleāpuna i 'Upolu, fg 'o Leali'ilemauga.

    Usu Le'iato Leali'ilemauga 'i le tama'ita'i Faga'itua, fg 'o Mata'ese Mālosi.

    Na alu Le'iato Leali'ilemauga 'i Faleāpuna e asi le 'āiga o lona tinā, ona ō mai ai lea ma Va'aleāmā e fai mōna atali'i.   Na maliu Le'iato Leali'ilemauga 'ae sui ai Le'iato Va'aleāmā.   E le'i leva, 'ae alu Le'iato Va'aleāmā 'i 'Upolu ma lē toe fo'i ai lava 'i Tutuila;

ona ō ane loa lea 'o le Alātaua fa'asuafa Liulagi 'iā Le'iato, 'auā sā tautua 'iā Le'iato Va'alēamā.

Usu Le'iato Liulagi 'i le tama'ita'i Leloaloa, fg 'o Le'iato Tu'ugasala ma le teine 'o Sūfalī.

Usu Faga o Alao 'iā Va'ava'ai, le tuafafine o Le'iato Togiola i Sā'ilele, fg 'o le teine 'o Sisā'ilele ma tama 'o Le'iato, Togiola, ma Lavea.

Usu loa Le'iato Togiola Lavea 'i le tuafafine o Tuiolosega, fg 'o Fa'afua, Lomiga, Meleseke, ma Si'ufaga.

XI.   *'Āiga sā Tagaloā ma ona Fuaifale*

Usu Funefe'ai 'iā Le'ātoafaigā i Vaisa'ulu, fg 'o Tagaloa'ena.

Toe usu 'iā Tauānu'ufaigā, le afafine o Tuli'aupupu i Letogo, fg 'o Utufa'asisili.

Usu Tagaloa'ena 'i le fafine Sili, fg 'o Tagaloaletula.

Usu Tagaloaletula 'i le isi fafine Sili, fg 'o Tagaloasefa'atautele.

Usu Tagaloasefa'atautele 'iā Fagalilo, fg 'o Tagaloafa'aofonu'u.

Usu Tagaloafa'aofonu'u 'iā Letelesā, fg 'o Tagaloasaufanua.

Toe usu Tagaloafa'aofonu'u 'iā Fitimauula, le afafine o Letufuga o Sāfotulāfai, fg 'o Selaginatō.

Usu Tagaloa Selaginatō 'iā Vaetamasoali'i, fg 'o Tuiā'ana Tamaalelagi.

Tasi lea pito o le 'Āiga sā Tagaloā

Usu Tagaloa Tanuvasamānaia 'iā Fatumiti i Mulifanua, fg 'o Taito ma Tūmanuivao.

Toe usu 'i le alo o Mālietoa Taulapapa, fg 'o To'omata ma 'Iliganoa.

Usu To'omata 'iā Tofoipupū o Gātaivai, fg 'o Amituana'i.

Usu Amituana'i 'iā Finaita'ala, le fafine Toga, fg 'o Leotatoga.

XII.   *'O Le 'Āiga sā Talō*

Na maua mai lava 'iā Salamāsina Tafa'ifā le suafa Taloolema'agao. 'Ua 'avea ai le tulāfale tāua 'o Talo ma 'āmataga o lenei 'āiga i Faleālili e pei ona silafia 'i le gafa 'olo'o tusia i lalo.

Na usu Lautala 'iā Falalelei, le afafine o Leifi, fg 'o Lilialelagi.

Usu Lilialelagi 'iā Fanuāmoa, fg 'o Letalutele.

Usu Letalutele 'iā Lefasatele, fg 'o Tautolo ma Sefaitele.

Usu Sefaitele 'iā To'otūmau, fg 'o Tele, 'o Tua, ma Manūlepoto.

Usu Manūlepoto 'iā Taupalu i Masafu'afu'a, fg 'o Fatufatutala.

Usu Fatufatutala 'i le afafine o Suāniumata, fg 'o Manumānaia.

Usu Manumānaia 'iā Sāpotopoto, le afafine o Le'avasā Sāmifua i Sāpunaoa, fg 'o Ise, ma Gasu, ma Punaoa.

Toe usu Manumānaia 'iā Valugāfau, le afafine o Sālanaia, fg 'o Talaolevave.

Usu Talaolevave 'iā Taupīfanolātele, le alo o Funefe'ai, fg 'o Manusāmoa ma lona tuafafine 'o Tautīpāgōfie.

Usu Manusāmoa 'iā Vaiolupe, le alo o Papāli'i Fa'atalitali'āiga, fg 'o Ise Fa'atufugā.

Usu Ise Fa'atufugā 'iā Tauānu'ufaigā o Tuana'i po 'o Letogo, fg 'o Tafaoimālō. 'O Tafaoimālō lea na fa'aigoa e Salamāsina 'iā Taloolema'agao.

Usu Taloolema'agao Tafaoimālō 'iā Vāilupemaua, le alo o Luātutu i Manono, fg 'o Onofia.

Usu Onofia 'iā Maliegafululelei, le afafine o Tusa i Lufilufi, fg 'o Talauega, Fualau, ma le tei o Tāveuveu. 'O le 'Āiga sā Talō lā lea 'olo'o ta'u fo'i 'o le "Uso na Totō."

"'O Sātalo, 'o le Uso na Totō"

Na usu Fānene 'iā Taufau, le alo o Sāmatauānu'u i Lotofaga, ona tali lea 'o tōga o Faleālili. Peita'i na lē malie Taufau 'ona 'ole'ā tali e Sālele'a ona tōga; ona fa'apea atu loa lea 'o Fānene, "'Ua lelei lā, 'ole'ā fa'asaga atu le Uso na Totō e tali ou tōga." 'O le taligātōga lea na fa'aigoa ai le tōga a alo o Fānene - 'o le Laufafa o Taufau.

'O le uiga 'o le Uso na Totō, 'o tulāfale tāua 'uma ia o le 'Āiga sā Talō, ma o lātou fa'alupega pe 'ā fetalai. 'O 'ilātou fo'i nei na tupuga 'uma mai lava i fānau a Taloolema'agao. 'O lona uiga lā, e uso tagata 'uma; ma o 'ilātou lā nei e ta'u 'o le Uso na Totō:

- 'O le matua o Onofia
- 'O le fetalaiga a Talauega
- 'O le fofoga o Sālefao
- 'O le tei o Tāveuveu
- 'O le tautalaga a Fualauto'alasi ma le lauluanofo a tulāfale 'o Talo ma Ofo'ia e fa'amalumalu i le 'Āiga sā Talō.

E fautua atu ma le fa'aaloalo tele i le fofoga pese o le atunu'u; se'i usu ia sa'o fa'a'upuga o le pese i le Uso na Totō. 'O le sa'o o le fa'alupega, "'O Sātalo 'o le Uso na Totō;" 'ae lē 'o se isi lava 'upu, 'auā 'o le fa'alupega pa'ia o le 'Āiga sā Talō.

'O le pese na fatu e le 'Āiga sā Tā'ele'avā mo le 'ala na tū i le 'Āiga sā Talō. 'Āfai lā 'ua 'e mālamalama i le mea e ta'u 'o le Uso na Totō; ona tātou pepese loa lea fa'apea:

Sātālo e, 'o le Uso na Totō
Teuteu ia le itūmālō
Faleālīli e, 'ia māopoopo
'O le mea sili lea e malie ai 'o le loto
Tali: Faleālili 'uma 'i 'ō ma 'ō
 Ta fia fa'alogologo 'i sou leo
 'Ua 'a'ave tala o le mālō
 'Ua leai se manu e toe olo.

'O le isi lenei pese na fatu e le 'Āiga sā Ta'ele'avā i le talagāmalae a Sātalo. E lelei fo'i pe 'ā fa'asa'o le 'upu *fa'atu'u'ala* 'olo'o i le isi lea fuai'upu ia Faleālili. E lē 'o le fa'atu'iala.

Le Falefītu e Faleālili ma Aleipata
Fa'apea ma le atu Sāfata
'Ā 'e fia fa'ataumoa lafo ane sau 'afa
'Ae sōia lava le **fa'atu'u'ala**
E aogā fo'i fa'aagatama
E masāni ai tupulaga
Tali: Fa'amāne'ene'e
 'Aua lē minoi tele
 'Ae teu le ta'alo ma le loto maulalo
 'Oli'oli mālie 'aua le pisaō
 Fa'ato'ā vivini, 'o le moa ina 'ua mālō

XIII.   *'Āiga sā Le Muli'agā ma ona Fuaifale*

'O le 'Āiga sā Le Muli'agā na 'āmata i le gafa o Tupa'imatuna ma lana fānau. 'O le 'āiga pito mālosi ma le to'atele lenei i Savai'i 'ātoa i aso anamua. 'O le 'āiga sā fa'avae e tulāfaleali'i. E tele ona vāega 'ae na'o ni nai fa'amatalaga itiiti e fia mālamalama ai tamaiti ā'oga i le to'atele o tamāli'i mamalu e aofia i lenei 'āiga, 'aemaise itūmālō sā ulua'i nōfoia e le fānau a Tupa'imatuna. 'O le tala fo'i lenei 'olo'o tūsia i le fāiā o Sāmoa ma Fiti, i le Iunite I.

1. 'O le Talatu'u

'O Laufafaitoga, 'o le afafine o le Tuitoga sā nonofo ma Tupa'imatuna. Na ō 'i Toga mo lona ma'itaga muamua, 'ae te'i 'ua sili le va'a i Fiti; ona afe lea 'i Fiti fānau ai le fafine, ma fa'aigoa ai lana tama o Va'asiliifiti. 'A 'o nonofo i Fiti le ulugāli'i lenei, ona nofo lea 'o le fafine i le toa o Fiti e igoa 'iā Lautala, na maua ai lana fānau. 'Ae ina 'ua mana'o Laufafaitoga e toe nonofo ma Tupa'imatuna lona to'alua Sāmoa, ona malaga loa lea 'i Toga.

Na fānau Laufafaitoga i Toga, 'o le tama, ma 'ua fa'aigoa ia Lelegaotoga. Na o'o ina fo'i mai le ulugāli'i 'i Sāmoa, 'a 'ua tō fo'i le fafine 'iā Tupa'imatuna, ona fānau lea i luga o le va'a i le taimi 'ua 'āmata ona 'i'ite atu mauga o Sāmoa. Na fānau Laufafaitoga 'o le teine, na fa'aigoa ia Fotuosāmoa.

'O nōfoaga lā nei o le fānau a Tupa'imatuna ma le Toa o Fiti o Lautala, 'iā Laufafaitoga le tama'ita'i Toga:

- 'O Va'asiliifiti e nofo i Vaisā'ulu i 'Iva.
- 'O Ututauofiti e nofo i Matāutu i Savai'i.
- 'O Tauaofiti e nofo i Sātaua.
- 'O Lelegaoletuitoga e nofo i Sālega.
- 'O le teine o Fotuosāmoa e nofo i Sāfotu.

Manatua, 'o Va'asiliifiti, 'o le atali'i matua o Tupa'imatuna ma Laufafaitoga.

Na usu Va'asiliifiti 'iā Malelegaosavai'i, le teine Tufutāfoe, fg 'o Va'asiliuli. Na usu Va'asiliuli 'iā Fe'egaga i Sāgaga, fg 'o Funefe'ai.

Toe usu Va'asiliuli 'iā Fe'esoa, le teine Sāle'imoa, fg 'o Laifai.

Na usu Laifai 'iā Matuaifatu i Falease'elā, fg 'o Fotulāfai, Talalāfai, Muli'agalāfai, Tupa'iloa, Tupa'ifa'aulu, ma Tupa'ilafo.

Na toe usu Laifai 'iā Matuaitali, le uso o Matuaifatu, fg 'o Va'asili'ēna.

'O Laifai lenei sā feamoa'i e Falelātai lona fata. 'O le isi aso na alu ai Va'asili'ēna e fia sui i le amoga o le fata, 'ae fai ane i ai Laifai e alu 'ese 'ae tu'u pea i tama 'olo'o amoina ia; ona togi atu loa lea e Va'asili'ēna le faufautū o Laifai i lona fata 'ae alu 'ese. 'O le faufautū lea sā tu'u iā Matuaitali le tinā o Va'asili'ēna. 'O i'inā na iloa ai e Laifai o lona atali'i lea na alu atu e fia suisuitau'au i le amoga o le fata.

'Ua usu nei Va'asili'ēna, le atali'i o Laifai, 'iā Sināletuna ma Sināle'imoa, le fānau a Poluleuligaga i Sāle'imoa, fg 'o Lāfailetauā ma Lāfaitupa'itea. 'O tama lā nei na fai 'i ai le māvaega i So'outa i Lotoso'a i Sāle'imoa e fa'apea: "Ōmai 'inā ō 'i Sālāfai ma la 'oulua aitu tau lea 'o Fanoga." 'O Fanoga po 'o Lefanoga, 'o le atali'i o le Tuimanu'a 'iā 'Ulalēmamae.

Na usu Lāfaitupa'itea 'iā Tua, le alo o Fiamē i Sāmatau, fg 'o Muli'agalāfai II.

Ona usu loa lea 'o Muli'agalāfai II lenei 'iā Pipilimaituālima, le afafine o Tiāli'i i Āsaga, fg 'o Muli'agalapaiaitu ma Muli'agalapaitagata.

2. 'O le isi lā lea vāega o sā Le Muliagā 'olo'o i lalo.

Na usu Suimū 'iā Seuanagalo, fg 'o Unuunu.

'Ae usu Fa'atuiga 'iā Alofata, fg 'o Fa'asau. 'O ulugāli'i ia sā nonofo i gā'uta o Ālao i Faleālupo. Ona usu lea 'o Fa'asau 'iā Unuunu, fg 'o Sevelefatafata. Na usu ane Seali'imatāfaga 'iā Sevelefatafata, fg 'o Sāgataetuna.

Ona usu mai lea 'o Tuiāsau mai Vaisala 'iā Sāgataetuna,
fg 'o Poulifataoletagaloa.

Usu mai loa Muli'agalapaitagata 'iā Poulifataoletagaloa, fg 'o le tama o Lāfaitāulupo'o ma le teine o Leutogitupa'itea.

Na usu fo'i Tuisāmoa o Faleālili 'iā Poulifataoletagaloa, fg 'o Puia'imamā, le tuagane tāufeagai o Leutogitupa'itea.

Manatua, 'o Muli'agalāfai, 'o le atali'i o Laifai ma Matuaifatu.

Na usu Muli'agalāfai 'iā Sināletatafa i Iva, fg 'o Saufatualemuli'aga, Fe'ealemuli'aga, ma Gāgaalemuli'aga.

'O na usu lea 'o Saufatualemuli'aga 'iā Sasalātele, le tama'ita'i Tufutafoe, fg 'o Muli'aga Nōtoa, Muli'aga Putemotu, Muli'aga Soifuaga, Anaoti, Anatā, ma Muli'aga Fa'atoafe.

Silasila i le tama lona tolu i le lisi e suafa ia Muli'aga Soifuaga na usu 'iā Naimatofa, le tama'ita'i Āmoa, fg 'o Vailolo sā ta'u 'o le "ali'i gāfao'o." Ona usu lea 'o Vailolo 'iā Tiu'ula, le teine Āmoa, fg 'o Lēfano, Mulitalo, Malae'ulu, Vaemaatgitau, ma Taputūsāuā. Ona usu atu lea 'o Manu'a le Sāgalala 'iā Tapatūsāuā, fg 'o Fa'atuliaa'upolu. 'O le tama lenei na māi ai vai 'o le Tagaloa, ona 'ua fo'i mai 'i 'Upolu, ona alu lea pōula i le vai i gā'uta o Sili, na ala ai ona fasi e Taulauniu. 'O aso ia 'ua tū ai le mālō o Funefe'ai ma Taulauniu.

Na fa'alogo mai Taputūsāuā i 'Upolu 'ua fasia lana tama, ona tagi auauē ai lea 'ona 'o le mā i lona to'alua o Manu'a Le Sāgalala i upu nei: "Fa'atuliaa'upōlu e, 'ua fasia lava 'oe 'a 'o fea 'o iai Sālemuli'agā? 'O fea 'o iai Tuātō ma Tolova'a 'o ali'i o Vāipaepae? 'O fea 'o iai Tēvaga ma Vāifale 'o ali'i o Malaeola ma Gāfoaga? 'O fea Tiatia ma Togia'i 'o ali'i o Nu'uuli? 'O fea Segi ma Malae'ulu o ali'i o Āmoa? Fa'atuliaa'upōlu e, Tālofa! 'Ua pei lava 'oe e leai sou 'āiga."

'O le usuga e lua a Muli'aga Soifuaga 'iā Solotū i Āmoa lava na maua ai Puleolenu'u ma Seali'imālietoa. 'A 'o le usuga e tolu a Muli'aga Soifuaga 'iā Ifi, le tama'ita'i Sāle'imoa, fg 'o Lā'ulunofovaleane ma Lā'ululēfano.

3. 'O le Talatu'u

Sā alu Fa'atuliaa'upolu e asi ona mātua 'o Sāgālala ma Taputūsāuā i Sāfata. Ona fo'i lea 'i Savai'i, alu pāluula i le vai i gā'uta o Sili. 'O aso tonu ia na 'ese'ese ai sā Le Muli'agā ma Sāfune ma Taulauniu. Sā 'ave ai fa'atagata o taua si toea'ina e igoa ia Moni ma si ona afafine. Sā fa'apologa lava tagata sā Lemuli'agā i le tolo o fa'ausi i lima ma sapo vaga ma tuitui.

Na sola si toea'ina 'o Moni 'ae ō ane Sāfune fa'amasino lona afafine ma fai atu 'i ai, " 'Ā 'e lē ta'u maia le mea 'o iai lou tamā ona fasioti lea 'o 'oe." Ona tūlagi loa lea 'o le teine ma fai lana solo fa'apea:

Alāva'a 'o i Maugaloa
Se tava'e o vanu palapalaloa
'Amu'ia Nōpiu ma si ona va'a
'Ai 'o momoe ane ma si ota matua

Se matagi ala maia i gagaē
Se'i ota alu ma te valevalē
Sē sōia le ō 'i gagafō
Se'i māimoa lē i gagaē

'O Savai'i e ta'ape a fatuati
E lē pine ona fetoloa'i ane
'A 'o a'u e tusa ma le niutau'afaga
E fepāia'i le lā ma le matagi
E fepāia'i le suati ma le sami
Sāfune tā soso'o ane
E lē fa'apito manū 'iā Tasi

Ona fai atu loa lea 'o Sāfune 'i si teine, "'Isa, 'o fea tou te maua ai se mālō?" 'O le fasiga lā o Fa'atuliaa'upolu i le vai i gā'uta o Sili na māfua ai le 'upu, "'Ua māi vai o Tagaloa talu Sili ma Vaiafai le tāutala."

4. 'O le Fa'atolotologātama a sā Le Muli'agā
'O le usuga a Lā'ulunofovaleane na maua ai tama nei o le Fa'atolotologātama i le papa o le 'Āiga sā Le Muli'agā.
Usu Lā'ulunofovaleane 'iā Fulisiailagi o Sāfotulāfai, fg 'o Tuaetali.
Usu Lā'ulu 'iā Lefa'agāpulu i Sālelologa, fg 'o Fa'atupuinati.
Usu Lā'ulu 'iā Pouligataua o Sāfune, fg 'o Maupēnei.
Usu mai le Tuitoga 'iā Maupēnei, fg 'o 'Aumoana.

'O Le'aumoana, 'o Pesefeamānaia ma Tapumānaia, 'o tamaiti ia na fa'afetolofi i luga o le papa o sā Le Muli'agā. Na ula ai le 'au tama'ita'i o Fa'atupuinati ma Tuaetali i le tama a Maupēnei 'auā e ululāpo'a.
Fai mai le sāunoaga a Lā'ulusā: "E na 'o le tama lava a Maupēnei e fai mo ia le 'Āiga sā Le Muli'agā, e sasa'a i ai ona sua."

5. 'Ua maua aualuma e tolu e tausi e Sāmoa.
'O le aualuma a Tapumānaia 'ua 'iā Tole'afoa 'ae tausi e Leulumoega. 'O le aualuma a Pesefeamānaia 'ua 'iā Lilomaiava 'ae tausi e Vaeolenofoafia. 'A 'o le aualuma a Le'aumoana e iai pea ia Le'aumoana e tausi lava e sā Le Muli'agā.

XIV. 'O le Fa'atafetafeaga i Mulivai o Tausala
E 'āmata mai le aganu'u lenei 'iā Matagi'ili'li, le tuafafine
o Leutelele'i'ite.
Na usu Tuiāsulu o Samamea i Fagaloa 'iā Matagi'ili'ili, fg 'o Sinātaufanua. Usu Taupitofanua o Āmaile 'iā Sinātaufanua, fg 'o Uila.
Usu mai Tagaloa 'iā Uila, fg 'o Tualafalafa.
Usu Tu'umaleama o Sāfune 'iā Tualafalafa, fg 'o Pōuligataua.
Usu Lā'ulunofovaleane 'iā Pōuligataua, fg 'o Maupēnei.

130

Usu mai le Tuitoga 'iā Maupēnei, fg 'o Le'aumoana.
Usu Le'aumoana 'iā Fuailelagi, le alo o Samoa i Papaigālagala,
fg 'o Tau'ili'ili Papa.

'O le fānau lā lenei a Tau'ili'ili Papa i ana usuga e tolu, sā ta'u o tama o le Fa'atafetafeaga i Mulivai o Tausala. 'O le uiga o le Fa'atafetafeaga i Mulivai o Tausala e fa'apea: 'Ā mana'o se tamāli'i i se 'augafa'apae, ona alu lea fa'atafetafe i le vaitā'ele e fa'amālū ai le tama'ita'i ma fa'atali le taimi e afio atu ai le tama'ita'i e fa'amālū.
Usu Tāu'ili'ili Papa 'iā Taufau, fg 'o Tupuivaosāuā.
Toe usu Tāu'ili'ili Papa 'iā Naū i Tuana'i po 'o Sāoluafata, fg 'o Toilolo.
Toe usu Tāu'ili'ili Papa 'iā Vāivaioma'i o Manono po 'o Sala'ilua, fg 'o Vaovasamānaia.
'O fōliga o tama nei e fa'apea: E fōlifoli tupu Tupuivao 'auā e sāuā. 'O le māfua'aga lea o lona igoa 'o Tupuivaosāuā. E fōlifoli mānaia Vaovasa 'auā e 'aulelei. 'O le māfua'aga lea o le fa'aigoa 'iā Vaovasamānaia.
E fōlifoli ali'i Toilolo 'auā e maluali'i ma 'o ia lava 'o le tama a le 'Āiga sā Le Muli'agā e sasa'a 'uma 'i ai ona sua.

'O le Talatu'u
Na fa'afolau Toilolo 'i Tutuila 'ona 'o mea lava sā tutupu i le 'Āiga sā Le Muli'agā 'ātoa ma le lē malie 'o Tupuivao 'iā Toilolo. Na o'o atu le va'a o Toilolo 'i Sātupa'itea, ona alu ane lea 'o Valomua, le ali'i o le nu'u fa'atagā pupulu le malaga ma fa'atoga ane e 'aua le fa'afolauina Toilolo. 'O le māfua'aga lenā o le isi muāgagana: "'O le pupulu a Valomua."
Na fa'alētonu le manatu o Toilolo pē alu pea 'i Tutuila po 'ole'ā toe nofo, ona maua fo'i lea'o le isi 'upu: "'Ua fa'alētonu le va'a oToilolo pē alo i luma pē alo i tua." Na lē mafai ona toe nofo Toilolo i le vavao pepelo a Valomua, ona fai ai lea 'o le solo a Toilolo e fa'apea:
E, se'i agi ia le matagi a Moso
E fafagu 'iā Lepolo.
Tali To'elau se malaga e 'olo
Tūlei le fua 'ua lava le oso.

E a'e i le tī 'ae ifo i le nonu
'O le uso i ali'i, uso i fale'upolu
'O le lau o le fiso, lau o le tolo
E ala e tasi le mauga i Olo.

Le si'uamouli 'ua ala
'Ua laolao ai le vasa.

'O aso tonu ia sā nonofo ai Tupuivao ma 'Iliganoa le uso o Toilolo i Vaigafa i gā'uta o Falevao, 'a 'o le isi aso na alu atu Māta'utia mai Aleipata ona ō lea ma 'Iliganoa tāfafao i le vao, 'a 'olo'o alu Tupuivao e seu. Sā fefe lava Māta'utia 'iā Tupuivao; 'ae fai atu 'Iliganoa, "Sē, e lē afāina o tua o Vaigafa i nei."
'O le isi aso na fo'i ai Tupuivao ma 'Iliganoa i le nu'u o Vaisē, 'ae mulimuli atu ai Māta'utia ma lana tulāfale 'o Leāusa. E o'o atu le 'auali'i i le mea e nonofo ai le ulugāli'i 'ua momoe, ona usu loa lea 'o la lā pese e fafagu ai le ulugāli'i. Na ui atu Leāusa 'i lumāfale o le fale, 'ae ui mai Māta'utia 'i tuāfale. Na ala mai Tupuivao fai lo lā 'ava fesilafa'i ma Leāusa 'ae alu

Māta'utia eva ma 'Iliganoa. Na fai le tonu a le 'auali'i o Māta'utia ma Leāusa. 'Ā tufa le 'ava, 'ia fa'amulimuli le ipu a Leāusa ma 'ia 'alaga leo tele lana 'ava 'ina 'ia iloa ai e Māta'utia 'ole'ā 'uma le alofi, ma 'ole'ā sau Tupuivao i lo lā moega ma lona to'alua.

Na matuā iso lava le fia sāuā o Tupuivao i fāiga a le 'au tēvolo. 'O le māfua'aga fo'i lea o le fa'a'upuga a tulāfale, "'Ua malele le 'ava a Leāusa."

XV.   *'O Sāfune ma Taulauniu*

'O le Taulauniu, 'o le mea tōtino a le suafa Tagaloa, peita'i 'ona 'o fesuia'iga e ala i aganu'u a tamāli'i, na ala ai ona o'o le Taulauniu a Tagaloa 'iā Funefe'ai ma lona nu'u 'o Sāfune; ma 'ua ta'u ai 'o le Falefāgafua o Fune.

Na alu Tagaloa 'iā Fune folafola 'i ai lona suafa e 'aveatu mo ia pe 'āfai na te talia lana tōma'aga. Toe folafola atu 'i ai ma ona tafa'i e nonofo i lona itū taumatau ma lona itū tauagavale, 'ātoa ma a lātou launiu e fa'amalumalu ai.

'O tafa'i nei e to'avalu:
>   Sae ma Fatalolo mai Vaiafai i 'Iva i Fa'asālele'aga.
>   Tūgaga ma Tagaloasāataoa mai Sāfune i le Itū o Tāne.
>   Gale ma Tuiāsau mai Vaisala i le itū o Āsau ma Faleālupo
>   Mata'afā ma Taliva'a mai Sili i Palauli.

'Ona 'o le mana'o tele lā 'o Fune 'i le suafa Tagaloa, na ala ai ona talia le fa'atau a Tagaloa. Na talu mai lava, 'ua ta'u loa nā nu'u e fā, 'O le 'āiga o Fune, po 'o le Falefāgafua o Fune, po 'o Taulauniu.

MATĀ'UPU II: 'ĀIGA FA'AITŪMĀLŌ

I.   *'O Le Faleā'ana ma ona Vāega*
Na māfua mai lava le Faleā'ana i usuga a 'Ana, le atali'i o Tuiā'ana Pili'opo.

Usu 'Ana 'iā Sinālemana, fg 'o Matofaoā'ana.

Usu Matofaoā'ana 'iā Sināletula, fg 'o Veta.

Usu Veta 'iā Afulilo, fg 'o Tuiveta.

Usu Tuiveta 'iā Toalauo'o, fg 'o Toso.

Usu Toso 'iā Fitilagipupula le alo o Tuimanu'a, fg 'o Si'utoso.

Usu Si'utoso 'iā Latafale, fg 'o Si'utaulalovasa ma Latafale.

Usu Si'utaulalovasa 'iā Lūlai ma Lūlago, 'o tama'ita'i Sāmata i Savai'i, fg 'o To'o ma Ata na māfua ai le suafa To'omata.

'O Talatu'u

Sā nonofo Si'utaulalovasa ma lana 'autaunonofo 'o Lūlai ma Lūlago i Sāmata. Ona fai lea 'o le tonu a Si'utaulalovasa, se'i alu 'i 'Upolu e asi lona 'āiga. E malaga Si'utaulalovasa 'i 'Upolu 'ae alu ane le tamāloa Savai'i e igoa 'iā Tuisāfe'e nonofo ma le 'au tama'ita'i nei. E fo'i atu lā Si'u, 'ua tofu le 'au tamaita'i ma le tala o le fale e lalaga ai o lā fala ma o lā manava 'ua totō 'uma 'iā Tuisāfe'e. Na toe liliu fa'avave Si'u ma alu 'i le mea 'olo'o tau ai lona va'a 'ona 'ua 'ino'ino, 'ae 'ua tuliloa atu e le 'au totō. Fai mai fafine, "Sī'u e, fa'atali mai o mā'ua nei 'ua ōmai." Ona tū lea 'o Si'u e fa'atali fafine i le fanua 'olo'o ta'ua nei i Sāmata o Tulāsi'ū.

E tau ifo Tuisāfe'e 'ua leai fafine i le fale, ona sau loa lea tuliloa; 'a 'o lea 'ua fa'ae'e le va'a. Ona fai atu lea 'o Tuisāfe'e ia Si'utaulalovasa, "To'omua 'iā 'oe 'ae 'ou to'omuli." Na sau le va'a i le pō; 'ae ina 'ua tafa ata o le taeao, ona liliu atu lea 'o Si'u 'ua tusi lona lima i le manava o le isi fafine, ma tusi i le to'o; toe tusi i le ata o le lā ma tusi i le manava o le isi fafine. 'O le māfua'aga lea o le māvaega 'olo'o ta'u nei i lāuga a failāuga; 'o le Māvaega Tusitusi. Na iloa loa e Tuisāfe'e nei faiga a Si'utaulalovasa, ona oso loa lea i le sami ma 'a'au 'i uta 'ua sola.

'O Lūlai ma Lūlago sā nonofo 'uma 'iā Si'utaulalovasa na ala ai ona o'o mai i 'Upolu. Na fānanau fafine ona fa'aigoa lea 'o le tama a le isi fafine 'iā To'o 'ae fa'aigoa le tama a le isi 'iā Ata. 'O le uso tama lenei na so'o fa'atasi o lā igoa, maua ai le suafa matai tāua o To'omata i le nu'u o Sāmata i Savai'i.

'O le tala Fa'aā'ana e fa'apea; 'O le usuga a Tuiā'ana Maugamataotao na maua ai Li'olevave ma lona tuafafine. Ona usu mai lea 'o To'o 'i le tuafafine o Li'olevave lenei, fg 'o To'otai ma To'outa. 'O tama lā nei 'o To'otai ma To'outa na ō ma Li'olevave 'i le taua sā fai i Tutuila i le vā o Sāmoa ma Fiti. Sā ofo tagata i le tau mālolosi o nei tama. Fai mai, lā te 'apoina 'ape o tao o Fiti ma toe fasioti ai tagata Fiti. 'O le taua lā lenā na ala ai ona maua o lā igoa fou, 'o Tutuila le isi tama 'a 'o 'Ape le isi. 'O 'Ape lā sā nofo i Fāsito'outa ao Tutuila sā nofo i Fāsito'otai. 'O lo lā fa'alupega e fa'apea: "'O le usoga a Tutuila ma 'Ape; 'o 'ila'ua na tā'ita'i."

E iai fo'i le isi tala e uiga ia To'otai ma To'outa; e fa'apea 'o le tama Aleipata e igoa ia Tapu'a'au sā uō ma le fe'e, le atua o taua. Na maua e tagata Ā'ana 'o fāgogota i le sami i gātai o Fāsito'outa 'a 'o tapu le sami 'iā Tuiā'ana. Na maua Tapu'a'au e tagata Ā'ana ona tago lea 'o Tapu'a'au gaulua le to'o o lona 'upega; ona togi lea 'o le isi pito 'i tai, 'ae togi le isi 'i uta, na māfua ai igoa o nu'u nei 'o Fāsito'otai ma Fāsito'outa. E pule le tagata po 'o fea le tala moni. Masalo 'o le mea fo'i lea na 'avea ai le fe'e ma atua o taua o le itūmālō o Ā 'ana 'auā na lātou maua le fe'e 'ona 'ave lea fa'ata'atia i le fale 'ae ma'au lava lona ulu i le sami na ala ai ona maua Tapu'a'au.

'O nu'u lā nei 'o Fāsito'otai ma Fāsito'outa 'olo'o ta'u 'o le Falefitu. Na fai i ai le māvaega a Fonotī le tupu e fa'apea: "'Ā tali tōga Lufilufi ma Leulumoega e vāetōga le Falefitu."

Tasi lea vāega o le Faleā'ana e ta'u 'o le Faletolu:
Na usu Va'afuti i le alo o le Tuiātua i Falefā, fg 'o Tautega'ali'i. Ona usu ane lea 'o Ata mai Faleata 'iā Tautega'ali'i, fg 'o Leaoosavai'i. Usu Leaoosavai'i 'iā Sagaia, le alo o Tufugafale i Faleāsi'u, fg 'o Ma'ilo. 'O le tama'ita'i fo'i lenei sā tū i ai aumoega a mānaia o le atunu'u. E o'o mai le malaga a Leaoosavai'i i le 'āiga o Sagaia 'ua 'uma 'aiga o le taeao; ona fai atu lea 'o Sagaia, "Tālofa, 'ua o'o mai le malaga 'ua te'a lelei o le taeao." Na tali mai Leaoosavai'i, "'Oi, 'ā 'uma 'o faulala'i mai lenei 'ulu 'ai 'ā 'uma ona 'ai e pe'a."

'O le 'ulu lenei 'olo'o fai 'i ai le palo a le teine o Sagaia fa'apea:

"'O se tāne na te mafaia ona toli 'uma i lalo fua o le 'ulu i le taimi e tasi, 'o le tāne lenā lā te nonofo." Na'ona tū atu lava 'o Leaoosavai'i, lia'i lana fiti i le isi lālā o le 'ulu, alu 'uma i lalo ona fua. Toe lia'i le isi fiti 'i isi lālā, lūlū 'uma i lalo fua. Fai mai le tala, na usu masi'ulu ai Ā'ana i lenā aso, 'ae feagai ma le mānava ifo o le tamā o le teine o Sagaia ma lana fānau tama sā gālulue.

Na fesili Leaoosavai'i 'i le tamā o Sagaia po 'o ai igoa o lana fānau, 'ae tali le toea'ina, "E leai ni igoa." Fai atu loa Leaoosavai'i, "'Oi! "Ia, e fa'apēnei lā: 'o le tama matua 'ole'ā igoa 'iā Sauilevao, 'a 'o le tama lona lua, 'ia fa'aigoa 'iā 'Āpulupulu 'o le 'ulu lea e sisina. 'O lo'u uso lea na mā malaga mai 'ole'ā fa'aigoa 'iā Fesolasolata'i." 'O 'ilātou lā nā 'olo'o ta'u nei 'o le Fāletolu i Faleāsi'u.

II. 'Āiga Tauā'ana ma ona Vāega

'O le 'Āiga Tauā'ana e fa'asino tonu lava i le afio o le Tuimaleali'ifano ma le Atitagaloa ma le pa'ia o le Falefitu o le 'Āiga Tauā'ana fa'apea Galuefā ma Falelātai.

Na usu Tagaloatele 'iā Fotuinu'upule o Falelātai, fg 'o Lafooātua ma Fuemau.
Usu Lafooātua 'iā Suluimaua, le afafine o le Tuitoga, fg 'o le teine 'o Maluaisāmoa.
Usu Niulevave 'iā Maluaisāmoa, fg 'o Tunasaganoa.
Usu Tunasaganoa 'iā Ta'ama'ana i Falelātai, fg 'o Tonumaivao.
Toe usu 'iā 'Imoalata, le afafine o Polu i Sāle'imoa, fg 'o Pula ma Tilialo.
Usu Tonumaivao 'iā Fai'esemeaapua'aelo, fg 'o Misa, Taefu, Lele, ma teine 'o Vāinofoa ma Savea.
Usu loa Fasavalu o Falelātai 'iā Savea, fg 'o Matai'a, Ma'ilata, Atimaitai, ma le teine o Tūtūmanu.
Usu Laumatiāmanu o Si'umu 'iā Tūtūmanu, fg 'o Taufau ma Tūvaoitai.
Usu mai 'Amituana'i o Solosolo 'iā Tūvaoitai, fg 'o Ta'au.
Usu Paleita'au 'iā 'Oloitoa, le afafine o Alaitafea i Sāla'ilua, fg 'o Savai'inaeailoitefu ma Ta'au.
Usu Ta'au 'i le fafine Vailele, fg 'o Samoa Ta'au.

'O le 'Āiga Tauā'ana e aofia 'uma ai le 'āiga o Tuimaleali'ifano, ma e 'āmata mai ia Tuimaleali'ifano Tuita'alili feso'ota'iga 'olo'o tūsia 'ae mamao i tua le 'āmataga o lenei 'āiga.

134

Tuimaleali'ifano Tuita'alili

Na usu Tuimaleali'ifano Tuita'alili 'iā Tuitogama'atoe, le afafine o Tau'ili'ili i Aleipata, fg 'o Sāuimalae.

Toe usu 'iā Leilua Susūvaivai o Faleālili, fg 'o Va'afusumatala.

Toe usu 'i le alo o Pula i Sāle'imoa, fg 'o Leavaise'etā.

Usu loa Leavaise'etā 'iā Ta'iai, le alo o Faolotoi i Lepā, fg 'o Lilopogi ma Leitūala.

Usu Lilopogi 'iā Tūmanu, le alo o Taefu i Falelātai, fg 'o Suatipatipa.

Tuimaleali'ifano Suatipatipa

Na usu Tuimaleali'ifano Suatipatipa 'iā Tu'itōfā, le alo o Mālietoa Ti'a, fg 'o Sualauvī.

Toe usu 'iā Taulamaleva'a, le alo o Sivaito'oā i Falefā, fg 'o Leavaise'etā ma Fāgugatā.

Toe usu 'iā Manūleilua, le alo o 'Afoafouvale, fg 'o Va'afusumatala ma Tuitogama'atoe.

Toe usu 'iā Mata'oa o Falelātai, fg 'o Tonumaivao.

Toe usu 'iā Aveisia, le afafine o Tama'a'au o Fāsito'o, fg 'o So'ofā Vi.

Tuimaleali'ifano Sualauvī

Usu Tuimaleali'ifano Sualauvī 'iā Saofa'ialo, le alo o Tuimaseve i Sātupa'itea, fg 'o Si'u, 'o Tutogi, ma Tafā'e'efu.

Toe usu Sualauvī 'i le fafine Toga, fg 'o Pomale.

Toe usu 'iā Sāimu'a, le alo o Matā'afa Filisounu'u, fg 'o Pa'upusi ma Le'iato

Usuga a Ulufanuasese'e i le 'Āiga Tauā'ana

'O usuga a Ulufanuasese'e 'i le 'Āiga Tauā'ana na tupu mai ai le teine ta'uta'ua o Nāfanua, le atua o taua.

Usu Lefaoseu o Lepā 'iā Popoto, fg 'o Taufa'alematagi.

Usu ane Alao o Faleālupo i Taufa'alematagi, fg 'o Mulio'āiga, Saveasi'uleo, ma Ulufanuasese'e.

Usu Ulufanuasese'e 'iā Sinātafua, fg 'o Sivālavala.

Usu Sivālavala 'i le Fāisuaalepa'a a le Tuiā'ana, fg 'o Titilimulimu.

Toe usu Ulufanuasese'e 'iā Taelalofutu, le alo o Tagaloa i Fagai'ofu i Falelātai, fg 'o teine pi'ilua, 'o Taemā ma Tilafaigā.

'O le fānau lava lenei a Ulufanuasese'e 'o Tilafaigā ma Taemā na tutupu mai ai le tele o tamāli'i māualuluga o Sāmoa. 'O le loto tetele ma le totoa o nei teine 'ua logologoā ai Sāmoa i ona tala o le vavau e pei 'o le tala 'iā Nāfanua, le atua o taua.

III. *'Āiga Taulagi ma ona Vāega*

'O le 'āiga lenei e 'āmata i usuga a Va'afusu'aga, le alo o Tuiā'ana Faumuinā.

Usu Va'afusu'aga 'iā Sūlauateu, le afafine o Lōpā i Fāsito'otai, fg 'o Niulēvaea.

Usu Niulēvaea 'iā Availamaga, le afafine o Suluga i Leulumoega, fg 'o 'Afamasāga Lēo'o.

Usu 'Afamasāga 'iā Tuli'aivao, le afafine o Togia i Fāsito'otai, fg 'o 'Anama'aitu ma Togitogiulu'au.

Usu Togitogiulu'au 'iā Saofa'ialo, le afafine o Ligaliga i Fāsito'otai, fg 'o Sāganailefalepulemālō.

Usu Sāga 'iā Tuitama, fg 'o Lepaega.

Usu Lepaega 'iā Lepaifaga, fg 'o 'Afamasāga Lāvasi'i.

Usu 'Afamasāga Lāvasi'i 'iā Tūlalāuta, le afafine o Misa i Falelātai, fg 'o Sāgalegaoimālō.

Usu Sāgalegaoimālō 'iā Taloapātina, le afafine o Tuālau i Palauli, fg 'o Sāilauama ma Sāga.

Usu Sāilauama 'iā Falenaoti i Āmoa, fg 'o Sāga ma Mautofu.

Toe usu 'Afamasāga Lāvasi'i 'iā Te'aileana, le afafine o Sa'u i Apolima, fg 'o 'Afamasāga 'Au'auna.

Usu 'Afamasāga 'Au'auna 'i le afafine o Tuioti i Leulumoega, fg 'o 'Afamasāga Apelu.

1. Tasi lea Vāega o le 'Āiga Taulagi

Na usu Va'afusu'aga 'iā Sigaluopea, le afafine o To'ala i Faga o Savaii, fg 'o Unasa.

Toe usu Va'afusu'aga 'i le afafine o Segi i Āmoa, fg 'o Tofa.

Toe usu 'i le teine Sāfotu 'o Taupaopao, fg 'o Utumapu.

Toe usu 'iā Fe'eonu'u, le alo o Seiuli, fg 'o Tole'afoa.

Usu Unasa 'iā Fa'aitaita, le alo o Su'apa'ia i Āmoa, fg 'o Muli'agatele.

Usu Muli'agatele 'iā Telesā, le alo o Namulau'ulu i Fogāpoa, fg 'o Muliagatele II ma le teine 'o Afegatā.

Usu Muli'agatele II 'iā Sūlauāfī, le alo o Le'avasā i Sāpunaoa, fg 'o Le'avasā Filo.

Toe usu Muli'agatele II 'iā Pogia, le alo o 'Aumua Tau'aupipi'i i Sāpunaoa lava, fg 'o Tu'umuli, Maoge, Ieremia, ma le teine o Fāgamealata.

Usu Talataina Filipo o Sāoluafata 'iā Fāgamealata, le alo o Muliagatele, fg 'o 'Afasene, Fāitua, 'Auina, Pele, ma le teine o Tilau.

Usu Simanuali'i 'iā Tilau, fg 'o Filo, Fuata'i, Reti, Peaario, Aniva, Ufiata, Mata'itusi, Tinetali, 'Olita, ma Anetone.

'Āiseā 'ua ta'u ai lenei 'āiga 'o le 'Āiga Taulagi?

2. 'O le Talatu'u

Na gāsegase Fonotī le Tupu, le uso o Va'afusu'aga, le tamā o Tofa, ona malaga mai lea 'o Tofa ma lana tulāfale mai Savai'i e asi le gāsegase o Fonotī. Na afe Tofa 'iā 'Afamasāga i Fāsito'otai i le fia maua o se 'ie tōga e asi ai le gāsegase o le ali'i. Na 'aveane 'i ai e 'Afamasāga le 'ie tōga ona malaga loa lea 'o Tofa 'ua feiloa'i ma Fonotī. Sā fo'i mai Tofa ma ana mea nei na māvae i ai e Fonotī:

- 'O le 'Āiga Taulagi
- 'O le Matuaousoali'i
- 'O le Va'asavili
- 'O le Si'imatu'u

Na fo'i mai le asigāgāsegase a Tofa ma ona matūpalapala nei mai iā Fonotī le tupu, ona toe afe lea 'iā 'Afamasāga ma tu'u loa 'i ai mea nei:

- 'O le Matuaousoali'i e fai ma ona fa'alupega
- 'O le Si'imatu'u e fa'aigoa ai lana tōga
- 'O le 'Āiga Taulagi e fa'aigoa ai lona 'āiga

'O le māfua'aga lā lea o le igoa, 'o le 'Āiga Taulagi. E tau fai atu Tofa mo le Va'asavili, 'ae tāofi loa e lana tulāfale ma fai atu - "Sē Tofa, 'ole'ā tele Sāga." 'O le māfua'aga fo'i lea o lea 'upu, "'Ole'ā tele 'Afamasāga.

136

IV. *'Āiga o Māvaega*

'O usuga lava a tamāli'i na maua ai 'āiga tetele o Sāmoa e pei 'o le 'Āiga o Māvaega. 'O tala'aga lā o usuga 'a 'o fa'asolo le faitau ma mātau, 'e te maua ai le māfua'aga na fa'aigoa ai lea 'āiga 'o le 'Āiga o Māvaega. 'O se fa'ata'ita'iga, 'o le usuga a Tuiā'ana Titōivao.

Na usu Tuiā'ana Titōivao 'iā Sināletulutulu, le alo o Fofoaivao'ese, fg 'o Faumuinā le Tupufia.

Usu Faumuinā 'iā Talaleomalie, fg 'o Fonotī le tupu.

Usu Fonotī 'iā Tā'eleasaasa, le alo o Tautaiolefue, fg 'o Falenāoti.

Usu Pesetā 'iā Falenā'oti, fg 'o I'iga.

Toe usu Pesetā 'iā Tinousi, le alo o Talamatāvao i Faleāsi'u, fg 'o Maiava ma Usipua.

Ona fai loa lea 'o le māvaega a Pesetā i lana fānau , "'Ia alu I'iga e nofo i Utumalama e fai i ai le feagaiga a le 'Āiga sā Tuālā. 'O le 'Āiga sā Tuālā e iai le fānau a Tautaiolefue; 'o Tuala, Vui, Matafeo, ma Vaiouga ma le teine 'o Ta'eleasaasa. 'Ae nofo Maiava i Faleāsi'u. 'O Maiava lā lea 'ua fai ma matua o le 'Āiga o Māvaega. 'O lona uiga, na maua le igoa o lea 'āiga 'ona 'o le māvaega a Pesetā i lana fānau . 'A 'o le fesili, 'aisea 'ua lē fa'aleo ai fa'apea, 'o le 'Āiga sā Mavaegā e pei ona fa'aleo le 'Āiga sā Pesetā? 'O lona tali faigōfie; 'ona 'o le 'upu māvaega, e lē 'o se suafa o se tamāli'i, 'ae na'o se fa'aigoaina o ni 'upu fa'amāvae.

V. *'O le Suafa Matā'afa*

'O le suafa Matā'afa e lua fa'amatalaga 'ua mafai ona maua e pei ona tūsia e Dr. Augustine Kramer. 'O nei tala e 'ese'ese mamao ai le tala mai Manu'a ma le tala a Faleata, 'ae pule le tagata po 'o fea le tala e sili ona moni.

'O Talatu'u

1.   'O le tala muamua e 'āmata mai i le fanauga a Tāfa'igata le atali'i o Ata. Na usu Tāfa'igata 'iā Sāuopualai, fg 'o Veletaloola, 'o Taliausolo,' o Mata, ma 'Afa. 'O tagata nei sā nonofo i le fale o aitu. Na toe fānau fo'i Sāuopualai, fg 'o le tama na fa'aigoa 'iā Matā'afa.

'O aso o failele Sauopualai, na fa'alogo ai Tāfa'igata i le pisa o tagata i gātai o le fanua; ona fai atu lea 'o Tāfa'igata 'iā Sāuopualai se'i alu lava po 'o ai lā e pisa i gātai. Na alu Sāuopualai e asi, 'ae alu ane ma le tala fa'apea; E leai lava ni isi, 'ae na'o Mata lava ma 'Afa. Ona fa'apea atu loa lea 'o Tāfa'igata: "'O, 'o le igoa lā lenā o si o'u atali'i pepe 'o Mata ma 'Afa." Lea lā 'ua fa'apu'upu'u 'iā Matā'afa.

Na vala'au e Tāfa'igata le Tauaitu 'ina 'ia potopoto 'uma ane, ona fa'apea atu lea 'o Tāfa'igata, "Ia 'outou va'ava'ai mai. 'O le tama lenei 'ole'ā fai ma 'outou ali'i. 'Ole'ā 'outou talia ona tōga, ma 'ole'ā 'avea ma o 'outou Ao". 'O le ala lea na māfua ai ona 'avea le suafa Matā'afa ma Ao o Faleata.

2.   Sā iai le ali'i pipili na malaga 'i Manu'a 'a 'o loma le taua i Savai'i. Na malaga 'i le ala i Manu'a 'ae tau atu ai 'i le niu'afa 'o ta'atia i le ala. Na tago mele'i le niu, tia'i le pa'u 'ae lamu pa'ufafine o le niu; ona fa'apea lea 'o lana 'upu, 'Oi 'ua maua lā lo'u igoa, 'o le mata o le 'afa, 'auā e suamalie le sua o le pulu i le mata o le niu'afa.

Na fo'i le ali'i pipili 'i Savai'i i le taimi na tau ai le taua i le tuasivi o Lealatele. Sā malaga 'i ai tama Manu'a 'o Fa'auli ma 'Umī i le taua, 'ae taunu'u tonu atu lava 'i le 'olo e nofo ai le pipili lenei. Na fai atu le pipili 'i tama nei; "Fa'amolemole, 'ia 'oulua leoleo 'iā te a'u ne'i ōmai ni isi o le itūtaua fasi a'u." Ona nonofo ai lea 'o tama nei e leoleo le pipili.

Ina 'ua 'uma le taua, ona fai atu lea 'o le pipili 'i tama, "Fa'afetai i lou lua ālolofa, 'a 'ole'ā 'ave atu lo'u Ao mo 'oulua 'e te lua ō ma 'oulua 'i Manu'a e taui ai lo lua ālolofa 'ona 'ua 'ou ola i le taua." Ona ōmai lea 'o tama ma le Ao 'o le Matā'afa 'i Manu'a; peita'i 'ā fa'a'umi le suafa Matā'afa i Manu'a i aso anamua, 'o Tofoalematā'afa. 'Olo'o iai foi le isi tala fa'aāleipata e uiga 'i le suafa Matā'afa e ona le Vai o le Tama 'olo'o i Āmaile. E sili ona tele ni fa'amatalaga e fia maua, 'ina 'ia sā'ili ai pea po 'o fea le tala moni.

GĀLUEGA FAUTUAINA

1. Fautuaga mo Faiā'oga

   E lē tatau ona a'o taulotoina e tamaiti feusua'iga a tamāli'i 'olo'o tusia i lenei matā'upu. Pau lava le mea tāua,' ia iloa e fānau māfua'aga na fa'aigoa ai 'āiga o tamāli'i i suafa fa'apitoa. 'O le isi mea e tatau ai, 'ina 'ia iai se tusitusiga e tua 'i ai le fiailoa pe 'ā fai lāuga a failāuga, ma pe 'āfai fo'i 'ole'ā māfaufau le failāuga e tatala fāiā o 'āiga ina 'ua fa'afesāga'i paolo māualuluga. 'O le ala lea e tāofi ai e le isi failāuga le lāuga a le isi failāuga, 'ona 'ua tala se fāiā e lē logo mālie se ala o lea fāiā 'ole'ā tautalagia.

2. Fa'ata'ita'i i tamaiti fauga o lā'au o 'āiga (*family tree*). 'Ia fai fa'atauvāga i fausaga 'ese'ese. Mo se fa'ata'ita'iga: 'o lā'au e 'āmata atu i le pogai, po 'o le 'āmata mai i le tumutumu, po 'o so'o se isi lava *idea* fou (*new format*).

3. Tusi se tala a lou lava 'āiga mo le fa'amasinoga o fanua ma suafa, ma tusia ai fo'i se *family tree*.

Iunite IV
'O 'Āiga Fa'apitoa o Tamāli'i ma Itūmālō

ILOILOGA O TOMAI

Vāega I.
1. Tali fesili nei:
     a) 'O ā māfua'aga o suafa o 'āiga tamāli'i nei o le atunu'u:
         'Āiga sā Le Vālasī
         'Āiga sā Tuālā
         'Āiga sā Tunumafonō
         'Āiga sā Moelēoī
         'Āiga o Māvaega
2. Fa'amatala le uiga o le 'Āiga Potopoto ma tusia ai ni fa'ata'ita'iga.
3. 'Āisea e tāua ai fāiā o 'āigātupu ma fāiā fa'aitūmālō i aganu'u a Sāmoa?
4. 'O ai 'o tagata Sāmoa nei e tausia fāiā o 'āigātupu?
     a) 'o tupu
     e) 'o faife'au
     i) 'o fale'upolu o tōfiga
     o) 'o le 'au tautua
     u) 'o fānau o le lumana'i
5. 'O ai le 'āiga tamāli'i e tau' i ai 'āiga o ou mātua? 'Ā 'e lē iloa, telefoni i ou mātua i Sāmoa.
6. Tusi sau solo e ta'u ai faletama a mātua o ou mātua.
7. 'O le ā le māfua'aga o le sā'afiafiga a Alapapa 'iā Tole'afoa 'olo'o tusia i le 'Āiga sā Tunumafonō?
8. 'O le ā le uiga o le suafa o le ulua'i Togiolatu'itu'iotoga?
9. Se'i fa'amatala mai le māfua'aga o le suafa o lenei tamāli'i 'o Lilomaiava.
10. 'O fea na ō mai ai pe'a na fa'asaoina Leutogitupa'itea?
11. 'Āisea e fa'asā ai e le mālō o Toga ona 'ai e se isi se pe'a?

Vāega II
     Tusi mai fāiā o lou 'āiga patino (*immediate family*) ma fa'aaogā mai 'upu *usu* ma le *fa'ae'e le gafa* (fg).

'O 'Āiga Fa'apitoa o Tamāli'i ma Itūmālō

FA'ALEOGA MA FA'AUĪGAGA O 'UPU

'Upu	Uiga
'āiga pa'ia	'āiga mamalu
'āiga fa'alagilagi	'āiga fiailoa
'āiga mālosi	'āiga e fai mea mafai
'ala	fa'alavelave e iai ni fiafiaga e pei 'o se faaulufalega po 'o se fa'aipoipoga
'autaunonofo	fafine to'atele e nonofo i le tāne e tasi
atu	i'a o le moana
'Afualātaua	fa'alupega o Lāfai
inati	tu'uga, fōa'i
i'ulauniu	si'usi'u o le launiu
Utumalama	malae i Āmoa
fati	mapuna o galu
fa'asagaoge	fia 'a'ai
fa'ae'e le gafa	usuia
fale na tō'ese	'o le fale na totō i fanua 'ese
fuaifale	vāega o le 'āiga
Fofoaivao'ese	fānau i le tagata 'ese / alo o Salamāsina
Fotulupe	'o le va'afailā
Lilomaiava	'o le mou atu i le ava /tamālii
lē mau fono	'ua misi le fono, sau 'ua 'uma le fono
lufilufi	fa'asoasoa se mea
matua	tupuga o le suafa
muāala	su'e 'auala
peau	galu o le sami po 'o au o le sami (*current*)
pi'ilua	o tagata e to'alua e pipi'i o lā tino
saesae laufa'i	faitauga o 'āiga e fa'aaogā ai le laufa'i
Salāfai	'o le isi igoa o Savai'i
Salamāsina	susulu le 'aulelei pei 'o 'ave o le māsina / tupu tama'ita'i
Sāfune	e sā Fune / igoa o le nuu
tagiauē	tagi lotulotu
tuāfono	toe usuia le isi fono
Tonumaipe'a	'o le suafa na maua mai le tonu na fai e pe'a
Tuiuea	'o le tupu o le atunu'u o Uea (*Wallis*)
tupuga	amataga o le suafa
Tafaoimālō	sa'oloto i le atunu'u / igoa 'o le matai i Satalo
Taulauniu	e tofu le tafa'i ma le launiu e fa'amalumalu ai le tupu / ta'u o tulafale o Safune
Vaisola	'o le vai e sau ma sola le suāvai
Va'oto	'o le fanua i le vā o Faleālupo ma Tufutāfoe i Savai'i

IUNITE V: 'O TALATU'U MA FĀGOGO MAI 'Ī MA 'Ō

IUNITE V: 'O TALATU'U MA FĀGOGO MAI 'Ī MA 'Ō

Fa'asologa o Matā'upu

'UPU FA'AILOILO

E iai tala a Sāmoa i māfua'aga o suafa o itūmālō e pei 'o le 'āiga Tauā'ana ma le Faleā'ana na māfua 'ona o usuga a le tama o 'Ana le atali'i o Pili. E ui ina mamao i tua le soifua o 'Ana 'a 'olo'o atagia pea ona fōliga mamalu i gafa tau'ave 'olo'o fa'alagi pea i fa'alupega 'o le itūmālō o Ā'ana pe'ā fai lāuga.

E fa'apenā fo'i le tāua o le suafa o le itūmālō o Faleālili i ona mau talatu'u e pei 'o le tala i le Manusāmoa. E ui ina lē mafai ona tusia 'uma talatu'u e uiga 'i itūmālō ta'itasi 'ae tau ia 'o ni isi o itūmālō e tusia e fai ma fa'atupu manatu i tupulaga o Sāmoa ma talitonu ai, sā iai toa mamalu o Sāmoa na amataina faigāmālō a itūmālō ma le atunu'u.

E to'atele tamāli'i e tete'e i le toe tusia o talatu'u fa'apea 'ole'ā lauiloa ai measina a Sāmoa e isi atunu'u ma isi tagata; peita'i, tātou te lē 'o toe ola i se lalolagi pumo'omo'o ma se lalolagi fefevale. 'O le tele lā 'o tala 'olo'o tusia i lenei Iunite, 'o tala lava i mea na tutupu i itūmālō ma o lātou tamāli'i.

E aogā tele nei tala e fa'alautele ai le mālamalama o tamaiti i le gagana a failāuga 'aemaise mea aogā o le aganu'u 'olo'o maua mai ai i talatu'u ma fāgogo mai tua'ā 'ua mavae. 'Ana leai talatu'u mai le vavau, tātou te lē fa'amaonia ma fa'amautūina fāiā o tamāli'i ma 'āigātupu o Sāmoa. E leai fo'i se aogā tātou te fa'alagilagi ai mamalu o tamāli'i 'ae lē mālamalama le to'atele o alo o Sāmoa i māfua'aga o ia mea. E ui lava lā 'ina 'ese'ese agāga ma manatu sā fa'amatalaina ai tala fa'aleatunu'u, 'ae lē āfāina, 'auā e 'ese'ese talitonuga o mātua 'ua mavae. E lelei le tele o ni talatu'u e sāga fa'alautele ai le iloa ma le āmana'ia o measina a Sāmoa 'aemaise lava le mālamalama i le feso'ota'iga o lea tamāli'i ma lea tamāli'i; e tupu ai lagona alofa ma lagona e fa'amaopoopo atili a tātou meatōtino.

'O le ā lā sou lagona i nei mau tala ma fāgogo 'ua tūsia? 'O ā ni mea tāua o aganu'u 'olo'o fa'amaonia ai? 'O ā ni fāiā fa'atūmua 'olo'o ta'u mai ai? 'O fea 'o iai ni vavau 'olo'o fa'amaonia ai? E fa'apēfea ona fa'aolaola ma fa'aauau fāgogo ma talatu'u 'ina 'ia fa'amaonia 'o ni mea moni lava?

'Ā tafea le utu a se tamāli'i, 'ua tafea 'uma ai mamalu tau lona 'āiga. 'Ua lē tatau ai ona fa'atamala ē 'ua 'avea ma matai o 'āiga i mea tōtino a 'āiga, 'auā 'o ia o le tausi mea a le 'āiga, 'ae lē 'o le fa'atafea o mea tau 'āiga potopoto.

'O tātou 'uma 'o faiā'oga Sāmoa; 'ia tātou taumafai e fa'amautū talitonuga a fānau a Sāmoa i a lātou meatōtino 'ina 'ia ola ma tā'a'alo ai ma le mautinoa, 'o lātou o alo o tamāli'i Sāmoa, 'ua lātou matuā mautinoa lelei fa'avae mautū ma māfua'aga o manatu Fa'asāmoa moni, 'olo'o fa'aata mai e talatu'u ma fāgogo. 'Ana leai fo'i lāuga a failāuga, e lē toe sā'ili'ilia talatu'u a Sāmoa ma o lātou māfua'aga.

'O le Iunite Lima lā, 'o le fa'amauina lea o so'o se tala e maua mai i itū e fia o Sāmoa. 'O ni tala lava 'olo'o maua mai ai suafa matai ma o lātou si'osi'omaga. 'O le tele lava o ni isi tala, 'o tala mai Manu'a na fa'amaumauina e Dr. Augustine Kramer, Volume I ma le II. E fesoasoani tele nei tala ma fāgogo ma solo, e fa'amaonia ai le tele o aganu'u sā fa'amatala gutu, (*Oral Traditions*) ma tāofia ai le femāsaloa'i o tagata po 'o fea le mea moni. E lē faigofie le gagana a tua'ā 'ua mavae, 'ae toe lē mālamalama lelei le Fa'asāmoaina o nei tala e papālagi. Tasi 'o le mea,

145

'o le gāluega lea a tamāli'i o nu'u ma itūmālō e ona ia tala, 'ātoa ma le fesoasoani a faiā'oga ma le 'au tusitala, 'ina 'ia tata'i ane tusitusiga o nei tala i le agāga talafeagai ma manatu Fa'asāmoa moni.

MATĀ'UPU I: TĀTOU TUSITALA

I. Taua o Pāpā

E lē tele ni taua o pāpā 'olo'o maua o lātou fa'amatalaga vāganā nai taua e fā 'olo'o tūsia i le tusi a Brother Fred Henry e ta'u 'o le Tala Fa'asolopito o Sāmoa, 'ātoa ma le tusi a Dr. Kramer, Vol. I.

'A 'o le ā 'ea fo'i lea mea e ta'u' o *pāpā*? 'O *pāpā*, 'o pa'ia ia ma mamalu o itūmālō e fa'ae'e i le Ao po 'o le igoātupu e fa'amamalu ai le tupu. E na'o tupu lava e fai o lātou *pāpā*, e na'o tupu fo'i e fai o lātou tāeao ma o lātou taua 'ae lē so'ona tau Sāmoa.

'O le taua muamua lava o *pāpā*, 'o le taua a Tuiā'ana Tamaalelagi ma Tuiā'ana Sagate i Ā'ana, 'ona 'ua lē malie Tamaalelagi i le sāuā o pūlega a Sagate; 'o lea na tagi ai So'oa'emalelagi i ona tuagane 'o Tupa'i ma 'Auva'a e fesoasoani mai i le taua e 'ave'ese ai Sagate. Na fesoasoani Nāfanua i lenā taua ma 'ua Tuiā'ana ai loa Tamaalelagi 'ina 'ua maliu Sagate.

'O le taua lona lua o pāpā, 'o le taua lea i le vā o Malie ma Afega, 'ona 'ua mana'o Tuisāmau e fa'ae'e pāpā 'iā Nato'aitele, 'ae lē mānana'o ai Mālietoa ma 'Auimatagi. Na finagalo Nāfanua e talia le fa'atagi a Nato'aitele e 'aumai ni 'au e tauina le taua. 'O le 'upu a Nāfanua 'iā Tupa'i e fa'apea, "Ō 'inā tau le taua mo Nato'aitele, 'ae 'ā mālō la tātou itū'au, ona sunu'i lea 'o le alāfale i Tanumafili e nofo ai Tupa'i na te talia le tanoa a Tuisāmau; ma 'ia tūvaofono Tuisāmau i Malie, 'ae 'aua le toe tūvaofono 'Auimatagi. 'Ua mālō nei Nato'aitele ma Tuisāmau 'ae faia'ina Mālietoa ma 'Auimatagi. Ona 'ave loa lea e Nāfanua le Nato'aitele 'ae na'o lona mālō 'ua fa'asavali i Tuamāsaga.

'O lona tolu o taua o pāpā, 'o le taua i le vā o Tuiātua Fogāniutea ma Tuiātua Fogāolo'ula. Na fa'alogo Fogāniutea i le manumālō o taua e ta'ita'i e Tupa'i, ona alu fo'i lea 'o lana fe'au 'iā Tupa'i e fesoasoani e tau lana taua.

Na logo fo'i e Tupa'i 'iā Nāfanua le mana'o o Fogāniutea, 'ae tali mai Nāfanua fa'apea: "Ō 'inā tau le taua, 'ae 'ā mālō, ona sunu'i lea 'o le alāfale i Pulema'ava 'ae nofo ai Tupa'i e fai ma nofoasā o le Tuiātua." Na mālō le itū a Tuiātua Fogāniutea, 'ae faia'ina Tuiātua Fogāolo'ula ona 'ave fo'i lea 'o pāpā o le Tuiātua e Nāfanua.

'O lona fā o taua o pāpā, 'o le taua lea i le vā o sā Tunumafonō ma le Alātaua i Sāfata. Na molimana'o fo'i sā Tunumafonō 'iā Tupa'i 'ina 'ia fesoasoani atu i le taua; ona logo lea e Tupa'i le mana'o o sā Tunumafonō 'iā Nāfanua. Fai mai Nāfanua, "Ō 'inā tau le taua, 'ae 'ā mālō, ona sunu'i lea 'o le alāfale i Nu'usuatia'alemanu 'ae nofo ai Tupa'i e leo i le alāfale e fai ma agatonu o sā Tunumafonō. Na tau le taua ona mālō lea 'o sā Tunumafonō 'ae 'ave e Nāfanua i Savai'i le pāpā o le Tamasoāli'i, 'a 'ua fa'asavali lava le mālō o sā Tunumafonō i le Alātaua. 'O le taua lenei na talipisi ai 'Imoa i le Alātaua, ona ta'u loa lea 'o 'Imoa o le pitolua o sā Tunumafonō.

'Ua potopoto 'uma pāpā o Tūmua i Fili ma Puletu'u, 'o malae i Savai'i; 'a 'o le isi aso na lagona ai e Nāfanua le alofa 'i Ao o itūmālō, ona fai atu lea 'iā Tupa'i, "Ōmai 'inā ō e 'ave pāpā 'iā So'oa'emalelagi i Leulumoega, 'ina 'ia taunu'u ai la'u 'upu na fai atu. E sunu'i le alāfale i Leulumoega e ta'u 'o le "I'u mai Pāpā." Na alu Tupa'i 'iā So'oa'emalelagi po 'o le ā sona finagalo i le mana'o o Nāfanua, 'a 'ua silimea nei le seuga i Sālefe'ē.

Na te'ena e So'oa'emalelagi le mana'o o Nāfanua 'ona e mana'o 'ia fa'ae'e 'uma pāpā 'i lana tamafai o Salamāsina. Na talia e Tupa'i le mana'o o So'oa'emalelagi; ona fa'ae'e 'uma loa lea 'o pāpā o nei itūmālō sā fai a lātou taua 'iā Salamāsina e pei 'o le Tuiā'ana, Tuiātua, Nato'aitele, ma Tamasoāli'i ma 'ua ta'u ai loa lenei alo tama'ita'i o Sāmoa 'o le tupu 'ua tafa'ifā, po 'o le tupu 'ua tautupu ona itū e fā.

'O ā ni mea aogā o le aganu'u 'o maua mai i lenei tala, 'a 'o le ā se a'oa'oga tāua?

II.   Tafa'i o Tupu e Tausia Pāpā
1. 'Upolu

Tafa'i o le Tuiā'ana	Umaga ma Pāsese.
Tafa'i o le Tuiātua	Tupa'i ma Ta'inau.
Tafa'i o le Nato'aitele	Fata ma Maulolo.
Tafa'i oTamasoāli'i	Fuga ma Māu'ava

2. Savai'i

Tafa'i o le Tonumaipe'a	Tupa'i ma 'Auva'a
Tafa'i o le Tagaloa	Sāfune ma Taulauniu
Tafa'i o le Lilomaiava	Sālemuli'aga

3. Tutuila (Tafa'i o Tutuila e ta'u o Tafatafa)

'O tafatafa o Le'iato	Ti'a ma 'Aga (o atali'i o Mana)
'O tafatafa o Mauga	Tuā'olo
'O tafatafa o Letuli	Nofo a pule o le Alātaua
'O tafatafa o Tuitele	Olo ma Le'oso
'O tafatafa o Sātele	Tāuto'oto'o o Itū'au
'O tafatafa o Fuimaono	Tula ma Sātoafaigā o Leasina

4. 'O Tafa'i o Manu'a e ta'u o To'oto'o o le Fale'ula

Ta'ū	Lalamua, 'Aitulagi, Fofō, Faamausili
Fitiuta	Fili'upu, Logoai, 'Ale, Vele
Faleāsao	Tauānu'u, 'Aso'au
'Ofu	Le'i, Velega
Olosega	Malaepule, Malemo, Niuatoe
Sili	Lolo

'O nei tusitusiga fa'aanamua 'olo'o tete'e 'i ai to'oto'o o le atunu'u, 'auā 'ua tele ina sui suafa o tamāli'i ma o lātou Tula e faia 'upu tau itūmālō. 'Ae lelei fo'i ona toe fa'amanatu pea, 'auā 'o mea tāua o le aganu'u 'ae tu'u 'ese ni 'upu 'ua popo 'olo'o iai.

III.   'O Fa'atui o le Motu

Sā alu le fōlauga ta'amilo a Itū'au ma Alātaua i motu o le atu Sāmoa ina 'ua 'uma ona fau le va'a e ta'u 'o le Iloauila. 'O lenei va'a sā fau i le lau'ele'ele o sā Malietoā e igoa o To'oto'oāmemea. 'O le tagata sā fa'aautaia lenei malaga 'o le tamāli'i mai Āmoa 'o le Fa'asalele'aga e suafa 'iā Alamisi. Ina 'ua fo'i mai le fōlauga i le vasa Pasefika ona afe lea 'i Manu'a ma tu'u i ai le Fa'atui, na maua ai le Tui 'Ofu ma le Tui Olosega. Na malaga mai 'i Tutuila ona afe lea 'i lau'ele'ele o Leone ma momoe fa'asau ai i lalo o le togāifi; na ala ai ona maua malae o Laloifi ma Falesau ma maua ai le Fa'atuiolemotu i Leone. 'O i'inā na ta'ape ai le

148

faigāmalaga.   Na fai ai a lātou fa'amāvaega ona fa'aigoa ai lea 'o lenā lau'ele'ele 'o le Faleomāvaega.

IV.   'O Māneafaigā, le toa o Tutuila

Sā nofo Māneafaigā i le mauga e igoa 'o Sesolo i gā'uta o Nu'uuli. Sā tatau lana 'afa i le ala. 'O le isi pito o le 'afa i le itūala i uta, 'a 'o le isi pito 'afa i le itūala i tai o le nu'u. 'Ā fa'apea e lāvea se malaga i le 'afa, ona tutuli ifo lea 'o ni tagata e Mānea e 'aveatu tagata o le 'aumalaga e fai ai lona aso.

'O le isi aso na alu ai le tama e igoa 'iā Ma'alāuli e so'a i'a i gātaifale, 'ae iloa ifo ai e Mānea. Ona fai atu lea 'i tāulele'a e ō ifo ni isi e 'aveatu le tama e fai ai lona aso. E fai atu le taule'ale'a 'iā Ma'alāuli lā te ō 'i le mauga i le fe'au a Mānea, 'ae tago Ma'alāuli gagau le isi vae o le taule'ale'a; ona alu 'etu'etu lava lea 'iā Māneafaigā. E fesili atu Mānea po 'o fea le tagata e fai ai lona 'ava, 'ae tali mai le taule'ale'a, "Sē, 'o le sau'ai tagata le mea 'olo'o i lalō."

Ona toe tutuli ifo fo'i lea 'o isi tagata e 'aveatu Ma'alāuli, 'ae tago atu fo'i Ma'alāuli gaui vae; ona fai atu loa lea 'o Mānea 'i tāulele'a o lona nu'u fa'apea, "Ia 'outou ō e fai 'i le tagata, fa'amolemole 'ia e maliu a'e i le fe'au a le ali'i."

Ona tali atu loa lea o Ma'alāuli, "'Ua lelei, 'ole'ā 'ou alu atu."

Na taunu'u Ma'alāuli i le mea 'olo'o iai Māneafaigā ona fesili atu lea 'i le tama, "'O 'oe lenā 'o Ma'alāuli?"

Ona tali atu lea 'o Ma'alāuli, "'O lea lava."

Ona fai atu lea 'o Māneafaigā, "Sau ia, 'ole'ā ifo lo'u aso 'iā te 'oe."

'Ae fai mai le tali a Ma'alāuli 'iā Māneafaigā, "Fa'afetai, 'ae tau ia 'o lou sau i tagata e ifo, 'a 'o lou mamalu, tu'u pea faitalia 'oe."

'O le isi aso na fai ai le seuga a tamāli'i i Tiatele. Sā potopoto 'uma i ai tauvao o Savai'i, 'Upolu, ma Tutuila. 'Ua 'uma ona fau faleseu o tamāli'i 'uma, 'ae nōfonofo pea lava Māneafaigā e lē faua sona faleseu. Na'ona nōfonofo lava i le fogātia ma 'ausi le na'a o lana 'upega. 'Ua fai so'o 'i ai ali'i e fai sona fale, 'ae lē popole i ai Māneafaigā; ona ō loa lea 'o ali'iseu 'uma, 'ua tatā mai lā'au ma fau ai le faleseu o Māneafaigā.

'Ua o'o i le itūlā o le seuga; 'ua to'ia fo'i le tia. E si'i a'e le na'a a le isi tagata, 'ae fai mai Māneafaigā, "Fa'amolemole ali'i, 'ua lāgafuaina la'u na'a e le manuvao." Fai mai loa Māneafaigā, "'Ua lelei fo'i 'ua maua le isi o'u igoa lea,' o Lāgafuaina."

'Ua o'o ina 'uma le seuga, ona ō ifo lea i lalo ali'iseu ma muimui lava 'iā Māneafaigā; fai mai a lātou 'upu, "Sē, 'ua matuā talaleu so'o lava le ali'i le lā i le seuga."

Na iloa e Mānea le muimui a ali'i, ona fa'apea ai lea 'o lana 'upu, "'Ua māumau le seuga; 'ua pōnā i vao 'ae lia'ina i ala." 'O le uiga 'o lea 'upu, 'o le mea na tupu i le vao, 'ae lauiloa i le 'a'ai. 'O le 'upu fo'i lea na fa'aaogā e Lefaoseu ina 'ua lē malie Ulumū i la lā seuga i le tiaseu o le Alātaua i Savai'i.

'O ā ni aganu'u 'ua 'e maua i lea tala 'atoā ma se a'oa'oga lelei mo 'oe?

V.   'O le Tama'ita'i o le Ao

'O Tago 'o le ali'i o Vatia. 'O lana feagaiga 'o Tavai i Pago Pago. Na alu le malaga a Tago e asi le 'āiga o lana āvā i 'Aunu'u. Na o'o ina 'ole'ā toe fo'i le malaga a Tago, ona fai atu lea 'o Togia 'iā Melegālenu'u, "Sau 'inā 'avatu le teine lea 'o Gā'ote'ote lua te ō na te tausia lau fānau." Ona lātou ōmai lea ma Gā'ote'ote 'i Vatia.

Ona fai atu lea 'o Tago, "'Ua lelei, 'ole'ā fai lā le teine lenei ma tama'ita'i o le Ao." Na o'o ina oti Gā'ote'ote lea na sau mai 'Aunu'u, ona suafa Gā'ote'ote ai loa lea 'o le atali'i 'o Tago.

Na usu Tago Gā'ote'ote 'i le afafine o Ma'ilo i Fagatogo, fg 'o Tago ma Sua'ese. Usu Sua'ese i le afafine o Pātea i Vatia, fg 'o Tuamaleila Gā'ote'ote. Na maliu Gā'ote'ote lea 'ae sui ai 'Olomanu 'ona 'o le pule a Tavai. Na maliu Gā'ote'ote 'Olomanu i le taua, 'ae soifua pea lona tuafafine o 'Amelia. Na usuia 'Amelia e Palaiē, fg 'o Sua'ese Gā'ote'ote. Usu Sua'ese Gā'ote'ote i le afafine o Liufau i Aūa, fg 'o Ponafala ma Sina'ita'aga.

E iai se mea lelei o le aganu'u 'o 'e maua i lenei tala, 'a 'o maua ai ma se a'oa'oga pe leai?

VI. *Letufuga i Sāfotulāfai*

Na nofo Fa'alulumaga, le alo o Tuiā'ana Uōtele, iā Letufuga, 'ona 'o le taua na si'i e lona tamā i Savai'i. Na ō atu Tuiā'ana ma le itūmālō e tau le taua, 'a 'olo'o seulupe Letufuga i le vao. Na tulia 'au a le Fa'asālele'aga 'i le vao, ona tago atu loa lea 'o Letufuga i le na'a o le seu, gaulua 'ae tutuli ai Ā'ana 'i le sami.

Na fesili Tuiā'ana po 'o ai le lā e ma'alo'alo mai le vao, masalo 'o le tagata moni lava lenā na tulia a tātou 'au? Na tali atu isi tagata o le 'au a Ā'ana, 'o le tagata e igoa iā Letufuga, 'ua na fafasi la tātou itū'au ma o tātou fale'upolu. Ona sāunoa atu lea 'o le Tuiā'ana Uōtele 'i lana 'au fa'apea, "Ō 'inā 'a'ami lenā tagata e fa'aigoa iā Tufugama'alomaivao." Ona toe fa'asaga atu loa lea 'o Letufuga 'ua sasa Fa'asālele'aga, ma vavao atu e 'aua le tutuliina Ā'ana i le sami. Ona fa'apea atu loa lea 'o Tuiā'ana 'i lana 'au, "'Ole'ā 'ave lo'u afafine 'o Fa'alulumaga e fai ma āvā a Letufuga, e fai ma o tātou togiola; ma 'ole'ā fa'aigoa Letufuga iā Tufugato'atama'i ma Tufugapule ma Tufugaalofa."

'O ā ni mea tāua o le aganu'u, 'a 'o le ā fo'i se a'oa'oga 'o maua mai i lenei tala?

VII. *'O le Lega a Tamāli'i*

'O le talitonuga a Sāmoa, e na'o 'āiga tamāli'i lātou te gaosia le lega. 'Aiseā 'ua lē toe galuea'ina ai lenei measina a Sāmoa? E iai māfua'aga:

- 'Ua lē iloa e tupulaga o nei aso ona gaosi le lega.
- 'Ua lē iloa po 'o toe tele ni ago i laufanua o Sāmoa, e gaosi ai le lega.
- 'O tulāfono o le faiga o le lega 'ua fenumia'i ma 'ese'ese i manatu o ē
    e māsani ona lātou faia lenei matāfaioi.
- 'Ua lē toe iai ni tōfale'auga a fa'asuaga a le atunu'u e fa'aaogā ai le lega.
- 'Ua leai ni fa'ama'i o le pa'u sā fa'aaogā ai le lega.

'O le ā le aogā o le lega i le soifua o tagata ma aganu'u? E lē nofo nofo lava fa'atāua e tamāli'i lenei fua o le lau'ele'ele. 'O le tasi lenei o lā'ei o tamāli'i mai le 'āmataga, e pei ona fe'ausi solo le pi'ilua tama'ita'i o Tilafaigā ma Taemā i le vasa Pasefika ma la lā 'ato pūmo'omo'o e teu ai a lā fāsilega e u'u ai pe'ā a'e la lā tāfeaga i so'o se laufanua o Sāmoa. 'O le isi lea ala e 'i'ila ai pe'a a tamāli'i, 'o le palu fa'atasi o le lama ma le lega.

'Ua 'avea le fa'a'upuga a Tilafaigā ma Taemā fa'apea, "E lē āfāina 'o le itiiti a legamea" ma gagana a failāuga i nei aso e nanā ai le lima vāivai pe'ā la'itiiti le si'i. 'O lona uiga, pe la'itiiti lava se fāsilega e palu ai se u'u, e sāmasama 'ātoa le lanu o le pa'u o le tagata; 'auā 'o le lega e sosolo e pei 'o se limumea i pa'u o lā'au.

'O le lega 'o se fa'ailoga o tāupou ma mānaia a le atunu'u, e iloagōfie ai 'o le tausala lea 'olo'o fa'atūtū i ai manatu o se aumoega. 'Āfai fo'i e afio atu se tamāli'i e tafao i se 'augafa'ap'ae 'ae lē 'o samaina lona tino, 'o lona uiga e lē 'o se mānaia moni lea tagata, ma 'ole'ā lē fia tafao ai le tama'ita'i 'ae tē'ena.

VIII.   'O le Gaosiga o le Lega

'O se gāluega faigatā ma le 'umi. E faia fo'i ma le fa'aeteete ina ne'i tagi le lega ma teva 'ese. 'O le lega, e maua mai i le sua o le ago *(turmeric)*. 'O le ago 'o le a'a o le lā'au sosolo i le 'ele'ele. 'O ona a'a e fōliga i fua o le karoti o aso nei. 'Ā ō fafine e 'eli ago, ona ta'u lea, 'olo'o alu le utugāago. 'Ā fo'i mai le utugāago ona 'ave lea 'o 'ato ago sosoli i le vaitafe e fufulu 'ese ai palapala.

'O le gāluega a tamāloloa e fa'atutū ni lā'au se fā i le 'au'au o le fale, ona 'aumai lea 'o se paopao fafau i ai lā'au nei e tāofi ai le fese'eta'i o le paopao. E 'aumai 'afa ona ta'ata'ai lea i tino o lā'au, ona olo ai loa lea o fusiago i pou 'afa nei.

E 'avane se ola i totonu o le va'a e talitali ai ago e to'ulu ifo pe 'ā nunu le ago. 'O le penu o le ago 'olo'o olo, e palu fa'atasi ma vai i totonu o le ola, 'ae fa'atalitali ifo le sua o le ago 'olo'o palu i se tānoa. E tusa e tolu i le fā itūlā 'o fa'ato'a le sua o le ago i totonu o le tānoa se'ia to'a lelei le lega; ona sasa'a 'ese lea 'o le suāvai 'ae toe asu ni isi suāvai fou i se ipu popo e toe palu ai le lega sā to'a. 'O le taimi lea 'ole'ā fa'amamā le lega 'ina 'ia māvaevae le lega moni ma le malasina. E to'a loa le lega moni i le tānoa, ona 'ave loa lea e fa'alā 'ia mago lelei. 'Ā tuai ona mago lelei ona 'ave lea tao i le umu; 'ā lē mago lava ona toe 'ave fo'i lea e fa'alā 'ia mago lelei; ma 'ia māmā le lega pe'ā feula. 'Ā mago lelei le pauta o le lega ona 'aumai loa lea i totonu o le fale 'ole'ā feula ai le lega i luga o ni lau u'a lautetele, ma afīfī loa 'ia malu lelei.

'O le tasi lā lenei 'oloa tāua sā fai ai fefa'ataua'iga a tamāli'i. 'Ā mana'o se tamāli'i i se fāsi lega ona fesuia'i lea 'o le fasi lega ma se 'ie o le mālō po 'o se isi fo'i 'oloa e fa'atau mai ai le lega.

'O le āmio a le lega e tagitagigōfie. 'Ā soli e le 'aufailega tūlāfono o le gaosiga o le lega, ona tagi loa lea 'o le lega; 'o lona uiga e su'e atu le lega 'ua liusuāvai ma tafea 'ese. Mo se fa'ata'ita'iga o le tulāfono: 'āfai 'o se tagata na nunuina le ago e fai ai le lega 'ua fai sona to'alua, e sā i lea tagata ona toe momoe ma lona to'alua se'ia māe'a lelei ona nunu le lega.

'Ana fa'apea lā e toe fa'atāuaina e Sāmoa lea fua o le lau'ele'ele 'o le ago mo le gaosiga o le lega, 'o lona uiga, 'o le tasi lea ala o le tamāo'āiga a le mālō o Sāmoa. E fa'apenā fo'i ona fa'aolaola pea le faiga o le fua o le loa *(anatto)* e fa'atau i fafo, mo le faiga o tēuga a tamāli'i.

'O le isi vāega o le lega e ta'u 'o le malasina. E fa'alā 'ia mago fo'i ona u'u ai lea o tamaiti mama'i. 'O le malasina 'o le 'alu o le lega 'ua to'a pe'ā fa'amamā le lega.

'Aua ne'i galo alagā'upu a failāuga na maua mai i le faiga o le lega.

- *E itiiti a legamea.*
- *Sei māvae le lega ma le malasina.*
- *'Ua pei 'oe se lega lou tagivale.*

IX.   'O Tiaseu o Tamāli'i

'O se aganu'u ta'uta'ua lenei faiva 'o le seulupe. Sā na'o tamāli'i ma ō lātou soāseu e faia lea faiva. 'O le faiva e fai i le tuāvao, ma e fai i luga o tiaseu. 'O le tia e fatufatu aga'i i luga ma 'autafa i ma'a fa'asitepu. 'O le tumutumu o le tia e tū ai le falevā'ai. E pule le tamāli'i pe fia pola o le tia; pe tolu pe fa, pe lima fo'i. 'O pola, 'o 'ave ia o le tia e lalafi ai le 'au seulupe i o lātou faleseu. E fa'avasega fale e seu ai lupe: 'o le falevā'ai, 'o le falemua, ma le faleseu. E iloga itūmālō e tele ai lupe i o lātou vaomatua. Se'iloga 'o se tamāli'i tomai i le seuga o lupe, ona fa'asavali lea 'o ana seuga i itūmālō e fai ai ni tauvāga. E lē mafai ona alu to'atasi se tamāli'i e seulupe, 'ae ō lava ma se tulāfale po 'o se isi ali'i lā te to'alua. E ta'u lea tagata 'o le soāseu. 'O ia lea na te fa'ailoina le lupe 'ua maua, 'aemaise 'o se lupe na muamua maua - e ta'u 'o le lupemua. 'Ā maua lā le lupe, ona pōpō lea 'o lima ma fa'amālō isi i isi o le ta'aseuga. E ta'u lenā mea, *"'Ua 'oa'oa i faleseu."*

E fafau le 'upega seu e pei se mea tā palolo, 'ae loloto i lō le mea tā palolo; ona fa'alava ai lea 'o se fāsi lā'au po 'o se 'afa e fai ma liva i le 'ogātotonu, e mafai ona fetu'una'i i le mamao ma le lata mai o le lele mai o le lupe. E ta'ua lea 'afa 'o le muniao. 'O le ala lea o le isi alagā'upu a failāuga, *"Sā fetu'una'i nei muniao i vāgana o le fā'atau."* E tatau ona iai se lā'au 'umī e tapē ai lupe. E ta'u lea lā'au 'o le na'aloa. 'Ā maua le lupe 'ua pē ona tu'u lea 'i le taga e ta'u 'o le puto.

E olotū lupe i luga o ulu o lā'au. E iloga lupe a tamāli'i, 'auā e mūmū vae ma gutu, 'a 'o lupe a tulāfale e uli vae ma gutu. 'Ā ōmai fa'atasi lupe e tele ona ta'u lea 'ua totō mai le fuifui. 'Ā tele naunau lupe e olotū i luga o lā'au pe'ā o'o i aso o le seuga, ona fa'apea lea 'o tagata, *"'Ua malumaunu le fogātia."*

'O le faiva lenei a tamāli'i e sili ona tele alagā'upu a le atunu'u e maua mai ai e pei 'o ni isi ia:

> 'Ua *liligo le fogātia.*
> 'Ua *paū le tuāvao.*
> 'O *lupe sā vao'ese'ese, 'a 'o lenei 'ua fuifui fa'atasi.*
> 'Ua *māta'ina le seuga.*
> 'Ua *mātalupe le seuga.*
> 'Ua *saveioloolo le seuga.*
> 'Ua *'oa'oa i faleseu.*
> 'Ia *seu malie lupe 'o le fogātia.*
> 'Ua *se togi le seu na lagatila,*
> 'Ua *fa'apūlou i le tuālima.*
> Fa'amālō *fai o le faiva.*
> 'Ua *fa'amanusina lē soā.*
> E *pōnā i vao 'ae lia'ina i ala.*
> 'Aumai *se ū matatasi e fana ai le lupe o le vāteatea.*
> 'Ou *te lē seutafilia le na'a 'ae seu matāto'aga.*
> 'Ua *futifuti manu'ula lo tātou aso.*

'O ā ni au mea aogā o le aganu'u 'o maua mai i lenei ta'aloga a tamāli'i? E mata e 'avea 'oe ma tamāli'i seulupe?

X. *'O Lata le Toa o Fōlauga a Sāmoa*
    <u>'O le Pese a Aitu Fafine e To'asefulu ma le Lua</u>
    Felelei ane fepi'iti fa'atasi lālā ma tāgālā'au
    Tutū loa i luga 'oulua 'o a mātou fānau
    Soso'o 'outou, feso'ota'i 'ia mamau
    'Ia māopoopo fa'atasi ma tāofi mau
    Felelei fa'atasi lālā ma tāgālā'au
    Tutū ia i luga 'oulua a mātou fānau

'O mātua o Lata 'o Fafieloa le tamāloa ma le fafine 'o Tulāpua. 'O le tamā o Fafieloa e igoa 'iā Tavai i le nu'u 'o Pago Pago i Tutuila. 'O le fa'alavelave lā na tupu i le isi aso, na alu atu

152

le tamāloa Savai'i e igoa 'iā Matu'utaotao, fasioti Fafieloa, le tamā o Lata. E le'i iloa pe 'aiseā na māfua ai lea mea. Na matuā ita tele Lata, ma 'ua na fia maua lava le tagata lea na fasia lona tamā se'i fasioti. 'O lea na alu ai loa Lata fau lona va'a i le nu'u o Tafagafaga i Manu'a ma alu ai loa i Savai'i.

Sā tuta le va'a o Lata i le lau'ele'ele 'olo'o ta'ua nei 'o Lata i le itū i saute i le atunu'u o Toga, ona ō ane lea 'o tagata Toga mātau le fausaga o le va'a o Lata e ta'u 'o le 'alia; ma 'o i'inā na fa'ato'ā iloa ai e Toga fau 'alia ma le fale i le vā-i-va'a, e ta'u 'o le fale Fa'amanu'a. Na toe fo'i mai Lata 'i Savai'i ma fatia ai lona va'a i luga o le a'au; ma 'olo'o liu ma'a i le a'au i gātai o Lata, le va'a o Lata.

Na mana'o lava Lata e toe fau se isi ona va'a e tuli ai lona fili, ona alu loa lea 'i le vao tatu'u tamanu lelei lava e lua ma fau loa va'a e lua. Fa'ato'ā alu ifo lava 'i tai Lata 'ua pō ona 'ua fia 'ai. E usu atu Lata i le taeao na soso'o ai, 'ua leai ni 'ogāva'a; 'ua te'i ai si tamāloa. Na tago atu lava ma le ita tele i le to'i, taia ai lā'au tetele e lua ma toe fau ai fo'i isi va'a. Na lē lavā Lata i lana gāluega ona alu fo'i lea 'i le 'a'ai e malōlō. E fo'i mai fo'i i le taeao, 'ua leai fo'i se va'a. 'Ua ofo fo'i Lata ina 'ua na va'aia lā'au na fau ai le va'a 'ua toe tutū lelei mai lava ma lau olaola. E ui lava 'i lona vāivai, 'ae na toe fau fo'i le isi va'a. Ona lē mānava lea i tai Lata, 'a 'ua lafi i le togāvao e lama po 'o ai lea na te 'ave'esea lā'au ma toe fa'aola i le togāvao.

'O le pō tonu lenā na 'ātoa i ai le māsina, na va'aia ai e Lata aitu fafine e to'asefulu ma le lua 'ua sisiva fa'ata'amilo i lona va'a ma pepese i 'upu 'olo'o tusia i luga. Na ofo ma le fefe Lata 'i se mea 'ese ina 'ua toe tutū lelei lava i luga lā'au e pei lava 'o o lātou tino mo'i sā iai.

Sā fa'ato'ese Lata i aitu, ona toe ālolofa ai lea 'o le 'au tama'ita'i, ma fai loa 'iā Lata e alu e malōlō. Peita'i na 'otegia e le isi aitu Lata i 'upu nei:

'Ole ā le mea na 'e tu'u ai i lalo a mātou fānau?
'O ai na fa'ataga 'oe e fai lenei mea?
Na 'e 'aumai se tāulaga i le atua o lā'au 'o Tāne?
'Ā 'e lē faia lā na sauniga pa'ia, 'e te lē mafaia ona 'e toe maua nei lā'au.

Na iloa atu e aitu le salamō o Lata, ona folafola loa lea e aitu 'iā Lata, e usu atu i le taeao 'ua 'uma lona va'a ona fau. 'O le fiafia ia 'o Lata, ina 'ua alu atu i le taeao 'ua ta'atia mai le va'a mātagōfie ma le mālosi. Na si'i i le sami le va'a ma 'ua ia fa'aigoa, 'o le Pualele, 'ona 'o le saosaoa ma 'ua fa'amanatu ai lona tinā 'o Pua. Na maua loa lava e Lata, Matu'utaotao i le motu o Toga, fasioti loa 'ae 'ai le fatu. 'O ia lea na na fasiotia le tamā o Lata. 'O le ala lena 'ua fa'aigoa ai Lata, "'o Lataaitu."

Na malepe le Pualele ona toe fau lea e Lata le isi va'a mālosi ma fa'aigoa o Riawa. 'O le va'a lenā na faimalaga solo ai e su'e nu'u fou o le Pasefika, se'ia o'o lava ina taunu'u 'i motu i sasa'e o Niu Sila ma nofo mau ai.

'O ā ni mea aogā mo 'oe, mai le tala iā Lata?

XI.   Faiga o le Umu Tī a Tamāli'i Anamua
Sā leai ni suka i aso anamua, 'a 'o le tasi lenei 'auala sā fa'asuamalie ai mea tāumafa a Sāmoa, 'o le fai lea 'o se umutī, e tao ai 'ogālā'au o le lā'au sā totō e ta'u 'o le tī 'aina, e 'ese mai le tī vao ma le tī 'ula lea e fatu ai titi pe'ā sisiva.

E lē faigōfie lenei gāluega 'o le faiga o se umutī, 'auā e lē mafaia e so'o se tagata e to'atasi, 'ae se'iloga e potopoto 'i ai le nu'u 'ātoa.

153

E 'eli muamua se lua 'ia loloto ona lāgolago lea i 'ogāniu lāpopo'a ma la'u 'ia lava fafie ma 'ogālā'au lāpopo'a i le lua ona fetui loa lea i ma'a lāpopo'a 'ae le'i tutuina le afī. E 'āmata i le taeao ona pusa le umu 'ae fa'ato'ā tao i le afiafi.

'Ā sasa'e le umu, ona 'aumai lea 'o ni maea po 'o ni fue mālolosi e nonoa i puimanava o tāulele'a e sasa'eina le umu, 'ae tāofi atu e isi tagata pito maea, po 'o le noanoa fo'i i ni lā'au 'olo'o tutū latalata i le 'ogāumu; e fai lea faiga e tāofi mai ai tāulele'a ne'i pā'u'ū i le 'ogāumu.

E vāevae 'ogālā'au fa'alaiti o tī ma tu'u i totonu o 'ato 'ua āfei lelei i laufao ona saisai mau lea; ona fa'ato'ā lafo lea 'o 'ato tī 'i totonu o le 'ogāumu. Pe tusa e tolu pe fā aso,'o tao lava le umutī. E fai sasa'e 'o le umutī i amo 'u'umi, 'auā e loloto le lua 'olo'o tao ai 'ato tī. E ta'ua ia sasa'e 'o tofa o le umutī. E tusa e ono tofa o le umutī. 'Ā fu'e le umu, ona fa'asoa muamua lea 'o 'ato tī i tamāli'i o le nu'u e fai ai a lātou tī fono. 'O 'ato tī e totoe, e fa'asoa i 'āiga.

E gau le 'ogātī ma lamu pei 'o le tolo 'ae folo le sua. 'Ā lē 'o lenā, 'ua saka 'alava o le 'ogātī i se 'ulo vai ona inu lea 'o le suāvai e pei 'o se tī po 'o se kofe; pe'ā lanu mūmū le suāvai i le sua o le tī, ma 'ua suamalie ai lava.

E fa'asaosao tī fono a matai, 'auā tāumafa o le taeao pe'ā fai a lātou sāofa'iga. 'O le isi aogā tele o tī, 'o le fai ai 'o otai, 'auā e pei lava 'olo'o tāumafa se suāaraisa i le taeao.

XII. Faiga o le Otai:
'O le faiga o le otai e fa'aaogā ai le tī 'aina.

E toli mai niu mumu'a, ona o'a 'ese lea o pulu 'ae ta'ei sua i totonu o se tānoa, 'ae valu pe sali le 'a'ano i se isi tānoa. E 'aumai 'ogātī ona tipitipi nini'i lea i le suāniu 'olo'o i le tānoa, ona palu lea 'ia fetaui lelei le suāniu ma le sua o le tī, ona fa'ato'ā lafo loa lea 'i ai 'o le 'a'ano o niu e save'u fa'atasi ai.

E asu i ipuniu 'ua mamā ona salusalu otai a tamāli'i, 'ae lē fa'aaogāina ni ipu a papālagi, 'auā e lē manogi ai ma susua le tāumafa i le otai. Ta 'ai a'e ia se otai i nei aso!

XIII. Igoa o Fua o Fa'ato'aga Anamua
Se'i toe fa'amanatu igoa o mea tāumafa a Sāmoa anamua, na mālolosi lelei ai ma soifua 'umi tagata.

1. Fa'i
E ōmai misionare ma fa'i papālagi ia 'ua ta'atele nei, 'ua leva ona iai a tātou lava fa'i sā tutupu i o tātou togāvao, e pei 'o le fa'i Sāmoa, fa'i pulu, 'o le tapuota, pipi'o, mamae, taemanu, soa'a. Fa'ato'ā maua mulimuli pata ma misiluki mai isi atunu'u. Sā fai masifa'i a Sāmoa pe'ā anoanoa'i fa'i matua. E iloga fa'i e fai ai fa'aotaga, 'a 'o isi fa'i e tautau i totonu o fale e fa'apula e fai ai suafa'i. 'Ā leai ni mea'ai ona fai lea 'o umu oloolo a tamaiti. E fai ai fo'i sofesofe fa'i, 'o loifa'i, ma poi.

2. Fuāuli
'Ā lāpo'a le fuāuli ona ta'u lea 'o le talo. 'O le matai'ai lenei a Sāmoa. E lē so'ona ola le fuāuli, 'ae se'iloga e totō lelei i ni ma'umaga. 'O fuāuli nei mai anamua: 'o le pula, matalē, pu'eutu, magasiva, talo Manu'a, ma le violē, 'ae fai mai isi 'o le talo Niuē. E fai ai sofesofe, fā'ausi, tā'isi o sua, fa'alifu, ma fai'ai valuvalu.

154

3. 'Ape/Ta'amū

'O le 'upu Sāmoa o le ta'amū 'o le 'ape. 'O lenei lā'au 'o le ta'amū e ta'u e papālagi 'o le *giant taro root*. E leai ni isi itū'āiga mea'ai e fai mai ai, 'auā 'ā lē lelei ona fisi 'ese le pa'u, e feū ma mageso ai gutu o tagata. 'Ae 'ese le mānaia i le 'ai pe'ā pi'iniu i le fa'alifu ta'amū. 'O igoa nei o ta'amū anamua: 'o le lau'o'o, ta'amūsega, laufola, ta'amūtoga, ma le ta'amū Niu Kini.

4. Pu'e/Ufi

'O le ulua'i lā'au lava lenei na mua'i 'a'ai ai Sāmoa anamua, 'auā sā matuā ta'atele ma sosolo i le vaomatua. 'O se lā'au pito tāua mo mea tausami a tamāli'i 'aemaise pe'ā gāsegase se isi. 'O igoa nei o ufi e māsani ai lo'omātutua ma toea'i'ina: 'o le ufimasoā, ufi'aso'aso, ufipoa, ufisina, ufipalai, ma le ufivao. E fai ai sofesofe, o loiufi, fai'ai vātia, ma fa'alifu.

5. Maualuga/'Ulu

E tofu motu o Sāmoa ma igoa e fa'aigoa ai 'ulu, peita'i 'o igoa nei e māsani ona ta'u e tagata mātutua. 'O le 'ulu Uea, 'ulu Manu'a, puou, ma ma'afala. 'O 'aveloloa ma māopo e fa'ailoga mo taufolo a tamāli'i e pei 'o taufolo niu ma taufolo sami. E fai masi'ulu pe'ā tele naunau le fuata ne'i māumau le pala. 'E 'ese le lelei o le masi'ulu pe'ā 'ai, ae 'ai lava ma tāpuni lou isu, 'auā e 'ese lava lona manogi.

XIV. Tāaga o le Mālōfie i Aso Anamua

E lē na'o Sāmoa e tā tatau 'a 'o le tele o atunu'u 'uma o le Pasefika. Tasi le mea e 'ese'ese ai, 'o tufugālima a ē e faia lea faiva i atunu'u 'ese'ese. 'Ua 'uma ona tusia 'auala fa'aonapō nei 'olo'o fai ai tāagatatau i le tusi, O si manu a ali'i (2002), 'a 'o le tala fa'aanamua lenei a Sāmoa i le tāaga o le tatau. E toe fia fa'amanatu pea faiga o aganu'u tūmau pe 'ā fa'apaū mālōfie a tamāli'i.

E fa'apotopoto le 'āiga pe 'ā tā se alo o se ali'i. 'Ā loto 'i ai le 'āiga potopoto, ona 'auina lea 'o se tulāfale e 'a'ami le tufuga 'ua finagalo fa'atasi 'i ai le 'āiga 'ātoa.

E 'ave se 'ie tōga e fai ma tāuga po 'o se 'ie o le feagaiga 'ole'ā osi. 'Ā alu atu le tufuga, e matuā talitalia e le 'āiga i le tele o mea'ai. E fai muamua le 'ava, e ta'i sua, ma se pua'a telē mo le 'aiga.

'A 'o le'i 'āmataina le gāluega, e palu muamua le lama i se lau talo. 'Ā 'uma ona a'vane lea 'o se lalago e aluga ai ma se solo lauu'a e solo ai le āfu ma loimata, 'aemaise le solo ai o le toto o le tama 'ole'ā ta'oto. 'Ā 'āmata lā le tāaga o le tatau i le aso muamua, e lā'ei mai le taule'ale'a 'ole'ā ta'oto i ni 'ie tōga se sefulu ona alu atu lea talai 'uma 'ie tōga i luma o le tufuga.

E fua muamua le tua o le tama i le au po 'o le ano ma le pula, 'ae fautua mai le 'au tufuga 'ina 'ia fetaui lelei ia mea. 'Ā 'uma ona fa'apoi le tua o le tama, ona ō 'ese lea 'o le 'au tufuga 'ae fa'asaga loa le matai tufuga e 'āmata le tāaga. E muamua sogi le 'aso fa'alava ona tā lea 'o le pulatama. Tā ai le 'aso e tasi, tā le pula, toe tā le isi 'aso, ona tā ai lea 'o tafagi. E tā na'o le alo o le ali'i e le matai tufuga, 'ae ō isi tufuga e tatā isi tāulele'a ia e ta'u 'o soa o le ali'i, i se isi fale po 'o fafo. E mālōlō pe 'ā pō; 'ā malama le taeao 'ua fōliga vāivai 'uma le 'au tatau.

'O lona lua o aso, 'ua toe 'āmata le tāaga, ona toe lā'ei fo'i lea 'o le alo o le ali'i i isi 'ie tōga e 5 ma tu'u atu i le tufuga, ona fa'ato'ā 'āmata ai fo'i lea 'o le gāluega.

E 'āmata le tāaga i le fa'asologa lea:

- tā le 'aso fa'aifo
- tā isi 'aso
- tā le saemutu
- tā isi 'aso e lua

- toe tā le isi saemutu
- tā le 'aso fa'avaetulī
- tā le 'aso taliitū
- tā le fa'a'ila
- tā le selu

'A 'o le'i pō ona ō ane fo'i lea 'o atali'i o tulāfale tatā e isi tufuga.

'O lona tolu o aso, 'ua toe lā'ei fo'i le alo o le ali'i i isi 'ie tōga e 5 ma talai atu i le tufuga, ona ta'oto fo'i lea 'o le tama. E 'āmata le tāaga i le fa'asologa lea:
- tā le tāgāpule
- tā fa'amuli'ali'ao
- tā fa'avala ma fa'a'ila

ona ō ane fo'i lea i le afiafi fānau a tulāfale e tatā. Ona pō fo'i lea 'o le aso.

'O lona fā o aso, 'ua toe lā'ei fo'i le tama i isi 'ie tōga e 5 ma tu'u atu i le tufuga. Ona ta'oto fo'i lea 'o le tama:
- tā le fusi
- tā le fa'atalalaupaogo
- tā le fa'aatualoa
- tā le gogo
- tā le ulumanu
- tā fa'avala ma fa'a'ila, ma fa'amuli'ali'ao
- 'ae tā mulimuli atigivae

ona ō ane fo'i lea o atali'i o tulāfale e tatā pe 'ā tauafiafi.

'O lona lima o aso, 'ua o'o ina iso tagata, ona toe lā'ei fo'i lea 'o le tama i isi 'ie tōga e 5 ma tu'u i le tufuga. Peita'i 'ua lata ina fa'a'uma le gāluega.
- 'ua tā le 'umaga
- tā ai loa le pute

'Ā lata ina pō ona ō ane fo'i lea o alo o tulāfale e tatā.

XV. 'O le Umusāga o le Tāgātatau

E tele mea'ai e sauni mo le umusāga. 'Ua mālolosi lelei fo'i le 'au tatau. 'Ā sāofafa'i le 'au tatau i le fale i le aso o le umusāga, ona alu ane loa lea 'o le matai tufuga ma le atigipūpū 'ua fa'ati'eti'e i le ulu o le atali'i o le ali'i 'ae tu'i. 'Ā ta'e le atigi 'o lona uiga, 'ua ola le 'au tatau. 'Ae 'ā lē ta'e, e iai se isi e oti o le 'au tatau. 'Ā 'uma lenā, ona fai loa lea 'o tōga 'o le 'au tufuga.

'Āfai e malie le matai tufuga i le tausiga o ia ona talia lea 'o tōga, ae 'ā lē malie, 'ua te'ena tōga. 'Ā teva se tufuga i le Fa'asāmoa, 'o se mea matagā tele i le 'āiga potopoto.

'O mea 'uma lava sā fa'aaogā e le tufuga e 'ave 'uma lava e ia i lo lātou 'āiga: 'o fala sā momoe ai, ta'inamu, 'o 'ali ma so'o se mea i le fale sā api ai 'a 'o fai le gāluega. E lē 'o le matape'ape'a o lea 'au tufuga, 'a 'o aga lava a le aganu'u pe 'ā fai fa'alavelave tetele fa'apea.

'O le Pese Fa'aanamua o le Tāaga o le Tatau

Sole, 'aua le oi tagi
E lē se tīgā o se ma'i
'O le tīgā o le fuata'i
Malū ou tino, tu'u tia'i
Tu'u fau mai alī'i e

156

Talivā mai lau 'ula ma lau lopa
Ne'i isia e le'i nonoa
Pe motu le ula e le'i 'ātoa
Tu'ufau mai alī'i e

'Auē, fo'i e, afiafi e!
E tilotilo i au mālōfie
'ua pei ni lauti usi e
Tu'ufau mai alī'i e

E, peane lā 'o se amoga
Ita fesuia'i ma lota alofa
'Ia auē 'ua loloma
Tu'umuli 'a 'o se pa'ū a se Toga
Tu'ufau mai alī'i e

Fepaia'i le au ma le sāusāu
Mōlia le lama 'ina 'ia tau
Tu'ufau mai alī'i e

'Ua se vai na utu lenei toto
Si o'u alofa i lou malolo
Tu'ufau mai alī'i e

'A 'o le tū mai lea o le vavau
'E te saga oi 'oe, 'ae pese a'u
E tupu le fafine e fanafānau
'Ae tupu le tāne e tā le tatau
Fasia fo'i tufuga e le to'elau
Tu'ufau mai alī'i e

XVI. 'O Robert Louis Stevenson (Tusitala)

'Ou te fiafia lava e fa'amanatu le aogā o lenei tusitala o Ropati. 'O ana fa'ata'ita'iga ia 'ua fa'aosofia ai tamāli'i o Sāmoa e fa'alautele lea tomai e pei ona lāuiloa ai Albert Wendt ma isi.

'O le igoa Sāmoa o Robert Louis Stevenson 'o Tusitala. Na fānau Ropati i le nu'u o Edingburgh i Sikotilani i le tausaga e 1850, 'ae maliu i Sāmoa i le 1894 i le aso 3 o Tēsema. 'O lona uiga, e maliu 'ua 44 ona tausaga. 'O Ropati 'o le atali'i o le 'inisinia i Edingburgh. 'O le 'inisinia lea na fausia le mōlī o le ava (*lighthouse*) o le tāulaga i Edingburgh lo lātou nu'u. 'O se tagata tinoma'i Ropati. Sā le mafai ona alu i se ā'oga 'ona 'o le ma'i so'o, 'ae na a'oa'o lava ia i le fale e lona tinā 'ātoa ma ni isi 'o faiā'oga sā totogi e ona mātua. E sogasogā lava lona māfaufau e su'esu'e ma fa'alautele lona iloa o mea fou e va'ai 'i ai. 'O le isi mea sā fiafia tele 'i ai Ropati, 'o le tusitusia ma fa'amaumau i ana *diary* mea sā fiafia 'i ai lona loto, e pei 'o lona ōlaga i luga o va'a, 'o gāluega fa'a'inisinia, 'o le faimalaga solo e ti'eti'e i 'āsini ma solofanua, 'ātoa ma ni isi mea fou e taia ai lana va'ai.

E fiafia tele Ropati e folaulau i va'a ma mātau gāoioiga a seila. Sā ia talatalanoa fo'i i fitafita 'olo'o malaga i taua o le lalolagi, 'aemaise le mata'ia o āmioga leaga a tagata gāoi i luga o va'a ma tagata sōsola.

'O mea lā nā na maua ai lana tāleni 'o le tusitala ma fesoasoani 'i ai lona poto māsani i mea na va'ai 'i ai ona mata ma tago 'i ai ona lima e fai; ma 'ua 'avea ai 'o se tusitala ta'uta'ua i le lalolagi. 'O lana tusi muamua lava na tusi 'ae fa'ato'ā sefulu ono ona tausaga, 'o le tusi e uiga 'i le ōlaga o le 'inisinia. Na tusia lenei tusi i lona 'āiga i Edingburgh.

'O le tausaga e 1875, na malaga ai 'i Pereseuma ma alu ane ai 'i Farani. Sā māsani lā ona folaulau solo ai i vaitafe nei e lua i Farani, 'o le Rhine ma le Seine. 'O i'inā lā i Farani na tusi ai lana tusi lona lua e igoa 'o le "*Inland Voyage*" ma lana tusi lona tolu e ta'u 'o le "*Travel with a Donkey*" i le tausaga e 1879. 'O le tausaga lava lena 1879 na feiloa'i ai ma le faletua e igoa 'iā Fanny Osbourne ma lana fānau e to'alua 'o le tama ma le teine. 'O le tausaga e soso'o ai, 1880, na fa'aipoipo ai loa Ropati ma Fanny, le tama'ita'i 'Amerika. Na tu'ua Farani e le ulugāli'i 'ae su'esu'e matagi mai i le Vasa i Saute. Na mua'i āfea le motu i mātū o le Vasa Pasefika. 'O le motu lea 'o Hawai'i i le atunu'u o Hawai'i. 'O le nu'u 'o Hilo i le motu o Hawai'i na na tusia ai lana tusi, 'O le Fagu Aitu.

Na tu'ua le atumotu o Hawai'i 'ae folau pea 'i saute ma taunu'u ai 'i le atumotu o Sāmoa. Sā fa'alogoina e le tino o Ropati le mālū o le 'ea fa'ateropika o Sāmoa ma lagona ai i lona loto le fa'auōina ma le agaalofa o tagata Sāmoa. Ona lātou nonofo mau ai loa lea i Sāmoa.

Na fa'atau e Ropati se lau'ele'ele e tusa ma le 300 'eka i Vailima ma fau ai lo lātou fale mātagōfie. 'O lenei fale e fogāfalelua ma 'o le fogāfale aupito i luga sā fai ai le 'ōfisa o Ropati e fai ai ana tusitusiga. Na ia tusia ana tusi 'o le *Treasure Island*, 'o le *Child's Garden of Verses* 'ātoa ma le "*Vailima Letters*" lea na ia tusia ai ana 'upu fa'amāvae sā lagi fa'apese, ma sā ta'ua 'o le "*Requiem*."

> *Requiem*
> Under the wide and starry sky
> Dig the grave and let me lie
> Glad did I live and gladly die
> And I lay me down with a Will
>
> This be the verse you grave for me
> Here he lies where he longed to be
> Home is the sailor
> Home from the sea
> And the hunter home
> From the hill

Pe tusa e 4 tausaga 'o soifua pea Ropati ma lona 'āiga i Sāmoa. E tele fo'i isi ana tusitusiga e uiga 'i tagata Sāmoa, e uiga 'i faigamālō ma faigā'ekālēsia. Na ia tusia ai 'O tagata Sāmoa 'o ana uō. E tele uō a Ropati ma ē na lātou fa'a'āiga Na fausia i lima o tagata Sāmoa le ala ma'a na fata ai Ropati i luga o le mauga 'o Vaea i le mea 'olo'o lāgomau ai, ma 'ua ta'ua lea ala 'o le Ala o le Loto Alofa, (*Road of the Loving Hearts*). 'Ua molimauina le fetausia'i ma le feagaleleia'i o tamāli'i Sāmoa ma Robert Louis Stevenson. Na 'avea lona fanua ma lona fale ina 'ua maliu e afio ai le Ao mamalu o le Mālō o Sāmoa, 'a 'o lea 'ua 'avea nei ma fale māta'aga mo tūrisi ma tagata e fia māimoa 'iā Sāmoa, 'ātoa ma ē fia iloa le tu'ugamau o Ropati i le mauga o

Vaea i Vailima. 'Ua 'avea le tusitala logologoā a Ropati ma mea 'ua logologoā ai tala o Sāmoa i le lalolagi. 'O se papālagi muamua lea 'ua tanu i 'ele'ele sā o Sāmoa e 'ese mai Misionare 'olo'o lāgomau i Maluāpapa.

Fa'afetai 'i le tomai o le Atua 'ua fa'aosofia ai fānau a Sāmoa e 'avea ma tusitala ta'uta'ua i le lalolagi i nei augātupulaga. 'Ae fa'afetai 'iā Tusitala 'ua fai ma ta'iala o le 'autālaia i le fia tusitala e sāga fa'amaonia ai uiga o tagata Sāmoa ma a lātou aganu'u. 'Ailoga 'ua lausilafia 'uma e tagata Sāmoa 'olo'o alaala i atunu'u i fafo ma tagata Sāmoa o nu'u maotua, le mea 'olo'o tanu ai Tusitala?

'Āfai 'e te malaga 'i Apia i se aso, ona 'e afe lea 'i le 'auala 'olo'o i le vā o le fale o le Ā'oga Fa'afaife'au a le 'Ekālēsia Fa'apotopotoga a Iesū ma le ala i le fale māta'aga i Vailima; 'olo'o tū ai le ma'a fa'amanatu o Robert Louis Stevenson po 'o Tusitala, ona 'e sopo loa lea 'i le togāvao ma a'e ai 'i le a'ega po 'o le 'auvae mauga 'olo'o tanu ai la tātou uō pele 'o Tusitala.

'O ā ni lu'i 'olo'o fautua mai ai Ropati mo 'oe? Faitau lā le talafatu a Ropati e ta'u 'o le *Faguaitu*, 'olo'o tusia i le i'uga o lenei Iunite 5, ma fa'atusatusa ma ni au tala 'olo'o 'e taumafai 'i ai.

MATĀ'UPU II: TĀTOU FAI FĀGOGO

I.   'O le Motu o Salaia

'O 'Upolu ma Tutuila, 'o le fānau a le Fuesā a Tagaloa na i Āleipata. 'O le ulugāli'i 'o Tutu ma Ila na maua ai le igoa'o le motu o Tutuila na fa'aigoa ai e Tagaloa Fa'atupunu'u. Na fānau le tama a le ulugāli'i, 'o le teine 'o Salaia; ona fa'aigoa ai loa lea 'o le motu o Tutuila, 'o le motu o Salaia.

II.   'O le Teine Gutulua

'O le ulugāli'i e igoa 'iā Gātai ma Gā'uta e iai lā la fānau teine e to'alua 'o Sina ma Tea.

Na usu mai le tamāloa Faleālupo 'o Tapu 'iā Tea, ona fānau lea 'o la lā tama, 'o le teine e lua ona gutu. 'O le isi gutu e tū i le tumua'i. Fai mai le tonu a Tapu 'iā Sina ma Tea, "Tu'u lo'u igoa i le vā o 'oulua igoa, ona maua lea 'o le igoa 'o le teine o Sinātapuitea." Na toe maua isi fānau a le ulugāli'i 'o Tapu ma Tea, ona fa'aigoa lea iā Malau, Se'eti, ma le tama o Lātōivā. E nofo Sinātapuitea ma 'ai ona uso ma ona tuagane. Na sā'ili solo fo'i e Sinātapuitea Latōivā lona tuagane la'itiiti e fai ai lona 'ava. 'Ā alu lā Lātōivā 'i se mea, ona savali lea e ū i luma lona tua, 'ae ū i tua lona alo, 'ina 'ia sesē ai Sinātapuitea ma alu aga'i 'i le mea 'olo'o ū i ai le alo o Lātōivā. 'O lea na maua ai le alagā'upu, *ua liu le tua ma alo.*

Na a'e Lātōivā 'i le lā'au 'o le fasa i luga o le vaitā'ele, 'ae te'i 'ua iloa atu e Sinātapuitea le ata o Lātōivā i le ilitivai; ona oso loa lea 'i le vai e gali le ata o le tama. Fōnō mai loa Lātōivā, "'Isa! 'Ai lava o tuafāfine vale nei." Ona mā loa lea 'o le teine ma fai atu 'i lona tuagane,

" 'Ua lelei, 'ole'ā 'ou alu 'i le vānimonimo 'ou te nofo ai; 'e te va'aia ai pea o'u fōliga. 'Ā 'ou tū mai i sasa'e, 'e te lāgaseu ai ma 'e faimalaga ai. 'Ae 'ā 'ou tū mai i sisifo, 'e te alaalata'i ai ma e tālisua ai."

'O le māvaega lā lea 'olo'o ta'u nei e failāuga, *'O le māvaega na i le Tulāfasā.* 'O le igoa lā lea 'o le Tapuitea 'ua fa'aigoa ai le isi fetū o le vānimonimo. 'Ā oso le fetūao po 'o le fetū afiafi ona fa'aigoa lea 'o le Tapuitea.

III.   Taligāmālō i Sauali'i

'O sauali'i nei 'o Lesā ma Taemā sā alu la lā ta'amilosaga ona taunu'u lea 'i le fale o le ulugāli'i e igoa 'iā Soi ma Soa; 'ae lē 'o iai le ulugāli'i i le fale 'olo'o gālulue, 'ae na'o la lā fānau 'o leleo i le fale. Na tutuli e sauali'i tamaiti 'i o lātou mātua e ō ifo 'i mālō 'ua ali'itia fanua. Ona ō ifo lea 'o le ulugāli'i ma fāsiufi e tolu e fai ai le suāvai; ona ō fo'i lea e fāgogota, 'ae ō a'e fo'i na'o le tolu tama'i i'a o le faiva: 'o le maono, 'o le manini, ma le fuga.

Ona fai loa lea 'o le suāvai e fufui ai mea'ai nei. Mulimuli ane ina 'ua fu'e le umu, ona fai lea 'o la lā tonu, e 'ave na'o fāsi ufi ma tolu 'i mālō, 'ae tia'i le maono ne'i te'i 'ua tafatafa maono lo lātou 'āiga. Toe tia'i ma le manini ne'i te'i 'ua 'ini'ini manini lo lātou 'āiga, 'ae 'ave 'i mālō na'o le fuga, 'ina 'ia tafatafa fuga lo lātou 'āiga. 'O le uiga 'o ia mea, 'o le maono e fefeu ma itagōfie, ma le manini e ma'ini'ini ai tino; 'a 'o le fuga e fīlēmū 'ina 'ia lē fasia lātou e sauali'i.

'O le ā sou manatu? 'O se fāgogo aogā lenei fāgogo, po 'o se fāgogo fa'avalevalea? 'O le ā sina fe'au aogā mo 'oe?

IV.   *'O le Vaisola i Sā'ilele*

Na sunu'i le alāfale i Mālōtūmau e le tama'ita'i o Nāfanua i le nu'u o Sā'ilele, 'auā 'o le nu'u sā iai Tilafaigā ma Taemā. 'O le alāfale lenei e tausi ma pūlea e tulāfale 'o Mini ma Vaisau.

'O le alāfale fo'i lenei i Tutuila na utuvai 'i ai Lufilufi ma Sāfotulāfai 'ātoa ma le Tuiātua (le aitu). 'O le Tuiātua lea na usu 'iā Lelaumua, le alo o Tuimanu i Tula, fg 'o Le'iatoleali'i-Lemauga.

Ona tu'u ai lea 'o le Vaisola o Tilafaigā ma Taemā i Sā'ilele. 'O le vai lenei, 'ā o'o i le taeao ona puna lea ma to'a, ma sua tele. 'Ā toe alu se isi 'i le vai i le aoauli, 'ua leai se suāvai; 'ae 'ā toe alu atu fo'i se isi i le afiafi, 'ua toe sua lelei fo'i le vai. 'Olo'o fa'apēnā lava le āmio a lenei vai. 'O le ala lea o le igoa o le vai 'iā Vaisola po 'o Vai'avea, 'auā e lē tūmau lona suāvai i se mea e tasi.

'O iai se mea aogā o le aganu'u 'o 'e mātaua? 'A 'o le ā se a'oa'oga?

V.   *'O le Lupe Tūlima*

Na usu Su'afa'asisina 'iā Fuatino, le afafine o Mauga, fg 'o Unutoa, 'o Lutu ma le teine 'o Tū. Ona fai lea 'o tōfiga a Su'afa'asisina i lana fānau ma fa'apea atu, "Sōle e, 'ole'ā 'oulua ali'i 'uma, 'a 'ole'ā sa'otama'ita'i Tū."

'O le isi aso na alu ai Su'afa'asisina e fa'alele lana lupe i fafo. E felelea'i solo lava le lupe 'ae tūtū mai lava le teine 'o Tū ma mātamata 'i ai, ona tū loa lea 'o le lupe i le lima o le teine.

Na vala'au mai Su'a, "Fūna e, tu'u mai le lupe."

'Ae fai mai le teine, " 'Ua lē mafai ona fo'i atu le lupe, 'ua tūmau lava i lo'u lima."

Ona sai'o loa lea 'o le 'afa o le lupe ma savali atu Su'a 'i lona afafine fai 'i ai, "Sau tā ō 'i falē. 'Ua maua lou igoa fou o Tūlimalēfo'i."

'O 'āiga lā nei o Lupetūlimalēfo'i.
Na usu Unutoa 'iā Fa'atinagalu o Aua, fg 'o Manō, 'o Tu'i ma Tūlima.
Usu Manō 'iā Fatalele o Pago Pago, fg 'o Letutupu.
Usu Letutupu 'i le afafine o Fuā'au i Pago Pago, fg 'o Tulī .
Usu Tulī 'iā Tu'upō o Pago Pago, fg 'o Unutoa.
Usu Unutoa 'iā Sina, le afafine o Palea'ae i Sāoluafata, fg 'o Mulitalo.
Usu Mulitalo 'iā Tupugātama, fg 'o Unutoa.

'O le ā sau mea tāua o le aganu'u na 'e maua i lenei tala, 'ātoa ma se a'oa'oga lelei?

VI.   *'O le Taumāsina a le Aitu ma le Tagata*

Na gaoia le tōufi o Tuisāmata i le nu'u o Futu, ona alu lea 'o lona atali'i 'o Le'asapai e sā'ili i le atu sasa'e po 'o ai 'ua na gaoia. Sā lē mana'o ai le tamā e alu lona atali'i e su'e, 'auā e faigatā le ala. Sā ole atu le toea'ina, "Le'asapai e, 'aua 'e te alu 'i le ala o le fau, 'ae alu 'i le ala o le gau, 'ae 'ā iai ni ou alofa, fo'i 'i Futu. 'Ae 'āfai 'e te alu, 'ole'ā 'e tau muamua lava 'i le nu'u o Mati'etai ma Mati'euta. 'Aua lava ne'i 'e ea i luga, 'a 'ia 'e savali punou lava. 'Ā te'a Mati'etai ma Mati'euta, ona 'e tau loa lea 'i le fale e ta'u 'o le Falefe'ai. E to'alua tagata 'olo'o nonofo i lenā fale. 'O le sāu'ai e igoa 'iā Tulia 'olo'o nofo i le isi itū o le fale ma Sālevao e nofo i le isi itū."

Na usita'i lava Le'asapai i 'upu a lona tamā. E taunu'u atu Le'asapai 'o alu Sālevao e sasamu 'ae na'o Tulia 'olo'o i le fale. Ona taumāsina loa lea 'o Tulia ma Le'asapai. Fai mai le manatu o Tulia, "'O le māsina 'ua fānoloa." 'Ae fai mai Le'asapai,

"E leai, 'o le māsina e toe alu a'e." E le'i 'umi, 'ae malama a'e loa le afio mai o Sālevao. Fa'apea loa le 'upu a Tulia,

"Uisa! Sē 'ua e mālō. E i fale matega; 'o le lā 'ua oso a'e fa'amāsina Sālevao."

Maua loa fa'a'upuga fa'alālolalo a failāuga Sāmoa: *"E lē taumāsina se aitu ma se tagata."* 'O lona uiga e lē talafeagai ona fīnau se tamāli'i ma se tagata lē taualoa. 'Ā fa'aaogā lā i se lāuga lea alagā'upu, ona fa'apea lea, "E fa'amālūlū atu i lau afioga ma lau sāunoaga; 'ole'ā 'ou fa'amanusina lē soāina. E ui lava ina lē taumāsina se aitu ma se tagata, 'ae malie lou finagalo." E mata 'o se fāgogo po 'o se tala moni?

'O le ā se aganu'u 'o 'e a'oa'oina mai lenei tala? 'A 'o le ā fo'i sona a'oa'oga?

VII.   'O le Lupe Uluiva

E tele fefīnaua'iga i le tupu'aga tonu lava o le Lupe Uluiva ma le māfua'aga 'ua iva ai ulu o lea lupe. E fīnau Faleata 'o lātou na 'āmata mai ai le lupe, 'auā 'o lātou 'olo'o iai le tolotolo e ta'u 'o Tiāpepe e seu ai le tamāli'i e suafa 'iā Pepe. Na ala ai ona maua le 'upu: ua *faiva 'ese Lōpepe.* E fīnau mai Ā'opo 'o lātou e ona le lupe, 'auā 'o o lātou lau'ele'ele 'olo'o lāgomau ai le lupe.

Peita'i, e sili atu ona tele vavau po 'o lagisoifua o le tala i le Lupe Uluiva 'olo'o i Faleālili. 'O le mea lea e manatu ai lo'u tusitala, 'o le lupe uluiva lava, 'o le lupe a Tuisāmoa i Faleālili. 'O le fa'amaoniga lea o lea mau: 'O Tuisāmoa, 'o le isi ona suafa muamua o Tuife'ai. E iai le feso'ota'iga o Tuife'ai ma le Tuifiti. 'O Tuisāmoa lā 'o lona alaalafaga 'o Sogima'a i Vaovai i Faleālili. 'O lona soāali'i e suafa 'iā Topelei.

'O le isi aso na alu ai le mātaugāi'a a Topelei ma le 'aufaiva aga'i mai 'i Faleata, ma taunu'u 'i le tia po 'o le tolotolo o le ali'i e suafa 'iā Pepe.

Na lafo le mātau a Topelei 'ae sisi a'e ai le i'a e ta'u 'o le malauli; ona ō lea 'ave 'iā Tuisāmoa. Na fa'alalo le i'a 'ae maua a'e ai le fua o le manu. 'O le ala lea o le 'upu, 'ua *faiva'ese Lōpepe,* 'auā e lē tatau ona fua o le manu se i'a. Na 'ave le fua i le sogima'a, 'o le vaitā'ele o Tuisāmoa e fa'afofoa ai, ona toe si'i lea i le vaitafe i tala atu o 'Ili'ili i Sāleilua ma tu'u ai i le lotovai, 'olo'o ta'u nei 'o Vaimōi'a. Sā tāupō le fofoaga o lenei fua; pō tasi, e lē fofoa; pō lua, e lē fofoa, pō tolu, pō fā, pō lima, pō ono, pō fitu, pō valu, 'a 'o lona iva o pō, na usu atu ai Topelei e asi le fua 'ua fofoa; 'ae tūtū mai ai le lupe e iva ona ulu. Ona 'aumai loa lea 'o le lupe 'iā Tuisāmoa, 'ae tausi lava e Topelei le lupe.

'Ua o'o ina matua ma mālosi le lupe, ona lele mamao loa lea. E lele lava 'i luga le lupe, 'ae tamo'e atu lava i lalo Topelei se'ia o'o lava ina sopo'ia le vasa ma o'o ai le lupe 'i le vaomatua o Ā'opo.

'O le paologia 'o le mea sā galue ai le tagata Ā'opo, na tepa a'e ai 'i luga le tamāloa ma va'aia ai se lupe lāpo'ā e felefele ona ulu. Na taia e le tamāloa le lupe i lana 'oso tō tiapula ma pē ai loa. E o'o atu Topelei 'i le vao na taia ai e le tamāloa le lupe, 'ua pē si manu.

'O le Sā'afiafiga lā lenei a Topelei i le Lupe Uluiva

La'u lūpe e, uluiva
Na fofoa i Vaimōi'a
Tau ina e manatua
Faleālili lou 'āiga

La'u lūpe e, 'ua sola
Sola i le vaomāoa

162

Tālōfa e i la'u lupe
La'u lupe 'ua lē iloa

La'u lūpe e, sā olo
Na fasia 'oe i Ā'opo
Tālōfa e i la'u lupe
La'u lupe 'ua lē olo

'Olo'o iai pea le sogima'a i Vaovai, 'o le tūlāgāmaota o Tuisāmoa 'ātoa ma le Vaimōi'a pe 'ā 'e sopo 'i Si'umu.

'O le ā se mea aogā e maua i lea tala, 'a 'o le ā se a'oa'oga? E mata 'o se tala moni po 'o se fāgogo?

VIII. 'O le Sega a Taeotagaloa

Na usu le Lā 'iā Ui, fg 'o Tagaloaui. Na usu Tagaloaui 'iā Sināsa'umani, fg 'o tama 'o Taeotagaloa ma Lefanoga ma teine 'o Muiu'ule'apai ma Moatafao. Na usu le Tuifiti 'iā Muiu'ule'apai, fg 'o Leataataofiti. 'O aso nā na oge tele ai Fiti. Na tuli 'esea ai e le Tuifiti ma lona nu'u si teine o Muiu'ule'apai ma si ana tama, ma tu'u 'i le taupotu o Fiti. Na manatu Fiti 'o Muiu'uleapai 'ua tupu tele ai le oge o Fiti. Na alu Taeotagaloa, le tuagane matua o Muiu'ule'apai, e asiasi atu i lona tuafafine i Fiti.

Na malaga i le va'a o Tuiafono fa'atasi ma tagata e to'alua o Gaiuli ma Gaisoa. 'O le taimi lenā na fesuia'i ai nōfoaga sā nonofo ai Fiti i Manu'a ma le nōfoaga sā iai Muiu'uleapai. 'Ua ō atu Fiti sā nonofo i tai, 'ua nonofo i uta ma 'ua maua ai le igoa 'o le nu'u o Fitiuta i Manu'a. 'O le malaga lenei na fo'i mai ai Taeotagaloa ma 'aumai le sega a le Tuifiti 'i Sāmoa. E le'i faigōfie le fōlauga 'i Fiti a Taeotagaloa ma ona soātau 'o Gaiuli ma Gaisoa. 'O le fetū e ta'u 'o le Amoga na fai ma tapasā o lo lātou va'a.

Sā iai le palo po 'o le tupua a le Tuifiti sā tu'u 'i le ava o le nu'u, e faigatā ai ona sao se va'a 'i uta; 'o lea tupua, 'o le 'anaeoso. Na fa'atonu e Taeotagaloa tamāloloa o lona 'auva'a e fa'apea, "Ā tusi mai le Tuifiti e 'alo 'i sasa'e, ona tātou 'alo 'uma lea 'i sisifo. 'O le isi mea, 'āfai e oso mai le i'a 'a 'o tumu le suāliu o le va'a i so'o se itū, ona ufiufi lea o le suāliu ne'i oso mai le i'a ona tumu ai lea 'o le va'a ma goto ai. 'Ia 'oulua fa'alogo lelei mai 'i la'u 'upu. 'Ā tusi mai fo'i le lima o le Tuifiti e 'alo 'i ama, ona tātou 'alo lea 'i matau, ona tātou lē feoti lea, 'ae alu sa'o lo tātou va'a 'i uta." Na sesē le tusi a le Tuifiti, 'ae sa'o le tusi a Taeotagaloa, 'ua oti ai le Tuifiti.

Mulimuli ane na fesili Taeotagaloa 'i lona 'auva'a po 'o 'ua fia fo'i 'i Sāmoa, 'ae fai mai, "Ioe," 'ua fia ō lava 'i Sāmoa. Ona fai atu lea 'o Taeotagaloa, "Ā 'oulua ō, 'ia 'ave le 'aulosoloso ma le tāuluulu. 'Ā o'o 'i Sāmoa, 'aua le tatāina le va'a, 'ae se'i o'o 'i uta i le pa'umātū ona fa'ato'ā tatā lea, ne'i māumau una o 'anae le tia'i." Peita'i 'ua lē usita'i le nu'u. 'Ua ō ane tagata tatā le va'a i le matāfaga ma 'ua lē iloa ai una o 'anae ma le tāuluulu o lau'ulu, 'ae na'o le 'aulosoloso na togi 'i uta e le isi tamāloa. Na fo'i mai tamāloloa 'o Gaiuli ma Gaisoa 'i Sāmoa, 'ae nofo ai Taeotagaloa i Fiti.

'O lenā vāitaimi sā iai le ulugāli'i 'o 'Ō ma Lua, na lā fānaua le 'alu'alu toto i le lagi, ona lafoa'i mai lea 'i le lalolagi 'ae ō ane sā Tagaloā tausi; ma 'ua ola mai ai le pepe sega. 'Ua mālosi le sega ma e tō'aga i le vai, e igoa o 'Alipunālagi. Na ō ifo 'Olo ma Faga seu ifo le sega; ona ōmai lea 'o aitu o le Tuifiti fao le sega, ona maua ai lea e le Tuifiti le sega. Mulimuli ane 'ua alu atu Taeotagaloa seu mai le sega a le Tuifiti, ona sau lea ma ia 'i Sāmoa, ma tu'u 'i Fitiuta. Na fa'auō Taeotagaloa ma Lagafua i Nu'uuli i Tutuila ona maua loa lea e Lagafua le sega.

163

'O le isi aso na sau ai 'i Tutuila le malaga a le atali'i o Lea'anā mai Uafato i 'Upolu. 'O le igoa o le tama 'o Gataalelautolo, ona mana'o lea 'i le sega a Lagafua, ma na fa'ataua mai ai le sega i lona va'a na sau ai 'i Tutuila. 'O le igoa o le va'a 'o le Mata'e'emo. Na matuā ita Lea'anā, ona tu'i ai lea ma fetu'u lona atali'i, 'ua oti ai. 'A 'o le'i oti le tama, na fai lana māvaega fa'apea, "'Ā 'ou oti, 'ia tanu lava a'u fa'atasi ma la'u sega." Na oti le tama ma 'ua tanu fa'atasi ma le manu; 'ae lē pē le manu i le tu'ugamau, 'ae nofo ma 'ai le tino o le tama ma lona ulu. Ina 'ua fia 'ai tele le manu ona oso a'e loa lea 'i luga. E feagai le oso a'e o le sega mai le tu'ugamau, ma le sau o le nāmu tafagafaga o le aso o Mālietoa e fai i Malie. 'O le aso e fai i tagata, ona alu ai lea 'o le sega 'i Malie.

Na va'aia e Mālietoa le sega, ona māna'ona'o lava lea 'i ai. Ona sā'ili lea 'o se mana i 'Upolu, e mafai ai ona ifo le sega; peita'i e lē ifo lava le sega. Ona tili ai loa lea 'i Manu'a, 'ae sau ai Taeotagaloa, ona fa'aifo lea 'o le sega 'iā Mālietoa.

'O le solo lā lenei i le sega

    Lagafua na fa'auō ma Taeotagaloa
    Na sau ma le manu lē fofoa
    'Aumai mātea e Tagaloa
    Alu ai ma le vaiata
    'Ae tu'u le pona i Manu'ana

    Taulia le ao e Lua ma 'Ō
    Na tō ai le sega i Uafato
    Na fa'ataulia e Gataalelautolo lona mana'o

    Na maliu le alo o Lea'anā
    Na tanu ma le sega
    Na tōfafā ma le sega
    'Ae tō'aga i le palapala
    Na oso a'e ai le sega i le fia tāumafa

    Na tūlima ai le sega iā Taeotagaloa
    Na ia fa'aso'o lava le atunu'u 'ātoa.

O se talatu'u pe se fāgogo? 'O le ā ni mea aogā o le aganu'u 'o 'e maua i lenei tala, 'ātoa ma ni a'oa'oga mo 'oe?

IX.   *'O le 'Ainanā*

    E iai le tamāli'i i le nu'u o Afuli i Manu'a e suafa 'iā Ulusele. 'O lenei ali'i e iai lana tautai fa'apitoa e suafa 'iā Tu'ule'ama'aga sā nonofo ma lona 'āiga i Afuli e tautua Ulusele.

    E fa'asaga lā Tu'ule'ama'aga ma le fānau e fai faga e maua ai i'a e tali ai le sua a Ulusele, 'ae fa'asaga Ulusele ma lona 'āiga e fai suāvai e fai ai mea'ai e tāumamafa ai Tu'u ma lona 'āiga.

    'O le isi aso na mātamata ai Ulusele' i fagāi'a a Tu'u sā i le matāfaga, na ia va'aia ai una o le i'a telē e ta'u 'o le tagafa. Na 'aumai e Ulusele unāi'a i le fale, ona fai lea 'i lana fānau e ō e fai se suāvai, 'auā le tāumafataga a le tautai; 'ae 'ā pusa le umu, ona fe'au mai lea 'o ia e alu atu e 'ofu lu'au. Na fa'asafua 'uma lu'au a Ulusele i una o le i'a, 'ua tao fa'atasi ai.

Na fu'e le suāvai ona 'ave lea 'o le tāumafataga a le tautai ma lona āiga. 'Ua te'i Tu'u i le fufu'e atu 'o le lu'au 'o iai una o le tagafa. Sā fa'apea le manatu o Tu'u, 'ai na ta'u e se isi o lona 'āiga lo lātou 'ai nanāina o lenei i'a telē, peita'i 'ua na manatuaina le tāfaoga a Ulusele 'i le matāfaga na mātamata ai 'i ana fagāi'a.

Na matuā lagona e Tu'u le māsiasi ma le matamuli e toe va'ai 'iā Ulusele; 'o lea na fai atu ai 'i lona 'āiga fa'apea, "'O a'u 'ua ou lē toe fia ola. E sili ai ona 'ou oti." Ona oso loa lea 'i le sami ma 'ua lē iloa po 'o fea 'o oti ai; 'ae te'i 'ua taunu'u 'i le a'au i Tutuila; ona fāgota ai lea i gātai o Nu'uuli i le ava tele.

E le'i leva, 'ae tafea atu loa le paopao o Lagafua sā fagota i gā'uta o le ava, ona fesili lea 'o Lagafua 'iā Tu'u po 'o ai ia, 'ae se'i fesoasoani mai i lona va'a 'ua goto. Ona tago lea 'o Tu'u 'ua sasa'e le va'a ma fai 'iā Lagafua e oso i luga o le va'a ma alu loa 'i uta. E o'o mai i le asō, 'olo'o ta'u pea le lotosami i Nu'uuli, 'o le loto o Tu'u, 'auā sā fai ai fagāi'a a Tu'u.

Na tu'ua e Tu'u Nu'uuli ona 'a'au lea 'i Savai'i i le itū o Sāfune, ma fai ai fo'i ona faiva. 'Olo'o iai fo'i le suafa Tu'u i nā nu'u e o'o mai i le asō.

'O ā ni mea tāua o le aganu'u 'olo'o famanatu mai e lenei tala, 'a 'o le ā fo'i se a'oa'oga mo tātou?

X.   'O le Mumua i Fagasā

'Ua laulauvivilu Sāmoa i lenei tala o le vavau, 'ae tatau pea ona sāga fa'amanatu, 'auā 'olo'o iai mea aogā o le aganu'u mo tupulaga fāi mai.

Na sau le fōlauga a Li'āva'a mai le atu sasa'e ona taunu'u lea 'i Fagasā. 'O le māsani a Li'āva'a e inu 'ava lava ia i le vasa. Na fai 'i lona afafine 'o Sina e alu 'i uta e utu ane ni vai e sui ai le 'ava; ona alu lea 'o le teine e utuvai.

'A'o le'i o'o ane le utugāvai a Sina, 'ae 'ua fai atu Li'āva'a 'i lona 'auva'a e fa'ae'e le va'a; ona alu lea 'o le va'a 'ua mamao 'ese mai Sāmoa, 'ae 'ua galo Sina. E toe fai atu Li'āva'a 'iā Sina, e mama a'e se 'ava, 'a 'o Sina 'ua galo i Fagasā. E fo'i atu lana utugāvai 'ua alu lo lātou va'a, ona 'a'au loa lea 'o Sina i le sami ma 'ua ta'ei ai ana tauluavai i le a'au. Na toe fai atu Li'āva'a, "Sina toe mama a'e se 'ava", 'a 'ua leai lava Sina; ona fesu'ea'i loa lea 'o Sina. Na ta'u e le 'auva'a 'iā Li'āva'a 'ua galo Sina i uta i le nu'u sā iai; ona tū loa lea i luga o Li'ava'a ma fai atu, "'Āfai 'ua galo Sina, 'ia 'outou feosofi i le sami e su'e Sina, ma 'ia 'outou a'e fa'ai'a i le nu'u e maua 'i ai Sina." Ona tofu loa lea 'o le 'auva'a ma fa'i ma nonu o lo lātou oso 'ae feosofi 'i le sami ma fe'ausi solo; ona taunu'u 'uma lea 'o tagata o le 'auva'a 'i le nu'u 'olo'o tūtū mai ai Sina ma lona ilitea, ma tālo i tai i tagata 'ia vave atu 'i uta.

Na a'e 'uma i Fagasā tagata ona ōmai lea talana'i 'i le matāfaga, 'auā 'ua liu i'a; 'ae ō atu tagata o le nu'u 'ua la'u mai 'i uta, 'a 'o fetāgisi lava i'a. 'Ā va'ai mai le i'a 'o alu atu se isi ma se lā'au e tā ai, ona 'emo'emo vale lava lea 'o mata, pe tale fo'i pei se tagata. 'Ā fa'apea 'ole'ā 'ave le i'a e fufui mo le tāumafa, e maua ai lava i totonu fa'i ma nonu o le oso o le va'a. 'Ā a'e mai le i'a ona 'ave lea fa'asao i lotoma'a e fai e le nu'u, ona āuāua'i mai ai lea e fa'aaogā. 'O tausaga 'uma lava e a'e ai le i'a 'i uta, e pei 'olo'o tālo atu e Sina lona ilitea.

'O a ni aganu'u aogā 'o maua mai i lenei tala, ma se a'oa'oga lelei?

XI.   'O le 'Ulu Tau Togia

Sā i le itūmālō o Aleipata le Tuiātua Faigā, e iai lona afafine 'o Semalamamailagī. E 'ese le logologoā o tala 'i le 'aulelei o lenei tama'ita'i. Sā aumomoe 'i ai mānaia o le atunu'u.

Sā iai le 'ulu na ola a'e i tala ane o le fale o le teine. Sā 'avea lenei 'ulu ma uō fa'apelepele a lenei teine. E tautau tasi lava le fua o le 'ulu i lona tumutumu 'ae faigatā ona toli 'ona 'o le maualuga. E tusa lava pe felega le 'ulu, e le 'aia lava e se pe'a pe pa'ū fo'i i se matagi.

Na fai le palo a le tamā o Semalama fa'apea: "'Ā fia faiāvā se mānaia 'iā Semalama, ona sau lea e togi le 'ulu pe pa'ū. 'Ia tau lava 'o le tolu ana togi. 'Āfai e lē pa'ū ai le fua o le 'ulu, ona 'ave lea 'o lenā tagata e tu'u 'i le fanua i gā'uta e igoa 'o Falepoulima e fa'atali ai le aso e fasioti ai. 'Ae 'ā pa'ū le 'ulu i se togi, ona nonofo lea 'o lea tagata ma Semalamamailagī.

'O le isi aso na fāgota ai i gātai o Aleipata le taule'ale'a 'aulelei mai Si'umu i le Tuamāsaga e igoa 'iā 'Alae. Na iloa e le tama 'olo'o fai le tauvāga o le 'ulu tautogia, ona afe loa lea e māimoa ai.

Na tofotofo e 'Alae lenei tauvāga faigatā 'ae te'i 'ua mālō ai. Na tasi lava le togi, 'ae tau tonu lava 'i le 'au o le 'ulu ma pa'ū ai loa. Ona maua lea 'o fa'a'upuga a tulāfale fa'apea: 1) " 'Ua tau le 'ai o 'Alae." 2) " 'Ua togi pā, tau 'i le 'ave." 3) 'O ai na manatu 'ole'ā si'i le fale o 'Asomua 'i le mauga?

'Ua usu nei lā 'Alae 'iā Semalamamailagī, fg 'o le teine 'o Sinā'alae. Usu Tuiātua Pulutua 'iā Sinā'alae, fg 'o Tuiātua Sagapolutele ma lona tuafafine 'o Tāiai. Usu Tuiātua Sagapolutele 'iā Luafaletele, le alo o 'Asomua, fg 'o Luafata'alae. Usu Tuiātua Tologataua iā Luafata'alae, fg 'o Teu'ialilo.

'O a ni mea aogā a le aganu'u 'o fa'ailoa mai e lenei tala, 'ātoa ma se a'oa'oga 'e te maua mai ai?

XII. 'O le Falegase o Manu'a

'O le 'āiga o le ali'i e igoa 'iā Ma'o i Faleāsao i Manu'a, sā lēiloa so'o lava a lātou meāfale ma mea o le umu, ona fai lea 'o le togafiti a Ma'o e su'e ai lē na te gaoia so'o a lātou mea. 'Ua alu Ma'o tunu le fāsipopo ma u'u lona tino i le suāu'u elo, ona ta'oto lea i tafatafa o le tu'ugamau.

'Ua o'o i le pō, ona alu ane lea 'o le aitu 'ua talanoa ma Ma'o i talāne o le tu'ugamau i le mea e māsani ai le aitu. 'O le isi itūpō na 'ave ai e le aitu Ma'o 'i le togāvao ona lā talanoa lea i le fanua e igoa 'o Asaasa. Na fai atu le aitu 'iā Ma'o se'i fai so lā 'ava, ona fai mai lea 'o Ma'o 'ua lelei. Na vaelua e le aitu lona ate ona 'ave lea o le isi vāega e 'ai e Ma'o, 'ae tago Ma'o nanā le fāsiate o le aitu, 'ae tago vaelua lana fāsipopotunu 'ai le isi vaega, 'ae nanā le isi vāega.

Ona sāvali fo'i lea 'o le malaga 'ua sopo'ia le mauga ona mālōlō lea i le fanua e igoa 'o 'A'ofa, ona fai ai lea i'inā 'o le isi a lā tāumafataga. Fai mai le aitu 'iā Ma'o, "'O lea 'ua 'uma ona tā 'aia lo'u ate, 'ae lelei ona tā 'aia loa lou ate." Tago atu loa Ma'o tō a'e le fāsiate o le aitu sā nanā na te le'i 'aia, 'ae toe 'ave 'i le aitu e 'ai ma ia, 'ae 'ai lana fasipopotunu. Fai mai le aitu, "Matuā lelei ma lololo lou ate i le 'ai," 'ae tali mai Ma'o, "Ia 'aua fo'i lā 'e te mo'o."

Na 'uma ona 'a'ai ona toe sopo fo'i lea, 'ua taunu'u 'i le matāfaga gaoā lava, ona fa'ato'ā taunu'u loa lea 'i le mea e iai le ana e ta'u 'o le Anaputuputu e lata ane i ai le falegase. E va'ai atu Ma'o 'i le falegase 'ua tumu 'ātoa, 'ua lē ofi i 'oloa. 'O mea 'uma ia a 'āiga o Ma'o sā gaoia i aso e tele.

Na fai le aitu 'iā Ma'o e fa'atali atu i le fale 'ae se'i alu e fāgota e su'e mai sa lā i'a. Ona alu lea 'o le aitu 'ae nofo Ma'o ma si'a le afi e susunu ai le fale, ona sola loa lea. E va'ai mai le aitu 'ua talalī atu lona fale, ona sau loa lea 'ua fa'anoanoa 'ua mū 'uma le fale ma 'oloa, 'a 'ua leai Ma'o 'ua sola.

Na fai tūliga a Ma'o ma le aitu i le vaeluāpō. Na va'ai mai Ma'o 'ua lata atu le aitu ona oso lea i luga o le lā'au 'o le tausunū; ona papatua lea 'o ona lima ma vivini fa'amoa. Na tū le aitu ma valu le ulu 'ole'ā toe fo'i ma lona manatu 'ole'ā ao 'ona 'ua vivini moa. Na alu ifo Ma'o i lalo

166

toe tamo'e fo'i 'i lo lātou fai'a'ai 'ae iloa atu fo'i e le aitu; ona toe fai fo'i lea 'o tūliga. Na latalata loa fo'i le aitu 'iā Ma'o, toe oso fo'i Ma'o 'i luga o le lā'au 'o le milo, ma toe vivini fo'i pei se moa. Ona fo'i loa lea 'o le aitu ma le ita tele ina 'ua ao 'ae le'i maua Ma'o, 'ae alu Ma'o 'ia tā'ele ma fufulu 'ese le suāu'u elo sā u'u ai lona tino.

'O le ā se a'oa'oga aogā mo 'oe i lenei tala? 'E te manatu 'o se tala moni po 'o se fāgogo?

Iunite V
'O Talatu'u ma Fāgogo mai 'Ī ma 'Ō

MATĀ'UPU III: 'O LE FAGUAITU I HAWAI'I

'O lenei tala i le Faguaitu a Robert Louis Stevenson sā lolomiina i le Sulu Sāmoa i le 1891 (Mē 'iā Tēsema). Sā fa'aliluina e se tasi o misionare sā i Sāmoa ma sā fa'auō ma Tusitala. 'Ua 'ou taumafai e toe fa'atūlaga lelei lona Fa'asāmoaina ma 'ia faigōfie i le faitau a tamaiti 'olo'o ā'o'oga i le Samoan Literature 'ina 'ia fa'atusatusa 'i ai a lātou tusigātala.

I.   *'O Ke'ave ma le Faguaitu i San Francisco*

Sā i le atunu'u o Hawai'i le tagata e igoa 'iā Ke'ave. 'O le nu'u na fānau ai e lē mamao 'ese ma Honaunau i le mea 'olo'o iai le ana o Ke'ave, le Sili, 'olo'o teu ai lona tino oti.

'O Ke'ave lea e fa'asino 'i ai le tala, 'o le tagata mativa 'ae 'ua ta'uta'ua 'ona o le lototele ma le galue mālosi. E poto i faitautusi ma tusitusi e pei se faiā'oga po 'o se tautai poto. Sā folau i va'a sā feōa'i ai tagata o Hawai'i 'i le vā o motu o le atunu'u i gātai o Hamakua.

Na manatu Ke'ave e fia māimoa 'i isi atunu'u o le lalolagi, ona malaga loa lea 'i San Francisco. 'O se nu'u mānaia i le va'ai a Ke'ave; e tumu i fale māualuluga. E iai le isi pito e tū i mea mauti'eti'e e tumu i fale mānanaia; ona alu lea 'i ai mātamata solo 'i le 'a'ai ma tau atu ai 'i le isi fale tioata. Fai mai Ke'ave, "'Amu'ia le tagata 'o mau i lenei fale. E leai se mea e toe popole ai, 'auā e 'auro mea 'uma o le fale, e si'omia e fa'ato'aga fugālā'au mānanaia lumāfale ma tuāfale."

Na te'i Ke'ave i le va'ai atu 'i le fa'amalama tioata o le fale i ona talaatu, 'o mata'i mai ia e le tagata. 'O le tamāloa e ulutula ma lana 'ava uliuli 'u'umi, 'a 'o mata e fa'anonou e pei se tagata mapuitīgā, 'olo'o māfaufau loloto. 'O le tamāloa e pei se i'a 'olo'o ta'a i se vai manino. Na tālo mai le tamāloa 'iā Ke'ave e alu atu 'i totonu o le fale. Sā fa'atāupupula Ke'ave ma le tamāloa, ona sau lea 'o le tamāloa ta'ita'i atu Ke'ave 'i totonu, ma 'ave fa'amātamata i totonu o potu o lona fale. Fai mai Ke'ave, "'O se matuā fale mānaia lenei fale. E leai se mea 'ou te toe mana'o ai, 'ae na'ona 'ou fiafia ma nene'e ai. 'A 'o le ā le mea 'e te mata fa'anoanoa ai ma e mapuitīgā?"

Fai mai le tali a le tamāloa, "Va'ai 'oe, e leai se mea e faigatā ai ona e maua se fale mānaia fa'apenei, po 'o se fale fo'i e sili atu lona mātagōfie i lō lenei; 'ae 'atonu 'ua 'iā te 'oe sina tupe."

Na tali mai Ke'ave, "'Ua 'iā te a'u tālā e limasefulu, 'ae lē lava ai se tau o se fale fa'apenei i le limasefulu tālā."

Sā tau māfaufau le tamāloa 'i se tau o le fale ona fai mai lea 'iā Ke'ave, "'Ua 'ou fa'anoanoa 'ona 'ua 'e lē maua se tupe e sili atu 'i le limasefulu tālā, 'ina ne'i fai ma mea 'e te pologa ai i lou ōlaga 'ātoa. Peita'i e mafai ona 'ou' ave atua 'iā te 'oe i le limasefulu tālā, 'ae se'i fa'amatala atu' iā te 'oe le ala na 'ou maua ai nei mea 'uma. E ui lava ina 'ua manatu tagata 'o a'u 'o se tagata mau'oa ma le mānuia, 'a 'o a'u 'oloa 'uma ma nei fa'ato'aga, na 'ou maua mai 'i se tama'i fagu e lē sili i le paina lona fua."

Na tatala e le tamāloa le fata sā loka ai le fagu ma fai mai 'iā Ke'ave, "'O le fagu lea. 'O le fagu e lāpotopoto 'ae 'umī le gutu; e pei 'o le pa'epa'e o le suāsusu lona lanu 'ae fai 'i le tioata felanulanua'i e pei 'o le nuanua." Sā i totonu o le fagu se mea e gāoioi e pei 'o se ata lafoia mai se afi mumū.

Fai mai Ke'ave, "'Oi, 'o le tau 'ea o le fagu po 'o le fale lea 'e te mana'o 'i ai?" 'Ae tali mai le tamāloa,

168

"E lē 'o le fale, 'a 'o le fagu. 'Ia, le fagu lea." Na 'ata Ke'ave, 'ae fai mai le tamāloa, "'Oi, 'e te lē talitonu 'iā te a'u? Tago lā e tata'e le fagu." Tago loa Ke'ave togi fa'afia 'i le fola 'ae toe fiti a'e lava le fagu i luga pei se polo ta'alo a tamaiti.

Fai mai Ke'ave, "'O se fagu uiga 'ese lenei, e fai 'i tioata 'ae le ta'e."

Fai mai le tamāloa, "'O le tioata moni lava, 'ae sā fausia ma fa'ama'a'a i le afi i Kēna. 'Olo'o mau i le fagu se aitu; 'o le mea pei se ata lenā e gāoioi i totonu, 'o le aitu lenā. 'O sē lā na te fa'atauina le fagu, e mau ai lava le aitu. E fai 'uma lava e le aitu mea e mana'o ai le tagata e pei 'o mea nei; 'o se manamea e ta'uta'ua le igoa; 'o ni tupe se tele; 'o se fale mānaia e pei 'o lenei fale, po 'o se 'a'ai tele mātagōfie e pei 'o lenei 'a'ai, ma 'ole'ā feōa'i fo'i ma le aitu e pei 'o se fāgafao 'iā te ia.

"Sā 'iā Nāpoleone le fagu lenei, 'o le ala lea sā mānumālō ai ma 'avea ai 'o ia ma tupu o le lalolagi; 'ae na ia fa'atau atu loa le fagu, ona pa'ū loa lea 'o lona mālō. Sā iā Kapeteni Kuki fo'i lenei fagu. 'O le ala lea na iloa ai alāva'a 'ese'ese i motu o le lalolagi, 'ae na na fa'atau 'ese loa le fagu, fasioti loa e tagata Hawai'i, 'auā 'ā fa'atau'eseina le fagu, 'ua alu 'ese fo'i ma le mana ma le mamalu sā i lea tagata. 'O le isi mea, 'āfai e lē 'o lotomalie se tagata 'i mea 'ua maua ona matuā mālaia lava lea."

"'Oi, 'a 'o lea 'ua e fai mai 'ua 'e fia fa'atau maia le fagu 'iā te a'u," 'o le 'upu lea a Ke'ave. Na tali mai le tamāloa, "Ioe, 'o lea 'ua 'ou maua mea 'uma, 'a 'ua aga'i fo'i ina 'ou toea'ina."

"'Ae iai se isi lava mea e lē mafai e le aitu ona fai?" 'o le toe fesili lea a Ke'ave.

Na tali mai le tamāloa, "E lē mafai e le aitu ona fa'afualoa le ola o le tagata. 'O le isi mea, 'āfai e oti le tagata 'a 'o iā te iā pea le fagu, ona mālaia loa lea i le afi i Kena e fa'avavau."

"'Oi auē, 'o le fa'alavelave lā lenā, 'ou te lē fia āiā lā 'i lenā itū'āiga mea, ina ne'i o'u mālaia e fa'avavau. Fa'afetai 'i le Atua 'ona 'ua ia fa'aali mai lea mea. E mafai lava ona 'ou 'onosa'i pe 'āfai 'ou te lē maua se fale mānaia?"

Fai mai le tali fa'afīlēmū a le tamāloa 'iā Ke'ave, "'Ali'i e, 'aua 'e te oso vave i lenā manatu, 'auā e leai se mea e tupu, pe'ā fa'afeoloolo ona 'e fa'aaogāina le mana o le aitu, ona 'e toe fa'atau atu lea 'o le fagu 'i se isi tagata, ona i'u fīlēmū ai lava lea 'o lou soifua.

Fai mai Ke'ave, "'Ua lelei, 'ae lua mea ia 'ou te mātauina 'iā te 'oe. 'O le mea muamua, 'ua 'e mapuitīgā e pei se teine. 'O lona lua, 'o lou fia fa'atau atu o le fagu i se tau taugōfie."

Na tali mai le tamāloa, "Ioe 'ua 'uma ona' ou ta'u atu le pogai. 'O a'u 'ua 'ou toea'ina, ma 'āfai 'ou te oti 'a 'o iā te a'u pea le fagu, ona 'ou alu ai lea 'i le mālaia ma le ti'āpolo. 'O le ala fo'i lea 'ua fa'ataugōfie atu ai le fagu. 'Ole'ā 'ou fa'amatala fo'i 'iā te 'oe le mea e uiga 'ese ai lenei fagu.

"'O aso anamuā lava, ina 'ua fa'ato'ā 'aumai e le ti'āpolo lenei fagu 'i le lalolagi, sā matuā taugatā lava le fagu. Na mua'i fa'atau lava e Ioane le Ositāulaga lenei fagu 'i le miliona tālā. E lē mafai lā ona toe fa'ataugōfie i se isi. 'Ae 'āfai fo'i 'ole'ā toe fa'atau i le tau na 'aumai ai, 'o lona uiga e lē te'a 'ese ai lava le aitu 'i lē na na fa'atau atu le fagu, 'ae mulimuli ai lava 'iā te ia le aitu e pei sana fāgafao. 'O le mea lea 'ua fa'aitiitia ai lava le tau o le fagu i le tele o le selau o tausaga e o'o mai i onapō nei.

"Sā 'ou fa'atauina mai lenei fagu i le isi ali'i 'olo'o mau i lenei mauga. 'O le tau na 'ou maua ai e na'o le ivagafulu tālā. 'Ou te mafai lā ona 'ou toe fa'atau atu i le valu sefulu ma le iva tālā ma le ivagafulu ma le iva sene, 'auā e lē mafai se tau fa'asili ne'i toe sau le fagu 'iā te a'u. 'O le mea lea e fai ma fa'alavelave, 'o lo'u fai atu 'i tagata e mafai ona fa'atau le fagu i le valusefulu tālā ma ona tupu, ona fai mai lea, 'o se meaula; 'ae lē āfāina pe 'ā 'ou lē fa'aalia le isi mea. 'Ae tasi lava le mea e tatau ona manatua, 'ua na'o le tino 'i tupe lava e mafai ona fa'atau atu ai le fagu."

Fai mai Ke'ave, "Pe fa'apēfea ona 'ou iloa le fa'amaoniga o lea mea?"

'Ae tali mai le tamāloa, "'O le isi mea e mafai ona e tofotofo nei 'i ai, 'o le 'aumai 'iā te a'u se limasefulu tālā 'ae 'ave mā 'oe le fagu, ona e fai loa lea 'i le fagu lou mana'o, 'i le toe fia maua mai o au tupe 'uma i le taga o lou 'ofu. 'Āfai e lē taunu'u lou mana'o, e lē tau faia sā tā feagaiga i lea mea, 'ae 'ou te fa'afo'i vave atu au tupe."

Fai mai le fesili a Ke'ave, "'E te fa'amaoni lava?"

Ona tautō mai loa lea 'o le tamāloa i se tautoga mamafa ma le mapuitīgā. Tali mai loa Ke'ave, "'Ua lelei; 'ou te faia lā le mea lenā, 'auā e lē āfāina ai a'u. Ona tu'u ane loa lea 'o tupe a Ke'ave 'i le tamāloa, 'ae tu'u atu e le tamāloa le fagu 'iā Ke'ave.

Fai atu loa Ke'ave 'i le fagu, "Le aītu e 'o i le fagu, 'ou te mana'o 'ia toe fo'i mai 'uma a'u tupe e 50 tālā. E le'i 'uma atu 'upu a Ke'ave, 'ae tago atu 'i le taga o lona 'ofu, 'ua toe iai 'uma ana tupe. 'Ia, fai mai loa Ke'ave, E moni 'o se mea 'ese lenei." Ona fai mai loa lea 'o le tamāloa 'iā Ke'ave,

"'Ia, tōfā ia 'oe ali'i! Faitalia 'oe ma lau mea 'ua fai. Pe 'e te lua fa'atasi pea ma le ti'āpolo, 'o 'oe lava ma lenā mea."

Na tali mai Ke'ave ma le popole, "Sa'ua! Sōia 'e te ula mai. Toe 'ave atu lau fagu, 'Ave ia." 'Ae tali mai le tamāloa, toe tasi lava le mea lea 'ou te mana'o ai, 'o lou alu 'ese ma le fale ma tā tēte'a loa. Ona vala'au loa lea 'o le tamāloa i ana tavini Saina e to'alua e ōmai e ta'ita'i 'i fafo Ke'ave mai le fale.

II. 'O Ke'ave ma Ropati ma le Faguaitu i Hilo

'Ua alu nei Ke'ave ma le fagu i lalo o lona 'ao'ao. Sā ia māfaufau pea pe mata e moni fa'amatalaga a le tamāloa po 'o 'ua fa'avalea ia. Na tago Ke'ave tō a'e ana tupe i le taga o lona 'ofu ma faitau. E sa'o lelei lava, 'auā e 49 tālā 'Amerika ma le tālā Chile e tasi. E fōliga mai lā 'o se mea moni lava; 'ae se'i tofotofo pea 'i se isi faiga.

'Ua taunu'u 'i le isi 'ogāala gāogao, 'ua leai ni tagata feōa'i solo, ona fa'atū lea 'o le fagu i le ala 'ae alu. Na tepa fa'alua 'i tua 'olo'o tūtū mai lava le fagu, 'ae na afe loa 'i le pi'oga o le ala, ona lē toe va'aia loa lea 'o le fagu, 'a 'ua savali tele vave. 'O le mea na te'i ai Ke'ave, 'o le taia o lona tulilima i le momono o le fagu, 'ae va'ai atu 'i lona peleue 'ua puta telē i le fagu ma le ua 'umī o le fagu 'ua oso a'e i luga. Na afe Ke'ave 'i le isi fale'oloa fa'atau ai le sikulū e fa'amau ai le momono. 'Ua fiu i vili le mea vilimomono 'ae lē tū i le tino o le momono. Ona fefe loa lea 'o Ke'ave. 'Ua tete 'uma le tino ma tafe lāuga'o le āfu i le fefe 'i le fagu.

Na aga'i Ke'ave 'i le itū i tai ona afe lea 'i le isi fale'oloa e fa'atau ai 'oloa 'ese'ese o le lalolagi. 'Ua fia fa'atau le fagu i le selau tālā 'ae 'ata tauemu mai 'i ai le fa'atau'oloa ma fai mai, "Na'o le lima tālā." Na fai la lā talanoaga i le fua e tatau ona fa'atau ai le fagu ona fa'apea lea 'o Ke'ave i lona manatu, 'ole'ā 'ave ma le tamāloa le fagu i le onosefulu tālā, 'auā na ia fa'atau maia i le limasefulu tālā 'ae le'i 'ātoa lelei fo'i le limasefulu tālā, 'auā 'o le isi tālā 'o le tālā Chile. Ona tu'u loa lea e Ke'ave le 60 tālā i le fa'atau'oloa. 'Ole'ā 'ou iloa ai nei le uiga moni o lenei fagu. Ona tago loa lea 'o Ke'ave fa'atū le fagu 'i le fata o le fale'oloa 'ae alu 'i le mea 'olo'o tau ai lona va'a i gātai.

Na o'o atu loa 'i le ana o le va'a e moe ai, ona tago loa lea tatala lana pusa, 'ae pagā, 'olo'o saofa'i mai i totonu le fagu, na muamua 'iā Ke'ave; ona pulato'a ai lava lea i le fagu ma mata fa'anoanoa.

Sā malaga ai i lenā va'a le tamāloa e igoa 'iā Ropati. Na va'ai mai Ropati 'iā Ke'ave 'o pulato'a lava 'i lana pusa, ona fai atu lea 'o Ropati, "'O le ā 'ea le mea 'ua e pulato'a ai 'i lau pusa?" 'Ua na'o lā'ua 'olo'o i le taumuli o le va'a i le mea e momoe ai le 'auva'a.

Ona te'i lava lea 'ua fa'apea atu Ke'ave 'iā Ropati, "'O le mea moni lava o Laloifī lenei. 'Āfai 'e te lē ta'ua 'i se isi lenei mea, ona 'ou fa'amatala atua lea 'iā te 'oe le mea 'ātoa."

Na 'uma ona fa'amatala le tala ona fai mai lea 'o Ropati, "'Oi, 'o se mea uiga 'ese lenei; matuā mata'utia tele lenei fagu. 'Ou te iloa 'ole'ā e matuā puapuagātia ai lava; 'ae tasi le mea, 'aua 'e te toe solomuli, 'ae matuā sā'ili lava 'ina 'ia 'e maua se mea aogā mai le fagu. 'Ia 'e māfaufau lelei po 'o le ā se mea e sili ona aogā e fai e le fagu mo 'oe, 'auā 'āfai e moni se mea e fai, ona 'ou fa'ataua loa lea 'o le fagu, 'auā 'o lea 'ou te mana'o 'i se va'atilalua e fe'avea'i ai ma fa'atau atu ai a'u 'oloa i atunu'u 'ese'ese o lenei vasa."

Na tali mai Ke'ave, "'Oi, e lē fa'apenā lo'u mana'o. 'Ou te mana'o lava 'i se fale mātagōfie e tū lata i le matāfaga i Kona ma 'ia si'o e se lotoā ma togālā'au mātagōfie, e puaina mai ai le manogi o fugālā'au 'ese'ese mai fa'ato'aga i lumāfale. 'O se fale lava 'olo'o iai ni ona fa'amalama tioata ma ni ata mātagōfie e tautau i totonu o potu. 'Ia iai fo'i ni 'ie laulau mātagōfie e ufi ai laulau e pei 'o le fale na 'ou māimoa ai analeilā. 'Ia iai fo'i se falealuga e si'omia i se poletito u'amea e pei se fale o se tupu. 'Ia mafai ona mātou mau fa'atasi ai ma a'u uō ma o'u 'āiga 'ina 'ia fiafia ai lo'u loto i aso 'uma o lo'u ola.

Fai mai loa Ropati, "'Ua lelei, 'ae sāuni 'ia tā ō 'i Hawai'i ma 'ave le fagu. 'Āfai e taunu'u ia mea 'ua 'e mana'o ai ona 'ou fa'ataua lea 'o le fagu e pei ona 'ou ulua'i fai atu; ona momoli lea 'o lo'u mana'o 'i le fagu mo so'u va'atilalua."

'Ua alu le malaga a Ke'ave ma Ropati 'i Hawai'i ma 'ave ai ma le faguaitu. E taunu'u atu 'i Honolulu 'ae oso mai le isi tamāloa 'iā Ke'ave ma lana tala fa'apea, "Ke'ave, 'ai 'e te le'i maua se tala 'ua oti le uso o lou tamā? 'O le tamāloa āmiolelei. 'Ua maliu fo'i ma si ona atali'i 'aulelei na mālaia i le vasa." Ona tagi auēuē ai lea 'o Ke'ave.

Na fai atu Ropati 'iā Ke'ave, "Sōia 'e te tagi; 'o ai na na iloa po 'o le faguaitu lea na māfua ai lea mea? 'Ātonu e tele ni fanua o le uso o lou tamā i Hawai'i i le itūmālō o Ka'ū."

Fai mai Ke'ave, "E leai, e lē 'o Ka'ū e iai, 'a 'o le itū i toga o Hukena."

Fai mai le tali a Ropati, "'Ia, 'o fanua na 'ole'ā fai nei mo 'oe. 'O lenā lā 'ua maua le fanua mo se fale lenā 'e te mana'o ai; 'ae sau ia tā ō i se lōia e maua ai le tonu."

Na ō le 'auali'i nei i le lōia e fesili i ai mo mea totino a le uso 'o le tamā o Ke'ave lea 'ua oti, 'ae fai ane le lōia, "E tele naunau tupe 'olo'o teu a le tamāloa, 'auā 'o se tagata mau'oloa. 'Ae 'āfai 'e te lua manana'o i se fale mānaia, 'ole'ā ou ta'u atua le tufuga poto i faufale 'e te lua ō e talanoa i ai."

E ō atu le 'auali'i 'i le ta'ita'i tufuga, 'ae fa'aali ane 'i ai le ata o le fale 'aulelei lava. Fai mai loa Ke'ave, "'Auoi, 'o le fale tonu lava lea 'ou te mana'o 'i ai i sona ata."

Fai mai loa Ropati 'iā Ke'ave, "'Aua lā'ia 'e te toe fa'anoanoa, 'o lea 'ua maua le fanua ma tupe e fai ai lou fale."

'Ae tali mai Ke'ave fa'apea, "'Ae 'ou te musu 'i le 'auala 'ole'ā 'ou maua ai lenei fale."

Na fesili Ke'ave 'i le tufuga pe fia le tau 'ātoa o le fale, ona ta'u ane lea 'o le aofa'i o tupe e maua e Ke'ave mai le māvaega a le uso o lona tamā. Fai mai māfaufauga o Ke'ave, 'o nei mea 'uma 'ole'ā 'ou maua, 'o mea lava mai le ti'āpolo, 'ae ui 'i lea 'ole'ā 'ou talia ia 'o mea lelei 'ātoa ma mea leaga.

'Ua 'uma ona sainia pepa o le feagaiga ma le kāmuta i mea 'uma e mana'omia mo le fale ma ona tōtoga, ona tu'u faitalia lea 'o le tufuga ma le faguaitu lā te va'aia mea 'uma mo le fale, 'ae alu le malaga a Ropati ma Ke'ave 'i 'Ausetālia. E fo'i mai le malaga 'ua 'uma le fale. 'Ua ofo Ke'ave i se fale 'aulelei. E tū i le laulata o le mauga. E iloa 'uma atu va'afolau i le sami. E latalata i ana po 'o pupū na foa e le lava. 'O totonu o ana pupū nei 'olo'o tatanu ai o lātou tua'ā. E si'o i togālā'au 'aina ma fugālā'au manogi. Fai mai Ropati 'iā Ke'ave, "Uā ali'i! 'Ua 'e lotomalie 'i mea 'uma o le fale?"

Fai mai Ke'ave, "Ioe 'ua sili atu ona tele mea i lō mea sā 'ou māfaufau 'i ai. 'Ua ou tau lē lavā 'o'ono lo'u mimita."

Fai mai loa Ropati, "Pagā lea, sā 'ou manatu e fa'atau le fagu 'ae 'ailoga a lava le tau o lo'u va'a lea 'ou te mana'o ai pe 'ā ou fa'ataua ma le fagu. Tasi 'o le mea, 'aua 'e te ita pe 'ā 'ou ole atu' iā te 'oe mo lenei mea. 'Ou te fia va'ai muamua lava 'i le aitu lea i le fagu."

Fai mai Ke'ave, "'O le mea 'ou te popole ai, ina ne'i 'e va'aia le aitu e matapua'a, ona 'e musu lea e fa'atau le fagu."

Fai mai Ropati, "'E leai, 'o a'u nei 'o le tagata tautala sa'o. 'O tupe ia e i lo tā vā e fa'atau ai le fagu."

Fai mai loa Ke'ave, "Ia 'ua lelei, 'o a'u fo'i 'ou te fia va'ai 'i le aitu." Fonō atu loa Ke'ave 'i le aitu, "Sau ia 'oe nā le sauali'i!" E le'i 'uma atu le vala'au 'ae oso mai loa i le fagu le aitu e pei se tama'i pili uliuli, ma toe oso i totonu o le fagu. 'Ua fefefe le 'auali'i, 'ua lē tāutatala. 'Ua na'ona fevā'aia'i. 'Ua lē fia 'a'ai fo'i, 'ae 'ua o'o lava i le pō 'o fefefe.

Na fai atu Ke'ave 'iā Ropati, "E sili ona e tago e 'ave au tupe ma 'ave ma le fagu; 'o le ā fo'i se isi mea 'o i totonu o le fale 'e te mana'o ai, e 'ave atu lava mo 'oe, 'ae sili loa ona 'e alu 'ese 'ole'ā leva le pō, 'ae faigatā fo'i 'auala. 'Ou te 'ave atu se mōlī matagi 'e te fa'aogāina."

Na tali fa'anoanoa Ropati 'iā Ke'ave fa'apea, "'Ātonu e to'atele ni isi e 'ino'ino 'iā te 'oe pe 'ā 'e faia fa'apea 'i ai, 'ae ui 'i lea 'o a'u na 'ou alofa iā te 'oe; 'ana 'ou iloa, e lē tū mai lo'u vae i lenei mea. E ui lā ina 'ou fefe 'ona 'ole'ā 'ou alu ma le fefe 'i le ala pogisā, 'ātoa ma le lagona o le agasala 'ona 'o le faguaitu, 'a 'o le mea sili, 'ia 'ou maua se va'atilalua 'ātoa ma ni nai tupe e tu'u 'i le taga o lo'u 'ofu. 'Ā maua ona 'ou tu'u 'ese lea 'o lenei mea fa'atēmoni iā te a'u. Tatalo 'ina 'ia e fiafia pea 'i lou fale, e fa'apea fo'i a'u 'i lo'u va'atilalua; e ui lava 'o le ti'āpolo ma lana fagu."

Fai mai Ke'ave, "Ropāti e, 'aua 'e te matuā 'ino'ino 'iā te a'u 'ona 'o le mea 'ua 'ou faia." 'Ua alu Ropati 'i le pogisā ma le fagu i lalo o lona 'ao'ao, 'ae tatalo Ke'ave 'ina 'ia manuia le malaga a si ana uō.

'Ua tau lē moe Ke'ave 'i le mimita i lona fale. 'Ua na'o le fealualua'i 'i poletito ma māpumapu solo i le fiafia. 'Ua lauiloa 'uma i Kona 'ātoa tala i le fale 'aulelei o Ke'ave, ma 'ua lātou fa'aigoa 'o le "Fale Pupula."

III. *'O Feiloa'iga a Ke'ave ma Tautua*

'O le taeao na soso'o ai, na nōfonofo ai Ke'ave i lona poletito i lumāfale ma faitau lana nusipepa mai Honolulu, 'olo'o fa'asalalau ai le fale mānaia o Ke'ave. 'Ua lāuiloa i Kona le fale sā ta'ua 'o Ka-Hale-Nui; 'o se fale pito telē i Kona 'uma. Sā fa'aigoa e isi lea fale 'o le Fale Pupula, 'auā sā tāvini 'iā Ke'ave le tagata Saina na te fa'apupula i aso 'uma meāfale 'ese'ese. 'O mea e fai i tioata, ma mea e fai i 'auro, 'ātoa ma fa'atagata e tautau i le fale, na pupula 'uma e pei 'o le taeao.

'O le isi aso na alu ai Ke'ave e tafao ma asiasi ana uō i le nu'u o Kailua, 'ae te'i 'ua na va'aia ai se teine 'ua fa'amatuātagata 'o tā'ele e lata i le matāfaga, 'olo'o fai lona 'ofuloto pa'epa'e ma lona papa mūmū. Fai mai Ke'ave 'i le teine, "Fā'ita lava 'ua 'ou iloa tagata 'uma o lenei nu'u? 'Aisea na 'ou lē iloa ai 'oe?"

Fai mai le teine, "'O a'u 'o Tautua, le afafine o Te'ano, na 'ou fa'ato'ā fo'i mai nei 'i 'O'ahu. Po 'o ai 'oe?"

Fai mai le tali a Ke'ave, "Se'i ta'u atu i se taimi lenā mea."

'Ua alu ifo Ke'ave i lana solofanua ma lona manatu na te lē fia faia vave se tali, 'a 'ua fai atu'iā Tautua fa'apea, "'Āfai 'ua 'e silafia po 'o ai a'u, 'o lona uiga 'ua 'e iloa ni tala 'iā te a'u, ona 'ou lē maua lea 'o lou tāofi moni i le mea 'ole'ā 'ou fesili atu ai 'iā te 'oe. Se'i 'e fai mai muamua lava 'i le mea lenei e tasi 'ole'ā 'ou fesili atu ai 'iā te 'oe. Po 'o 'ua 'e nofotāne?"

Na 'ata leo tele Tautua i lea fesili ma fai mai, "Na'o 'oe lava se tagata 'ua fai maia lea fesili 'iā te a'u, 'ae fa'apefea 'oe? 'Ua 'e faiāvā?"

Na tali mai Ke'ave, "E leai, 'auā sā 'ou manatu, e lē 'o le taimi lenei e sā'ili ai so'u to'alua, 'a 'o lenei, 'o le 'upu moni lava, na tā fetaui loa i le ala nei ma 'ou va'aia ou fōliga 'aulelei ma ou mata e pei ni fetū pupula, ona alu ai lea 'o lo'u loto 'iā te 'oe; e pei ona alu atu le manulele 'i le mea 'olo'o fia o'o 'i ai. 'Āfai lā 'e te lē mana'o 'iā te a'u, ona 'ou alu lea 'o a'u 'i le mea 'ou te nofo ai. 'Ae 'āfai 'ua lē leaga lea mea 'iā te 'oe pe 'ā 'e fa'atusa a'u i nisi tāulele'a, ona 'e ta'u sa'o mai lea; ona 'ou afe lea nānei 'ou te moe 'i le fale o lou tamā, 'ae ā taeao ona 'ou tautala lea 'i ai."

E le'i tali Tautua 'i se 'upu, 'a 'ua na'ona va'ava'ai solo ma 'ata'ata lēmū ona fai mai lea 'o Ke'ave, "Tautūa e, 'āfai 'e te lē fai mai se 'upu, 'o lona uiga 'ua 'e talia la'u fai atu, 'o le mea lea, sau ia tā ō 'i le fale o lou tamā." Na muamua Tautua i luma o Ke'ave. Na'ona tepa tasi 'i tua ma toe tepa 'ese, 'a 'o lā lava e lamulamu i lona gutu le puava tautau o lona pūlou.

Na iloa mai e Te'ano Ke'ave i le poletito o lona fale, ona sau lea 'i fafo ma vala'au mai 'i le igoa o Ke'ave, ma na talia fa'aaloalo le malaga. Na fa'alogo Tautua ma le te'i 'i le igoa, 'auā 'ua lāuiloa le igoa Ke'ave 'ona 'o lona fale telē ma le mānaia. 'Ia e moni lava le manatu o Ke'ave, 'āfai e iloa e Tautua se tala i lona fale mānaia ona lē manatu tele lea 'iā te ia 'ae manatu tele 'i le fale.

Na fiafia fa'atasi le malaga ma le 'āiga i lea pō, ma 'ua lē toe matamuli fo'i Tautua i luma o ona mātua, 'a 'ua fai ana 'upu tausua ma fa'aulaula 'iā Ke'ave. 'O Tautua 'o se teine poto 'i tautala.

'O le taeao o le aso na soso'o ai, na fesili ai loa Ke'ave 'i le tamā o le teine, ona alu ai loa lea talanoa ma Tautua 'olo'o nofo to'atasi i lona lava fale. Fai mai Ke'ave, "Tautūa e, na 'e ula 'iā te a'u i le afiafi 'ātoa ananafi ma anapō, 'ae fai mai nei le tonu po 'o le ā, ona 'ou alu loa lea 'o a'u. Sā 'ou lē loto lava e ta'u atu 'iā te 'oe lo'u igoa, 'auā 'ua 'ou maua se fale telē ma le lelei, ne'i 'e manatu tele 'i le fale lenā, 'ae 'e te fa'alēmanatu mai 'i le tamāloa lea 'ua alu 'uma lona alofa iā te 'oe; 'a 'o lea 'ua 'e iloa mea 'uma. 'Āfai lā 'e te lē toe fia va'ai mai 'iā te a'u, ona e ta'u sa'o mai lea 'ae 'ou alu loa."

Na le'i toe 'ata Tautua, 'a 'ua tali mai, "E leai." Ona lē toe faia loa lea 'o se isi fesili a Ke'ave, 'auā 'ua na iloa lelei le loto o Tautua. 'O le vave ia ona o'o le fe'au 'i le loto o Tautua; 'ai e fa'apea le televave o le ū fanafana po 'o le pulufana e vave ona lavea ai le manu, 'auā 'o lea 'ua matuā pipi'i le loto o Tautua 'iā Ke'ave. E pei 'olo'o fa'alogo pea taliga o Tautua i le leo o Ke'ave pe 'ā ta'alili mai peau o le sami i gātaifale. E ui lava lā ina na'o le fa'alua ona va'ai le tama'ita'i' i le taule'ale'a, 'ae mafai e le teine ona tu'ua lona tamā ma lona tinā po 'o lona nu'u moni, 'ona 'o le fia fa'atasi ma lana mānamea.

'Ua uiga 'ese le fiafia o Ke'ave. 'Ua fa'atelevave atu nei lana solofanua 'i atu mauga ma lalo o papa 'olo'o iai tu'ugamau. 'O le pa'ō'ō fo'i 'o vae o le solofanua ma le pese fiafia o Ke'ave 'ua ta'alili ai le ana 'olo'o teu ai tagata oti. E o'o atu lava 'i le Fale Pupula 'o pese fiafia lava Ke'ave, ona alu loa lea nofonofo i le poletito i tuāfale ma fai ai lana tāumafataga.

'Ua ofo le 'au'auna Saina a Ke'ave i le pese fiafia o lona matai i le vā o lea mama ma lea mama pe 'ā 'uma ona folo. 'Ua o'o lava ina pō, 'o fesāvalia'i pea Ke'ave i poletito lautetele o lona fale 'olo'o suluia e le mālamalama o mōlī o le mea maupu'epu'e. 'Ua tēte'i tagata folau i va'a i le fa'alogoina o le pese leotele a Ke'ave fa'apea: "'O a'u lenei 'ua 'ou mau i lenei mea mauti'eti'e ma 'ua 'ou maua mea 'uma e malie ai lo'u loto. E leai se aso e tusa ma lenei aso i lo'u ōlaga 'ātoa. 'Ua 'ou maua le potu lelei 'a 'ua 'ou lē fa'aaogāina. 'Ua iā te a'u le faletā'ele e iai le vai vevela ma

173

le vai mālūlū, e tatau ona 'ou tā'ele fiafia ai; ma 'ou moe fo'i i lo'u potumoe 'a 'o o'u to'atasi i lo'u nei fale, 'o māfaufauga ia o Ke'ave.

Ona fōnō atu loa lea 'i le Saina e sāuni sona tā'elega. 'Ia tutu le afi ma fa'apuna le vai vevela. E fai lava le gāluega a le Saina, 'ae fa'alogo atu lava 'i le pese fiafia a lona ali'i. Na 'uma loa ona sāuni le tā'elega, vala'au atu loa le Saina 'iā Ke'ave, 'ua māe'a ona sāuni le vaitā'ele i le fa'atānoa ma'amora. 'A 'o sāuni Ke'ave e tā'ele sā lē tu'ua ai lava lana pese; peita'i 'ua fa'afuase'i ona lē toe lagona se pese. Na vala'au atu le Saina 'iā Ke'ave po 'o 'ua iai se mea 'ua tupu, 'ae po 'o 'ua oso sona gāsegase, 'ae tali mai Ke'ave, "E leai, 'ae alu loa 'oe e moe, 'ua lava nā fe'au."

'O le fa'alavelave 'ua tupu, 'ai na 'uma loa ona tō'ese lāvalava o Ke'ave 'ole'ā tā'ele, 'ae va'ai atū 'i lona pa'u 'ua sosolo ai le ila 'ua pei 'o se limulimu 'ua tupu i lona tino. 'O le mea lenā na lē toe mafai ai ona pese 'ona 'ua fa'anoanoa, 'auā 'ua mautinoa, 'o le mea lea 'ua fa'a'ila'ila mai i lona pa'u, 'o le ma'i fa'asāina ('o le lēpela). E moni, 'auā na pagātia tagata na maua 'i lea ma'i leaga. 'A 'o se mea e fa'anoanoa tele ai le loto pe 'ā tu'ua e se tasi se fale mātagōfie ma le telē, 'aemaise pe 'ā tete'a ma ē 'ua māsani ai; 'ae alu nofo 'i le itū i mātū o Moloka'i i gātai o papa māualuluga, e lata i le mea e fati mai ai peau i le pupū.

'O ni mea māmā ia mea pe 'ā fa'atusatusa i mea 'o māfaufau ai se tagata e pei 'o Ke'ave, 'o lē na fa'ato'ā feiloa'i ananafi ma lana mānamea, ma e fa'ato'ā iloa anataeao 'ole'ā mafai ona fa'atasi lā'ua; 'a 'o lea 'ua toe malepe le fa'amoemoe ma 'ua ta'e e pei 'o se fāsitioata ona ta'e fa'afuase'i. Sā nofonofo ai lava Ke'ave i le tapu tā'ele, 'ae te'i lava 'ua oso i fafo ma 'alaga leotele, ona fealua'i ai lava lea i le poletito e pei se tagata 'ua leai se fa'amoemoe lelei. Fai mai mānatunatuga o Ke'ave, 'ou te loto lava e tu'ua Hawai'i 'o le nu'u o o'u tamā. 'O se mea māmā fo'i le tu'ua o lo'u fale tele e fai ona fa'amalama i le mea maualuga 'ae 'ou alu nofo i Moloka'i i Kalaupapa i le mea e lata i papa, ma 'ou mau fa'atasi ma ē 'ua taia i lenei mala. 'Ia 'ou moe fo'i i lea mea e vāvāmamao ma tu'ugamau o o'u tamā. 'Ae peita'i, se ā se mea sesē 'ua 'ou faia? Se ā se agasala 'ua 'ou faia 'ua māfatia ai lo'u agāga ina 'ua mā fetaia'i ma Tautua 'a 'o sau mai tai i le paolo o le afiafi?

'O Tautua 'ua fai ma mailei i lo'u agāga.
'O Tautua 'o le mālamalama o lo'u ola.
'O le teine e lē toe mafai ona fa'amoemoe 'i ai e fai ma a'u āvā.
E lē toe mafai ona 'ou va'ai 'i ai ma fa'aali atu 'i ai lo'u alofa.
Peita'i, 'o 'oe lava Tautūa e, 'ua 'ou tagi auē ai nei.

E ao ona 'e māfaufau tonu 'i lea lava tagata o Ke'ave, pe mata e mafai ona nofo to'atasi pea i le Fale Pupula i le tausaga 'ātoa 'ae leai se isi 'ole'ā iloa lona ma'i. E ui 'i lea 'ou te lē manatu tele 'i ia mea pe 'āfai 'ole'ā 'ou maua 'oe Tautua. 'I le ma lea fo'i, e mafai lava ona tā fa'aipoipo 'a 'o le'i mānu mai se mea e tasi. E to'atele ni isi e pusa a'e ai ni tala e pei ni gutu o pua'a, 'ae lē ni tagata. 'Ae peita'i 'o Ke'ave lava ia 'ua alofa moni lava iā Tautua, na te lē mafai lava ona fa'ao'o se mea e tasi 'iā te ia e mata e tupu a'e ai se mala.

Na te'a le tūlua o pō ma ao, ona oso mai lea 'o le manatu o Ke'ave i le fagu. Na savali atu 'i le poletito i tuāfale, ona manatua lea 'o le aso na va'ai mai ai le aitu mai le fagu. Na peisea'ī 'ua ma'alili lona toto i lea mea. 'O se mea mata'utia lava lenā fagu ma e mata'utia fo'i le aitu. 'A 'o se mea faigatā pe 'āfai 'ole'ā fai se mea e mū ai i le afi i Kena, 'ae peita'i se ā 'ea se isi fa'amoemoe 'ua 'ou maua mo lo'u nei ma'i? Se ā 'ea se isi ala 'ole'ā mafai ai ona ma fa'aipoipo ma Tautua? Sā 'ou mafai ona fai le feagaiga ma le ti'āpolo, na mafai ai ona 'ou maua le fale. Se ā le mea 'ole'ā lē mafai ai ona ma toe fetaia'i ma ia 'ina 'ia 'ou maua Tautua? Ona māfaufau loa lea 'o Ke'ave fa'apea - 'o taeao 'ole'ā ui mai ai le va'a 'o le Hall i lona toe fo'i atu 'i Honolulu. E ao ina 'ou mua'i asia lea nu'u, 'ina 'ia ma feiloa'i ma Ropati. 'O le mea lea 'ole'ā 'ou tautuanā ai lava 'ia toe maua lea fagu sā 'ou taumafai e fa'ate'a 'ese atu ma a'u. Sā lē mafai ona moe Ke'ave i le pō. Sā lē mafai fo'i ona folo ana mea'ai, peita'i na ia 'ave se tusi 'iā Te'ano, le tamā o Tautua e ta'u 'i ai le mea 'ua tupu 'iā te ia.

'Ua lata mai le taimi e sau ai le setima, ona alu loa lea i lana solofanua 'i le ala e ui atu i tu'ugamau. Na tīmuga, ona alu fa'agesegese lea 'o lana solofanua. Na ia va'aia ai gutu uli o ana ma na ia fa'a'amu'ia i tagata 'olo'o momoe i ia ana 'ona 'ua lē toe tīgāina i mea 'o lenei olaga. Na ia manatu ai fo'i 'i lona alu atu fiafia ananafi 'i lona fale i lea lava ala.

IV,   'O le Sā'iliga o le Faguaitu i O'ahu

'Ua o'o nei i Hukena 'olo'o potopoto 'uma ai tagata e fa'atali le setima e pei ona māsani ai. Sā fetautalatala'i tagata e uiga 'i tala fe'avea'i o Ke'ave ma lona fale, 'ae sā lē tautala Ke'ave i se 'upu e tasi. Na'ona nofonofo ma māfaufau 'i le timu ma le fati mai o galu o le a'au i gātai ma tuputupu ai pea ona māfaufauga 'ua ia mapuitīgā ai. Fai mai 'upu a tagata sā i le va'a, "'O Ke'ave lē mau i le Fale Pupula, 'ua lē fia tautala."

Na taunu'u le setima 'o le Hall, ona sau lea 'o le tulula momoli i ai Ke'ave. 'O le taumuli o le va'a sā nonofo ai papālagi sā asiasi i le mauga mū e pei ona lātou māsani ai. 'O le ana tūloto o le va'a sā tumu i tagata O'ahu, 'a 'o le taumua sā tumu i pulumakau (povi) fe'ai mai Hilo ma solofanua mai Ka'ū. 'A 'o Ke'ave sā nofo lava ia ma le fa'anoanoa ma va'ava'ai 'i uta pe na te iloa atu le fale o Te'ano le tamā o Tautua. Na ia iloa atu le papa 'i'ila e lata i le matāfaga ma papauli e paologia e niu latalata i le faitoto'a o le fale sā tū ai se tasi e fai lona tiputa mūmū e lē sili ona telē i lō le lago, 'olo'o fealua'i i le faiga o ana fe'au. Na tagi Ke'ave, "'E, la'u pēle e, 'ole'ā 'ou fai le mea e ala ai i le mālaia fa'aleagāga pe'ā 'ou lē mafai ona maua 'oe."

Toeitiiti ona pogisā lea 'ona 'ua pō, ma 'ua tutu mōlī i ana o le va'a. 'O tagata papālagi, sā alaala ma fai la lātou pelē ma inu 'ava e pei ona māsani ai, 'a 'o Ke'ave 'ua na'ona fealualua'i solo i le pō 'ātoa ma le aso 'ātoa 'a 'o alu atu le setima i gātai o Maui ma Moloka'i. 'Olo'o fealua'i pea e pei se manu fe'ai 'ua punitia i se fale e māimoa 'i ai tagata.

Na uia e le setima le tolotolo 'o Taimane i le afiafi, ona o'o loa lea 'i le uafu i Honolulu. Na ō fa'atasi Ke'ave ma le tele o le pāsese 'i uta ma fesilisili 'i ai Ke'ave i sina tala e uiga 'iā Ropati. Fai mai isi tagata, 'o Ropati 'ua na maua se va'atilalua e sili ona telē i le nu'u 'ātoa, ma 'ua alu ai lana malaga 'i Porapora po 'o Kahiki. 'O lea na ia iloa ai 'ole'ā lē maua se fesoasoani mai 'iā Ropati. Ona manatua loa lea e Ke'ave le lōia e māsani ma Ropati. Na fesili 'i tagata pe lātou te iloa le lōia lea e māsani ma Ropati, 'ae tali mai tagata, 'o le lōia lenā 'ua matuā mau'oloa lava i aso nei. 'Ua na maua se fale telē ma le mānaia i Waikiki, ma 'ua maua 'oloa e tele; ona totogi loa lea e Ke'ave le ta'avale ma alu ai 'i le fale o le lōia.

'O se fale mānaia tele ma lā'au totō i le fa'ato'aga; e laiti pei ni lā'au e fai ma to'oto'o. Ina 'ua sau le lōia 'iā Ke'ave, e fōliga mimita ina 'ua na maua ni mea se tele. "'Ua 'oulua maliu mai; pe iai se fe'au 'ou te mafaia mo 'oe, ali'i e?" 'o le 'upu lea a le lōia. Na tali mai Ke'ave, "Ioe, ali'i e, 'ou te iloa 'e te lua māsani lelei ma Ropati. 'O Ropati na na fa'atau mai iā te a'u se tasi mea. 'Ua 'ou sau 'ona 'ou te manatu, e mafai ona e ta'u mai 'iā te a'u le mea 'ou te toe maua ai 'o ia i onapō nei. Pe mafai ona 'e ta'u maia se tala i le mea 'olo'o 'ou sā'ilia nei?"

Na mata fa'a'ū'ū le lōia ma fai mai 'iā Ke'ave, "'Ou te lē fia fa'alogo 'iā te 'oe Misi Ke'ave, 'auā 'o se mea fa'alēlelei 'ua 'e tala mai nei. 'Ia 'e iloa lelei, 'ou te matuā lē iloa lava se tala 'i lea mea, 'ae 'ātonu 'e te mafai ona 'e maua sina tala i le tagata lea 'ole'ā 'ou ta'u atua.

Na tu'u fesili solo Ke'ave 'i lea tagata ma lea tagata peita'i, 'ā na ia ta'u 'i ai lana fe'au 'i tagata 'ātonu e 'avea lana fesili ma mea e mālamalama ai o lātou mata. E talitonu Ke'ave 'o tagata ia lātou te talanoa 'o tagata na lātou maua le fagu, e fua ina lātou maua 'oloa fou ma ta'avale fou, e fua fo'i 'i le mata fiafia mai. 'Ua 'ou iloa fo'i 'ua lātou toe fa'ate'a 'eseina lea mea mālaia 'ina 'ia saogalēmū ai lātou. 'Ae 'ā 'ou iloa se tasi e te'ite'i vale ma 'ua mapuitīgā, ona 'ou mautinoa ai lea 'ua lata 'ina 'ou maua le fagu.

'I le 'ua i'u ina 'auina Ke'ave 'i se papālagi e iai lona fale i Honolulu, e tū i le ala e igoa 'o le Beretania. E taunu'u atu Ke'ave 'i le fale o le papālagi 'ua o'o i le taimi o tāumafataga o le afiafi.

Na va'aia e Ke'ave fa'ailoga māsani o fōliga o fale fou ma fa'ato'aga 'ua teuteuina lelei, ma ta'avale fou, e ta'u mai ai na lātou maua le fagu, po 'o iai pea lava fo'i le fagu i lea mea. 'O le itūlā na sau ai le tamāloa e ona le fale e tatala le faitoto'a, na fefe tele ai Ke'ave ma 'ua fefālōa'i lona māfaufau 'i le popole ma le fefe, 'auā 'o fōliga o lea tagata e pei 'o se tagata oti. 'Ua si'osi'omia ona mata e mamauli e pei 'o se tagata 'ua leva ona ma'i, 'auā 'ua to'ulu lona lauulu. 'A 'o le va'ai mai a le tamāloa 'iā Ke'ave, e pei lava 'o se pāgotā 'ua lata ona sisi, 'ona 'o se mea leaga 'ua na faia.

'O lea lava 'ua tino mai le mea 'olo'o iai le fagu. 'O lea na ia lē toe fesili ai fa'atafatafa 'i le tamāloa, 'a 'ua fai atu sa'o lava 'i le tamāloa. "'Ua 'ou sau e fa'atau le fagu mai 'iā te 'oe." Na fa'alogo mai le papālagi 'i le 'upu a Ke'ave ona taupa'ū ai lea 'i le pā o lona fale.

Fai mai lana 'upu 'iā Ke'ave, "E ā? E fa'atau le fagu?" Sā tau saputu lana mānava, 'a 'ua tago atu 'i le lima o Ke'ave u'u mai ma ta'ita'i 'i le potu. Ona tago lea 'o le papālagi 'ua fa'atumu a lā ipu tioata uaina e lua. 'Ua māsani Ke'ave ma tagata fa'apēnei, 'auā sā feōa'i so'o ma ali'i papālagi; ona tago lea 'o Ke'ave 'i le ipu uaina ma fa'apea atu, "'Ia manuia. 'Ioe, 'ua 'ou sau e fa'atau le fagu; po 'o le ā le tau o lea mea i onapō nei?" Na fa'alogo loa lava le papālagi 'i lea 'upu mamulu loa ma lana ipu uaina, ma 'ā va'ai atu 'iā Ke'ave, e pei 'ua va'ai 'i se aitu. Na 'alaga le papālagi ma fai mai, "E ā, lona tau! lona tau! 'Ai 'e te le'i iloa lona tau."

Na tali atu Ke'ave, "'Ioe, 'o le mea lava lea na 'ou fesili atu ai. Se ā 'ea le mea 'ua 'e atuatuvale ai? Pe iai se mea 'ua leaga ai? 'O le ā le tau 'ua 'e fa'ataua ai?"

Na sesega mata o le taule'ale'a ma 'ua tali atu fa'apea, "E lua sene. 'Ua pa'ū maulalo tele le tau o lea mea talu mai onapō na 'e maua ai, Misi Ke'ave."

'Ua nanu mai le papālagi 'iā Ke'ave, ona tali mai lea 'o Ke'ave, "'Āfai 'o lea, 'ole'ā itiiti nai tupe 'ou te 'ave atu e fa'atau a'i."

'Ua atili ai le pula o mata o le taule'ale'a ma fai atu, "E lua sene? Tafēfe e! 'O lea na'o le sene e tasi 'ou te maua pe 'ā toe fa'atau atu. 'Ia 'ole'ā fa'atau ai ia 'i lea tau."

Na lē mafai e Ke'ave ona toe fa'ai'u ana 'upu, 'auā 'o lea 'ua fa'atau mai le fagu, ae 'ole'ā lē toe mafai ona fa'atau atu ma 'ole'ā tūmau ai pea le faguaitu i le tagata se'ia o'o ina oti; ma 'āfai fo'i e oti 'a 'o iai pea lea mea, ona mōlia lea 'o lona agāga i le mālaia mumū o Kena.

Na pa'ū i lalo si papālagi o le ala 'o Beretania ma to'otuli i luma o Ke'ave. "Ali'i e, na 'e fa'atau mai le mea 'ona 'o le alofa o le Atua." Na tagi lava ma 'ua ia fai mai, "'Ou te 'ave atu 'iā te 'oe mea 'uma na 'ou maua mai ai. Sā 'avea a'u ma vale i le aso na 'ou fa'ataua ai lenei mea. Sā 'ou gaoia tupe o fale'oloa. 'Ana 'ou lē vave maua ma toe fa'afo'i po 'o 'ua 'ave a'u 'i le falepuipui."

Fai mai Ke'ave, "Tālofa! Na 'e fai le mea 'e te i'u ai i le mālaia fa'aleagāga. 'Aua 'e te fefe 'i le falepuipui, 'o le sala e tatau i lau agasala 'o le gaoi. 'E te manatu 'ole'ā lē mafai ona 'ou fa'apenā 'ona 'o lo'u alofa 'i le teine? 'Aumai pea ia le fagu 'ātoa ma tupe e totoe i le fa'atatau i le lima sene, 'ou te fa'atau atu ai le fagu i onapō nei. 'Aumai ma ni isi tupe 'ua 'e maua." 'Ua moni le māsalosalo o Ke'ave, 'ua 'uma lava ona sāunia e le taule'ale'a tupe e tu'u mai, 'o tupe 'uma lava

176

sā i lana pusatoso. Na papa'i mai loa lava le fagu 'i lima o Ke'ave, ona fāi ifo loa lea 'o lona fefe 'i le fagu 'ona 'o lona fia mamā ma te'a 'ese 'iā te ia le ma'i lepela. Na o'o Ke'ave 'i lona potu ona tō'ese lea 'o ona 'ofu ma 'ua na iloa ai 'ua leai se ma'i i lona pa'u, 'a 'ua pei 'o se pa'u 'o se tama meamea. 'Ua ofo i lenei vāvega. 'Ua līua lona fefe 'i le ma'i fa'asāina ma lona manatu 'ua tumu i le popole 'iā te ia lava, 'auā 'ole'ā fusifusia nei ia i le ola nei 'ātoa ma le ola 'ātalī, ma 'ua leai lava se isi ona fa'amoemoega, 'ua na'o le mālaia lava i le afi i Kena e fa'avavau. E pei e tū mai pea i ona luma le mumū o le afi. 'O le tele o lona fefe ma le popole, na i'u ai ina matapogia i le potu.

Na toe mālamalama Ke'ave, ona ia fa'alogo atu lea i fa'ailipū i le fale māta'aga o le nu'u, ona alu lea 'i ai, 'auā 'ua fefe e nofo to'atasi i le potu. Na va'aia e Ke'ave le mata fiafia o tagata i le falesiva ma na te'i ina 'ua fa'alogo ai 'i le pese o le Siki-ao-ao 'ua ili mai e le fā'ili.

'O le fati lava lea sā pepese fa'atasi ai ma Tautua i le taimi na talanoa ai. 'O le pese lenā na toe tupu ai lona lototele, ma fa'apea ifo ai, "'O le mea 'ua 'ou faia, 'ua faia lava. E ao ina 'ou talia mea lelei 'ātoa ma mea leaga 'ole'ā o'o mai, ma 'ou te lē mafai ona tete'e."

'O le mea lea na ia toe folau vave ai 'i Hawai'i i le setima muamua lava. E le'i pine, 'ae sāunia le fa'aipoipoga; ma 'ua fa'aipoipo ai loa ma Tautua, ma 'ave ai loa lana āvā 'i lona Fale Pupula i luga o le mauga.

V.   'O Fa'afītāuli a le Ulugāli'i Fou 'ona 'o le Faguaitu

E iai le mea 'ua tupu: 'ā fa'atasi le ulugāli'i ona fiafia lea ma fīlēmū le loto o Ke'ave, 'ae 'ā alu 'ese Tautua 'i se mea, ona va'aia lea e Ke'ave le afi mumū i le tō lē gata. 'A 'o le teine 'ua matuā vilivilita'i lona alofa 'iā Ke'ave.

'Ā va'ai atu Tautua 'iā Ke'ave, e matuā lagona le fiafia ma tago atu ona lima e tāofi mau lima o Ke'ave. 'O Tautua 'o se teine 'aulelei, mata fiafia ma le fa'aaloalo. E tautala ma le alofa 'i tagata. 'O se teine lālelei tele; so'o se tagata lava e va'ai 'iā Tautua, e mana'o vave lava 'i ai.

'Ua na'o le fealualua'i nei Tautua i lona fale 'aulelei ma pesepese fiafia e pei 'o se manulele le tausagi i fuga o lā'au. Sā fa'alogologo lava Ke'ave ma va'ava'ai pea 'i ai ma le fiafia i faiga a Tautua, 'ae mulimuli ane 'ua tu'umuli lēmū i se mea e tagi fa'alilolilo ai, pe 'ā māfaufau 'i le tau na totogi ai lea manuia 'ua na maua. 'Ā 'uma le tagi, ona alu lea mulumulu ona mata ma sōloi loimata, ona toe sau lea talanoa fiafia ma Tautua ma lā pepese fa'atasi e peisea'ī 'o se tagata 'olo'o fiafia moni. Sā fai fo'i a lā tausuaga ma taliē i 'upu fa'aulaula 'a 'olo'o ma'i pea le loto o Ke'ave.

'Ua o'o i le isi aso, 'ua mama'i vae o Tautua, ona seāsea lava lea ona pese si teine, 'a 'ua na'ona tagi. Sā lē na'o Tautua na tagi, 'a 'o lā'ua 'uma, 'ua nofo lava le tagata ia i so'o se itū o le fale ma tagi to'atasi ai lava. Na matuā tumu le loto o Ke'ave 'i le fa'avāivai, ma 'ua tau lē manatua ai fo'i Tautua ma le mea na tupu i ona vae, 'a 'ua sili atu ona lotomalie pe 'ā latalata 'iā Tautua ma fa'atagā mata fiafia, 'a 'o fa'anoanoa pea.

'O le isi aso na savalivali lēmū ai Ke'ave i le fale 'ae fa'alogo atū, 'olo'o tagi lotulotu lava Tautua. 'Olo'o ta'atia fo'i si teine i le fola o le poletito ma tagi lava pei se tagata mālaia. Fai mai Ke'ave 'iā Tautua: "Tautūa e, se mea tatau 'ea lou tagi i lenei fale? E mafai ona 'ou vavae 'ese lo'u ulu mai lo'u tino pe 'ā tūmau pea lou lē fiafia."

Na tagi Tautua ma fai mai, "Ke'ave, 'o onapō sā 'e mau to'atasi ai i lou Fale Pupula, na fai mai tagata sā sili ona 'e fiafia, sā 'e 'ata'ata so'o ma pesepese pea; 'o ou mata fo'i sā pei 'o le lā i lona oso a'e, 'ae ina 'ua 'e faiāvā 'iā Tautua, 'ua 'e puapuagātia. 'I le 'ua na'o le Atua agalelei na te silafia po 'o le ā se mea 'ua leaga ai Tautua. Na 'āmata mai lava i le aso na tā fa'atasi ai 'ua 'e lē toe 'ata lava. 'Oi. Auē! 'O le ā 'ea le mea 'ua o'o 'iā te a'u? Fa'ita 'o a'u 'o se teine lelei i lo'u alofa tele 'iā te 'oe. Se ā le mea 'ua 'ou faia, 'ua 'avea ma ao 'ua ufitia ai la'u tāne?"

177

Fai mai Ke'ave, "Tālofa! Tautūa e la'u pele," ma alu atu lava u'u le lima o Tautua; 'ae se'i e le teine lona lima. "Tālōfa e Tautua la'u pele; 'o la'u mānamea lālelei. Fa'apea lava a'u 'ole'ā 'ou fa'asaoina 'oe mai lenei puapuagā; 'ae 'ua lelei, 'ole'ā 'ou ta'u atu mea 'uma 'iā te 'oe ona 'e iloa lea 'o mea sā faia e Ke'ave, ona tupu ai lea 'o lou alofa 'iā te ia. 'Ole'ā 'e mālamalama ai 'i le uiga o lo'u alofa iā te 'oe i aso 'ua mavae. Na o'o ina 'ou latalata i le afi mumū e fa'avavau 'ina 'ia maua lava 'oe; 'olo'o fa'apea lava ona 'ou alofa atu. E ui lava 'i lo'u puapuagā, 'a 'ole 'ā 'ou 'ata lava pe 'ā 'ou va'ai atu 'iā te 'oe." 'Ua mavae nā 'upu, ona fa'amatala loa lea e Ke'ave mea 'uma sā tutupu 'iā te ia mai le 'āmataga.

Sā tagi Tautua ma fai mai, "'Oi, na 'e faia 'ea lenei mea 'ona 'o a'u? Se ā lā se mea 'ou te toe popole ai pe 'āfai e fa'apea lou alofa? Sōia, 'aua 'e te fai mai 'ole'ā mālaia se isi, 'auā na tele lona alofa 'iā Tautua; 'auā e leai se mea 'ua agasala ai 'o ia. 'Ou te fai atu 'iā te 'oe, Ke'ave, 'ole'ā 'ou fa'asaga nei e fa'aola iā te 'oe i o'u lava lima. 'Ā lē 'o lea, tā te mālaia fa'atasi lava. 'E, 'ua 'e alofa mai 'iā te a'u, ma 'ua tu'u atu lou agāga 'ia mālaia 'ona 'o a'u, 'ae manatua, 'ou te lē mafaia lava ona 'avea a'u ma ou sui 'ina 'ia e ola ai. Tālofa, la'u pēle e. 'E te oti lava, pe fo'i fa'aselau ona 'e oti e lē aogā lava, 'auā 'ole'ā tu'u to'atasi na'o a'u se'ia o'o i le aso o lo'u fo'i mālaia. 'E te lē iloa lava se mea e tasi. 'O a'u sā ā'oga i Honolulu. E lē 'o a'u 'o se teine valea e pei 'o le to'atele. 'Ou te fai atu 'iā te 'oe, 'ole'ā 'ou fa'aola iā te 'oe la'u pele. Po'o le ā lou fai mai e uiga 'i le sene e tasi, 'ae na'o se tupe 'Amerika, 'ae tele nu'u o le lalolagi."

'Ua fai i 'Egelani se tupe e ta'u 'o le fareni, e tusa ma le 'afasene. "'Auē! 'Aue! 'O le toe tagi lena a Tautua. E leai se aogā o lea mea, 'auā 'o le tagata na na fa'atauā maia le fagu 'ole'ā mālaia, 'aemaise 'ole'ā lē toe iloa i le lalolagi se tagata lototele e pei 'o Ke'ave. E ui 'i lea 'ua 'ou manatua nei le nu'u o Farani e maua ai le tupe e ta'u 'o le Senetima. E tusa le aogā o Senetima e lima ma le sene e tasi a 'Amerika. Sau ia Ke'ave se'i tā fa'avave atu 'i motu e pūlea e Farani. Sau ia tā ō 'i Tahiti e vave o'o i ai va'a. 'Ā tā o'o 'i ai e mafai ona tā maua Senetima e fā, tolu, lua, ma le tasi. E mafai ona tā fa'atauā fa'afā le fagu ona tā gālulue to'alua loa lea e fa'ate'a 'ese le fagu. Sau ia Ke'ave, ;ia tu'u 'ese ;ia iā te 'oe le loto popole. 'Ole'ā fai e Tautua se togafiti e puipuia ai 'oe mai le mālaia."

Na tagi Ke'ave ma fai atu, "'Oi, 'o 'oe lava 'o le meaalofa a le Atua iā te a'u. 'Ou te lē toe manatu lā 'ou te mālaia i le to'asā o le Atua 'ona 'o le fa'amoemoe i se mea e fa'apea ona lelei. Faia e 'oe le mea 'e te loto 'i ai. 'Ia, tā ō loa e fai le mea lenā e tatau ona fai 'olo'o 'e manatu 'i ai. 'Ole'ā tu'u 'iā te 'oe lo'u ola ma lo'u fa'aolataga."

'Ua alapō lava Tautua ma fai ana fe'au sā fa'amoemoe 'i ai. Na muamua lava teu le pusa lā'au a Ke'ave e māsani ona 'ave pe 'ā folau 'i se isi atunu'u. Na ia teu i le tulimanu o le 'ato le fagu, ona fa'ato'ā teu ai lea 'o o lā lāvalava e pito sili ona mānanaia 'ātoa ma a lā tēuga tāua, 'auā na manatu Tautua, e tatau ona fa'aali i tagata o le nu'u, o lā'ua o ni tagata mau'oloa tele. 'Āfai lā te lē faia fa'apea, 'ole'ā leai se tagata e talitonu i le aogā o le fagu. Sā sāuni le malaga ma le fiafia e Tautua, 'ae 'ā va'ai atu loa 'i mata o Ke'ave ona maligi fo'i lea 'o ona loimata; momo'e atu loa sogi 'iā Ke'ave.

'Ua fōliga mai 'ua te'a atu iā Ke'ave se mea mamafa sā i lona loto 'ona 'ua ta'u atu 'i se tasi le mea sā māfatia ai; 'o le mea sā nātia. 'Ua toe tupu nei le fa'amoemoe lelei 'iā Ke'ave; 'ua toe savali lelei ona vae; 'ua toe tātā lelei fo'i lona fatu. E ui 'i lea, e pei 'olo'o latalata mai pea se mea mata'utia e fa'afefiloi ai le fiafia o māfaufauga. 'Ā o'o mai loa le fa'anoanoa 'iā Ke'ave, 'o lona uiga 'ua manatu fo'i 'i le mumū o le afi i Kena.

VI.   *'O le Faguaitu i Tahiti*

    Na malaga Ke'ave ma Tautua 'i Honolulu i le setima la'itiiti 'o le Hall ona ō ai lea i le va'a 'o le Umatila i San Francisco fa'atasi ma le 'aumalaga to'atele a papālagi. 'O San Francisco na maua ai le va'a e ta'u 'o le Manu Teropika (*Tropical Bird*) ma folau atu ai 'i Tahiti, le atunu'u e pūlea e Farani. Sā talanoa tagata Tahiti fa'apea, 'o Ke'ave ma Tautua e ōmai i 'Amerika, 'ae lē iloa e tagata po 'o le ā le ala o le malaga. 'Ae 'ana iloa e tagata le mea moni na ala ai ona malaga atu 'i Tahiti, e matuā ofo lava.

    Na taunu'u manuia le malaga, 'auā na agi mālie le To'elau. 'Ua lā iloa atu nei le 'a'ai i gātai o Motuiti. 'O togāniu 'ātoa ma va'atilalua 'olo'o tau i le tāulaga, 'aemaise 'o fale papa'e e lata i le matāfaga;' o luga o le atumauga 'ua so'o i fale o Tahiti. Sā lā manatu e tatau ona maua so lā fale e mau totogi ai e latalata i le fale o le Konesula a Peretānia, 'ina 'ia lāuiloa lā'ua e pei 'o ni tagata mau'oloa e maua tupe ma ta'avale ma solofanua, ma sāga tele ai tagata e iloa lā'ua. Sā faigōfie 'uma ia mea 'ona 'o lo lā maua o le fagu, 'auā 'o Tautua sā lē fefe e vala'au so'o 'i le aitu.

    Na vave popoto le ulugāli'i i le gagana Tahiti, 'auā e tai tutusa ma le gagana Hawai'i; 'ua na'o ni nai mata'itusi lava e sui i ni isi 'upu. Na mafai loa lava ona tautala sa'o i le gagana a Tahiti, ona 'āmata loa lea ona talanoa 'i tagata e uiga 'i le fia fa'atau atu o le faguaitu.

    E le'i faigōfie le tau fa'atau atu o le fagu, 'auā 'o le mea moni, a ta'u atu 'i se tagata e mafai ona fa'atau atu le fagu i senetima e fā, 'o le mea 'ole'ā o'o 'i ai 'o le nofo pologa i le fa'amasino ifo i lona loto ma i'u lava ina fāi atu ai le mālosi o le tino, pe ma'i ai fo'i. 'O le isi fo'i mea faigatā 'ona 'ole'ā ō lua tala ofoofogia e uiga 'i le fagu ma mea faigatā 'ole'ā tutupu i le tagata 'ole'ā iā te ia lea fagu. E iai tagata na lē talitonu i le tala, 'ae na'ona toē 'i ai. 'O nīsi 'ua manatu, 'o nei mea, 'o ni mea fa'apōuliuli, ona tu'umuli ai lea 'i le fefe, ona lē toe mafai ai lea ona fa'alatalata 'iā Ke'ave ma Tautua 'ona 'ua fa'apea o lātou manatu, 'olo'o feōa'i nei tagata ma le ti'āpolo .

    'Ua lē alualu lelei lo lā taumafai, 'auā 'ua tāuau ina vavae 'ese le to'atele o tagata. 'O tamaiti lātou 'ā va'ai 'i le ulugāli'i ona sōsola lea ma fetāgisi 'i le fefefe. 'O le mea sili lā lenā ona faigatā 'iā Tautua. 'Āfai fo'i e ui ane ni tagata Katoliko 'i o lā luma, ona fa'ailoga lea 'o le koluse; 'ātoa fo'i ma le to'atele o tagata o le nu'u, 'ua lē toe fiafeiloa'i 'i ai.

    'Ua matuā fa'anoanoa lava o lā loto. 'Ua na'o le nōfonofo i lo lā fale, 'ona 'ua lagona le vāivai o o lā tino i le feōa'i 'i le aso 'ātoa. 'Ua lē fia talanoa fo'i 'ona 'ua lagona 'ole'ā leai se mea e mafai. Na'ona nōfonofo lava 'o Tautua ma māfaufau loloto, ona te'i lava lea 'ua tagi lotulotu. 'O isi aso sā fai ai a lā tatalo, 'a 'o isi aso 'ua 'aumai ai le faguaitu, fa'atū mai i o lā luma ma mātamata 'i le ata 'olo'o gāoioi mai i totonu o le fagu. 'O pō lā fa'apenā, na tau lē mafai ai ona momoe. 'Āfai fo'i e momoe, e moe lava mata 'ae ala pea māfaufau . 'O isi fo'i pō, e te'i lava 'ua tūtū lēmū atu le isi o la'ua, alu tagi to'atasi i se mea pogisā, po 'o le ala fo'i 'o le isi 'ae 'ua na lē iloa le alu 'ese o le isi 'ae tu'u na'o ia i le fale. 'Ā lē 'o lenā fo'i, e alu lava le pō 'o fealua'i lava le isi o lā'ua i tuāfale i lalo o togāfa'i, pe alu fo'i eva i le matāfaga i se mea mālamalama 'ona 'o le fefe lava 'i le faguaitu.

    E ala a'e Tautua i le isi itūpō 'ua leai Ke'ave i lo lā moega. E tago atu 'i le mea sā moe ai Ke'ave 'ua mālūlūgia; 'o lona uiga 'ua alu le pō e le'i moe ai Ke'ave, ona tupu tele ai lava lea 'o lona fefe. Na suluia lo lā moega e le mālamalama o le māsina ma va'ai atu ai Tautua 'i le vāilaupapa o fa'amalama o lo lā potu 'o ta'atia mai i le fola o le fale le faguaitu. Na agi mālosi mai le matagi i lenā taimi, 'ua gaui ai lā'au ma lafoia mai i le poletito. 'Ua ta'alili fo'i le ū a le matagi i togālā'au, 'ua lagona tele ai le lotovāivai o Tautua.

    Na fa'alogo Tautua i le ōi leotele o le mea, 'ae na te le'i mautinoa po 'o se leo o se manu po 'o se tagata. Na tūla'i Tautua ma autilo 'i fafo i le lotoā o le fale ma na iloa atu ai Ke'ave 'olo'o faō i le 'ele'ele ma ōi lēmū. Na lua'i manatu Tautua, 'ole'ā alu 'i ai e fa'amāfanafana; 'a 'ua toe māfaufau ifo, e peisea'ī e lē tatau ona na na faia lea mea, 'auā na te iloa lelei lava lona to'alua e musu 'i fa'aaliali lona fa'anoanoa i lana avā, nei fa'avāivai lona loto ma māsiasi ai iā te ia. 'O le mea lenā na ia toe solomuli ai. Na ia manatu ifo 'i lona loto fa'apea, "'O a'u lava e leaga, ma 'ua 'ou vāivai ai 'ona 'o lo'u fa'atamala. Peita'i e lē 'o a'u, 'a 'o Ke'ave lava 'ua nofosala ai ia 'i lenei mala, 'auā 'o ia lava na tōsina mai ai lenei mala 'ia te ia. 'O ia lava a e lē 'o a'u e fano ai. Na faia e ia lenei mea 'ona 'o a'u; 'o le alofa fua 'i se tagata fa'atauva'a e le'i iai se aogā iā te ia. 'O ia lava lea 'ua ia tū lata ai i le afi ma le tō e lē gata.

"E peisea'ī lava 'ua ia va'ai moni 'i le mumū o le afi, 'a 'o ta'oto i lalo o le fa'i i le mālamalama o le māsina, 'ae peisea'ī fo'i lā, 'o a'u le tagata 'ua lē mautonu ma lē iloa se mea e ao ona fai 'a 'ua 'alo ai. 'O lenei lā 'ole'ā 'ou 'u'umau lo'u agāga 'ona 'o lo'u alofa 'iā te ia. 'Ole'ā 'ou fa'amāvae nei mai le manuia i le lagi, sā fa'amoemoe mātou te feiloa'i ai ma ē 'ua pele iā te a'u, ma sā 'ou manatu mātou te toe fa'atasi ai i lea nu'u.

"'O le alofa e sui ai le alofa. 'Ia tusa lo'u nei alofa ma le alofa o Ke'ave. 'O le agāga e sui ai le agāga. 'Ia iā te a'u ou mālaia 'ona 'o lo'u lava alofa."

VII. 'O Tautua ma le Toea'ina Ma'i

'O le teine atamai tele Tautua. E poto 'i teuteu lelei muamua ona lāvalava ona fa'ato'ā alu lea 'i se mea. Na te 'ave senetima 'ua lā māsani ona 'ave mo le fa'amoemoe 'i se tasi na te fiafa'atau le fagu, 'a 'o lea tupe 'ua seāseā fa'aaogā i nā aso, peita'i e maua i le fale o le mālō. 'Ua ia nofo fa'atali ai pea i le fale o le mālō se'i tala se tupe mo le tau o le fagu.

'Ua o'o ina pō, ona alu lea 'i fafo o Tautua i le taimi 'ua punitia ai le māsina i ao uli o le lagi, 'a 'o momoe 'uma tagata o le 'a'ai. 'Ua na fa'alēiloa le ala na alu atu ai, 'a 'ua o'o ina fa'alogoina le leo o le tale a le tagata i lalo o lā'au. "Sēna e, 'o le ā lau mea 'o fai i'inā i lenei pō mālūlū?" 'o le fesili lea a Tautua 'i le toea'ina.

Na tau lē lagona le tali a le toea'ina i le tetele o lona tale, 'a 'ua fai mai si ana tala, "'O a'u 'o le tagata 'ua tele tausaga; 'i le 'ua puapuagātia 'ona 'ua leai so'u 'āiga, po 'o se mea 'ou te maua i lenei nu'u 'ese 'olo'o aumau ai."

Fai mai le 'upu a Tautua; "'Ae 'e te mafaia lā ona e fesoasoani mai 'iā te a'u. 'O 'oe 'o le tagata 'ese, 'o a'u fo'i 'o le tagata 'ese. Pe mafai ona' e fesoasoani alofa mai 'i si teine Hawai'i?

Na tali mai le toea'ina, "'E, 'o 'oe 'o le taulāitu mai motu e valu. 'Ua 'ou iloa 'ua 'e fa'a'ole'ole mai 'iā te a'u 'i au togafiti fa'atēvolo, 'o le mea lea 'ou te te'ena ai 'oe."

Na tali mai Tautua 'i le toea'ina fa'apea, "Sa'ua lā; alaala mai i lalo se'i fai atu sa'u tala." Ona fa'amatala 'uma loa lea e Tautua mea 'uma lava e uiga 'i lo lā puapuagā 'ona 'o le faguaitu, e 'āmata mai lava i le 'āmataga se'ia o'o i le fa'ai'uga. "'O a'u nei e ona le to'alua na ia alofagia a'u ma na fa'atau a'u 'i lea tau faigatā mo lona manuia fa'aleagāga. Se ā se mea 'ou te faia? 'Āfai nei 'ole'ā 'ou fai 'i lo'u to'alua 'ole'ā 'ou fa'ataua le fagu, 'o le mea moni na te te'ena. 'Ae peita'i, 'āfai 'e te maliu atu 'i ai ma ofo atu 'ole'ā 'e fa'atauina le fagu, 'o lona uiga 'e te maua lava le fagu i nai senetima se fā. 'A 'o a'u lava 'ou te fa'atau atua le fagu 'iā te 'oe 'i senetima e tolu. E fesoasoani le ali'i 'i se teine 'ua puapuagātia?"

Fai mai le toea'ina, "'Āfai 'e te pepelo mai 'iā te a'u ona e oti lea 'i le to'asā o le Atua." Na tagi Tautua ma fa'apea mai 'i le toea'ina, E moni lava, 'ou te mautinoa 'ou te oti lava pe 'āfai 'ou te pepelo, 'a 'o lenā mea, 'ou te lē mafaia lava ona pepelo i luma o le Atua."

'O lea, na fai atu ai loa lava le toea'ina, "Tu'u mai lā 'iā te a'u senetima e fā, ona 'e fa'atali atu lea mo a'u i'inei."

'Ua tū to'atasi nei Tautua i le ala ma 'ua lagona le fa'avāivai. 'O le ta'alili mai o le matagi i ululā'au 'ua peisea'ī 'o le ta'alili mai o le afi tele ma le mata'utia. 'O ata na fegāoioia'i i le mumū

180

mai o mōlī o le ala, e peisea'ī 'o ni lima o tēmoni, 'ua fefālōa'ia manatu valea o Tautua. 'Ai 'ana lava lona mālosi po 'o 'ua sola ma 'alaga 'ona 'o le fefe, 'a 'ua matuā lē lavā lava. 'Ua na'ona tūtū lava pei se teineititi 'ua fefe 'i se mea 'ole'ā oso mai.

E le'i umi 'ae va'ai atu loa Tautua 'ua sau le toea'ina ma le fagu lā e u'u mai i lona lima. Fai mai le toea'ina, "'Ua 'ou faia le mea na 'e poloa'i mai ai 'iā te a'u; 'ae na 'ou tu'ua lau tāne i le fale, 'olo'o tagi lava pei se tama meamea. Masalo 'ai 'ā moe fīlēmū nei i lenei pō."

Fai mai le 'upu a Tautua 'i le toea'ina, "'Ioe, 'ae meamanū lava 'e te le'i tu'u maia le fagu, 'ae tu'u ia 'iā te 'oe se'i fai se aogā o le fagu iā te 'oe. 'Ia momoli lou mana'o 'i le fagu 'ina 'ia fa'ate'a 'ese lou tale 'ua 'e tīgāina ai."

Na tali mai le toea'ina fa'apea, "Va'ai 'oe, 'o a'u 'o le toea'ina 'ua latalata i le tu'ugāmau. 'Ou te lē mafai lava ona 'ou talia se meaalofa mai le ti'āpolo. 'O le ā le mea 'e te lē tago ai loa 'i le fagu? Se ā le mea e fa'atuai ai?

Na tagi Tautua ma fai atu, "'Ou te lē solomuli i lenei mea, 'ae 'ua na'ona vāivai ai lo'u tino ma lo'u loto; 'ae se'i toeititi e leaga 'ua vāivai o'u lima e tago atu 'i le mea 'ua fa'atōina; se'i fa'atali la'itiiti.

'Ua va'ai atu nei ma le alofa le toea'ina 'iā Tautua ma fai atu, "Tālōfa e i si o'u tei, 'ai 'ua 'e fefe 'i le faigatā o lea mea. 'Ae 'ua lelei, tu'u pea 'iā te a'u le fagu; 'o a'u ia 'ua matua. 'Ou te lē toe fia maua se mea fiafia o lenei ōlaga ma le ola 'ātalī."

Na tagi Tautua ma fai atu 'i le toea'ina, "Leai lā, 'aumai ia 'iā te a'u le fagu; 'aumai loa. 'O au tupe ia, 'e te manatu 'ua 'ou agaleaga 'iā te 'oe? 'Aumaia 'iā te a'u le fagu."

Fai mai le toea'ina, "'Ia fa'amanuia 'oe e le Atua."

Na nanā e Tautua le fagu i lalo o lona 'ofu, ona fa'amāvae loa lea i le toea'ina ma savali i le ala; 'a 'o le fa'alavelave 'ua lē manatua e Tautua po 'o fea le ala a alu ai, 'auā e tutusa 'uma ala i le afi i Kena ma ona puapuagā. Na savalivali lēmū ma māfaufau 'i le pogisā o le ala, 'a 'o isi taimi 'ua tamo'e ma tagi ma fōnō solo i le ala; 'o isi taimi 'ua ta'atia i le ala ma tagi 'auē ai lava. 'O mea 'uma na ia fa'alogo ai i aso 'ua mavae e uiga 'i le tō lē gata, ma puapuagā 'ātoa ma le mumū o le afi i Kena, 'ua ia toe manatua 'uma; e pei 'o le sau o le asu o le afi ma le manogi o le teiō, ma 'ua meme'i ai lona pa'u i luga o malala ola.

'Ua lata mai le ao, ona manatu ai lea 'ole'ā toe fo'i 'i lo lā fale. E moni lava le 'upu a le toea'ina, na matuā moe gase lava Ke'ave i le fale e pei 'o se pepe meamea. Na tū atu Tautua va'ai 'i mata o Ke'ave ma fai lana 'upu fa'apea, "E moni lava 'ua o'o ina mafai ona 'e moe la'u tāne e! Se'i toeititi ona 'e ala mai lea ma 'e pese fiafia."

'A 'o Tautua 'ua o'o 'i ai puapuagā; 'ua na lē toe maua sina moe. 'Ua lē toe pese. 'Ua na lē toe maua se mea e fiafia ai i le ola nei ma le lagi i lugā. Na ta'oto ifo i talāne o Ke'ave ma 'ua moe gase. Na o'o i le aoauli, ona fafagu lea 'o Tautua e Ke'ave ma ta'u 'i ai ana tala fiafia; 'ua 'oli'oli ai lava Ke'ave ma pei 'ā valea ai 'ona 'o le tele o le fiafia. 'Ua tau lē manatu i puapuagā 'ua o'o 'iā Tautua, 'a 'ua fa'amatala pea ana mau tala fiafia. Na lē tali atu lava Tautua 'i se 'upu, 'a 'ua tu'u pea se'i fai le mau fa'amatalaga a Ke'ave.

Sā lē toe 'ai Tautua, 'a 'ua lē kea 'i ai Ke'ave. Na fa'asaga atu lava ia 'ai 'uma a lā mea'ai. Na va'ava'ai pea 'i ai Tautua 'iā Ke'ave ma fa'alogologo 'i ana fa'amatalaga e pei se tagata 'olo'o fai sana miti.

'Ua māsalosalo lava le loto o Tautua pe se mea moni lenei mala 'ua o'o mai 'iā te ia, lea 'ua mālaia ai ma fa'afanoina; 'ae va'ai atu 'iā Ke'ave, 'o le lā lava e 'ai ma tautalatala fiafia 'ona 'ua lata mai aso e toe fo'i ai 'i lo lā nu'u.

Na matuā fa'afetai atu Ke'ave 'iā Tautua 'ona 'o lona fa'asao i lona ola mai le mālaia na o'o 'i ai, ma 'ua na fa'aigoa ai Tautua, "'O lona fesoasoani moni i puapuagā."

181

Na 'ata'ata lēmū ifo Ke'ave pe 'ā manatu 'i le toea'ina na na fa'ataua le fagu. Fai mai lona manatu, 'o le ā le fe'au a lenei toea'ina na te fa'ataua ai le fagu pe 'āfai na te lē fia 'au'auna 'i le ti'āpolo? Na fai atu Tautua 'i lana tāne, "Sē, 'ātonu e sa'o le toea'ina i le ala na na fa'ataua ai le fagu."

Na 'ata 'ae toe ita fo'i Ke'ave 'i le 'upu a Tautua. Fai mai lana 'upu, "'Ailoga! E fōliga mai 'o se toea'ina lelei, 'ae peita'i e leai se isi na te iloa se uiga lelei i le va'ai 'i mata. 'Ou te talitonu 'o se tagata āmioleaga, 'auā 'o le fagu e taugatā pe 'ā fā senetima le tau; 'ae lē toe mafai ona fa'atau atu i se isi i le tolu senetima."

'Ua lē toe mamao le i'uga o le fagu. 'Olo'o 'ua manogi mai le afi, 'ua lata mai lava. 'Oi, tafēfe e, 'a 'ua tetete 'uma tino o Ke'ave! Fai mai ana 'upu, "E moni na 'ou fa'ataua le fagu i le sene i onapō na 'ou lē iloa ai se tupe e itiiti ifo lona tau i lō le sene. 'Ua iloa ai lava lo'u valea. 'Ailoga e toe maua se tagata e fa'apea le valea? 'A 'o le tagata 'ole'ā na maua lenei fagu ma tāofi pea, 'ole'ā mōlia loa 'i le tō e lē gata."

Fai mai Tautua, "Sōle e, la'u pēle e, pe lē 'o se mea pito leaga ma le mata'utia 'i se tagata lona faia 'o se mea e mālaia ai se isi e fa'avavau? 'E te manatu e tatau ona 'ou 'ata tauemu 'i se tagata e o'o 'i ai lea mea? E tatau ona 'ou fa'anoanoa ai; ma e ao ina talosia se tagata na te maua lenei fagu."

Ona ita loa lea 'o Ke'ave i le 'upu a Tautua ma 'ua manatu ifo, 'o le mea moni lava lā na tonu i le loto o Tautua, le mea na sau ai le toea'ina fa'atau le fagu. Na ia toe fai atu 'iā Tautua i 'upu ita fa'apea, "Faitalia 'oe ma lou fa'anoanoa; 'ou te musu a'u e fai nā mea; 'ou te manatu, e lē 'o se mea lea e tatau ona fai e se fafine e alofa 'i lana tāne. 'Ana 'e manatu mai 'iā te a'u, 'e te māsiasi i ou māfaufauga."

'Ua teva 'i fafo Ke'ave 'ae tu'u ai na'o Tautua i le fale. 'Ua tumu pea le loto o Ke'ave i māsalosaloga 'ese'ese. Fai mai lana tala, pe mafai e se isi ona toe fa'atau le fagu i le lua senetima? E leai lava. 'Ae 'āfai e maua se tasi na te fia faia lea mea, 'ole'ā fa'alavelave 'i ai lona to'alua pe 'āfai 'ole'ā fo'i 'i lona nu'u ma se tupe e itiiti ifo i lō le sene.

'O le mea 'ua sili ona faigatā iā Tautua, 'o le 'otegia 'o ia e Ke'ave i le aso e soso'o ma le aso na ia faia ai le togiola mo ia. Na lē toe mafai e Tautua ona fai ana fe'au, pe na te toe sā'ili se isi e fa'atau 'i ai le fagu, 'ae na'o le nofonofo lava. 'O se isi taimi 'ua alu 'aumai le faguaitu ma va'ava'ai 'i ai ma le fefe tele, ona toe alu fo'i lea fa'afo'i le fagu i le pusa na 'aumai ai 'ona 'o le 'ino'ino pe 'ā va'ai atu 'i ai.

Na toe fo'i atu Ke'ave 'i le fale ma tauanau Tautua lā te ō e ti'eti'e ma fa'asavili i le ta'avale, 'ae fai mai Tautua, "La'u tāne e, 'ua 'ou ma'i lava, 'ua 'ou lē lavā tafao pe toe fa'asaga i ni mea fa'afiafia." Ona toe oso fo'i lea 'o le ita o Ke'ave. Sā manatu Ke'ave, 'ua ala ona ita ma fa'anoanoa Tautua 'ona 'o le māfaufau 'i le toea'ina; peita'i na toe fa'apea ifo lona loto, 'ua sa'o fo'i le manatu o Tautua, 'auā 'ua mā 'ona 'o le manatu 'i puapuagā 'o se tasi.

Na toe fai atu 'iā Tautua fa'apea, "'O lou fa'amāoni lenei ma lou alofa na 'e fa'aolaina ai lou to'alua mai le mālaia e fa'avavau semanū e o'o i ai, 'ae peita'i 'ua lē mafai lava ona tā fiafia fa'atasi ma a'u i lenei mea. Tautūa e, 'ua leaga lo'u loto." Ona toe alu 'ese loa lea 'o Ke'ave ma fealua'i solo i le nu'u i le aso 'ātoa.

VIII. 'O le Tautai ma le Faguaitu

Na feiloa'i Ke'ave ma ana uō ona ō lea inu 'ava fa'atasi. Sā totogi le ta'avale e feōa'i ai e sā'ili fale'ava e inu 'ava ai, peita'i 'olo'o tūmau pea le loto popole o Ke'ave 'ona 'o Tautua, 'auā 'o lea 'ua fai ana tāfaoga fiafia, 'a 'o lana āvā lā e nōfonofo fa'anoanoa i lo lā fale. 'I le, 'ua atili ai lava ona popole 'ona 'ua na lagona 'ua sili atu ona āmiotonu Tautua i lō ia. 'O ia lā manatu, na atili ai ona inu pea 'i le 'ava se'ia o'o lava ina 'ōnā.

Sā iai se tamāloa papālagi i le fale'ava sā inu 'ava ai Ke'ave. 'O le tamāloa lenā 'o le tautai o le va'a pu'e tafolā sā fa'afalepuipui 'ona 'o mea leaga sā ia fai, 'ae 'ua sola 'ese mai le fale sā saisaitia ai. E tele ana mea leaga sā fai i isi fo'i papālagi. 'O lana mea sā fai i aso 'uma, 'o le sā'ili o ni isi lātou te 'onanā fa'atasi i fale'ava. E 'ese le palauvale o le tamāloa; 'o ia lea sā fa'aosooso Ke'ave 'ia sāga inu pea, ma 'ua i'u ai ina 'ōnā, ma 'ua leai ai se tupe a se isi o le 'au inu 'ava. Fai mai le tamāloa 'iā Ke'ave, "'O 'oe lenā na mātou fa'alogo 'e te mau'oa. 'O iā te 'oe le fagu po 'o se isi mea valea fa'apēnā?"

Na tali mai Ke'ave fa'apea, "'Ioe, 'ou te mau'oa 'ae se'i o'u toe alu 'i lo'u fale e 'aumai se tupe i lo'u to'alua, 'auā 'o ia na te teua a mā tupe."

Fai mai le 'upu a le tamāloa 'iā Ke'ave; "Sole, e sesē lenā mea 'o le tu'u o au tupe 'i le fafine e teu ai; 'o le tala pepelo ia 'o nei mea 'o fafine. 'Ia 'e fa'autauta ne'i fa'amāumau au tupe e le fafine." 'O le 'upu lea o le pepelo ma le lē fa'amāoni o fafine, 'ua teu lava i le loto o Ke'ave. E moni lava 'ai na pepelo mai Tautua 'iā te a'u, e fua ina sāga fa'anoanoa i le aso na 'ou sa'oloto ai. Peita'i 'ole'ā 'ou ta'u lā 'i ai, e lē 'o a'u 'o se vale na te pelogia ai a'u. 'Ole'ā 'ou maua nei lā ia, i se māilei e lāvelavea ai. 'O ona māfaufauga nā na ala ai ona alu vave' i le fale. Na feosofi loa lea 'o isi i le ta'avale, ae 'ua fai Ke'ave 'i le papālagi e fa'atali atu i le fetaula'igāala i talāne o le falepuipui se'ia toe fo'i mai; ona alu to'atasi loa lea i le ala 'i lona fale.

E o'o atu 'i lona fale 'ua pō, 'ae leai se mōlī 'o mū i le fale. E leai fo'i se leo o ona lagona. Na tolotolo lēmū 'i le faitoto'a i tua o le fale 'ua tatala 'ae tilotilo 'i totonu. E va'ai atu 'o nofo Tautua i luga o le fola fa'atasi ma le fagu pa'epa'e pei se suāsusu. E puta le 'ogātotonu o le fagu 'ae 'umī le gutu. 'Olo'o pulato'a lava 'i ai Tautua ma mimili ona lima e pei se tagata loto momomo. Na leva lava 'o tū Ke'ave i le faitoto'a e lē gāoioi ma autilo totonu o le fale; 'ua matuā valea lava le ulu. Sā fefe ona ne'i lē taunu'u lana fa'atau, 'ae toe fo'i le fagu iā te ia e pei ona fai i San Francisco i le 'āmataga.

'Ua tetete nei tulivae, ma 'ua te'a le 'ōnā e pei ona mou atu puao o le taeao pe 'ā oso le lā. 'Ua 'ese fo'i le isi manatu 'ua oso a'e, 'ua mū ai ona 'alāfau, ona fa'apea ifo loa lea 'i lona loto, 'ole'ā se'i ona su'ea po 'o fea le mea moni. Na toe tāpuni le faitoto'a i tua, 'ae ta'amilo 'i lumāfale, ui mai ai i le faitoto'a i luma, ona tatala fa'apa'ō lea o le faitoto'a ma pisapisaō ai lava e pei fa'ato'ā sau. E o'o atu 'i totonu o le fale 'ua leai se fagu, 'ae tūla'i mai Tautua ma tatala le faitoto'a ma ona fōliga e pei sā moe. Fai mai Ke'ave 'iā Tautua, "'O a'u sā inu 'ava i le aso 'ātoa; 'olo'o fai lā mātou fiafia fa'atasi ma a'u uō, 'a 'ua 'ou toe sau e 'ave atu se tupe ona 'ou toe alu ai lea mātou te 'oli'oli fa'atasi ai." 'O 'upu a Ke'ave e 'ese le malō ma le lē māfaufau, 'ae leai lava se popole 'i ai o Tautua 'ona 'o lona fa'anoanoa.

Fai mai si 'upu a Tautua, "E tatau ona 'e fa'aaogāina ni au lava mea, la'u tāne e."

Na tali mai 'i ai Ke'ave fa'apea, "'Ioe, 'ae tatau fo'i la'u mea lea 'ua fai," ma alu lava i le pusa sā teu ai tupe si'i mai, toe 'aumai ai ma isi tupe sā iai. Na tago fo'i su'e 'uma tulimanu o le pusa po 'o iai le fagu, 'a 'ua leai se fagu, 'a 'o le pusa 'ua oso i luga ma 'ua ta'amilomilo i le fale e pei ona ta'amilomilo le asu i le 'ea, ma 'ua iloa tino ai e Ke'ave 'o ia lava 'o se tagata mālaia. Fai mai si ana tala, "'Ua 'ou iloa nei 'ua fa'atau e Tautua le fagu." Mulimuli ane, 'ua na toe maua sina atamai, ona alu lea 'i fafo, 'a 'o le āfu ia 'ua sisina e pei 'o le timu, ma tino 'ua mālūlū e pei 'o le vaivao. Na toe fo'i mai 'i le fale ma fai 'iā Tautua, "Tautūa e, sā 'ou fai atu ni 'upu leaga 'iā te 'oe ananafi. 'Ole'ā 'ou toe alu mātou te fiafia ma a'u uo, 'ae sili ona 'ou fiafia pe 'āfai 'e te fa'amāgalo mai a'u."

Na lē vave ona tali mai Tautua 'ae na'o ona loimata 'ua sisina ifo i ona mata. Na toe fai mai Ke'ave, "'E, 'ua na'o sina 'upu alofa lava e tasi 'olo'o o'u fia maua, 'ae 'aua le toe manatu le isi 'i le isi." Ona alu loa lea 'o Ke'ave 'i fafo. 'O tupe na 'ave e Ke'ave mai le pusa 'ua na'o nai senetima la'itiiti sā lā teua mai lava i aso na lā fa'ato'ā taunu'u ai 'i Tahiti. E lē taumate 'ua te'a le manatu o Ke'ave 'i le inugā'ava; 'ua ia manatu ai 'o lona to'alua na tu'uina atu lona agāga mo ia, 'o le mea lea 'ua tatau ai ona sui lona agāga i le agāga o Tautua.

E o'o atu Ke'ave 'i le magāala e lata i le falepuipui, 'olo'o fa'atali mai ai lava le tautai papālagi. Na fai atu Ke'ave 'i le papālagi, "'O lo'u to'alua 'olo'o iai le fagu." 'Āfai 'e te lē fesoasoani mai 'iā te a'u ia 'ou toe maua lea fagu, ole'ā lē maua se tupe tātou te inu 'ava ai i lenei pō.

Fai mai le tautai, "'E te mo'i; 'e te lē pepeloa a'u i lenā fagu?"

Fai mai Ke'ave, "Va'ai mai 'iā te a'u i le mōlī lea; 'e te iloa ai le uiga o o'u mata. Ni ā lā fā 'oe, e mata o o'u faia se mea fa'aulaula iā te 'oe?"

'Ae tali mai le tautai, "E moni ā 'oe, 'a 'o ou mata e fōliga 'i ni mata o se aitu 'ae lē ni mata o se tagata ola."

Fai mai loa Ke'ave 'i le tamāloa, "Ua lelei, 'o senetima nei e lua ia 'e alu e 'ave 'i la'u āvā 'e te fa'atau mai ai le fagu, 'ona 'e sau lea ma le fagu, ona 'ou fa'atau atu lea 'iā te 'oe i sina tupe itiiti i lō le tau na 'ou fa'atau mai ai le fagu. 'Aua lava ne'i mao sau 'upu 'i lo'u to'alua na te iloa ai na 'ou tuli atua 'oe."

Fai mai le tautai, "Sōle e, pe 'e te lē 'o faia se mea ula iā te a'u?" '

'Ae tali atu Ke'ave, "'E leai, 'e te lē āfāina ai, 'ae 'āfai 'e te māsalomia a'u i lenei mea, 'ona 'e tofotofo lea i le fagu. 'Ā 'e te'a 'ese mai loa i lo'u fale, 'ona 'e fai lea 'i le fagu lou mana'o, 'e te fia maua ni tupe se tele po 'o fagu 'ava e sili ona 'e fiafia 'i ai, po 'o so'o se isi lava mea 'e te mana'o ai, 'ona 'e iloa loa lea le aogā o le fagu."

Ona fai atu loa lea 'o le tautai, "Ua lelei, Kanāka e, 'ole'ā 'ou tofotofo i ai, 'ae 'āfai 'e te ulagia a'u, ona 'ou ulagia fo'i lea 'o 'oe i le fa'atautau 'o 'oe i se lā'au fa'amau e tāofi ai maea o se va'atilalua."

Na alu le tautai ma le tupe 'i le fale o Ke'ave 'ae fa'atali atu Ke'ave i le mea sā tūtū ai le tautai e lata i le mea sā tū ai Tautua anapō e fa'atali le toea'ina.

Sā tū Ke'ave ma lona loto 'ua mausalī e lē toe solomuli i le mea 'ua fai. 'O lona agāga fo'i 'ua liusuāvai 'ona 'ua leai se fa'amoemoe i le ola. Na fa'apea ifo Ke'ave, "Po'o le ā le mea 'ua tuai mai ai le tautai i le fe'au na alu ai 'iā Tautua?" 'Ae te'i 'ua fa'alogo atu 'i le ususū ma le pese a le tamāloa i le pogisā 'o lalo o lā'au paolo. Na iloa lelei e Ke'ave 'o le leo lea o le tautai; pau lava le mea, 'ona 'o le leo e 'o'olo pei se tagata 'ōnā.

Mulimuli ane 'ua sau le tamāloa ma le fagu, ma vae 'ua tautevateva ma le manava 'ua puta 'ona 'ua na inu le fagu 'a 'o savali mai i le 'auala. E fai atu Ke'ave 'i le tamāloa po 'ua na maua le fagu, 'ae fai mai, "Alu 'ese." Ona oso mai loa lea u'u le tua o Ke'ave ma fai 'i ai fa'apea, "'E te manatu e fai a'u ma lima o se pusi e 'eu 'ese ai isi tagata mai le afi mo 'oe? 'E te fa'ālatalata mai loa 'iā te a'u ona 'ou tu'imomomoina lea 'o lou gutu."

Fai mai Ke'ave, "'O le ā lā le mea 'o 'e manatu ai?"

Na tali mai le tautai, "'O le mea lea 'ou te manatu ai, 'o se mea lelei tele lenei fagu; 'ae fa'apēfea ona 'ou maua lenei fagu i senetima e lua? 'O le mea lenā 'ou te fia iloa, 'auā 'ua 'ou manatu e lē mafai ona 'e toe maua lenei fagu i le senetima e tasi."

Na tali atu Ke'ave ma le fefe, "Alī'i e, 'e te mafai lava ona 'e toe fa'ataua maia le fagu;"

Na tali atu 'i ai le tautai, "E leai alī'i e, 'ae 'āfai 'e te toe fia inu i le fagu 'ava 'e te mafaia lava."

184

Tali mai loa Ke'ave, " Alī'i e, 'ou te ta'utino atu 'iā te 'oe, 'o le tagata 'ole'ā iai le fagu, 'ole'ā alu 'o ia 'i Kena."

Na tali mai le tautai, "'Ou te manatu 'ole'ā fa'apēnā a'u, 'a 'o le'i fa'aopoopo mai ni isi mea; 'a 'o lenei fagu 'o se mea sili lenei i lo'u ōlaga 'ātoa. 'Āfai 'ou te mālaia ai, mālaia ai pea ia. 'O le mea lea, 'o le fagu lenei, o la'u mea lava, 'ae faitalia 'oe ona 'e alu e su'e sē na te toe fa'ataua le fagu 'a 'o le fagu, 'ole'ā tūmau lava iā te a'u."

Fai mai Ke'ave, "Pe moni lenā mea? 'Ae 'ou te 'ai'oi atu 'ia 'e toe fa'atau mai le fagu iā te a'u."

Na tali mai le tamāloa, "Sōia le pisa, 'ou te lē fia fa'alogo atu 'i nā 'upu. 'Ou te lē valea, 'a 'ua iai la tā talanoaga. 'Āfai 'e te lē fia inu 'i le fagu, 'ole'ā 'ou toe inu fo'i. 'Ia manuia, ma 'ia tōfāina 'oe."

Ona alu loa lea 'o le tamāloa i le ala paolo. 'A 'o Ke'ave 'ua momo'e tele vave 'iā Tautua e pei 'o se matagi agi, 'ona 'ua mamā lona loto. 'Ua tele lo lā 'oli'oli i lea pō 'ona 'ua fīlēmū mea 'uma e pei ona iai i le Fale Pupula.

'O lenei tala i le Faguaitu i Hawai'i na tusia e Robert Louis Stevenson, 'a 'o fa'amālōlō mai i Hawai'i. 'Ua 'ou taumafai e teuteu lelei le gagana Sāmoa ma lona fa'a'upuga 'ia mālamalamagōfie ai tamaiti 'olo'o ā'o'oga i le Samoan Literature.

185

GĀLUEGA FAUTUAINA

1. 'Ā finagalo ai faiā'oga, e tatau ona fai tāga ma fa'aata 'uma tala (*role plays*) i so'o se faiga e pei 'o ni koneseti po 'o ni faleaitu. Filifili tala ma fāgogo e tele ai ni mea aogā o aganu'u ma ni a'oa'oga lelei e maua mai ai.

2. Fai ni *projects* o Tusigātala o ni isi tala fou po 'o ni fāgogo fou e maua mai i a lātou sā'iliga ma su'esu'ega, 'ae 'aua le aofia ai tala a le faiā'oga po 'o le *text book*.

3. Fa'ata'ita'i ia iloa 'uma e le vasega ona tusia ata o tala ma vali' ia mānaia i le va'ai ma fa'apipi'i fa'atasi mo se *Class Project*.

4. Fai ni *book review* o tusitusiga a tagata Sāmoa ma fa'atusatusa i tusitala a papālagi.

5. Fai se *Sāmoan Culture Day*.

Iunite V
'O Talatu'u ma Fāgogo mai 'Ī ma 'Ō

ILOILOGA O TOMAI

Su'ega I
Tali Fesili nei:

1. 'O le ā ni aogā 'e te iloa 'i nei mea o talatu'u ma fāgogo mo ōlaga o tagata?

2. E fa'apēfea 'ea fo'i ona fa'aolaola pea e Sāmoa a lātou talatu'u ma fāgogo?

3. Tusi mai sau tala po 'o sau fāgogo e ta'u ai lou 'āiga po 'o lou nu'u.

4. 'O le ā sou manatu; 'ua na'o le fā 'o taua o Pāpā 'olo'o tūsia, 'ae to'atele tupu ma tamāli'i sā fai o lātou taua?

5. 'O ā igoa o alāfale a Nāfanua ia na sunu'i i Leulumoega, Lufilufi, Niusuatia, Tuisāmau ma Sāilele?

6. 'O ai itūmālō o Sāmoa e ona mea nei?
      a) Lupe Tūlima   o) Vaisola
      e) Lupe Uluiva   u) Sega
      i) Mumua   f) Tama'ita'ioleao

7) 'O Robert Louis Stevenson 'o le tusitala muamua ia. 'O ai lā tusitala ta'uta'ua o Sāmoa o nei aso?

8) E mata e sa'o le manatu o isi matai fa'apea e 'aua le fa'alaua'itelea talatu'u o 'āigātupu? Lagolago mai sau tali i ni manatu lelei e taliagōfie ai lou manatu.

Sue'ga II
Fa'amatala māfua'aga o fa'aupuga ia a mātua anamua:
1. E pei 'oe se lega lou tagivale.
2. E lē āfāina o tua o Vaigafa i nei.
3. 'Ia 'outou a'e fa'ai'a i le lau'ele'ele e maua 'i ai Sina.
4. 'Ina 'ia tafatafa fuga lo tātou 'āiga.
5. 'O le Faguaitu i Hawai'i.

FA'ALEOGA MA FA'AUIGAGA O 'UPU

'Upu	Uiga
'āigātupu	'āiga o tupu
'au tusitala	tagata e tusia tala
alāfale	'o se fa'amaoniga o le pule
'ava fesilafa'i	'ava o le feiloa'iga
'au tēvolo	tagata fa'ati'āpolo
'auvae mauga	'autafa o le mauga
a'ega	aga'i i luga
a'e le i'a	ta'atele le taii'a
'aulosoloso	'au o fua o le niu
aumoega	tāfafao i aualuma
'au'au	'autū, fa'avae
ago	a'a o le lā'au
'ato pūmo'omo'o	'ato pūiti
ali'itia	ua tumu ai ali'i
'ele'elesā	'ele'ele fa'asāina
'emo'emovale	matafefe
i'u mai pāpā	alāfale i Leulumoega mai iā Nāfanua
iso	lē mātea
'inisinia	poto i fau mea tauuila
ipu popo	ipu e fai i atigi popo
i'ila	pupula
oso	mea'ai e 'ave e le malaga
oge	leai ni mea'ai
'oa'oa	fiafia
uisa!	'upu ofo, te'i
utugāvai	asugāvai
utugāago	sā'iliga, 'eliga o le ago
fa'alupega	'o pa'ia ma mamalu
fa'amautūina	fa'amaonia
fāgogo	talafatu
fāiā	feso'ota'iga
fa'alagilagi	fa'alauiloa so'o mamalu
fa'amāopoopo	tu'ufa'atasi
fa'aauau	tau'ave pea
fa'atafea	tia'i
fa'amauina	tusitusia i pepa
fa'ae'e	fa'apale i pa'ia
fa'alētonu	e lē mautinoa
fanauga	fānau a le 'āiga

188

fāilele	gāsegase fānau
fogātia	tumutumu o tiaseu
fagāi'a	mailei e maua ai i'a
folaulau	tafao i va'a
fa'ateropika	'ea māfanafana ma mālū
fausia	fau se mea
fa'aosofia	lagona fiafia e fai se mea
fōlauga	malaga i le va'a
felelea'i	lele solo
faiva 'ese	e uiga 'ese le faiva
fa'afofoa	faiga e fofoa ai se fua
felefele	failā solo
fa'aso'o	so'o, aofia 'uma
futu	lā'au
fānoloa	lē toe aliali mai
fenumia'i	fefiloi
fe'ausi solo	'a'au solo
fa'asuaga	tamāli'i; mānaia
fa'atūtū	fa'a'au'au, fa'asagasaga
fese'eta'i	lē mau nofo
fa'atāuaina	fa'aaogāina
fa'ailo	fa'ailoa
fa'amanusina	'alagaina
fa'asitepu	fa'a'apefa'i
gau	lā'au
laolao le vasa	Ua malū le sami
lāgafuaina	fa'ate'ia
lia'ina i ala	lāuiloa i le 'a'ai
lotosami	'ogāsami
logologoā	lāuiloa
lotoma'a	lotosami 'ua si'osi'o e ma'a
lupe uluiva	lupe e iva ulu
lāgomau	tanu
lagisoifua	fa'amaoniga o se tala
lē olo	lē tagi
legamea	sama
limumea	limu sosolo
lega	pauta
liligo	paū
māfua'aga	'o le 'ā mataga o se mea
meatōtino	mea patino i le 'āiga
malele le 'ava	vala'au leotele le ipu 'ava
muimui	'inosia, 'upu ia
māumau	lē aogā
matamuli	māsiasi

mumua	i'a o le sami
mama	lamu
malauli	i'a o le sami
matau	itū taumatau
māna'ona'o	sā'afi'afi
mātea	mate'ia
matāfaioi	gāluega patino
mānaia	sa'o 'aumaga
malasina	pefu o le lega
maono	'o le i'a matuitui
māta'ina	tulimata'i
mātalupe	'ua va'aia lupe
malumaunu	mamalu, lē ofi
Nāfanua	atua o taua
na'a	lā'au e seu ma tapē ai lupe
nunu	olo malū
pipili	lē savali
ponā i vao	ta'uvalea i le togāvao
paopao	va'a fāgota
pou 'afa	pou sāisai i 'afa
Sāmoan perspective	manatu ma agāga fa'asāmoa moni
si'uamouli	igoa o le matagi
seulupe	'o le faiva e maua ai lupe
sau'ai tagata	aitu 'ai tagata
sau/aso	tāumafataga
saveioloolo	leai se pa'ō
sogima'a	vaitā'ele o Tuisāmoa
soātau	soa o tautai, soa o le taua
suāliu	suāsami i totonu o le va'a
sasamu	su'e mea'ai
sopo	malaga sāvali
sopo'ia	savalia
Tauā'ana	'o le 'āiga fa'asino 'i tamāli'i o Ā'ana
tata'i	ta'ita'i ma fa'asino
taua o pāpā	taua o suafa tautupu
tuāfale	'o tua o le fale
togiola	'auala o le fa'aolataga
tauaitu	tagata 'ae toe aitu
talaleu	fa'aleagamea
tāleni	poto 'ua maua
tauluavai	o ipu tuilua e utu ai vai
talana'i	tuta, tatoso
tālo	vala'au e fa'aaogā ai lima/ili
tūlima	tū i le lima
tōfiga	fa'asinomaga

tupu'aga	māfua'aga, tupuga o se mea
tagitagigōfie	tagivale
Taupotu	nu'u tu'ufua o Fiti
tuāvao	vaomatua
tupua	se matematega
tō'aga	naunau
tafagafaga	manogi o se taua
taumāsina	pālopaloga i le māsina
tōfale'auga	aumoega a tamāli'i
teva	sola 'ese
vaisola	vai e 'avea le suāvai
vaimōi'a	vai e fofoa ai i'a
vaomāoa	vaomatua
vale	leaga āmio

IUNITE VI: 'O FAIGĀMĀLŌ MA LE TALALELEI

IUNITE VI: 'O FAIGĀMĀLŌ MA LE TALALELEI

Fa'asologa o Matā'upu

'UPU FA'AILOILO

E le'i vaeluaina Sāmoa 'ona 'o ni taua sā fai e pei ona misa Korea i mātū ma saute po 'o Siāmani fo'i i sasa'e ma sisifo, 'ae sā vaelua lava i le 'ioega fa'atamāli'i a Sāmoa i Sisifo ma Sāmoa i Sasa'e ma ō 'ese'ese fīlēmū ai i lalo o le ta'ita'iga a le Agāga Pa'ia. E ui ina pūlea fa'akolone e mālō mai fafo, 'ae sā fa'aosofia lava ona tamāli'i e le agāga o le lototele ma le lotonu'u.

Māumāu e, pe 'ana lē o'o mai faiga fa'amālō mai fafo, semanū e lē vaeluaina lava Sāmoa, semanū fo'i e fa'apēnei lava 'o fegalegalea'i fa'atasi tagata i faigāmālō ma faigā'ekālēsia; 'aemaise le feta'aloloa'i i aga ma āmioga Fa'asāmoa moni, 'ātoa ma le fa'ataunu'uga o aganu'u ma mea e fai i manatu moni lava o le Fa'asāmoa.

'O fōliga o tagata i a lātou faigāmālō ma faigā'ekālēsia i aso nei, e taunu'u ai le isi 'upu, "E manino luga 'ae vilivili lalo;" po 'o le isi fo'i 'upu, "E togi le moa 'ae tāofi le 'afa." Peita'i 'o le mea e lelei ai 'o le tasi o le gagana ma aganu'u e fa'atino ai lagona o le lotonu'u. 'Ua ola nei lā fānau a Sāmoa i totonu o faigāmālō ma faigā'ekālēsia, 'ae lē 'o mālamalama 'āto'atoa i le 'āmata maiga o nei mea o lo lātou si'osi'omaga. E ui fo'i lā ina lē lava nei tusitusiga mo lātou, 'ae tau ia 'o ni nai fesoasoani e tua 'i ai lo lātou fiailoa.

'O lenei Iunite VI, se'i tātou toe tepa 'i tua i taimi vevesi, 'o le o'o fa'atasi mai o le Talalelei ma faigāmālō mai fafo, 'ātoa ma le fenumia'i o le tamāo'āiga mai atunu'u 'ese ma le osoosoga o le tu'inanau o tagata Sāmoa; 'ae lē lava le mālamalama e tete'e ai faiga fa'akolone na māfua ai ona lima ta'ita'iina tātou.

'Ua o'o lava fo'i i faiga o 'Ekālēsia i nei aso 'ua atagia ai lava, le āvaga o le tōfā mamao ma le tōfā sā'ili. 'Ua lē mafai lava ona soālaupule ni fa'ai'uga tatau ma tu'ugamālie i uiga fa'atamāli'i ma le fa'akerisiano moni.

Talosia ia le soifua a'oa'oina o tamaiti, 'ina 'ia lātou mafaia ona toe gaosi se isi ipuomea fou mo le atunu'u, ma toe tu'ufa'atasi ai Sāmoa 'ua lua talu ai faiga mai isi atunu'u.

195

MATĀ'UPU I: VAELUAINA O LE ATUNU'U

I. 'O le Vevesi o Mālō 'ona'o le fia Pule

'O Sāmoa 'o le 'āiga ma le nu'u e tasi i ona pūlega ma ana faigāmālō fa'aleatunu'u, e aofia fa'atasi ai 'Upolu, Savai'i, Tutuila, Manono ma Apolima, 'ae vāganā Manu'a e 'ese lava lana faigāmālō i aso anamua, 'a 'o lea 'ua fa'atasi nei ma Tutuila.

'O Sāmoa 'o le atunu'u e pūlea lelei ona mālō mai le vavau. Sā fai ona tupu ma tōfiga māualuluga e o'o lava i ē tautuaina le mālō. Sā fai malaefono ma tupuasā e āfifio ai Tama a 'Āiga.

'O le senituri e 18 na vevesi ai le lalolagi i faigāmālō o 'Europa. 'O ia faiga Fa'a'europa 'ua a'afia ai le Vasa Pasefika 'ātoa, ma lavea atu ai ma Sāmoa i pūlega fa'akolone.

Na āfea Sāmoa e va'a o tagata fa'atau'oa, va'a o ē fāgogota ma va'a o ē su'e nu'u fou, 'ona 'o le fia maua 'o ni mea'ai 'aemaise ni fuālā'au 'aina. 'O le 'a'ave o tala mātagōfie e uiga 'iā Sāmoa i le lalolagi i fafo, fa'apea 'o Sāmoa e mānaia lona laufanua ma e tele le tamāo'āiga e maua i fua o le lau'ele'ele. 'O Sāmoa e tele lau'ele'ele e le'i 'ainā pe fa'ato'aina e mafai ona fa'atau atu. 'O ona tagata e āmio pūlea 'aemaise le loto ālolofa ma le fa'aaloalo 'i tagata 'ese. 'O lea lā na fefinaua'i ai mālō tetele nei e tolu 'o Peretānia, Siāmani, ma 'Amerika i lo lātou fia pūlea o Sāmoa.

'O le mana'o o Peretānia ia lātou va'aia Sāmoa 'ina 'ia soifua lelei o lātou tagata 'olo'o nonofo i Sāmoa. 'O le mana'o o Siāmani 'ia lātou pūlea Sāmoa 'auā e lelei i fefa'ataua'iga o le popo. 'O le mana'o o 'Amerika, e tau lava 'o le tāulaga o Pago Pago mo la lātou fuāva'a 'ia mafai ona tu'u atu e Sāmoa. Na matuā sau lava 'i Sāmoa le failautusi o matā'upu tau setete o le mālō o 'Amerika e talanoa ma le failautusi o le mālō o Sāmoa e uiga 'i le matā'upu i le tāulaga i Pago Pago. 'O le 1872 na sau ai fo'i le kapeteni 'o Mead o le fua a le Navy e su'esu'e le tāulaga ma fai se tu'utu'uga lelei ma le afioga a Mauga 'ina 'ia āloa'ia ma talia lelei va'a o 'Amerika e āfea le tāulaga i Pago Pago. E fo'i Mead 'ae 'auina mai e le Peresetene o le USA le tamāloa 'o Albert Steinberger e asia Sāmoa. 'O le ali'i lenei na nofo i Sāmoa i Sisifo i māsina e 3 ona alu lea 'i Siāmani fai ai la lātou feagaiga ma le mālō o Siāmani, 'ole'ā na va'aia ma fesoasoani 'i le mālō o Sāmoa 'ia faigōfie ai mea e mana'o ai le mālō o Siāmani, 'aemaise mea e fa'alelei ai le kamupanī Siāmani lea 'ua fa'atū i Sāmoa e igoa 'o le Godeffroy and Sohn, Ltd.

Na fo'i mai Steinberger ma le tusi fa'afetai mai a le mālō o 'Amerika mo le talia e Sāmoa 'o le fa'atala'u'ula mo le tāulaga ma le fa'atūina o le mālō tau le puipuiga a 'Amerika i Sāmoa. Na ia fai se 'aiga tele mo le mālō ma maua ai le avanoa e lau ai le tusi ma 'ave ai meaalofa 'i ali'i Sāmoa na 'auina mai e le mālō o 'Amerika. Na fiafia lava Sāmoa 'i faiga a Steinberger 'ae mulimuli ane 'ua iloa e le mālō o 'Amerika e lē 'o moni mea sā fai e Steinberger mo le lelei o le mālō o USA. Na i'u ina tuli 'ese Steinberger mai Sāmoa ma tutuli ai fo'i ma isi 'ōfisa o le mālō o 'Amerika sā i Sāmoa. E lē gata 'i lea, 'ae sā maua fo'i ni faiga pi'opi'o a le tamāloa lenei i matā'upu tau fanua o Sāmoa. Semanū a tele laufanua o Sāmoa e lē iloa pe 'ana le vave maua faiga fa'ananā a le tamāloa lea i measina a Sāmoa.

'Ua mana'o nei Sāmoa 'ia tau 'o se mālō e tasi e nonofo i Sāmoa e fesoasoani 'iā Sāmoa 'ae ō 'ese 'uma isi mālō. Ona ō lea 'o Taimua ma Faipule talosaga 'ia Peretānia e ala i le Kōvana sā i Fiti 'ina 'ia tausi e Peretānia Sāmoa, 'ae 'aumai le tali e Peretānia, se'iloga e tu'u atu 'ātoa Sāmoa e pūlea e Peretānia. Peita'i na i'u ina 'auina e Sāmoa Le Māmea Faleto'ese 'i Uosigitone e saini le feagaiga e tu'u atu ai Pago Pago 'i le USA. Na mumusu tele le mālō o Siāmani 'i lea mea, 'o le tu'u atu o Pago Pago 'iā 'Amerika, ona 'avea loa lea 'o le tāulaga 'i Sāoluafata mo Siāmani.

'O le fefīnaua'i o mālō nei e tolu i Sāmoa 'ua fa'atusaina e isi tusitala 'o ni ta'ifau lāpopo'a se tolu 'ua taufao se tama'i ponāivi e tasi. Na toetoe lava a tau mālō nei i le 1889 peita'i 'ua fa'ata'ape vave e le afā tele i Apia lea taua. Na gogoto 'uma va'atau o Siāmani i totonu o le tāulaga e pei 'o le Olga, 'o le Adler, ma le Eber. E fa'apēnā fo'i va'atau e tolu o 'Amerika, 'o le Trenton, 'o le Vandalia, ma le Nipsic. Na'o le va'atau o Peretānia na sao. 'O le igoa o le va'a 'o le Calliope. 'Olo'o tausi pea i le fale fa'amasino i Apia le foeuli o le Kalaiope e o'o mai i le asō.

Na fa'amaonia e le fa'amasinoga a le mālō so'ofa'atasi i Apia le 'avea o Mālietoa Tanumafili I ma tupu o Sāmoa; 'ae 'ona 'o le la'itiiti tele lā o Tanumafili na 'auina ai e ā'oga i Fiti. E fo'i mai le ā'oga a Mālietoa 'ua fai le tonu a le mālō e tapē le pule fa'atupu ma le 'ōfisa o tupu i faigāmālō, 'ae tu'u 'ātoa le pūlega o le mālō i Konesula. 'O lea i'uga na i'u i le fa'amāvae 'ese o Peretānia 'ae tu'u loa le atunu'u e vaelua e Siāmani ma 'Amerika ina 'ua 'uma ona sainia le feagaiga i le vā o mālō e tolu. E ta'ua lea feagaiga 'o le *Treaty of Berlin*. 'O lona uiga o lea feagaiga, "'Ia 'aua lava ne'i tupu se taua i lau'ele'ele o Sāmoa."

'O le tausaga 1899 na fa'amāvae ai Peretānia mai le taupūlega a mālō so'ofa'atasi o mālō e tolu ma 'ua malie ai loa Peretānia e vaelua Sāmoa 'iā Siāmani ma 'Amerika. 'O le 1900 na āloa'ia ai pūlega a mālō e lua 'iā Sāmoa. Sā faigatā lava le pule'aga a 'Amerika i Sāmoa i Sasa'e 'auā e lē lava se faigāmālō pe 'ā na'o Tutuila, 'o lea sā taumafai mālosi ai 'Amerika 'ia mafai ona tu'ufa'atasi ma Manu'a; peita'i e lē mānana'o ai Manu'a, 'auā 'olo'o iai lava lo lātou tupu 'o le Tuimanu'a e fai ai lava lo lātou mālō. Sā taumafai fo'i le fono a le USA 'iā Manu'a 'ia 'ave'ese le 'upu Tuimanu'a ma 'aua ne'i toe faia se Tuimanu'a. Tasi le mea e lē talafeagai lea 'i le aganu'u a Sāmoa. 'Olo'o taumate lava, po 'o le Tuimanu'a 'Elisara e iai lona pito 'afakasi po 'o 'Elisara lava lea na 'ioe e tu'ufa'atasi Manu'a ma Tutuila 'ae tau ina puipui e le mālō tele se'ia o'o i se aso. E ui lava ina tele fono a Tutuila ma Manu'a fa'atasi ma sui o le mālō o le USA e uiga 'i lenei matā'upu, 'ae le'i maua lelei se i'uga ma e o'o mai lava i le asō 'olo'o ta'atia fa'alēmanino lelei lava aiaiga o le mālō fa'ateritori o Sāmoa i Sasa'e 'ona 'o le mumusu lava o Manu'a e saini se feagaiga ma'oti. 'Olo'o tūmau pea lā fōliga o le faigāmālō a Tutuila ma Manu'a i se tūlaga lē loto fa'atasi ma le USA i se aiaiga mautū (*unincorporated*).

II. 'Āmataga o le Mālō Fa'ateritori o 'Amerika Sāmoa

1. Mālō o le Fua (*Naval Government*)

Na 'āmata ona pūlea e le mālō o le Navy Sāmoa i Sasa'e i le tausaga e 1900 ina 'ua 'uma ona sainia le feagaiga a Mālō e tolu o Siāmani, Peretānia, ma 'Amerika USA ma sā ta'ua lea feagaiga 'o le *Treaty of Berlin*. 'O le uiga o lea feagaiga, "Ina 'ia 'aua ne'i iai se taua e faia e nei mālō e tolu i totonu o lau'ele'ele o Sāmoa." 'Ua 'uma fo'i ona faia su'esu'ega māe'a mo le vaeluaina o Sāmoa 'iā Siāmani ma le USA 'ae tūla'i 'ese Peretānia. E tele fa'amatalaga o le vaeluaina o Sāmoa, 'ae lē 'o mafai ona fa'amatala 'uma.

'O le tapenaga po 'o fuafuaga o le mālō o Sasa'e sā faia lava i feso'ota'iga fa'avā o mālō, 'aemaise o feso'ota'iga fa'atamāli'i o Sāmoa e lua. E pei ona gālulue fa'atasi ai le afioga a Mauga ma tamāli'i 'o le Launiusaelua fa'atasi ma le failautusi o le mālō i 'Upolu mo le fa'atūlagaina o mālō e lua, se'ia o'o ina lotogatasi Tutuila 'ātoa, 'ole'ā pūlea lātou e le USA.

'O le 'āmataga o le mālō o 'Amerika Sāmoa, sā 'āmata 'o se mālō o le Fua a 'Amerika (*Naval Government*). 'O le tausaga e 1878, na tu'uina mai ai le fa'amaoniga o le nōfoia e le mālō o le Navy le tāulaga i Pago Pago mai le Peresetene o 'Amerika e suafa 'iā Ulysses S. Grant; e ta'ua lea mea 'o le *Emissary*. 'Ae ina 'ua 'uma ona sainia le Feagaiga Fa'auō e ta'ua 'o le *Treaty of*

Friendship i le 1889 ona taula ai loa lea i le tāulaga i Pago Pago le va'a suāu'u (koale) muamua na a'umai e le Kapeteni po 'o le ta'ita'i 'au 'o Benjamin Franklin Tilley. 'O le igoa o le va'a 'o le USS Abaranda.

'O le 1900 na tōfia ai loa Tilley e 'avea ma Kōvana muamua o Tutuila. 'O le tausaga fo'i lenā na sisi ai le fu'a a le USA i lau'ele'ele o Tutuila i le tolotolo o Sogelau i le aso 17 o 'Aperila 1900. 'O le aso lā lea 'olo'o fa'amanatu e Sāmoa 'iā 'Aperila, 'ae fa'amanatu e Sāmoa i Hawai'i ma isi atunu'u 'iā Aukuso i tausaga 'uma. 'A 'o le aso 2 o 'Aperila, na saunia ai e Tilley le tusi o le ta'utinoga a tagata o Tutuila e fa'apea; "'Ua finagalo mālilie tamāli'i 'uma o Tutuila 'ole'ā pūlea lo lātou mālō e le USA." 'O lenei tusi, 'o le *Deed of Cession*, ma 'o tamāli'i nei 'olo'o sainia le tusi.

Mai le Falelima i Sasa'e:
1. Mauga Moimoi o Pago Pago
2. Le'iato o Faga'itua
3. Faumuinā o 'Aunu'u
4. Pele o Lauli'i
5. Masaniai o Vatia
6. Tupuola o Fagasā
7. Soli'ai o Nu'uuli

Mai le Falelima i Sisifo:
1. Tuitele o Leone
2. Fa'iivae o Leone
3. Letuli o 'Ili'ili
4. Fuimaono o Vailoa/Aoloau
5. Sātele o Vailoa
6. Le'oso o Leone
7. 'Olo o Leone
8. Tuianamoa o Malaeloa
9. Mālōtā o Malaeloa
10. Tuana'itau o Pavaia'i
11. 'Amituana'i o Itū'au

Peita'i sā mana'o le USA 'ia so'ofa'atasi Tutuila ma Manu'a i le faiga o le mālō, 'a 'o le fa'alavelave sā iai le matā'upu faigatā i manatu o tagata Manu'a, e uiga 'i le Ipu a le Tuimanu'a 'ina ne'i 'ave 'esea le mamalu e le USA. O le ala lea 'ua faaigoaina ai lea teritori i lenei taimi 'o le Nōfoaga o le Fua i Tuituila (*Naval Station Tutuila*).

I le 1902, na fa'amaonia ai e le Peresetene o 'Amerika o Theodore Roosevelt le *Deed of Cession* a Tutuila ma saini ai loa pepa o le pūlea moni o le mālō o Tutuila e le USA (*The Executive Statements*). 'O le vaitaimi fo'i lea na tōfia āloa'ia ai e le Peresetene le Kōvana a le fua e igoa 'iā Edmund B. Underwood na te va'aia le mālō o le Nōfoaga o le Fua i Tuituila i lenā taimi. 'O le Kovana lā lenei 'o Underwood na fa'afeso'ota'ia Manu'a mo le faiga o le mālō fa'atasi ma Tutuila. I le 1904 na sainia e Tui Manu'a Elisara, Tufele, Misa, Tui Olosega, ma Asoau le *Deed of Cession* a Manu'a. I le aso 7 o Iulai 1911, na sui ai le igoa o le Nōfoaga o le Fua i Tuituila 'ia 'Amerika Samoa. I le 1925 na tu'uina atu fo'i le motu e pito i saute o le atu Tokelau e 'avea ma isi vāega o le Teritori o 'Amerika Sāmoa. E ui lava ina sā fa'amaonia ai e le Peresetene o 'Amerika *le Deed of Cession* a Tutuila ma Manu'a, e le'i fa'amaonia e le Congress lea tulaga. Peitai i le 1929 sā fai le Komisi e su'esu'ea lenei matā'upu. 'O ta'ita'i o lea Komisi 'o le afioga a Tufele Fa'ato'ia ma Hiram Bingham mai Hawaii. 'O le igoa o lea Komisi 'o le *Bingham*

Commission. I le aso 20 Fepuari 1929 na fa'amaonia ai e le U.S. Congress le *Deed of Cession* a Tutuila ma Manu'a, 'ae e 'āmata tonu i le aso 16 o Iulai 1904.

E lua itū'āiga Kōvana e va'aia le mālō mai le 1900 e o'o mai i le asō. 'O Kōvana e ta'u o *Naval Governors* ma Kōvana e ta'u o *Civilian Governors*. 'O suafa nei o le augākōvana e pei ona tusia e J. Robert Shaffer i lana tusi e ta'u 'o le <u>*American Sāmoa: 100 years Under the United States' Flag*</u>. E lē 'o 'ātoa 'uma i lenei līsi Kōvana sā gālulue i Sāmoa 'ona e le'i 'umi ona gālulue isi 'ae toe fo'i.

- Benjamin Franklin Tilley
- Uriel Sabree
- Henry Minett
- Edmund Underwood
- Charles B.T. Moore
- John F. Parker
- William Crose
- Clark D. S. Stearns
- John M. Poyer
- Warren J. Terhune
- Waldo Evans
- Edwin Pollock
- Edward Kellogg
- Henry F. Bryan
- Stephen Graham
- Gatewood Lincoln
- George Landenberger
- Otto C. Dowling
- MacGillivray Milne
- Edward Hanson
- Laurence Wild
- John G. Moyer
- Alan Hobbs
- Harold A. Houser
- Vernon Huber
- Thomas F. Darden Jr.
- Phelps Phelps
- Lawrence M. Judd
- Richard B. Lowe
- Peter T. Coleman (civilian)
- Hyrum Rex Lee
- 'Owen S. Aspinall
- John M. Haydon
- Earl B. Ruth
- Frank Barnett
- Hyrum Rex Lee
- Peter T. Coleman
- A.P. Lūtali
- Peter T. Coleman

- A.P. Lūtali
- Tau'ese Pita Sūnia
- Togiola Tulāfono

'Ātonu e lē 'o sa'o le fa'atūlagaga o taimi na gālulue ai Kōvana i Sāmoa. 'A 'o Peter Coleman 'o le ulua'i Sāmoa lea na tōfia āloa'ia e le mālō o le Fua e 'avea ma Kōvana. 'O le Kōvana muamua fo'i lea na mālō i le Palota a Tutuila ma Manu'a ina 'ua su'e lava e Sāmoa so lātou Kōvana.

'O ni isi nei o mea tāua sā faia e ni isi o Kōvana 'ātoa ma tamāli'i Sāmoa sā lātou tauivia le manuia o le mālō o 'Amerika Sāmoa.

2. 'O ē na 'avea ma Kōvana Sili o le Mālō:
   - Uifa'atali Peter Tali Coleman
   - A. P. ('Aifili Paulo) Lūtali
   - Tau'ese Pita Sūnia
   - Togiola Tulāfono
   -

3. 'O ē na 'avea ma Sui Kōvana:
   - Tufele Li'atama -- Sui Kōvana 'iā Peter Coleman
   - Faleomāvaega 'Eni Hunkin -- Sui Kōvana 'iā Lūtali
   - Galea'i Pomele--Sui Kōvana 'iā Peter Coleman
   - Tau'ese Pita Sūnia -- sui 'iā Faleomāvaega 'Eni Hunkin ina 'ua tōfia 'Eni i
       le Congress a le mālō tele.
   - Togiola -- Sui Kōvana 'iā Tau'ese P. Sūnia.
   - 'Aitofele Sūnia -- Sui Kōvana 'iā Togiola.

4. 'O ē na Usufono i le Congress Washington D.C.
   - A. P. Lūtali
   - Fuimaono 'Asuemu

5. 'O ē na fai ma Sui Faipule i le Congress
   'O sui nei o le Mālō o 'Amerika Sāmoa i totonu o le Fono i le Capital
   Washington D. C. e fai ma leo o 'Amerika Sāmoa:
   - Fofō Sūnia
   - Faleomāvaega 'Eni Hunkin

6. 'O ni isi nei mea tāua e tatau ona mātau e tupulaga o Sāmoa:
   1904: Na saini ai Tuimanu'a 'Elisara i le Deed of Cession.
   1914: Na fa'atūina ai le ulua'i bank i Tutuila e le Kōvana o Clark
       D. Stearns.
   1918: Na fa'atū ai e le Kōvana o Poyer le ulua'i ā'oga maualuga i Tutuila
       i lau'ele'ele o Aūa, sā fa'aigoa 'o le Poyer High School.
   1973: Na fa'amaonia ai le *seal* po 'o le *motto* a le mālō o 'Amerika Sāmoa;
       'O le "Sāmoa Fa'amuamua le Atua."
   1978: 'Ua tu'uina mai ai loa le pule 'iā Sāmoa mai le mālō tele, e filifili ai
       e lātou so lātou lava Kōvana.

7. 'O le Mau a Tutuila

Na fai fo'i le Mau a tamāli'i o Tutuila e tete'e ai i faiga a le Mālō o le Fua. Na 'āmata le mau 'iā Mati 1920. 'O matā'upu na lāga ai le lē mālilie e fa'apea: 1) E lē lelei le tūlāfono e uiga 'i fa'aipoipoga. 2) 'o le tōfiga o le Failautusi o Matā'upu tau Sāmoa 'o A. M. Noble ma lona fesoasoani 'o L. W. Cartwright, e lē talafeagai ma le gāluega.

'O lenei tete'e na fa'atū mai e Mauga Moimoi, peita'i sā fa'aleāmana'ia pe āloa'ia e le Kōvana 'o Warren Terhune i le tausaga 1920 - 1921. 'O igoa o lenei fa'alāpotopotoga na 'āmata ai, " 'o le Komiti a Ali'i Sāmoa." 'O isi igoa, 'o le *Samoan Movement* ma le *Samoan Cause*. Mulimuli ane 'ua fa'aigoa i le 'upu Sāmoa, " 'o le Mau." E tele fonotaga sā faia e vāega 'ese'ese o le atunu'u, 'ātoa ma isi tagata ta'ito'atasi. 'O le 'āmataga lea o faiga fa'apolotiki a Sāmoa i Sasa'e. 'O le mea 'ua tupu, 'ua lē toe gālulue lelei tagata. 'Ua lē toe salia fo'i ni popo pe totō ni fa'ato'aga.

E le'i mālamalama lelei le mālō po 'o ai tonu na 'āmataina lenei tete'e; po 'o tamāli'i moni o Sāmoa po 'o tagata 'ese mai fafo. 'O isi mea na lē mālilie ai 'o le fa'atūlāfonoina o le pule a le USA i totonu o 'Amerika Sāmoa; e pei 'o le pūlega o lau'ele'ele o le atunu'u e le Mālō o le Fua. Na lāga lea matā'upu 'ona 'o le fa'atūuga o le pisinisi fa'ato'aga ma fefa'ataua'igā'oloa a le 'āiga o Samuel Ripley i Leone. Fai mai sā fiu si leoleo e suafa 'iā Hunkin i tau teuteu fa'afītāuli ma tau fa'ata'ape le Mau, 'ae lē mafai, 'auā 'ua ta'avao tagata ma a lātou 'au'upega. 'O le mea sili e le'i iai se isi na oti ai, 'ae na toe taumafai lava e teuteu i aganu'u a Sāmoa.

Peita'i na i'u ai ina pule i le ola si Kōvana (Terhune). Na fana lava ia e ia i le fogāfalealuga o le fale o le mālō, 'ona 'ua lē mautonu i se i'uga e fai mo le Mau. 'O le talitonuga lava a Sāmoa lātou, tau lava 'o lau'ele'ele, e aofia i le tāulaga i Pago Pago e āiā 'i ai le mālō, 'ae lē 'o lau'ele'ele uma o le atunu'u. Fa'afetai i le lototetele o tamāli'i o Sāmoa 'ua mafai ai ona lē fāoa a lātou meatotino e pei 'o fanua ma suafa tautupu e lē mālō o le USA e pei ona fai 'iā Hawai'i.

8. 'O le Fa'amanatu

'O le 2007, 'ua 'ātoa ai le 107 tausaga talu ona i lalo o le Puleaga a le USA, 'Amerika Sāmoa, 'ae tusa 'ua 75 ai tausaga 'o va'aia lava e Kōvana Sili mai le USA le mālō. 'Ua fa'ato'ā 30 nei tausaga talu ona palotaina e Tutuila ma Manu'a so lātou lava Kōvana Sili; 'o se Sāmoa.
'Ia pūlea e le āmiotonu a le Atua le Mālō o 'Amerika Sāmoa.
Fa'amanuia le Atua 'i le Mālō Fa'ateritori o 'Amerika Sāmoa.

III. *Āfuaga o le Mālō Tuto'atasi o Sāmoa*

1. Faiga Fa'akolone

'O le mālō o Siāmani na pūlea Sāmoa i Sisifo i le 1900. 'O onapō ia 'olo'o nofo Matā'afa i le nofoa o Tama a 'Āiga. Ona ta'u lea e Siāmani Matā'afa 'o le Ali'i Sili, 'a 'o le tupu sili 'o le mālō, 'o le Kaisa lea o Siāmani. 'O le Kōvana muamua o Siāmani o Solofa (Wilhelm Solf). 'O le laumua o le mālō 'o Mulinu'u. 'Ua 'avea faiga fa'akolone ma fa'apolokiki a mālō mai fafo, ma mea 'ua atili ai le lotoa ma le lotonu'u o Sāmoa e 'u'umau ana mea tōtino ma ana pūlega mo le manuia o ona tagata.

'Ona 'ua fa'apa'ū le tau o le popo e le mālō o Siāmani i nai faifa'ato'aga ta'ito'atasi, na ala ai ona fa'atū e le isi 'afakasi le mau 'ia faia se kamupanī fai'oloa a Sāmoa e fa'atau 'i ai a lātou popo ma 'auina i fafo e lātou lava. Sā to'atele tagata Sāmoa e lagolagoina le kamupanī, ma na i'u ina fa'afalepuipui ai tamāli'i Savai'i i le falepuipui i Vaimea e le Kōvana o Sulusi (Dr. Erich Schultz-Ewerth); 'ae le'i poi tamāli'i Sāmoa i le feosofi i totonu o le falepuipui e tatala i fafo tulāfale Savai'i. 'O lāfoga sā fai i le mālō o Siāmani 'ua 'ave e fa'atupe ai le kamupanī fou lenei sā ta'u 'o le 'Oloa Kamupanī. 'O le 'āmataga lava lea o le fuafuaga o le sa'olotoga o Sāmoa se'ia o'o ina fa'atū le Mau a Pule.

'O fōliga nei o tūlāgā tofi o le mālō fa'akolone 'a 'o pule Siāmani:

- Kaisa
- Ali'i Sili
- Ta'imua
- Faipule
- Pulenu'u

2. 'O le Mau a Pule

'O le tulāfale Fogāpoa i Savai'i e igoa 'iā Nāmulau'ulu Lauaki Māmoe, 'o se tagata poto i 'upu o le atunu'u ma 'o se tulāfale lototele. E lē iloa fefe i le mālō o Siāmani; 'a 'o se tasi fo'i o faipule a le mālō. Sā matuā tete'e Nāmulau'ulu i faiga a le mālō o Siāmani i tamāli'i o Sāmoa. 'O ni isi nei 'o mea sā tete'e ai Nāmulau'ulu e pei ona fa'amauina i fa'amatalaga e uiga 'i le Mau a Sāmoa.

- 'Ua leai se mālosi o sui o 'āiga e fai ai so lātou leo i 'upu fai o le mālō.
- E lē se mea tatau le ōmai o tagata 'ese fa'afefe ma fa'afalepuipui tagata Sāmoa.
- E tatau ona 'auai tagata Sāmoa i so'o se atīna'e a le mālō 'ae 'aua le fa'a'esea i so'o se mea fai a le mālō.

Ina 'ua fo'i mai le malaga a le Kōvana sā alu i fafo e fa'aipoipo, ona fai lea e Nāmulau'ulu le 'aiga fiafia e fa'atali ai le ulugāli'i fou. Sā 'avea ai lenā avanoa e fa'ao'o atu ai i le Kōvana le talosaga mo mea e tatau ona fai e le mālō; e pei 'o ni isi nei o mea:

- E tatau ona fa'aaloalo le mālō 'iā Matā'afa 'auā 'o le sui o le mamalu o tamāli'i o Sāmoa.
- 'O Tama a 'Āiga 'uma e tatau ona nonofo i Mulinu'u e iloa ai le mamalu o le mālō.
- E tatau ona saini fa'atasi Matā'afa ma le Kōvana i pepa 'uma a le mālō.
- E tatau ona mālamalama Sāmoa i tupe fa'aalu a le mālō.
- 'Ua tatau ona tūto'atasi Sāmoa i se taimi vave.

'O Nāmulau'ulu Lauaki Māmoe lava lā, 'o le tamāli'i lava lea na 'āmata maia gaioiga o le Sa'olotoga o Sāmoa. 'O le lototele ma le tautala mālosi o Nāmulau'ulu, na fa'atafea ai e le Kōvana fa'atasi ma isi tamāli'i Sāmoa ma o lātou 'āiga i Saipani (*Saipan, Northern Mariannas*). Ina 'ua fa'afo'i mai le tāfeaga, na maliu i luga o le va'a Nāmulau'ulu e le'i o'o mai lona soifua i Sāmoa.

'O le tamāloa sā fai ma lima ta'umatau o Nāmulau'ulu Lauaki i la lātou tāfeaga, 'o 'I'iga Pisa. Sā fai 'I'iga ma 'ave fe'au i so'o se mea e mana'o 'i ai Nāmulau'ulu. Na iloa loa lava e 'I'iga 'ole'ā pūlea Sāmoa e Niu Sila, sola loa i le paopao mai Saipan 'i Guam, 'ona 'o le fia ā'oga i le 'Igilisi. E fa'apea le tala, 'olo'o iai le vāinu'u o 'I'iga Pisa i le vā o Saipan ma Guam. Na 'uma le ā'oga i Guam ona sau lea nofo i Hawai'i e fa'atali ai lona pāsese mai lona 'āiga i Savai'i e alu atu ai 'i Sāmoa.

Na taunu'u 'I'iga 'i Sāmoa ona vala'aulia lea e le ulua'i Kōvana o Niu Sila i Sāmoa, 'o Lokeni (Lieutenant Colonel Robert Logan), e fai ma failautusi o matā'upu tau Sāmoa, se'ia o'o lava ina lītaea.

3. 'O le Mau a Sāmoa 'Ātoa 1921 - 1929

'O le 1918 na faia'ina ai Siāmani 'iā Peretānia i le taua muamua o le lalolagi. I le 'āmataga o le taua i le 1914, na tutuli 'ese lea 'o Siāmani 'ae 'auina mai Niu Sila e va'aia Sāmoa i pūlega fa'amanitete (*mandate*). 'O le Mau na 'āmata mai le taimi o Siāmani 'ae fa'aauau pea lava i le taimi o Niu Sila. 'O faiga sā fai e Siāmani i tamāli'i Sāmoa i o lātou tūlāgāmamalu 'ātoa ma le tāofia o o lātou āiā tatau i le pūlega o le mālō, e le'i tāofia e Niu Sila, 'ae 'ua o'o lava i igoa matai ma suafa tau tama a 'āiga, 'ua 'ave 'ese e le mālō o Niu Sila; 'ātoa ma lo lātou fa'ate'aina o tagata nofosala mai o lātou nu'u. 'Ua lē toe logoina 'i tamāli'i mea e fai mo le mālō, 'ae 'ua na'ona fa'atonu lava o tagata e fai lea mea ma lea mea.

'O le tete'e o le 'au'afakasi a Sāmoa i le mālō, 'ona 'o a lātou pisinisi 'ua māfua ai se manatu o le mālō, 'o papālagi ma 'afakasi 'ole'ā fai ma fa'alavelave i pūlega a le mālō o Niu Sila; ma 'ua tatau ona tīpoti 'ese mai Sāmoa. 'O le papālagi e igoa 'iā Nelesoni (Olaf Frederick Nelson) na faiāvā i le teine Sāmoa ma fa'amatai ai e le 'āiga o lana āvā i le suafa matai 'o Tā'isi i Savai'i; sā ia matuā tete'e lava i le mālō. 'O le papālagi mau'oloa ma tele ana pisinisi, 'ua atili ai le lagolagoina e isi Sāmoa ana tete'e i le mālō. Na fa'atū e Nelesoni se fono ma tamāli'i o Sāmoa 'ina 'ia fai se fa'alāpotopotoga a Sāmoa e fa'aigoa 'o le Mau (*Samoan League*) e fa'aali ai mana'o ma manatu o le atunu'u. 'O le nōfoaga o le Mau 'o Vaimoso, 'ae ta'ita'i e Tupua Tamasese Lealofi III ma Tuimaleali'ifano Si'u. 'Ua 'auai 'uma sui o le atunu'u vāganā ni isi o itūmālō sā lē fia iai. 'O le tulāfono o le Mau, 'ia fīlēmū le aiaiga o mea e fai e aunoa ma se iloa e le mālō o Niu Sila.

'Ua lē toe usita'i tagata i 'ōfisa o le mālō. 'Ua lē toe ā'o'oga tamaiti. 'Ua leai ni gāluega mo le soifua mālōlōina e o'o lava i ni fa'amasinoga 'ua tāofia. 'Ua aumau Savai'i i Apia. E tofu nu'u o le tālafātai e 'āmata mai i Faleata e o'o i le Vaimauga ma api. 'Ua pae i fautasi o Savai'i ma nu'u mamao o 'Upolu le tālafātai o Apia. 'O le taimi lea na 'ou va'aia ai le sāuā ma le mamalu o le tu'ua o Sāfotulāfai o Pāsia. 'Ā vivini loa moa, ona patilima lea 'o le toea'ina e fafagu ai matai o le itūmālō, e ala mai e fai se agatonu.

'O le tōgiga a le Mau e lāvalava ai tagata 'uma, e lanu moana pāuli le 'ie sā fa'aigoa 'o 'ie kagekelī, e fai le mua pa'epa'e, ma le mitiafu pa'epa'e e 'ofu pe 'ā fai fono ma ni a lātou solo i ala ma malae. 'O le fa'avae po 'o le ta'utinoga a le Mau (*motto*), "Sāmoa mo Sāmoa."

'O le manatu o isi tagata na māfua lava le faiga o le Mau, 'o le fa'afalepuipuiga o Tamasese i Niu Sila ma le 'ave'esega o lona suafa Tamasese e le mālō, peita'i 'o le tele lava o molimau i su'esue'ga a le Kōvana Niu Sila 'o Risatisone, na māfua lava le vevesi 'ona 'o Nelesoni ma isi papālagi e nōfo mau i Sāmoa. 'Ua tīpoti nei Nelesoni ma isi 'auali'i o Kari (Edwin W. Gurr) ma Simaika (Alfred G. Smyth). E alu le tāfeaga a papālagi 'ae atili ai ona mālosi le solo tete'e a le Mau. 'Ua fiu le mālō e tau fa'ata'ape 'ae lē mafai. 'O le mea e sili ai, 'o le solo fīlēmū e lē pisa. 'O le mea lea na ōmai ai va'atau e lua a Niu Sila e tau fa'amata'u 'iā Sāmoa, 'ae lē mafai lava. Na tumu Sāmoa i seila o va'a ma fitafita o le mālō e alualu ma sāisai mai fa'apāgotā tagata o le mau ma 'ave i le falepuipui. 'O se mea taufa'afefe tele i tagata le va'aia o solofanua a leoleo ma fitafita i totonu o nu'u e su'e tagata o le Mau. Sā lalafi solo ma susulu i le vao tamāloloa, 'ae fetāgisi fafine ma tamaiti i fale.

'O le 1928 na sui ai le Kōvana. 'Ua iai nei 'Aleni (Stephen S. Allen), 'o le lōia ma 'ua 'ave le matā'upu a Sāmoa i le fono a Mālō o le Lalolagi - *League of Nations*. 'O le 1929 na sui ai le māfaufau o le mālō o Niu Sila, 'ole'ā fai ni āi o le Mau a Sāmoa. 'Ua toe lelei mea 'uma; 'ua toe ā'o'oga tamaiti; 'ua toe fai lelei le popo ma fa'ato'aga. Sā toe fa'atūlaga le fono a faipule; 'ua fīlēmū mea 'uma; 'ua fai lelei le mālō, 'ae 'ua na'o le to'alua sui filifilia o Sāmoa: 'ua na'o Mālietoa Tan'umafili ma Matā'afa Salanoa. 'Ua fa'ate'a 'ese Tamasese ma Tuimaleali'ifano sā fai ma Fautua. 'O sui faipule a le Mau sā i le fono 'ua fa'amāvae lava lātou.

Sā manatu le mālō o Niu Sila, 'ai 'ua 'uma le Mau 'auā 'o lea 'ua tu'u le fa'afītāuli o Sāmoa i le Fono a Mālō 'Aufa'atasi. 'A 'o le malaga lā a Tuimaleali'ifano ma Faumuinā 'i Niu Sila, na fo'i mai ai ma le tala fa'apea e matuā lagolagoina tele lava e tagata 'olo'o i Niu Sila le toe fai o le Mau.

'O le Aso Sā, 25 o Tesema Aso Kerisimasi na toe va'aia ai le solo tete'e i Apia. Na fufusu isi leoleo ma tama Sāmoa i le tau fa'ata'apega o le solo ma 'ua oti ai le isi leoleo. 'O le ala lea o le fa'aaogā o pulufana e leoleo a le mālō o Niu Sila. Sā taumafai leoleo e pu'e le failautusi o le Mau 'ae 'ua lē mafai, ona fa'aaogā loa lea 'o fana. 'O le isi na oti ai 'o Tupua Tamasese, 'ae na'ona mānunu'a Tuimaleali'ifano ma Faumuinā. 'O 'upu fa'amāvae a Tamasese 'a 'o le'i maliu: "'Ua masa'a lo'u toto mo Sāmoa. 'Ā 'ou oti, 'ia tausi pea le fīlēmū."

'O le tausaga e 1961, na fai ai le pelepesite e su'e ai po 'o 'ua finagalo Sāmoa 'ātoa e fai sona mālō tūto'atasi. E leai se isi o le atunu'u na tete'e.

'O le aso muamua o Ianuari 1962, na tu'u ai i lalo le fu'a a Peretānia 'ae sisi ai le fu'a o le sa'olotoga o Sāmoa. 'O le aso muamua o Iuni 1962 na sisi to'alua ai e Mālietoa Tanumafili II ma Tupua Tamasese Mea'ole le fu'a o le sa'olotoga i Mulinu'u i le aso tele o le mālō e fa'ailoga ai le mālō 'ua tūto'atasi, ma 'avea ai loa nei tamāli'i e to'alua e fai ma Ao so'ofa'atasi. E le'i leva le nofoa'iga a Tupua Tamasese 'ae tu'umālō, ona tau'ave to'atasi ai lava lea e Mālietoa le tofi o le Ao o le mālō i tausaga e silia le fā sefulu.

'O le ulua'i palemia 'o le mālō tūto'atasi, o Matā'afa Faumuinā Mulinu'ū II. 'O lona lua o pālemia ina 'ua tu'umālō Matā'afa, 'o Tupua Tamasese Lealofi IV. E le'i umi lea tōfiga 'ona 'ua faia'ina Lealofi i la lā pālota ma le atali'i o lona uso 'o Tupuola 'Efi. Ona pālemia ai lea 'o Tupuola 'Efi Tamasese Mea'ole. 'O lona fā o pālemia 'o Va'ai Kolone. 'A 'o lona lima o pālemia 'o Tofilau 'Eti Alesana. 'O lona ono o pālemia 'o Tuila'epa Sā'ilele. 'O le agāga o le mālō tūto'atasi e fai fa'atemokalasi, peita'i e fa'avae mea 'uma i luga o le Fa'amatai ma le Fa'akerisiano.

4. 'O fōliga nei o tōfiga o le Mālō Tūto'atasi:
   * Ao o le Mālō
   * Sui Ao
   * Pālemia
   * Sui Pālemia
   * Fofoga Fetalai
   * Kapeneta
   * Pālemene

'O le fa'atūlagaga o le mālō tūto'atasi e fōliga lava i pūlega a le mālō o Peretānia ma Niu Sila. Peita'i 'o lona fa'amoemoe 'autū, 'ia fa'aaogā le Fa'amatai ma le Fa'akerisiano. 'O le fa'ailoga po 'o le *motto* a le mālō, "Fa'avae i le Atua Sāmoa."

5. 'O le Faamanatu
   E ao ona tauloto e fānau a Sāmoa taimi sā nofo pologa ai o latou tua'ā i faiga fa'akolone a isi mālō 'o le lalolagi 'ina 'ia lē toe tupu ia fatiga.
   * E 300 tausaga o nofo pologa Sāmoa iā Toga.
   * E 14 tausaga sā nofo kolone ai Sāmoa iā Siāmani.
   * E 48 tausaga na pūlea ai e Peretānia ma Niu Sila Sāmoa.
   * 'Ua silia i le 40 nei tausaga talu ona tūto'atasi le mālō o Sāmoa.

'O Sāmoa lava le atunuu 'o le Pasefika ma le Polenesia na muamua maua lona Mālō Tūtoatasi 'ona 'o le lototetele o ona tamālii.

'Ia pūlea e le āmiotonu a le Atua le mālō o Sāmoa.

'Ia fa'amanuia fo'i le Atua i le mālō tūto'atasi o Sāmoa.

6. 'O le Vi'i o le Mau

Tamasēse e, 'ā 'e lailoa
I le taumafaiga o le mālō o Sāmoa
'A 'o lenei 'ua fa'atalaloa
'A 'o fea 'ea Mālietoa

'O au toe 'upu na 'e fai mai ai
Sāmōa e, 'ia to'a le tai
Tali i lagi so tātou 'ai
Faitalia Peretānia

Tamasēse e, silasila 'i ai
I le mea na 'e loto 'i ai
'Ua maligi le toto o Sāmoa
I le mālō o Niu Sila

Niu Sīla e lou lē mīgao
Sāmoa lea 'olo'o 'ua ta'avao
Alu le pō 'ātoa ma le ao
Fesēa'i solo i le togāvao

Komiti o le Mau talia le vala'au
Tusa lava pe fa'afolau
Tusa pe fa'afolau (x2)
Pe fa'asala e fa'avavau

Tinā, nofo lelei ma 'e māfaufau
Tausi lelei si a tā fānau
'Ole'ā 'ou malaga 'i Apia i le Mau
'Ou te lē iloa pe toe sau

Tūmūa e ma Puleono
Tūla'i mai se'i tātou ō
'Aua ne'i 'e toe fālōlō
I 'upu fai o lo tā mālō

'Āiga i le Tai,
To'o o le fua
'Ua 'ātoa nei Sāmoa
'Ua tafa'ifā nei le pa'ia
'Āiga ma lātou tama

Tali: 'Oi le Kōvāna e,
        'Ua e' fa'afiti
        'E te le'i iloaina

'O se fana ta'avili
'Ae molimau tamaiti
Ma le afafine o Kilisi
'O 'oe lava na 'e fa'apā le fana ta'avili

MATĀ'UPU II: FA'AMATAI A SĀMOA

I. 'O le ā 'ea fo'i lea mea o le Fa'amatai?

- 'o le Fa'amatai o le mālō o matai na fa'avae e matai mo matai.
- 'o le Fa'amatai; o aga, tū, ma āmioga 'a ē 'ua fa'asuafaina e 'āiga e fai mo lātou sui i le sāofa'iga a le mālō o matai.
- Lātou te fauina tūlāfono ma fa'asalaga o solitūlāfono e ta'ita'iina ai soifua o tagata lautele e fa'atatau i fa'avae o le aganu'u ma le gagana.
- 'o le Fa'amatai a le Mālō Tūto'atasi o Sāmoa, 'ua 'uma ona fa'ata'atia ona fa'avae ma ona tūlāfono e ta'ita'i ai le soifua o tagata Sāmoa 'uma i totonu o   Sāmoa   lava 'ātoa ma atunu'u i fafo. 'Ua 'uma ona tofi ona tūlaga ma nōfoaga i totonu o sāofa'iga, 'ua 'uma fo'i ona fa'ata'atia tuā'oi o 'āiga, nu'u ma itūmālō 'ina 'ia lē fesopoa'i ma solituā'oi tagata.
- 'O se fa'amalu lautele e malu ai le atunu'u 'ātoa .
- 'O se maota e tulutulu i tao e puipui ai le ola saogalēmū 'o le atunu'u.
- 'o le ata va'aia lava o mālō e lua o Sāmoa, 'o le Fa'amatai.

1. 'O le fa'avae 'o le Fa'amatai: "'Ia tausi le vāfeāloa'i fa'atamāli'i."

'O le gagana moni lava a le Fa'amatai, 'o le Gagana Fa'aaloalo lea e fa'aaogā i faigālāuga a matai. 'Ā lē iloa lā e le matai 'upu e fa'aaogā i le gagana fa'aaloalo, na te lē iloa fo'i tautala i le gagana a le Fa'amatai.

2. Fōliga o le Fa'amatai

E aofia 'uma Sāmoa e lua i le Fa'amatai. 'Ana lē mālosi ma mamalu le pule a le Fa'amatai e lē mafai ona tūto'atasi mālō o Sāmoa e lua ma mafai ai fo'i ona fa'avae faigāmālō i aganu'u ma fa'aaogā ai le gagana Fa'amatai. 'O le Fa'amatai a Sāmoa 'o se mālō tūto'atasi e mafai ona pūlea e ia ona lava fa'amoemoega 'uma, 'auā 'o le mālō o matai na fau e matai mo matai.

Se'i fai le nu'u o Sātalo ma le nu'u o Falelātai ma fa'ata'ita'iga. E fa'atulou atu i ia afio'aga.

'O Sātalo, 'o le nu'u i le itūmālō 'o Faleālili, e mamalu ana pūlega. E fai le polokalame a le pulenu'u i gāluega fai mo le vāiaso. 'O le Aso Gafua, e ili le pū a le pulenu'u ona gāsolo 'uma lea 'o matai ma tāulele'a i le fale o le pulenu'u e fai ai le fono e ta'u 'o le Aso Gafua, po 'o le aso o le Pulenu'u, ma fai ai le tautōga o mea 'ua mōlia e tagata o 'āiga ta'itasi, ma tofi ai fo'i gāluega a matai lāiti ma tāulele'a e fai mo le tausiga o le soifua o le nu'u.

E o'o i le faife'au a le nu'u e 'auai i fuafuaga fai a le nu'u, ma na i'u ai ina 'avea le faife'au e fa'atamā 'i ai le nu'u 'ātoa, e 'āmata lava i ali'i ma tulāfale māualuluga se'ia o'o lava i tamaiti. 'Ua 'avea fono a le nu'u ma faleā'oga e a'oa'o ai aganu'u e ola ai matai ma ē tautua. E leai se isi e tete'e i fa'ai'uga a le fono a matai. E tasi le 'upu, e tasi fo'i le loto e fai ai mea 'uma.

'O le nu'u lenei 'o Sātalo, e 'ese le pitonu'u e nonofo ai ali'i e ta'u 'o le usoali'i, 'a 'o le pitonu'u e nonofo ai tulāfale, 'ia e fa'aigoa o le "Uso na Totō," e ta'u 'o Sātalo; 'ātoa ma Sālele'a e tāla'ia fono; 'o lo lātou ta'u 'o Sālele'a.

'O le tāua o le Fa'amatai e fofō ai misa ma fa'afītāuli. 'Ā misa tagata e tasi lava le tū atu a se matai po 'o le faife'au e vavao le misa, ona 'uma loa lea, 'ae teuteu mulimuli e matai le misa. 'Ā lē mafai ona 'uma le misa, ona 'ave lea i luma o le nu'u ma luma fo'i o le faife'au. E lē o'o lava ni fa'alavelave o lenei nu'u i luma o le mālō i aso anamua. E tāli fōliga tutusa 'uma lava Fa'amatai a nu'u o le atunu'u ma le Fa'amatai a Sātalo, peita'i e 'ese mai ai le nu'u 'o Falelātai i le fa'atūlagaga o le sāofa'iga ma le faiga o tūlāfono o le Fa'amatai i aso anamua, ma 'ātonu 'olo'o tausisia pea e matai o aso nei ia faiga mamalu.

'O Falelātai 'o se nu'u mamalu tele 'auā 'o le 'āiga Tauā'ana. E iai le tama a 'āiga o Tuimaleali'ifano ma lona 'āiga fa'apitoa. Sā fono lava lea 'āiga e pei 'o se isi fo'i nu'u e 'ese mai le fono 'ātoa a le nu'u. E 'ese'ese le fa'aigoaina o o lātou malae, ma taimi e fa'aaogā ai ia malae fa'atatau i uiga o matā'upu e fono ai; e pei 'o le malae o le 'a'ava i Puna ma le malae 'o le manino i Matāutu. 'Ā iai se fa'alavelave matuiā i le nu'u ona usu to'oto'o lea 'o le fono; ona sui lea o 'āiga ta'itasi e le matai na ulua'i suafa, e alaala i totonu o le fale 'olo'o usu ai le fono. 'O ia sui, 'o ali'i mātutua o 'āiga .

Mo se fa'ata'ita'iga: 'o le suafa Sila, pe tusa ma le lima i le ono ē 'ua suafa 'iā Sila. 'O lona uiga lā, e na'o le tagata na mua'i nofo i le suafa Sila e aofia i le 'āmataga o le fono lea 'ua ati to'oto'o. 'O le 'au usufono lea a ali'i mātutua, e ta'u 'o le kāpeneta. 'O isi suafa 'uma o itūpāepae e sāofafa'i mai fafo.

'Ā 'uma ona soālaupule se matā'upu faigatā e le kāpeneta, ona vala'aulia loa lea 'o matai 'uma 'olo'o i fafo e ulufale. E tusa lava po 'o ai le matai 'o i fafo e lelei ni ona manatu, e fa'atali lava se'i tatala le fono i le lautele. 'Ā maua le i'uga o se matā'upu, ona alu loa lea 'o le sāvali 'i le 'āiga 'olo'o tū ai se fa'alavelave, e momoli 'i ai le fa'ai'uga o le fono a le nu'u. E ta'ua lea sāvali 'o le "Afioga Tūtasi." 'O lenei Afioga Tūtasi e momoli e ali'i o le Atitagaloa. 'Ā lē usita'i 'i ai se tagata ona fa'asavali lea i le ala.

E 'ese'ese faiga o le Fa'amatai i nu'u ma itūmālō 'ona 'o le 'ese'ese o aga'ifanua i nei aso, 'ae tasi lava le fa'avae na 'āmata mai ai le Fa'amatai e tua'ā o le 'āmataga o Sāmoa. 'O māfaufauga lava fesuisuia'i o tamāli'i o nu'u 'ua 'ese'ese ai fōliga o le Fa'amatai, ma 'ua fesiligia ai e tagata po 'o le ā le uiga e sāga fai ai le Fa'amatai. 'Ua telē le suiga 'ua fai e isi matai. 'Ua si'itia nōfoaga 'i Apia, ma 'ave atu ai lava o lātou suafa ma fa'atū ai a lātou faigānu'u i Lalovaea; 'ae 'ese ai lava le sāofa'iga a Alo o Sina ma le Vainalepa.

Manatua lā, 'o suafa mai nu'u 'ese'ese o Sāmoa lea 'olo'o alaala i sea pitonu'u o le tāulaga, 'ae lē se nu'u e tasi. 'Ua lē iloa po 'o ai tonu 'ā fai ma ali'i ma tulāfale sili, 'a 'o ā fo'i fa'alupega e fa'alagi ai le nu'u ma faiga e fa'atino sa'o ai le aganu'u. 'O le mea lā 'ua tupu, 'ā lua pe tolu ali'i māualuluga, 'ua lē iloa po 'o ai 'ā ta'i 'i ai fa'aaloaloga. E tutusa faiga fou ia i Apia ma faiga o le Fa'amatai i nu'u i fafo.

3. 'O ā ni tāua ma ni aogā o le Fa'amatai
- 'o le Fa'amatai lea e mafai ai ona fa'apotopoto le mamalu o Sāmoa i nu'u i fafo mo se mea e fai.
- 'o le Fa'amatai e mamalu ai mea e fai ma fa'afīlēmūina fa'alavelave tutupu i le atunu'u, i 'āiga , nu'u, itūmālō, ma 'aulotu.
- 'o le Fa'amatai e fa'amāopoopoina mea e fai o le aganu'u ma le lotu.
- 'o le Fa'amatai e fa'amautūina ai le vāfeāloa'i fa'atamāli'i a le atunu'u.
- 'o le Fa'amatai e āloa'ia ai e le mālō finagalo fa'aalia o tagata i totonu o fa'amasinoga, ma fa'aitiitia ai fa'asalaga a le mālō, mo sala matuiā.
- 'o le Fa'amatai o le to'omaga o tagata lautele e mapu i ai māfatiaga o tagata.
- E tele mea e fai i atunu'u i fafo 'olo'o fa'aalia ai le Fa'amatai e ala i aganu'u e pei 'o taligāmālō ma fa'afiafiaga, pe 'ā fai sisigāfu'a, 'auā e ta'ita'i ma fa'afoe e matai.

- E tele misa a tamaiti ā'oga ma faigākegi a tamaiti ta'atua, 'ua fasioti ai e isi   tamaiti isi tamaiti. 'Ana leai le vāfeāloa'i a le Fa'amatai ma le mālō, e lē mafai ona fīlēmū ma fa'aitiitia fa'asalaga tetele.
- E tele fa'alavelave tau fa'amasinoga a le mālō ma pepa o femalaga'iga a le *immigration* e lē sa'o ona fai; 'olo'o tua mai i le Fa'amatai a Sāmoa, ma fa'amanuiaina ai fa'ai'uga o ia mea.

4. Fa'amatai i nu'u i fafo

'Ua fai faigānu'u a Sāmoa i nu'u i fafo e fa'aali ai le aogā o le Fa'amatai, peita'i 'ua sui ai faiga o le Fa'amatai. 'Ua fa'aaogā se suafa matai maualuga o se itūmālō e ta'ita'ia le faigānu'u ma fa'aigoa ai lava le nu'u i lona suafa matai; ona tete'e loa lea 'o matai māualuluga ma tulāfale o isi itūmālō, ma i'u ina vaelua ai tamāli'i 'olo'o alaala i ia vāifanua, ma 'ua toe fai ai fo'i le isi nu'u fou o ē 'ua vavae 'ese. Tasi le mea, 'ana leai ia faigānu'u e lē iloa po 'o iai ni matai i nu'u i fafo. 'O le isi itū e lelei ai, 'ua 'avea ia faigānu'u ma nōfoaga e to'ai 'i ai malaga a Sāmoa ma fa'atino ai aganu'u.

i)   'O le Fa'amatai ma Matai Tama'ita'i

'O le manatu o le Fa'amatai i le 'āmataga e lē 'o se tofi lea o tama'ita'i, 'o le 'avea ma matai; 'ae tau lava 'o suli tāne o le 'āiga e 'avea ma matai; 'ona 'o le manatu, 'ia 'avea pea le 'upu tama'ita'i 'o le tuafafine, e fai ma feagaiga e fa'apēlepele 'i ai ma fa'aaloalo 'i ai 'āiga 'ae 'aua le fa'a'ele'eleaina ma fa'apologaina 'i mea e fai. 'Ua sa'o fo'i lea manatu, peita'i, 'o le tama'ita'i 'o le suli moni o le Fa'amatai. 'Ā ō fa'atasi le mamalu o le suafa matai e 'ave 'i ai ma le mamalu o le suafa sa'otama'ita'i, ona atili āmana'ia ai lea ma fa'aaloalogia le matai tama'ita'i. Manatua fo'i, e lē 'o tama'ita'i 'uma e suli i le feagaiga, 'ae suli tama'ita'i 'uma i le suafa matai. 'O le fa'alavelave fo'i o isi matai tama'ita'i, e lē 'o mālamalama lelei 'i o lātou tūlaga (*status*) i le Fa'amatai, i mea e tatau ona aofia ai ma mea e lē tatau. 'O lona fa'ata'ita'iga, "'Ua alu le tama'ita'i e suafa matai 'i le taligātōga i nu'u i fafo, ona vala'au mai lea 'o le mālōtōga e tūla'i atu matai tulāfale, ona tūla'i lea 'o le tama'ita'i lenei e suafa ali'i; 'o le mea lā na lā fetaui, 'o le 'otegia mai e le mālōtōga, 'auā e fesili mai le mālōtōga po 'o ai lona igoa, 'ae ta'u atu lona igoa ali'i. 'O lona uiga e lē 'o mālamalama le matai tama'ita'i, e lē tālitōga ni ali'i. 'Ae peita'i, 'ua fa'avāivaia tama'ita'i i le 'avea ma matai tulāfale, 'ona 'o manatu 'o isi tagata tusitala fa'apea, e lē mafai ona lāuga se fafine i le malae na te fa'aaogā ai le fue ma le to'oto'o. 'O le ala lea o le suafa ali'i o le to'atele o tama'ita'i. 'O le fesili, 'Aiseā? 'O ā ni manatu tāua e māfua ai lea fa'a'upuga? E tatau ona mālamalama, 'ua 'uma aso lā anamua, e le'i lava le silafia'o le aganu'u ma le vāfeāloa'i, sā gagau ai le to'oto'o ma le fue pe 'ā ita le failāuga. 'O aso nei o le mālamalama, 'ua laueva Sāmoa i le laufau mālū; ma 'ua lautua le alofa i mea 'uma. 'Ā silafia lelei lava e le matai tulāfale tama'ita'i lona tūlaga ma ona agava'a i le aganu'u, e leai se mea e tāofia ai e se isi.

ii)   'O le Fa'amatai i totonu o 'aulotu

'O le 'āmataga o Sāmoa, 'o pulenu'u lava e 'avea ma fofoga o mea 'uma e o'o lava i totonu o le falesā. 'Ae 'ona 'ua fai tōfiga a 'aulotu e pei se 'aufono, e fai le failautusi ma le teutupe, 'aemaise a'oa'o fesoasoani ma ti'ākono, 'ua so'ona fenumia'i ai lava ma le Fa'asāmoa. 'Ua iai le talitonuga o le tagata lotu, e tatau ona iai lona leo i so'o se mea e fai, peita'i 'o lea 'ua gālulue fa'atasi le aganu'u ma le Talalelei. E tatau lā ona felagolagoma'i 'i 'auala o le Fa'asāmoa ma le Fa'akerisiano. 'Ua manatu le 'aulotu, 'o le failautusi lava 'o le fofoga lea o le faife'au ma le 'aulotu i mea 'uma. 'Ua sa'o fo'i lea manatu, peita'i 'ā o'o loa i le Fa'asāmoa e pei 'o le fa'afesāga'iga o paolo ma 'āiga i faiga o fa'alavelave, 'ole'ā fa'aaogā ai le maniti a tamāli'i, ona fa'aaogā loa lea 'o le Fa'amatai. 'Āfai 'o le failautusi 'o se ti'ākono e lē se matai, 'aua le lāuga i le 'avega o le si'i, 'ae lāuga se ti'ākono tulāfale, 'auā 'o le Fa'amatai, e lē lāuga se isi e lē se matai.

'Ou te lē fāitio lava 'i le mau fesuia'iga o le Fa'amatai 'ua fai nei. 'A 'o mea nei 'ua māfua ai ona fe'ese'esea'i foliga o le Fa'amatai.

- E 'ese'ese faiga o aga'ifanua i nu'u ma itūmālō.
- 'Ua fua mea e fai i le taimi ma le tau, 'ia talafeagai ma le
  soifua o matai.
- 'Ua fāumālō tamāli'i 'ona 'ua tumua'i tutusa
  i feusua'iga, ma matūpalapala po 'o 'aupolapola gagau i totonu o
  faigānu'u ma 'aulotu.
- 'Ua lē mālamalama le to'atele o matai talavou i fa'avae moni o
  le Fa'amatai a Sāmoa, 'ae 'ua fa'afefiloi talitonuga ma faiga
  fa'atemokalasi o nei onapō.
- E tatau ona femālamalamaa'i matai ma faife'au i le
  feāiāa'i o le Talalelei ma le Fa'amatai.

iii)   E iai lā se aogā o le Fa'amatai i atunu'u i fafo?

E lē so'ona si'i se va'a pe 'ā ala le mafua a ali'i. E lē so'ona seu tafilia fo'i le na'a a le soāseu pe 'ā malu maunu le fogātia, 'aiseā? 'Auā e tatau ona saveioloolo le seuga pe 'ā ali'itia fanua ne'i iai ni sesē e lāgavale. E fa'atulou atu ai i le pa'ia o Sāmoa i nu'u i fafo pe 'ā iai se gagana e sala. 'A 'o le fesili tele mo tātou, pe iai se aogā o le Fa'amatai i atunu'u i fafo e pei 'o 'Amerika, Hawai'i, ma Niu Sila, po 'o ni isi fo'i nōfoaga 'olo'o alaala ai le to'atele o Sāmoa?

'O tagata moni lava e maua ai le tali sa'o o lenei fesili, 'o matai 'olo'o alaala i nu'u i fafo, 'aemaise lava matai 'ua fai a lātou faigānu'u i nu'u i fafo. 'Ole'ā leai so'u manatu maumaututū mo lenei matā'upu 'ae 'ua fa'ata'atia atu; 'o se 'au'au o le fale o Sāmoa tātou te lafo'aso 'uma 'i ai, 'ina 'ia malu lelei le maota o le Fale'ula 'olo'o fa'afaletui ai lenei matā'upu.

'Ou te fa'amoemoe 'ole'ā 'avea a'u tali ma fa'atupu manatu e fefālōa'i ai manatu fāumālō o le 'au fīnau, ma taunu'u ai i ni manatu e sili atu ona fa'atāuaina ai le Fa'amatai i nu'u i fafo.

iv)   'O ā ni vāivaiga o le Fa'amatai i nu'u i fafo?

'O molimau nei mai ē 'olo'o gaseā i faiga a le Fa'amatai pe 'ā fai le Fa'asāmoa:

- 'O le lē mālamalama o fānau a Sāmoa e o'o lava i mātua talavou o ē na
  soifua mai i nu'u i fafo i fa'amoemoega tāua, (*main aims*) na ala ai ona
  fai le Fa'amatai.
- E lē 'o mautinoa e le to'atele le fa'aaogāina tatau o le vāfeāloa'i a tagata lautele ma
  matai.
- E lē mālamalama tamaiti pe fa'apēfea ona iloagōfie le matai pe 'ā lāuga; 'auā 'o isi
  tāulele'a e lē ni matai 'a 'ua te'i 'ua lāuga i mea ia e fai i nu'u i fafo.
- 'Ua fa'aaogā sesē e isi matai le pule a le Fa'amatai; 'aemaise le faiga o fa'alavelave i
  nu'u i fafo; 'ua ōi ai 'āiga ma fānau a Sāmoa, 'ae taugatā le ōlaga o nu'u i fafo.
- 'Ua tele suiga o le Fa'amatai 'ua fai e isi matai 'ona 'o le tele o su'esu'ega i le poto
  fa'atemokalasi i nu'u i fafo.
- 'Olo'o ātagia fo'i i le Fa'amatai le fa'ailoga tagata.
- 'Ua lē tausisi matai, ma 'ua solifa'avae le to'atele o matai i tulāfono ma fa'avae o
  le fa'amatai 'ona 'o le lē mālamalama.

- 'Ua 'avea le Fa'amatai ma mea 'ua su'e mea ai isi matai.

'O le ā lā se fofō e fō'ia ai ia fa'afītāuli, 'ina 'ia faia ma le mautinoa le Fa'amatai i augāmatai i nu'u i fafo, ma āmana'ia ai e fānau le mamalu ma le pule a le Fa'amatai?

E tofu le tagata ma lana 'auala e fofō ai, 'a 'o isi ia fautuaga:

- 'Ia toe fa'ata'atia fa'avae na 'āmata mai ai le Fa'amatai.
- 'Ia toe teuteu fa'avae o le 'āmataga ma 'ia talafeagai ma manatu fa'atupulaga o taimi nei.
- 'Ia fa'apepaina nei fa'avae 'ina 'ia tufa i 'āiga Sāmoa 'uma i nu'u i fafo e faitau ma mālamalama ai mātua talavou ma tamaiti.

II. *Gagana a le Fa'amatai: 'O ni fa'ata'ita'iga*

1. Fa'afeiloa'iga o Mālō

Tālofa! Tulou le pa'ia ma le mamalu o Sāmoa 'ua āfīfio mai,

E lē so'ona masi'i tama fa'alagi a le atunu'u, vāganā se taua po 'o se agāga 'ua 'āmia e le Atua, tulou! E lē so'ona tāloa fo'i le mamalu o Sāmoa 'auā o fala si'igatā ma papa lē gae'e o tamāli'i, tulou! E pa'ia pea lava maota ma laoa ma malae o Sāmoa 'auā 'o lea 'ua malae tau'ave i nu'u i fafo, tulou! E ui ina filogia le si'osi'omaga o le lalolagi i faiga tau fa'amata'u a tagata leaga i le 'ea, le sami, ma le lau'ele'ele, 'ae lē 'o vāea ai le fala'o'oto o lo tou soifua gālulue vāvālalata ma le alofa o le Atua e ala i lona agāga fa'amāfanafana.

Sā mātou fa'atala'u'ula atu i le agāga maulalo ma le fa'aaloalo, 'a 'o lea 'ua 'outou āmana'ia 'ona 'o le vāfeāloa'i fa'atamāli'i ma talitonuga Fa'akerisiano. 'Ua fa'afetai lā le laualuga 'ae fa'amālō le lautua. 'Ua sāō le 'anomālō, 'ae patilima sā o le Atua 'ona 'ua taunu'u manuia i laufanua o Hawai'i le pa'ia o usugāfono 'ese'ese. Sā mātou lē talia fo'i i le tai lou tou tala 'a'ao mai, 'a 'ole'ā iai se itūlā ona faia lea 'o se feiloa'iga fa'atamāli'i e ala i le a'ano a tamāli'i ma le ali'itāeao e pei ona māsani ai le atunu'u.

E lē toe tau fa'amatalaina le māfua'aga o la tātou māfutaga i lenei vāiaso, 'a 'o le fa'amoemoega maualuga lava, 'ia fa'atino le fa'alautelega o a'oa'oga o le gagana Sāmoa i totonu o Hawai'i ma 'Amerika; 'o atunu'u 'olo'o mana'omia tele ai ni fesoasoani mo lenei matā'upu tāua. 'O le ala lea o lo mātou vala'aulia o faiā'oga tomai mo lenei matātā.

'O le tasi itū tāua lava o lenei fonotaga fa'aa'oa'oga, 'o le fia fa'atāuaina lea 'o le faia o ni ā'oga fa'ata'ita'i ma ni vasega 'āmata mo tupulaga lāiti, 'auā 'o se fa'avae mālosi lea ma le mautū o nei taumafaiga 'uma. E ui ina 'ua 'āmataina nei le a'oa'oga 'o le Gagana Sāmoa i ā'oga māualuluga (*high schools*), 'a 'olo'o alu taumālua pea 'ona 'o le le'i mautū lelei o fa'avae mai vasega 'āmata.

Se'i tātou toe manatu ane lava i lenei va'aiga fa'anoanoa: 'Olo'o fa'aopoopoina pea le nūmera o fānau a Sāmoa i totonu o le to'ese 'ona 'o soligātūlāfono 'ese'ese. 'Ā o'o ina fa'amasinoina tamaiti i luma o fa'amasinoga, ona fa'amatala sesē lea 'o māfua'aga, ma tu'ua'ia ai aganu'u mātagōfie a Sāmoa. 'Aiseā? 'ona 'o le lē lava o le mālamalama i fa'a'upuga loloto o le gagana Sāmoa e fa'aali ai lagona salamō o le Sāmoa moni.

E ui 'i lea, le pa'īa e o Sāmoa potopoto, le mamalu o le 'aufaigāluega o le Talalelei, e lē pa'ū fua lo tātou āfu, 'auā 'olo'o silasila le Atua i lo tātou ōi ma lo tātou mana'o maualuga, 'ia maua se fesoasoani e fō'ia ai o tātou fa'afītāuli, ma 'avea ai le Gagana Sāmoa 'o se teu fugālā'au e sasala atu lona manogi; e mānavaina e a tātou tupulaga o le lumana'i. 'Ia 'avea fo'i le gagana Sāmoa 'o se vai'eli e puna pea e feinu 'i ai tagata Sāmoa 'ua gālala i le fia feinu ma lātou pepese ai fa'apea:

211

Le vai'ēli e, 'inā puna a'e ia

'O le vai'eli na 'elia e ali'i o le nu'u

'Ātoa ma le faipule i o lātou to'oto'o. (Numera 21: 17 - 18)

'Ia lagimāina tupu ma tamāli'i o Sāmoa. 'Ia soifua lelei le 'aufaigāluega a le Atua, 'aemaise le soifua manuia o usugāfono mai atunu'u 'ese'ese. 'Ā ta'ape le filiali'i i se taimi 'o i luma, 'ia mōlio'o e le alofa lavea'i o le Atua. 'Ia maua se vī'iga o le Atua i lenei fonotaga. Fa'afetai āfifio mai. Soifua.

2. Lāga Fa'atau

'Ua talatu'u le tafaoga. 'Ua fa'aifo vāgana a le lupe sā fa'alele, 'a 'o tāfafao taliga o Tufugauli po 'o fea 'ā i'u i ai aga o le fa'atautaiga o le māfua a ali'i. 'O lea lā 'ua malepe le atu a le 'aleaga ma 'ua fa'asopolia le maota i lau fa'asoa'ava. 'Ua fa'amālō fai o le faiva. Fa'amālō pule 'ava.

E'eta'i lā'ia i Lagī i le maota o le Tuiā'ana ma se'e mai i ou tou se'etaga mālū le mamalu o le faigāmalaga, 'ae se'i sā'ili se gafa o le fale e faigatā le fa'afeagai ma le 'āiga sā Tualā, 'o le 'āiga fa'alagilagi, 'aemaise la lātou fa'afeagaiga: le Tupuola; 'o le tama a le 'āiga sā Levālasi.

'Ia, le mamalu o la tātou atualuma, e iā te a'u le fa'aaloalo e fa'aoloolma'au atu ai i la tou fa'autaga fa'afale'upolu, 'ina 'ia lē 'umi la tātou fa'atau, 'a 'o epa so tātou paolo tau le gāluega a le Atua. 'O a'u lea 'ua 'ou ta'ia la tātou soa, 'ae 'āfai e iai se isi e fia fetalai mo lo tātou tāeao, 'ole'ā 'ou tāpua'i.

'Ou te lē alu loa fo'i 'ae se'i 'ou tāpā se finagalo o la tātou faife'au ma tamālii o la tātou 'aulotu. Lau susuga Soa ma lou 'ōfisa, fa'apea lau afioga Salā, 'āfai tou te finagalo e to'oto'o ali'i lo tātou tāeao, e lelei fo'i.

3. Lāuga a le Tulatoa

Sa mātou tālia Lupe o pōpōloa, sā mātou tālosia fo'i lupe o pupula, 'a 'o lea 'ua totō mai le fuifui o lupe o mau, ma 'ua ifo i le faga. 'Ua silimea nei le seuga ma fa'afo'i le na'a i lona tāomaga tulou, 'ae se'i o tātou 'oa'oa i faleseu ma 'ae'ae manuia 'o le Atua i lenei tāeao mātagōfie.

Le pā'ia e, 'o le faigāmalaga, 'o lo tou faamoemoe sā fauao, faupō, 'ae mātou tāpua'i atu. 'O lea lā 'ua Taumailelei ma feiloa'i ma uso e pei 'o igoāipu o tamālii o le 'āiga sā Lemuli'aga. Sā 'outou taupeau mai i le 'ea ma le lefulefua mai ala, 'a 'o lenei 'ua tinipa'ō le uto e pei 'o le faiva i vai. Fa'amālō le malaga manuia.

'Ua te'a atu se 'ataiti na 'a'ao mai e le susuga a Soa ma tamāli'i nei; fa'atasi ma le māsiasi 'ona 'o se 'ava lē tūā, 'o se 'ava lē fonotia ma se 'ava e lē tapelenia, Tālofa, 'ua leai se inati fa'atamāli'i o le faigāmalaga, 'ona 'ua lē māu'ava le tamāloa Sāfata. E leaga tuāmaota o lenei nu'u e tua i mauga 'ae lumāfale i vanu. E ui 'i lea 'ua fai lau pule, 'ua sua fo'i le tānoa. 'Ā sau se taimi ma māe'a le gāluega a le 'aumaga ona tapa lea o ipu o le tāeao fesilafa'i. Tapa se ipu a le susuga a Tupuola, tapa se ipu a le 'āiga sā Tuala. Tā'umafa se 'ava mā le fua'auala. Liliu le fa'asoa i lea tala o le fale - Tapa se ipu a le susuga a Soa ma tamāli'i o lenei 'aulotu. Tāumafa se 'ava a failāuga nei. 'Ā totoe se suā'ava 'aumai mā 'Aumua.

'O le alofa o le Atua 'o le fu'a taualuga lea i o tātou ōlaga. 'O le mamalu fo'i o le Atua ma lana pule fa'asoasoa e tūmau pea lona fa'amaoni, 'o ananafi, 'o le asō, 'o tāeao ma ē i luā e o'o lava i le faavavau. 'O le ala lea o lo tātou feiloa'i fiafia. 'Amu'ia tātou, 'ae tālofa 'i le soifua o tagata i atunu'u 'olo'o feagai ma taua i lenei aso. 'Ae lafo ia 'i le 'aufaitatalo ma 'au'auna a le Atua lātou te tāpua'ia lou tou soifua, 'ia saogalēmū ai lau tou faigāmalaga.

'O tāeao usu o le atunu'u 'ua laulauvivilu ai tulāfale e o'o lava i faife'au; 'ou te lē fa'atauagavale i ai, 'auā o tāeao o tupu ma tamālii ma tāeao o le Talalelei; 'ae tau 'ia 'ina 'ou fa'atulou i tāeao pa'ia o Sāmoa, ona lafo lea 'i fale'upolu o tōfiga lātou te tausia tāeao. Peita'i e tasi lava le tāeao e tatau ona tātou manatua nei. 'O le tāeao lea na sunu'i ai ālāfale o le Talalelei i Malaeola ma Gāfaoga i le afio'aga o Tuala ma Salā ma le 'āiga sā Tualā, 'ae alaala ai Tēvaga ma Vāifale ma 'upu iā sā Lemuli'agā. 'Ua 'avea ai pea lea tāeao ma mata'itusiola o le Talalelei i le tala fa'asolopito o Sāmoa. Lafo lā ia sā Le Muli'agā e tausia tāeao 'auā 'o lātou 'o le fale'upolu o tōfiga.

'A 'o la tātou māfutaga ma ona māfua'aga, 'ua logologoā. 'Ua tautala fo'i le faugagana 'i le uiga o la tou tu'utu'u lā'au fa'amanulāiti 'ona 'o le agāga atia'e 'o le gāluega a le Atua. 'Ia sau ia 'o se taimi ona sāunoa atu lea 'o le susuga a Soa ma lenei 'aulotu mo se tali o la tou fa'atala'u'ula mai.

'O pa'ia o lenei maota i le afio o le faigāmalaga e fa'apea fo'i lenei 'aulotu, 'o pa'ia 'ua 'uma ona fa'ata'oto. 'O pa'ia o le usoga a Tūmua ma Pule. 'O pa'ia fo'i o le Faleagafulu ma le Manu'atele i ona tapa'au, usoali'i ma ma'opū, ma le mamalu o fale'upolu tōfia.

'O le lāuga 'ua 'uma. Lagimāina le susuga a Tupuola; le afio o le 'āiga sā Tualā ma le 'aulotu a Le'auva'a. Soifua lelei fo'i le susuga a Soa ma lenei 'aulotu. 'Ia manuia lo tātou aso. Soifua.

4. 'Ē, 'ua fa'alāfulafu le Gagana Sāmoa.[1]

'Ole'ā lē 'ai'avea mamalu o Tama a 'Āiga ma Sāmoa potopoto, 'ātoa ma pa'ia o le Fale'ula o Fatua'i'upu pe 'ā 'ou lē tautala 'i ai, 'ae tau 'ia 'ina 'ou fa'atulou atu. Tulou, tulouna ia. 'Ou te manatua pea lava le ta'aseuga a La'auli i laufanua o Faleālili. Na fesili atu ai Gauifaleai 'iā La'auli, "Alī'i e, matuā lāfulafu ou fōliga. 'A 'o fea 'e te sau ai ma lou titilupe?"

Fai ma isi tali fa'amomoiloto a La'auli, "'Oi, e lāfulafu lava 'a 'o le tama o seugāgogo ma lupe. 'O lupe nei e fatu ai lo'u titi, 'o lupe sā i luga o mauga māualuluga ma lupe sā i vanu loloto 'ātoa ma lupe mai vao 'ese'ese o Sāmoa. 'A 'o lea 'ua fuifui fa'atasi i lo'u titi."

'Ā seu tamāli'i o Sāmoa anamua, e seu lava na'o lupe'ula. 'O lupe nā a tamālii e mūmū vae ma gutu, ona tui fa'atasi lea e fai ma titi ma 'alava. 'O lona uiga lā, na futifuti manu'ula le 'āiga o Tuisāmoa i lenā aso 'ona 'o le titilupe o La'auli.

Le pa'īa e o le aofia, 'o lenei 'ua tātou 'ae'ae manu'ula 'auā 'ua titi manu, 'ua 'alava manu i le fōa'i pa'ia a le Atua ma 'ua tātou utuvai ma le 'oli'oli i vaipuna o le Fa'aolataga e pei 'o 'upu a Isaia. 'Ua tele ai le vī'iga o le Atua i lenei vāiaso. Fa'afetai.

Ina 'ua 'ou maua le pepa o le manatu 'autū o le fono lenei, 'olo'o fa'apea mai ai le fesili, "Pe i'u ina tafea i le auau o peau la tātou gagana?" Ona 'ou filifili lava lea ma le loto maulalo i luma o le Atua pe 'ou te tali i lenei fesili pe leai. Peita'i, 'o le pito i luga o le pepa, e tūsia ai le mana'oga o Dan,[2] "Fai sou sao mo lau gagana." Ona 'ou fa'apea ifo lea i lo'u loto, e ui lava ina 'ou augatā 'ae 'ole'ā fai pea so'u sao. 'Āfai e lē 'o se sao tāua i lau fa'afofoga, tau ia 'ina togi sa'u ma'a i le fauga o le Fale'ula o Fatua'i'upu.

Pe mata e tafea i le auau o peau la tātou gagana? Fai mai le auega a Ieremia, "E, 'ua fa'alāfulafu le 'auro!" 'Ae fai mai le auega a 'Aumua, 'E, 'ua fa'alāfulafu le Gagana Sāmoa." 'Aiseā 'ua fa'alāfulafu ai le Gagana Sāmoa?

• 'Ua tātou fesiligia lo tātou tofi ma lo tātou fa'ailoga na fa'agaganaina ai tātou e lo tātou Atua.

---

[1] 'O la'u pepa sā fai i le Fono a le Fale'ula o Fatua'i'upu sā faia i 'Amerika Sāmoa, Iulai 2005.

[2] Daniel Aga, polofesa o le Kolisi Tu'ufa'atasi a 'Amerika Sāmoa.

- 'Ua lē tāua i tagata le aogā o le gagana i le ōlaga o aso fai so'o ma 'ua fai ma mea ula 'upu o le gagana e pei 'o 'upu fou ia 'o le *sikūlatī* ma le *kāsegi*. 'Ā 'ou fa'alogo 'o ta'u e se isi le 'upu *kāsegi* e oso vave lava lo'u manatu i le tāseni a Sāfotu. Tulou Sāfotu, ona sui ai lea 'o uiga o le 'upu tauusoga i le tāseni e 12 ipu.
- 'Olo'o tātou māsalosalo pea pe iai se aogā o le gāluega a le Fale'ula o Fatua'i'upu lea e fai mo le fa'aolaolaina ma le teuteuina atili 'o le gagana mo fānau o le lumana'i.
- 'Ua manatu ni isi o tagata su'esu'e gagana, 'o le gagana Sāmoa, e lē 'o sa tātou meatotino, 'a 'o le gagana na fau e isi tagata ma tu'u mai tātou te fa'aaogāina na'o se vaitaimi.
- 'Olo'o manatu le to'atele, e lē aogā ona poto i le gagana Sāmoa 'auā e lē maua ai se gāluega ma ni tupe. 'Ātonu 'o le mea lea na fai mai ai le polofesa o mea tau gagana e suafa 'iā Pinker, 'ua 'ātoa nei le 6000 o gagana 'ua tautala ai le lalolagi, 'a 'o le tele o ia gagana, e mou atu i le isi selau tausaga 'o i luma. E mata lā e tafea ai la tātou gagana?

E leai. E lē tafea la tātou gagana 'auā 'o le gagana 'o lea e fa'a'upu ai le fa'atinoga o aganu'u tūmau 'olo'o ola ai tagata Sāmoa. E lē tafea 'auā 'o lo tātou tofi na tu'u mai e tausi ma fa'apelepele 'i ai; 'o lo tātou fa'ailoga e iloga ai Sāmoa i le sāofa'iga o gagana a le lalolagi. E lē tafea la tātou gagana, vāganā 'ua tātou mumusu e ta'u tātou 'o ni Sāmoa. E lē tafea la tātou gagana, 'ae 'ole'ā tele suiga e fai e tagata ma 'ua galupeāua ai la tātou gagana i peau lagavale o isi gagana. Peita'i e aogā fo'i le fetufa'i o gagana a le lalolagi ma le gagana Sāmoa.

'Ua tātou iai nei i le vāitaimi o le tele o suiga o le lalolagi 'ua lu'itau ai lo tātou ola. 'O lea fo'i 'ua lu'iina ai la tātou gagana i le lolofi mai o gagana fa'asaienitisi, 'o gagana fa'akomipiuta, 'o gagana a kamupanī, 'o gagana o fale'oloa ma fale'aiga, 'o gagana o faigāmālō ma tapua'iga, 'aemaise le gagana a le TV.

E fa'apēfea lā ona tātou tāofia le mau 'upu fou 'ole'ā fa'aopoopo mai i la tātou gagana? E fa'apēfea fo'i ona fau e le Fale'ula o Fatua'i'upu se taligalu e tāofi ai peau fatio'o o gagana 'ese?

'Aua tātou te popole 'ae fai se togafiti e tete'e ai ni galu lolo e o'o mai, 'auā e sili le puipuia i lo le fiu e tau togafiti.

'O le ā lea mea 'o le auau o peau? 'O le 'upu *peau*, 'o le isi lea ta'u o galu o le moana. 'O le auau o peau, 'o galu ia e fati fa'alausoso'o mai. 'Ā 'uma ona fati le isi, 'ua fati le isi, ma le isi ma le isi. E tele peau o le sami e fefatia'i. 'O isi galu e fati, 'a'o isi galu e lē fati, 'ae na'ona fa'afua, 'ātoa ma peau osovale. E na'o tautai matapala lava lātou te iloa le mātauga o auaugāpeau ma lātou iloa sema se avanoa e fa'aofi ai le va'a i le ava 'ina 'ia saogalēmū i tuā'au po 'o lumā'au fo'i. 'Ā sāuni se fōlauga i le vasa po 'o se faiva i tuā'au, ona fai mai lea 'o 'upu a le 'aufili'afa a Sāmoa anamua, "Sema se mago, 'ae sā'ili i le tai se agava'a." 'O lona uiga, sā'ili lelei se tautai matapala na te fa'afoea le va'a. 'O Sāmoa 'o le atunu'u o tautai matapala 'auā 'o le atunu'u o tagata fōlau, 'ae 'ā tātou lē iloa fa'afoe lo tātou va'a i le auaugāpeau ona fatia lea 'o le va'a i luga o le a'au ma fa'aifa'ī ai po 'o le matuā malepe lava e pei 'o le va'a o Totua ma Tanō.

'O se va'a 'ea le gagana Sāmoa 'ole'ā ala ai ona tafea? 'o le va'a o Sāmoa e lē faua i ni laupapa 'ae fau i aganu'u 'ātoa ma le mamalu o ona tamāli'i; 'a 'o lona foeuli, 'o le gagana Sāmoa, 'auā e fa'afoe e le gagana Sāmoa aganu'u a Sāmoa 'ae lē fa'afoea e le 'Igilisi. 'Ā tafea le gagana Sāmoa, e tafea fo'i aganu'u a Sāmoa, ona lē iloa loa lea 'o le mea 'ua tafea 'i ai le atunu'u 'ātoa. 'Āfai fo'i e goto na'o se vāega o le gagana ma aganu'u, ona tātou fetāgisi lea pei 'o se fafine 'ua feoti lana fānau pele. 'Āfai e mafai ona toe laga a'e i luga, 'ae 'ua lē 'āto'atoa fōliga, 'auā 'ua totoe na'o ponāivi; 'ae 'ua goto i le 'ele'ele le sua o le tagataola, tulou.

Peita'i, e iai 'upu o le gagana e mafai ona tu'u 'ese i le finagalo 'autasi o le atunu'u. 'O ni 'upu e fa'alumaina ai tamāli'i o Sāmoa. 'O 'upu ia 'olo'o tātou ta'ua o 'upu 'ua popo. E ui ina popo ia 'upu, e lē fa'atafeaina 'ae tanu i o tātou lava lau'ele'ele, 'auā 'o 'upu e tanu fa'atasi ma pa'ia o tamāli'i Sāmoa. 'Afai e sui ni aganu'u 'ona 'o aga'ifanua, ona sui fo'i lea 'o le gagana fa'atatau i ia aganu'u 'ua sui, 'ae lē tatau ona matuā 'ave'ese ai aganu'u tūmau ma le gagana logomālie e pei 'o le mea lea 'ua tupu nei. 'Ua moni ai le fesili, "Pe i'u ina tafea i le auau o peau la tātou gagana?"

Sā 'ou fa'alogologo i fa'asalalauga o le maliu a le isi nuu, fa'apea, "Ua lāgia maota ma malae. . . . 'Ua tu'umālō le afioga a Pai. E fa'asilasila atu ma le fa'aaloalo i 'āiga, paolo, ma gafa, 'ia tāofi le mālō. E matuā tapu lava ni lagi i le nu'u nei." ona saini ai lea o ali'i ma faipule.

'O lona uiga e lē 'o gālulue fa'atasi faiā'oga ma tamāli'i o lea nu'u. E ā faiā'oga e a'oa'o le gagana ma aganu'u 'ia mālamalama ai tamaiti, 'ae ā ali'i ma faipule e tapē le gagana o measina. Tālofa i fānau a lea nu'u. E lē toe va'ai i aganu'u o maliu. E lē toe fa'alogo fo'i i 'upu fa'amuāgagana a failāuga o lea nu'u. 'O lea 'ua fa'atafea mea tāua e lua—'o aganu'u ma le gagana--e la lātou tūlāfono. 'O le mea e fāitioina 'ona 'o ē faia tūlāfono, 'ua toe soli fo'i e lātou tūlāfono. 'Ā tafea le utu a ali'i ma faipule o se nu'u, e tafea 'uma mamalu o le nu'u ma a lātou measina, e pei ona tafea le utu a Taufau.

E tatau ona fa'atāuaina tōga a tamāli'i 'auā 'o tōga, 'o fu'a taualuga a 'Āiga. 'O measina, e fa'amemelo i ai le atunu'u i o lātou fa'alupega. 'Ā tālā 'au'afa a tamāli'i, ona fa'a'upu mai lea e le gagana Sāmoa e fa'apea,

"Silafaga ia, 'o lea 'ua tālā le Tutugātaume a fale'upolu e fā.
'O lea 'ua tālā le Moemoe o le mālō o Tūmua e le 'Āiga Taulagi.
'O lea 'ua tālā le Pulu ma le Leuleu a le 'Āiga sā Tunumafonō.
'O lea 'ua tālā le Nafinafi ma le Natunatu a le 'Āiga sā Levalasī."

Fa'auta lā i le gagana o a tātou measina 'ai 'ā maumau le 'ave'ese o ona mamalu. 'O Sāmoa, 'o le atunu'u o vī'iga 'auā e femitai ona tagata. E vivi'i a lātou gāluega, e vivi'i a lātou gāoioiga, e vivi'i fo'i o lātou fōliga. E vivi'i a lātou fonotaga. E vivi'i fo'i palapala a mālō ma mea tāumafa. 'Ā fa'a'upu mai lā e le gagana Sāmoa ia vī'iga, e 'ese le mālie i le fa'alogologo ma oso a'e ai le fiatamāli'i e pei 'o mea ia:

i) 'Āfai 'o se fale 'ua mā'ea lelei lona fauga ma 'ua mātagōfie 'i le va'ai, ona fa'a'upu mai lea e le gagana Sāmoa fa'apea, " Matuā mānaia le tulutulu o le maota, 'ua se 'ati'ati.

ii) 'Āfai 'o se gāoioiga fa'amalieloto, ona 'alaga lea 'o Pou o mālō ma fa'apea mai lau gagana Sāmoa, "Sē, 'ua ta fia Faleālili fua lava."

iii) 'Āfai fo'i 'o se tama'ita'i 'ua fa'amalo'ulo'u lona tino ma ona fōliga, ona fa'a'upu mai lea e le gagana Sāmoa fa'apea, "Ua leai se fafine so'ona lālelei." 'Ā ū mai mata 'ua se 'aiga fa'alala. 'Ā ū mai le tua, 'ua 'o le malama i Saua. Tafēfē e, 'o lea 'ua fa'ati'eti'e e le gagana Sāmoa le tagata ola i le ma'asālafa.

Fa'auta lā Sāmoa i lau gagana e fa'amimita ai le tagata ma oso ai le fia Sāmoa. 'Āfai e mumutu vanu ma le ala 'o le lā, pe 'ā lāgia se tūmua, ona 'e fa'alogo fo'i lea i le gagana Sāmoa e fa'ailo ai tama fa'apelepele.

Fa'afofoga fo'i:
Tulouna le tō o le timu
Tulouna le Ta'atiu ma le matagitogaina.

E oso fua lava le fefe i le paū o lea gagana 'auā o la tātou gagana e gae'e ai lagona 'ese'ese. 'Ae lē gata 'i lea, 'ā talimālō Sāmoa ona māia lea 'o 'ava. 'Ā māe'a, teuteu e le 'aumaga ona talisoa lea 'o ipu a tamāli'i ma 'alaga mai le gagana Sāmoa fa'apea: "'Ua liligo le fogātia. 'Ua to'a le tai o Alo. 'Ua mānaia le miō." 'O le agatonu o le fesilafa'iga, "'Ua usi, 'o a'u 'ole'ā fa'asoa. 'O------ ta'i le ipu e taute le Vaimāgalo. 'Ā fa'alagi fo'i pa'ia o Sāmoa ma mamalu o mālō tūmau, ona fa'apea mai fo'i lea 'o lau gagana Sāmoa:

Tulouna 'Āiga ma a lātou Tama
Tulouna Sua ma le Vāifanua
Fofō ma Aitūlagi
Sā'ole ma le Launiusaelua
Itū'au ma Ālātaua.
Tulouna le Lā'au na Amotasi ma Ali'i Fa'atui
Le mamalu o To'oto'o o le Fale'ula
Ma 'upu o le Manu'atele.
Tulouna Pule ma Tūmua
Itū'au ma Ālātaua
'Āiga i le Tai ma le Va'a o Fonotī.

'O ai sē 'ā lē mata'u? E iai lā se isi atunu'u e tamāli'i lana gagana e pei 'o le gagana Sāmoa? 'Āfai e moni se manatu, e i'u ina tafea la tātou gagana, 'o lona uiga 'ua leai se tōfā mamao ma se fa'autaga loloto 'ātoa ma se tōfā manino a tamāli'i o Sāmoa ma fa'afeagaiga a le atunu'u. Peita'i, 'ā tu'u 'ese faiga fa'apolotiki 'ae gālulue fa'amāoni mo le fa'aolaōlaga o aganu'u ma le gagana Sāmoa, ona vī'ia lea 'o Sāmoa e le lalolagi. 'Olo'o mo'omo'o mai tagata o isi atunuu i le logomālie o fa'aleoga o la tātou gagana. Fai mai le polofesa o le 'Igilisi sā i le Victoria University i Ueligitone, e suafa 'iā George Martin, "Mata'itusi, e 'ese le soft and sweet o le gagana Sāmoa." 'Ae lē iloa e si tamāloa, 'ā ita loa se Sāmoa, ona lē "soft and sweet" lea 'o lana gagana, 'a 'ua "harsh and ironic." 'Aiseā? 'Ē, 'ua fa'alāfulafu le Gagana Sāmoa.

'O Fautuaga e Fa'atupu Manatu mo le Puipuiga o le Gagana Sāmoa
- E fautua atu i 'ōfisa o fa'asalalauga ma ē fa'aliliuina 'upu o le gagana 'ina 'ia fesiligia le Fale'ula o Fatua'i'upu po 'o le 'Ōfisa o Ā'oga mo se fesoasoani 'ina 'ia ō gatasi le fa'aleoga ma le uiga o 'upu nonō ma 'upu fatu ma le uiga moni i le Fa'asāmoa.
- E tatau ona fa'atāuaina le a'oa'oina o tala fa'aleatunu'u po 'o 'Oral Traditions 'auā 'o 'i'inā 'olo'o ta'oto ai fa'avae o aganu'u ma le gagana Sāmoa.
- 'Ia fa'amālosia le a'oa'oga o le gagana o lāuga a failāuga 'auā 'o le gagana lenā 'olo'o tau'avea ma fa'aolaola ai pea fōliga moni o le lalolagi o Sāmoa, ma e tatau ona tātou talia 'upu fou o isi gagana 'ese e sāga fa'alautele ai la tātou gagana ma 'avea ai le gagana Sāmoa 'o se gagana ola pea e pei ona ola tele le 'Igilisi i totonu o 'Amerika ma le lalolagi.
- Na fa'aalia i le līpoti i le Fono a le Fale'ula o Fatua'i'upu i le 2003 i Kalefonia le to'atele o Sāmoa o 'Amerika Sāmoa e lē iloa tāutala Sāmoa. 'Āfai e lē mafai ona tautala, 'ā fa'apēfea ona iloa tusitusi ma faitau le gagana? 'Āfai fo'i 'ole'ā lē mafai ona fō'ia i Sāmoa nei lea fa'afītauli, 'ā fa'apēfea ona fō'ia i nu'u 'ese?

Sāmōa e, tāofi mau la tātou gagana ne'i tafea i le auau o peau, ona tātou toe sa'afi'afi lea iai e pei ona sa'afī 'Alapapa i lona ali'i o Tole'afoa ina 'ua fa'atafea i Tutuila. Fai mai si toea'ina:

Le matāgi e, 'aua ne'i agi
Peāu e o le sami 'aua ne'i fati

216

I'a fe'āi e 'ia natia ane
'Ae se'i sao atu Tole'afoa
Ma lana gagana Sāmoa i le lumana'i.

'Ē, 'Ua fa'alāfulafu le Gagana Sāmoa. E fa'atulou atu ma fa'amālūlū atu 'ona 'o se gagana so'ona fai. E lē tineia ai lava se mata'itusi o ou mamalu Sāmoa, 'auā o ou pa'ia, 'o papa lē gae'e ma fala lē se'e.

'Ia soifua lelei le ta'ita'ifono ma le komiti fa'afoe. 'Ia manuia gāluega a le failautusi aoao ma le Kolisi Tu'ufa'atasi. 'Ia ta'ape fiafia usufono 'uma 'ua tofu ma le titilupe mai iā Tutuila ma Manu'a. Soifua.

5. Tauvāgālāuga a Tamaiti
    i)   Vāfeāloa'i a Sāmoa
    E'eta'i ia i Vātapu le pa'ia maualuga o Sāmoa potopoto, 'aemaise afioga i ali'i fa'amasino. Ta'oto fo'i fa'aalao'o i malae o le vavau ma maota o faigāmālō, ou sā ma ou faigā Sāmoa 'auā 'o 'oe 'o le ao mamala.

'A 'ua gaga'e le malama nai Saua ma 'ua suluia ai laufanua o Hawai'i 'ona 'o tāeao o le Talalelei. Tāeao lā ia, 'ua maeva ai Sāmoa i le laufaumālū e pei 'o lenei tāeao 'ua sagisagi ai fa'amanuao fānau a'oa'oina a Sāmoa 'auā le 'ala lea 'ua tū ma le fa'alagāmaea o le gagana ma aganu'u a Sāmoa.

Fai mai le 'upu a Tuita'atagataola iā Tuita'asauali'i, " 'Ole'ā 'e alu 'i Saua 'ae 'ou nofo atu i Matāutu'a'ai; ona tasi ai lea 'o le 'upu mai Saua 'ae fa'alua i Matāutu'a'ai."

'O Sāmoa e tasi le lanu, e tasi le gagana, tasi le aganu'u; 'ae fa'alua i aganu'u fa'akerisiano; e uso i tamāli'i e uso fo'i i fale'upolu. Po 'o fea o le lalolagi 'e te afio 'i ai, 'o 'oe lava 'o le soa o Lavea; 'o 'oe lava 'o le Sāmoa. E leai se atunu'u o le lalolagi na te mafai ona vāea le tā'o'oto fa'atasi po 'o le gālulue felagolagoma'i le gagana ma aganu'u fa'atamāli'i a Sāmoa.

    ii)   'O a tāua o le vāfeāloa'i a Sāmoa?
    'Ua na'ona tātou fa'apea so'o lava, e 'ese lou lē migao; e 'ese lou lē fa'aaloalo; 'ae tātou te lē iloa pe fa'apēfea ona fa'atino le vāfeāloa'i, 'ae fa'apēfea fo'i ona fa'aaogā le gagana fa'aaloalo e fa'a'upu mai ai le vāfeāloa'i; 'ātoa ma gāoioiga fa'aaloalo e fa'atino mai ai le vāfeāloa'i lea.

Fa'afofoga fo'i i le mea 'olo'o tupu nei, 'ā 'ou fesili atu i se tagata matua i le gagana fa'aaloalo, 'ae toe tali mai fo'i i le gagana fa'aaloalo e pei 'o le mea lea:
    'O fea 'ā 'e afio 'i ai? 'Ae tali mai, 'Ou te afio 'i le fale'oloa.
    'O fea 'o 'e alaala ai nei? 'Ou te alaala i Kam IV.
    'O ai lou suafa? 'O lo'u suafa 'o Sina.
    Tupulāga e, 'ia 'e manatua lau gagana i sala, ona 'e māsiasi lea ma fa'anoanoa. Manatua 'e te lē fa'aaloalo lava 'oe iā te 'oe, 'ae 'e te fa'aaloalo i isi, 'aemaise tagata mātutua ma ē fa'aaloalogia.

'Oka, e 'ese le mānaia i le fa'alogo pe 'ā 'e poto e fa'aaogā lau gagana fa'aaloalo, 'auā 'o le vāfeāloa'i lenā ma lou uso a tagata. E 'ese lo ta fa'anoanoa i mātua 'ona 'ua te'i lava 'ua 'otegia tamaiti ma sasa pe 'ā iai tagata i le fale, 'ona 'ua lē fa'atulou, pe 'ā savali 'i luma o tagata, pe fa'atū i lalo ma tautala mai. 'Oi, 'ā sasa ma 'ote 'ae leai se a'oa'oga o āmio e tatau ona fai ma 'upu e tatau ona tautala ai. E ala ona femisa'i Sāmoa 'ona 'o le lē femālamalamaa'i 'i māfua'aga o se mea, 'aemaise le lē silafia o uiga tāua o le vāfeāloa'i fa'atamāli'i.

217

'O Sāmoa 'o le atunu'u o tamāli'i ma le atunu'u e fa'avae i le Atua, 'ae pito to'atele ana fānau e ō 'i faigākegi ma ō ai 'i le falepuipui. 'O lona uiga e lē 'o mālamalama tamaiti 'i le vāfeāloa'i a fānau ma matua; 'a 'o lea e a'oa'o mai le Tusi Pa'ia, "'Ia 'e āva 'i lou tamā ma lou tinā." 'Ou te masalo 'o le isi lea fa'afītāuli i le vā o mātua ma fānau, 'o le lē mālilie o fānau i le 'ave 'uma o tupe i fa'alavelave Fa'asāmoa, 'ae lē faia mea e tatau mo le fānau ma a lātou ā'oga.

'O ou mamalu Sāmoa e leai se isi na te toe tūliuina, 'ae 'ua 'apatā manufanua ma fa'autu i fanua manu o le afiafi, ma moe mānatunatu ai Tutuila ma 'Ape 'ona 'o le su'emālō. 'Ua talatalafulu fo'i sega'ula i vāitiaseu o tamāli'i 'ona 'o le mimita ma le lotonu'u Fa'asāmoa moni.

Fa'afetai i le Polynesian Cultural Center 'ona 'o le soifua māgafagafa 'ua momoe ai ma usu Sāmoa e pei 'o le tulāfale o le Ālātaua; 'O lea 'ua mātagōfie ai mea 'uma ma 'avea ai le Fa'asāmoa 'o se fu'a tauāluga i o tātou fa'amoemoe.

Talosia 'ia iai se aogā o nei fa'aaliga mo le soifua a'oa'oina o tupulaga o Sāmoa i Hawai'i nei. 'Ia manūteleina le mamalu o Sāmoa. 'Ia manuia ā'oga ma faiā'oga, 'ae 'ou ola.

iii)   Si'i i se Maliu
'Ua liva le foe a le tautai ina 'ua pāpātonu le faiva o Pili, 'auā e loloto le sami 'ae iloga ala o i'a; ma e lē faitauina le pa'ia i le ata, 'ae faitau i le to'o. 'O tūlaga o le atunu'u e lē toe tūliuina, 'auā 'ua ta'oto a alao'o 'upu o Sāmoa, 'ua tā'ele magāvai 'upu i alaalafaga ma nu'u. E lē 'avea le pa'ia o malae ma maota o Sāmoa; e ui 'ona 'o nu'u o 'Amerika, 'a 'o lea 'ua maota tau'ave i ai Sāmoa, 'auā fo'i 'o le misa e fai i Toga 'ae tala i Sāmoa.

Tulouna na lagi. Tulouna na lagi e fia o Sāmoa. Tulouna na 'au osilagi ma le maota fa'anoanoa. Tulou. 'Ua lāgia Lupelele, 'ua lāgia Salemeana'i. 'Ua lāgia le afio'aga o le sa'o, ma lē na mua i ao ma le usoali'i. 'Ua usu le fono iā 'ilā'ua matua, le Pāgōfie ma le Galoiā, ma 'upu i le Tūalauta. 'Ua lāgia le malaefono o afio'aga o lūpega, tama a 'āiga, sa'o ma ma'opū. 'Ua usu le fono 'iā Sā'ole ma Sāle'a'umua. 'Ia fa'ata'alolo lā le pa'ia o le lagi iā te 'oe le Tuālauta, 'ae 'ole'ā taumafai atu sā mātou faitōga.

Le mamalu o 'āiga, 'o le ā lava se taumafaiga, 'ā lē tau la 'outou silafaga, 'ia malie le tōfā i le 'āiga i ona itū tetele ma itū taulagi; 'auā e tāua i la tātou Fa'asāmoa le mativa fesāga'i. 'O le faitōga lenei, tau 'ina faitau ane ai ni o 'outou alo ma ni fānau i lenei 'āiga. 'O se gafa na sema, 'o se fale na fuafua e le tama a 'āiga, le afioga a Fonotī Galu 'ua tu'umālō.

'Ae silafaga ia: 'o la tou tōfā lenei. 'O mea sulu nei a le fānau. 'O tōga ia e 300 ma le sēleni e $500 e fesoasoani ai i nisi o fuafuaga o le asō.

'Ia, e lē fa'alavaina pe fa'amalieina o tou finagalo e ni 'upu. 'Āfai e lē lava, 'ia alofa le Atua e fa'alava atu. Fā'ata'i lā ma so mātou leo, 'ia alofa le Atua 'ia tāfimala le maliu o le tamā o le 'āiga. Alofa fo'i le Atua e vave tafi 'ese le ao pogisā i le 'au uso fa'anoanoa.

'Ia lagimāina pa'ia o 'āiga , paolo ma gafa, uō ma e māsani. Soifua.

iv)   Lāuga a le Uō Sili
'Ua feusua'i 'āigātupu o Sāmoa i le asō 'auā 'ua fa'atasia le afioga a 'Iliganoa Merieni, 'o pa'ia o le 'āiga sā Pesetā, ma le afioga a le aloali'i o Galumalemana; 'o pa'ia o le 'āiga sā Malietoā ma sā Tupuā. 'Ua mātatupu, mātatamāli'i, mātafale'upolu ai lenei aofia 'auā 'ua susū Pule ma Tūmua, Itū'au ma Ālātaua, 'Āiga i le tai ma le Va'a o Fonoti, 'aemaise le Faleagafulu ma le Manu'atele.

Ona tū ai lea 'o Alapapa i Togamau ma sā'afi:

Tulou le matagi ne'i agi

Tulou peāu e o le sami ne'i fati

Tulou i'a fe'ai ne'i fa'asagaoge,
'Ae se'i sao atu Toleafoa.

E fa'apēnā ona 'ou tūla'i ma fa'atulou atu i le pa'ia o Sāmoa potopoto ma ē 'ua aofia i lenei maota.

Tulou i lau susuga a le faifa'aipoipoga ma lou 'ōfisa. Tulou i le 'aufaigāluega a le Atua.

Tulou i le pa'ia o 'āiga taulagi e lua e fa'asino tonu 'i ai lenei aso.

Tulou i paolo ma gafa siliilagi na sāusau e le afioga a le aloali'i ma lana   masiofo.

Tulou i le pa'ia o le 'auvala'aulia.

Tulou i uō ma 'aumeamamae a le ulugali'i fou.

Tulou! Tulou lava.

'Ātonu e manatu ni isi, e lē talafeagai i le Fa'asāmoa ona uō sili se papālagi i se fa'aipoipoga a se tamāli'i maualuga e pei 'o Galumalemana, 'auā 'ole'ā fa'afesāga'i paolo māualuluga. 'Āfai 'o lea, fa'amolemole fa'amāgalo se 'upu 'ole'ā la'avale, 'auā 'o a'u nei e papālagi fōliga, 'ae Sāmoa auuliuli le loto. Tulou!

E ui lava lā ina lē taumāsina le pa'ia o tamāli'i o Sāmoa ma le failāuga, 'ae fa'afetai i le fofoga o le aso mo lo'u avanoa. Fa'afetai fo'i i le afioga a le aloali'i i lona āmana'ia o a'u e fai ma ana uō sili. 'Ua vī'ia le Atua i le mātagōfie o lenei aso e 'āmata mai le tāeao se'ia o'o mai i lenei itūaso. 'Avea ia o lo'u leo e fa'ao'o atu ai se fa'afetai lē lava a le ulugāli'i fou ma a lā uō. E ui ina lē lanu ai lo tou agalelei, 'ae tau ia 'o se mea e iloga ai e pei 'o le 'upu i le Matāaleipata.

Fa'afetai i lau susuga a le fai fa'aipoipoga 'ona 'o le sāuniga o le Sākalāmeta, ma 'upu tīma'i mo le 'āiga fou ma le aofia.

Fa'afetai i le pa'ia o mātua ma 'āiga na lua, mo le tōfā sā'ili ma le fa'autaga mamao; 'ua manuia ai fuafuaga 'uma mo lenei fa'amoemoe; 'aemaise le mātagōfie o le tausama'aga.

Fa'afetai i le pa'ia 'o le 'auvala'aulia, mo lo tou tali fa'aaloalo 'i le fa'atāla'u'ula atu a le ulugāli'i fou. E lē gata 'i lou tou 'auai mai, 'a 'o meaalofa 'ua tau'a'aoina.

Fa'afetai i le 'aufaigāluega pa'ia a le Atua ma le 'aufaitatalo, 'ua saogalēmū ai ma fiafia fōliga o lenei aso 'ona 'ua tali mai le Atua.

E moni ai 'upu o le Tusi Pa'ia, "'Āfai e 'au ma 'itātou le Atua, 'o ai sē fa'asagatau mai?"

'Ole'ā lē matafauloaina sa mātou 'upu, 'ae tau 'ia 'ina o'o atu se fa'afetai a le ulugāli'i fou ma le 'aumeamamae.

'Ā iai se gagana 'ua sala, alofa 'apoiliu ma lafo i fogāva'a.

'Ia lagimāina le soifua o le ulugāli'i fou. 'Ia nofo fealofani fo'i o lā 'āiga . 'Ia soifua manuia le 'aufaigāluega a le Atua ma le mamalu o le vala'aulia.

'Ā ta'ape le filiali'i i se taimi, 'ia malutia e a'ao alofa 'o le Atua 'auala 'uma 'ole'ā uia. Soifua.

6. 'O Alagā'upu ma le Gagana Fa'atusatusa (Proverbial Sayings and Figurative Language).

'O le vaega 'olo'o tusia i lalo, e si'i mai i le tusi "'O le Vāfeāloa'i", na tusia e Siaosi Matoka (George Murdock Jr.).

'O le gagana a tamāli'i o Sāmoa pe 'ā fai ni sauniga fa'aleatunu'u e matuā nunumi lava. 'O mea e sili ona faigōfie ma fa'atauva'a, 'ole'ā 'avea ma mea tāua, ma sui loa le uiga pe 'ā fa'aaogā i le manatu fa'atusatusa. Mo se fa'ata'ita'iga- "E ui ina tetele tīmuga, 'ae le māgalo ai le sami." 'O lona uiga, "E ui lava inatimu 'umi ma tetele timuga, 'ae tumau lava le o'ona o le sami." 'A fa'amatala i le uiga lata mai, e manino lava le uiga o le fa'a'upuga; peita'i 'ā fa'aaoga loa i se lauga i le gagana fa'atusatusa, ona fa'apea lea, Po 'o le a lava le tele o a'u 'upu, e le mafai ona fa'alavaina ai la'u fa'afetai.

E tele alagā'upu fa'atusatusa e mafai ona nunumi pe 'ā lē sa'o le fa'auigaina. Silasila i le mea lea - "E lē falala fua le niu, 'ae falala 'ona 'o le matagi." 'O lona uiga: - 'o le lā'au o le niu, e lē tūtū 'a te'i 'ua lolo'u pe tū fa'asipa, 'ae leai se māfua'aga, 'ae 'ua ala ona ola fa'asipa 'ona 'o le matagi. 'Ā fa'alogo mai le tagata i la'u tala, e mālamalama lelei lava 'i ai, 'ae peita'i 'ā fa'amatala loa i le manatu fa'atusatusa 'olo'o taumafai atu 'i ai, ona nunumi loa lea i le fa'alogo.

E lē na'o se fa'amatalaga o le alagā'upu i 'upu faigōfie ma 'upu e fa'aaogā so'o e fa'amanino ai le uiga o le 'upu, 'ae ole'ā fa'ailoa mai ai fo'i le moni o lou mālamalama i le alagā'upu ma le mea 'olo'o e tautala 'i ai.

'O le isi mea e tatau ona manatua e uiga 'i le fa'aaogāina o alagā'upu, 'o le 'ese'ese o manatu o matai o nu'u ma motu, e pei ona 'ese fa'a'upuga ma fa'auigaga o le tele o alagā'upu.

'O se alagā'upu e fa'aaogā i Pu'apu'a i Savai'i, 'ātonu e lē mālamalama ai Tutuila ma Manu'a. E fa'apēnā fo'i ni fa'a'upuga a Tutuila ma Manu'a ona lē mālamalama 'i ai 'Upolu ma Savai'i.

'O alagā'upu 'olo'o lisi atu i lalo sā filifili mai i nōfoaga 'ese'ese o Sāmoa. Filifili mai ni isi alagā'upu e sili atu ona mālie ma talafeagai 'e te fa'aaogāina i tūlaga 'ese'ese 'ole'ā feagai ma 'oe. 'Ina 'ia fesoasoani i lau filifiliga o alagā'upu 'e te manatu 'i ai o le gagana fa'atusatusa, 'ua taumafai ai e tu'u fa'avasega alagā'upu i le fa'avasegaga fa'apea:
- 'Upu Fa'alalolalo po 'o le Fa'amaulalo
- 'Upu Fa'afetai
- 'Upu Fiafia
- 'Upu Fa'afitifiti
- 'Upu Fa'atatau
- 'Upu Fa'alā'ei'au
- 'Upu Fa'amanuia
- 'Upu Fa'amāvae
- 'Upu mai i le Tusi Pa'ia
- Ma isi anoano o alagā'upu a Sāmoa
- 'Upu o L'ā uga

Manatua 'ā 'e tautala i le gagana fa'aaloalo, e fa'alālolalo au 'upu ma lou si'uleo ma au āmio ma au tāga, e fa'amaonia ai lou fa'aaloalo.

Fa'ata'ita'iga mo le tautala fa'alālolalo, " E mu'a le vao i le itū nei." 'O lona uiga, 'o lā'au fou po 'o vao fou e lāiti ma mu'amu'a. 'O upu fa'atusa - "'O mātou 'ua na'o tamaiti."

i) 'Upu Fa'alālolalo po 'o le Fa'amaulalo
- 'Ole'ā sosopo manuvale i le fogātia.
- 'Ou te valuvalusia a'a o le fau.
- 'Ole'ā 'ou fa'amanusina lē soāina lau sāunoaga.

220

- E leai so tou agatonu.
- E mu'a le vao i la tou silasila.
- 'Ua mana'o 'i le ufi ae fefe i le papa.
- E lele le sē 'ae lama le ti'otala.
- 'Ole'ā 'ou lē tā tafilia le na'a 'ae 'ou tā matāto'aga.
- 'Ole'ā 'ou lē fāgota i le sao.
- E lele le toloa 'ae ma'au i le vai.
- E tulialo fa'atasi 'ae finagalo 'ese'ese.
- 'Ua nofo atu 'a 'o a'u 'o Ae.
- 'Ua logo iā Pulotu le mapu a Tā'i'i.
- 'Ua uō uō foa.
- E poto le tautai 'ae sē le atu i ama.
- 'Ua fa'afāgogo tagiao.
- 'Ua mativa tuāmaota. 'Ua lumāfale i moana 'ae tua i le papa.
- 'Aua le poia Faleolo.
- E sa'o le si'a 'ae sesē le lima.

ii) 'Upu Fiafia ma 'Upu Fa'afetai
- 'Ua tātou fetaia'i i magāfetau soifua.
- 'Ua tātou fetaia'i i ālo o le nu'u, 'ae lē 'o tua o le nu'u.
- Sē 'ua itiiti 'upu i mala 'ae tele i manū.
- 'Ua tātou fesilafa'i i pu'e o manū.
- 'O lenei 'ua tātou vāelupe maua 'a 'ua lē vāelupe sa'ā.
- 'Ua olioli livaliva ina 'ua tūvaga fīgota.
- 'O lenei 'ua tātou 'oa'oa i faleseu.
- Sē 'ua ta fia Faleālili fua lava.
- 'Ua lē 'o ni tāma'i 'a 'o malū.
- Sā tū i Fagalilo le Tapa'au o le Ālātaua.
- 'Ua lau i 'ula le asō e pei 'o le fale na i Amoa.
- 'Ua pati ta'oto le Fe'epō.
- 'Ole'ā fo'i le malaga nei ma le mama 'ua lomi ma le va'a 'ua goto.
- Sē, 'ua titi manu 'ua lava manu.
- Tātou 'ae'ae ia lea manu 'ua ulu.
- 'Ua ō gatasi le futia ma le umele.
- 'Ua teu ma afīfī Matala'oa.
- 'Ole'ā se'i 'ou tāina le vaiāfei ma ou sausauina le pa'ia maualuga o sā ma faigā o Sāmoa..
- Tau ina 'ou sāua i le vā.
- 'O Sāmoa 'o le atunu'u tofi; e lē se atunu'u taliola.
- E leai sē na te gafa fa'amatua o faiva le mamalu ma le pa'ia o 'Āiga.

iii) 'Upu Fa'afitifiti
- 'Ua mo'omo'o fa'alupe o na'umati, e fia tele ni aso o la tātou māfutaga.
- 'O manava o Maileā e fia tele ni lelei 'auā le faigāmalaga.
- E fa'amalie atu, 'ua lē māua le 'a'ano a ali'i.
- Fa'afetai tele, 'ua matua mai vā o le malaga nei.

221

- 'Ua māe'a fo'i ona ui a'e i le ala i Sa'ō.
- E ui lava ina tetele tīmuga, 'ae lē māgalo ai le sami.
- 'Ua le ō gatasi le futia ma le umele.
- 'Ua na'o se vāivai a le fe'e.
- E so'o lava le moa sope i le moa sope.
- 'Ua tātou logo 'ese'ese fa'ameata'avili.
- E poto le tautai 'ae sē le atu i ama.
- E lāfulafu a tama seugogo.
- E vālavala a Tūmanu.
- 'Ua fānau e le "toa" le "ofaofa matoa."

iv) 'Upu Fa'atatau
- E lē falala fua se niu, e falala 'ona 'o le matagi.
- E mana'o 'i le ufi 'ae fefe 'i le papa.
- E lē sili le ta'i i lō le tāpua'i.
- Tātou tālia i lagi vai o Ā'opo.
- Se'i seu manu ae taga'i i le galu.
- Se'i fono le pa'a ma ona vae.
- 'Ua pa'ū tonu le fuiniu i le lapalapa.
- E ui ina pā'upa'u 'ae o'o i Lepea.
- 'O lea 'ua toe 'o se āga.
- 'Ua fasia i le lā'au malū.
- 'Ua sau le tamāloa Lepā.
- 'Ole'ā se'i moe ia 'o le toa.
- Se'i 'ātoa tupe i le fafao.
- Se'i tā fesilafa'i le lā'au a Nāfanua.
- 'Ua sola le fai 'ae tu'u lona foto.
- Fili i le tai sē agava'a.
- 'Ua 'e fa'afale'upolu 'a 'o se tamāli'i.
- 'O se ti'a e lē seua ma se mua e lē fuatia.
- E ā le uga e tausili, 'ae tīgāina ai le atigi alili.
- Toe tīmata le 'upega.

v) 'Upu Fa'alā'ei'au
- Se'i mua'i totō ta'amū te'evao.
- 'Ia lua'i lou le 'ulu ta'umamao.
- Tātou toli'ulu i le fuata o āmiotonu.
- Tuli i luma so tātou 'ai.
- E sili ona tātou tā'e'ele magāvai.
- 'Ua taliga i fialogo le mauga o Māta'utia.
- E tū manu 'ae lē tū logologo.
- Susu'e fuaga 'olo'o lalovaoa 'o le fa'ato'aga.
- 'Ua tusa tau'au e pei 'o le toe aso na i Moamoa.
- 'O le ala i le pule le tautua.
- Sāmoa laga ia le mulipapaga, 'auā tupulaga 'olo'o lalovaoa i 'ī ma 'ō.
- E manatua pule 'ae lē manatua fa'alaeō.

- 'Ua a'e le faiva, 'ua 'i'o le 'upega.
- 'Ia tātou nōmanū i le Atua.
- 'Ia atia le 'ava 'ae tō le 'ata.
- 'Ua se fau e ta'i le tōfā ma le utaga.
- 'Ua sa'a i lagitau 'ae siva i ma'aomālie.
- 'Ua so'oula le fala, 'ua tini le matālālaga.
- 'Ia pa'ū se toa 'ae tū se toa.
- 'O le ua na āfua mai Manu'a.
- E lāfulafu a tama seugogo.
- E gase toa 'ae ola pule.
- E 'asa le faiva 'ae lē 'asa le masalo.

vi) 'Upu Fa'amanuia
- 'Ia alofa le ali'i e fa'afualoaina lou soifua.
- Alofa le Atua e fōa'i le mau e tele i lau Susuga.
- 'Ia fa'atūtumu e le Atua mea 'ua tō'esea 'ona 'o le agalelei.
- 'Ia mamao ni ao lēlea ma ni ao gāsolo.
- 'Ia lagimāina lau afioga _____.
- 'Aua ne'i gau le to'oto'o pe solo le fue.
- 'Aua ne'i tō le timu pe pō le nu'u.
- 'Ia soso'o le 'afa ma le 'afa, 'ae 'aua ne'i soso'o ma le fau.
- 'Ia ati le 'ava 'ae totō 'ata.
- 'Aua ne'i tulolo le fue pe gau le to'oto'o.
- 'Ia mātafi le lagi ma 'ia to'a ao vālevale.
- 'Ia mamao ni lagilagiā ma ni fa'atafa gāsegase.
- 'Ia tū ma lelea le aoē i lau afioga.
- 'Ia mamao ni tuāta'afalu ma ni falaefu.
- 'Ia mamao ni laumeatoli e le matagi.
- 'Aua ne'i usu le fono i lau fetalaiga.
- 'Ia lagimamā ma 'ia mamao ni ao tāulia.
- 'Ia mamao ni ma'i ma ni vāivai.
- 'Ia mamao ni gāsegase ma ni āpulusia
- 'Ia tō fa'aua mai le lagi fa'amanuiaga a lo tātou tamā i lau susuga ma le fa'afeagai ai ma le gāluega.

vii) 'Upu Fa'amāvae
- Mesepa i lo tātou vā.
- Tātou māvae i le māvaega nai le Tulātalā.
- 'Ua vela le fala, 'ae tātou ō ia i Mulinu'u.
- E oso a'e pea le lā. E lē 'uma ai le fai aso.
- 'Ole'ā taliu le uto e pei 'o le faiva i vai.
- Tātou māvae i le māvaega a Tāvita ma Ionatana.
- 'Ia tālolua ia 'o Tuna ma Fata. 'Ia soifua Tuna, 'ia ola fo'i Fata.
- Tātou māvae i le māvaega a tupu.
- Tātou māvae ia i māvaega i le tai.
- Tālosia ia le soifua maua ma le lagi e mamā.

- Tātou ta'ape i le ta'ape a fatuati.
- 'Ole'ā seu le va'a o Vagilau.
- 'Ole'ā talimau atu ia i falematū, 'ae 'ole'ā mātou tu'umuli e leaga 'o le malaga nei e nofo 'ae 'olo.
- Tātou mālōlō ia. 'Ua lata fo'i le fetū a Le'apai i lona nōfoaga.
- 'Ua fa'apōpō 'a 'o ni aso ua. 'Ua lē tu'ua fo'i aso folau.
- 'Ole'ā ta'ape le fuāmanusina, 'ua tofu le gogo ma si ana i'a.
- Tātou māvae i le Māvaega tusitusi.
- Tātou māvae i le Māvaega nā i le Falepunaoa.

viii) 'Upu mai le Tusi Pa'ia
- 'Ua tala mai e le lagi le mamalu o le Atua; 'ua fa'aalia fo'i e le vānimonimo gāluega a ona a'ao.
- 'Ua pei 'o le suāu'u lelei 'ua tafe ifo i le 'ava a 'Ārona.
- 'Āfai 'ou te tautala i gagana a tagata 'ātoa ma agelu, 'ae leai so'u alofa, 'ua 'avea a'u ma 'apamemea ta'alili po 'o se sūmepalo tagitagi.
- Lo'u agāga e, 'ia 'e fa'amanū atu 'iā Ieova. 'O mea 'uma fo'i 'o i totonu iā te a'u, 'ia fa'amanū i lona suafa pa'ia.
- 'O le lalolagi ma mea 'uma o tumu ai, 'o ā Ieova ia.
- 'O Ieova o lo'u leoleo māmoe 'o Ia. E leai se mea 'ou te mativa ai.
- E fa'apei ona naunau le 'aila i le vaipuna, e fa'apea ona naunau lo'u agāga iā te 'oe.
- 'O le aso lenei 'ua faia e Ieova, 'ia tātou 'oli'oli ma fiafia 'i ai.
- 'Āfai e lē atina'e e Ieova le fale, e gālulue fua ē atina'e.
- Fa'auta! 'O le mea e matuā lelei ma le mātagōfie lava, o uso, pe 'ā nonofo faatasi.

ix) So'o se alagā'upu
- 'Ua fa'afugafuga gutulua.
- 'Aua 'e te fāgota i le sao.
- 'Ua fa'afāgogo tagiao.
- Tau 'ia 'ina ufitia ulutao 'auā le maota tulutulu i tao 'ua so'o ona ta'iao.
- Fā'i fo'i 'o le Amouta 'a 'o le Amotai. 'Ā lē 'o lea, 'a 'o le toe aso nā i Moamoa.
- 'Ua fa'amanu pōia i ōfaga le 'āiga nei.
- 'A pā'ia le pā i Fuālaga, sua le tuli 'auā le ali'i o 'āiga nā.
- 'Ua fa'apōpō ao ni aso ua, 'ua lē tu'ua fo'i aso folau.
- 'Ole'ā se'i fīli le tupetoa ma le mānoa 'ina 'ia soso'o le 'afa ma le 'afa, 'ae lē 'o le fau.
- 'Ua tafa le ata o Taulelei e pei 'o le 'upu 'iā Paiatea ma Paialaala.
- 'Ua mau maualuga mea o le va'a e pei 'o le 'upu 'iā Va'atausili i totonu le ana.
- 'Ua fa'amanū le laualuga, 'ae fa'amālō le lautua i le puletō ma le pule fa'asoifua a le Atua.
- 'Ua se i'a e moe mauga o Salāfai.
- 'Ua pafuga le 'ā e pei 'o le faiva i seugāgogo.
- E ta'a le galo 'ae gase i pa'au.
- 'Aua ne'i gapā pei 'o le toa 'a 'ia pei 'o le fau.
- E ifo i le tia 'ae mapu i le faga.
- E usu ta'a 'ae talanoa aualuma.

- 'Ua peia le tāualuga o Manu'a.
- Sā momoe ma manū e lē fati, 'ae sau mala e atia'e.
- 'Ā 'e iloa a'u i Togamau, 'ou te iloa fo'i 'oe i Siulepa.
- 'Ua ti'eti'e i le sa'ulā 'ae fia sāulupo.
- E tulituliloa Mano'o i ana 'upu.
- 'Ua mou i le mou a le Faleata.
- 'Ole'ā 'e seu i falemua, 'ae 'ou seu i le falevā'ai.
- 'Ia faimālū ona fai 'o le faiva.
- 'Ua logo i tino matagi lelei.
- 'Ua togi pā, tau i le 'ave.
- 'A suluia le malama, 'ua mapuitīgā le ata.
- 'Ua se fau e ta'i le tōfā ma le utaga.
- 'Ua loloma le tai sua, 'ua o'oo'o fo'i le tai o Tūmua, 'ua fotupule le faiva tama; 'auā 'ua tuā'au mafuamalu le tai o a'au tetele.
- E talatau Toga, 'ae talatofi Sāmoa.

x) 'Upu o Lāuga
- 'Ua te'a i le lagi le fetū ta'i matagi,' ae 'ua fa'i fo'i le niu o le 'ava i sā lua pule'ava fa'alēlava.
- Tau 'ia 'ina 'ua mautū le vai'avea ma le lautī lē pūtea pei 'o le 'upu i le vāifanua 'o le Tuiātua.
- E ui lava 'i se tōfā loloto na fa'afua, 'a 'o le tōfā e fa'ati'eti'e i le tau. E 'ausaga lē tūvae i le pule tasi a le Tapa'au i le lagi.
- 'Ua pafuga le 'ā pei 'o le 'upu i le seugāgogo.
- 'Ua māgoto i eā 'ae manu 'upu i ofō, ina 'ua tātou fesilafa'i i nu'uao 'ae lē 'o nu'upō.
- Ta'umailelei le igoāipu a le Ulua'iali'i, 'ae fetaia'i ma uso le igoāipu a Tau'ili'ili.
- 'Olo'o 'ua tini le uto tau le 'ai pei 'o le 'upu i le faiva i vai.
- 'Ua gase le fetū o le āva i fa'alogologo e pei 'o le 'upu 'iā Tuālemoso, 'o lea 'ua muā muā ai le asō.
- 'Ua le tūlia afega, 'ua lē tūlia fo'i le ala, 'ua malaga le tia i ulupaga.
- 'Ua moemanū nei le ata, 'ua se 'ese mala i le fa'aafio mai o le
- faigāmalaga.

xi)   Fesoasoani
- Aganu'u ma Aga'ifanua   Heritage/Customs/Traditions
- Pa'ia ma mamalu   Honored gathering/Distinguished
-                                    guests
- Vae atu lau Susuga/Afioga   Your Honor
- Tulou   Excuse me
- Susū maia   Greetings, welcome, come in
- 'Ua 'e susū mai?   Have you come/Good to see you.
- Fa'alagi pe fa'alupe   Salutate/Address
- Fa'alupega   Salutations/Addresses
- Tamāli'i   High ranking matai
- Fa'aaloalo   To honor/respect

225

• Vāega maualuga ma le fa'aaloalogia	Dignitaries
• Ao Mamalu	Head of State/Highest title of dignitary
•	
• Tama a 'Āiga	Paramount Chief/Royalty
• Tulouna	In all humility/modesty
• Fa'alalolalo	Self Abasement
• Aofia Mamalu	Dignified gathering/Distinguished guests
•	

MATĀ'UPU III: 'O LE TALALELEI I SĀMOA

I.   Gāluega a Misionare

'O le tausaga e 1796 na 'auina mai ai misionare mai le LMS i 'Egelani i le Vasa Pasefika ina 'ua 'ātoa le 20 tausaga talu ona fa'avae la lātou Sosaiete e ta'ua 'o le LMS - London Missionary Society. 'O le ulua'i misionare na taunu'u i Sāmoa o Ioane Viliamu. 'O Viliamu 'o le kamuta fauva'a na 'auina mai i le Pasefika ma na 'āmata ai lana gāluega tala'i i Tahiti ma Rarotonga i le 1824. 'O le 1829, na manatu ai Viliamu e asiasi mai i atumotu 'olo'o ta'ua o Motu o Tagata Folau (*Navigator Islands*). Na ia fau le va'a i Rarotonga ma fa'aigoa 'o le "Sāvali 'o le Fīlēmū" (*Messenger of Peace*) 'ae ina 'ua o'o mai i Sāmoa, sā fa'aigoa lea va'a, 'o le "Va'alotu." 'O le tausaga e 1830 na taunu'u ai i Savai'i le Talalelei i le taimi 'ua mapu mai Mālietoa Vāinu'upo i ni taua sā faia. Ina 'ua mautū le fa'atūga o le Lotu i Sāmoa i Sisifo ona toe fo'i lea o Ioane Viliamu i Rarotonga; ona fa'aauau ai lea 'o le malaga i 'Egelani e lolomi ai lana tusi e igoa 'o le "Missionary Enterprise in the South Seas."

'O le 1832 na fo'i mai ai Viliamu i Sāmoa ona afe lea i Ta'ū i Manu'a ma feiloa'i ai ma le tamāloa Tahiti e igoa 'iā Hura, masalo na lelea mai i se va'a, ma taunu'u i Ta'ū; ona fai lea o lana tala'iga i Ta'ū. 'Ai na mua'i liua e le LMS 'ae le'i o'o mai i Sāmoa. Na fiafia tele Viliamu i le tāla'iga a Hura, ona sosolo atu ai lea o lana gāluega i 'Ofu ma Olosega. Peita'i e le'i ālo'ia le fa'atūina o se lotu i lenā taimi. Na tu'ua e Viliamu Ta'ū ona aga'i lea 'i Tutuila ma afe 'i Leone. Sā fefe Viliamu e afe 'i uta 'ona 'o tala i le sauā o tagata o Tutuila, peita'i na vave ona māfanafana, ina 'ua ō ifo tamāli'i o Leone ta'ita'i atu le va'a 'i uta, ma 'ave loa lava le malaga 'i le fale sā fai ai lotu.

I le tausaga e 1835, na taunu'u ai le malaga a misionare fou 'i Tahiti. 'A 'o le 1836, na taunu'u ai nisi 'i Manu'a ma aga'i atu ai ni isi misionare 'i Tutuila ma tūta lo lātou va'a i le alaalafaga o Fagasā. 'O le papālagi e igoa 'iā Misimare (Murray) na alu 'i uta e fesili 'i ali'i o Fagasā, 'ae fai ane 'i ai ali'i e alu 'i le isi itū o le mauga. Ona sopo lea 'i le isi itū o le mauga e talanoa i le tamāli'i o Pago Pago. Sā talia fiafia e Mauga, fa'atasi ma lona atali'i e igoa 'iā Pomare e poto e nanu. Na fa'aauau le faigāmalaga a Misimare ma lana vāega 'i 'Upolu ma na lātou 'ave Pomare e fai ma fa'amatala'upu. Na taunu'u 'i le motu o Manono ma 'o i'ina na fai ai le Fono a Misionare 'uma 'ua 'i Sāmoa; ma 'o i'inā fo'i na tufa ai misionare fou i isi nu'u. E tasi Apia, lua Savai'i, ma le tasi i Tutuila, 'a 'o le ali'i 'o Misimare na fo'i e galue i Pago Pago. 'O le isi tamāloa Tutuila e igoa 'iā Mathew Hunkin sā fesoasoani tele i le gāluega a Misimare i Pago Pago.

'O le isi nu'u na fa'atū ai le lotu e Mare ma Hunkin, 'o Leone. Na iai le fa'amoemoe o Mare e toe fo'i 'i Manu'a; ona alu lea 'o le malaga afe 'i 'Aunu'u. 'O 'Aunu'u 'ua lolotu ona tagata, ona molimana'o ane lea 'o tagata 'Aunu'u i misionare, e mānana'o 'i ni faife'au Tahiti ma Rarotonga, 'ae lē mānana'o 'i ni Sāmoa.

'O le isi aso na ō ai faife'au 'i le itū i tua o Tutuila ma afe 'i Sā'ilele. 'O i'inā na maua ai le falesā fa'aanamua e 10 futu le 'umī, 'ae tolotolo i lalo si ona falealuga maualalo. E na'o le to'atasi e ofi ai i totonu masalo, e na'o se ositāulaga sili. 'O totonu o le falesā e iai ma'a lāpotopoto e tolu, e lāmolemole ma 'i'ila. E pei 'o le tetele o moto a le tagata le tetele o ma'a. Sā lē mafai ona tafuli e ni isi nei ma'a. E fōliga mai o ni vavau tūmau o se mālō, ma sona 'aufono.

Na 'auina e Misimare le tamāloa Rarotonga e igoa 'iā Raki e galue i Manu'a; ona malaga to'alua lea ma le isi tamāloa Tahiti e igoa 'iā Uea, e atia'e le lotu i Manu'a. E lima va'a o le 'aumalaga i Manu'a, 'ae na 'afa loa le mamao o le vasa, ona agi lea 'o le afā tele 'ua lēiloa ai va'a e tolu ma feoti 'uma ai tagata Manu'a o nā va'a; 'ae na saogalēmū va'a e lua na malaga ai faife'au. 'O le tausaga 1837 na fa'atū ai le lotu i Manu'a. 'O le va'a 'o le Cesila na 'aumaia isi Misionare 'i Manu'a. 'O le 1839, na fono 'uma ai fo'i misionare i Manono i le motu o Mālietoa, na matuā talitonu ai misionare i le mamalu o tamāli'i Sāmoa 'ona 'o le vave ona mautū le lotu.

II.   'O isi Lotu

'O le Lotu Pope na fa'amautū i Apia, 'ae na fa'ato'ā taunu'u mulimuli i Savai'i ma Tutuila. Sā ta'u 'o le fa'alāpotopotoga a Malisi (Marist). Na ō fo'i 'i Manu'a 'ae lē taliaina le Lotu Pope. Ona fo'i loa lea 'i Savai'i, fa'atū āloa'ia ai i Lealatele i le 1845.

Na taunu'u mai le Lotu Mamona 'i Tutuila 'i Aunu'u i le 1888. Na taumafai fo'i e fa'atū se lotu Mamona i Manu'a 'ae lē talia e le Tuimanu'a ma Ta'ū se isi lotu 'ese 'auā e lē fa'aluaina le LMS. Peita'i na si'itia i Vaimauga i Apia i le 1848 ma fa'atū āloa'ia ai i Nāvū.

'O le Lotu Toga, na fa'ato'ā 'āmata i Manu'a i le 1928 e Misi Tana (Rev. Turner). 'O le Lotu Aso Fitu ma le Penetekoso na mua'i fa'atū i Tutuila. E o'o fo'i i le Lotu Baha'i. 'A 'o le 1970, na vaelua ai le 'Ekālēsia Fa'apotopotoga Kerisiano i Sāmoa ma atia'e i Tēfuna. 'O le 1984 na māe'a ai le Kanana Fou, le laumua o lea lotu. I le vā o le 1980 ma le 1990, na māe'a ai le 'a'ai a le Lotu Pope 'o le Fatu-o-'Āiga i Tutuila. Na sa'oloto lava tāla'iga a lotu i Tutuila, 'ona e lē āiā le mālō i mea tau lotu i pūlega a le USA.

III.   Gagana o le Talalelei

1. 'O le Meleniuma Fou 2000

Le Atūa e ma lou alofa mātalasi
'Ua se manogi sasala o moso'oi ma laga'ali
'Ae fa'aoso e le sea ma le asi
Ma le sigano 'ua fenāmua'i
I le meleniuma fou 'ua fōtua'i.

Fai mai le teine o Tulifaunaso'o
Alaala ane ia i le tai o mālolo
'Ua gase Tinilau i si ona loto
Le Atūa e, o ou ala 'ua tautulu ai mea lololo
'Ua malie ō i le meleniuma fou 'ua sopo

'Ia manuia le tausaga fou ma le meleniuma fou iā te 'oulua tamā o le matāgāluega, susuga a faife'au ma o tou faletua, 'aemaise le nofo a 'aulotu o la tātou matāgāluega. Fa'amālō le soifua manuia ma le soifua maua pea. 'Ua tele le vīiga o le Atua i lenei aso 'auā 'ua tātou fa'amaonia lana pule faito'atasi. E lē mafai ona gāfagafa fa'amatuaofaivaina e se isi ana gāluega mamana. 'O le loloto ma le lautele ma le mamao o le faitau ta'i afe o tausaga sā tauāsa mai, e lē faigōfie. 'Amu'ia a tātou tupulaga, 'ua tātou molimauina mea 'ua tutupu i le 'atoaga o lenei lua afe tausaga mo le lalolagi Kerisiano. 'O lea fo'i 'ua tātou tū lau'ele'ele i le 'āmataga o le isi meleniuma fou i le fiafia ma le fīlēmū.

Sā 'ou mo'omo'o 'ina 'ia 'ou aulia le 'atoaga 'o le tausaga e 2000. 'O le mea lea se'i fai muamua la'u fa'afetai i le Atua, 'auā 'o lo'u ola fa'afualoa 'ua mālie iā te ia. 'Ua o'o lava ina 'ou ulusinā o fua mai pea le mālosi ma le lauolaola. 'Ua moni ai le fai Salāmo, "Le Alī'i e, 'ua fai 'oe ma mea mātou te nonofo ai i lea tupulaga ma lea tupulaga. E tusa i ou luma le afe o tausaga ma le aso ananafi, 'auā e sili le aso e tasi i ou lotoā i lō le afe." 'O lea 'ua 'e fa'ae'e i lenei tausaga fo'i le paleali'i o lou agalelei. E moni, 'o ou ala e tautulu ai mealolo. Le Alī'i e, 'o ai 'ea a'u nei; 'o ai fo'i lo'u 'āiga 'ua 'e fa'ao'o mai ai 'iā te a'u i le aso nei? Le Atūa e, 'ou te fa'afetai i lau Afio 'auā na 'e fa'afofoga i le leo o la'u tatalo. Na fa'atuatua fo'i lo'u loto iā te 'oe ona 'ou maua ai lea 'o le fesoasoani. Fa'afetai, fa'afetai, le Atūa e.

'O le feiloa'iga na i le tuāvao a Nonumaifele ma 'Aliamānaia, 'o tamāli'i o le atunu'u sā fa'alelea solo 'ona 'o a lā tōfale'auga. Na feiloa'i le 'auali'i nei ona fai lea 'o la lā tonu 'ia toe feiloa'i tāeao i le tuāvao. Na feiloa'i ane le 'auali'i i le isi tāeao, 'ua ōmai Nonumaifele ma le tuafafine o 'Aliamānaia, 'ae fo'i fua mai 'Aliamānaia, e leai sona 'ai. Fai mai le 'upu a 'Aliamānaia, "'Amu'ia 'oe Nonumaifele, 'ua 'e maleifua mai i pu'eomanū, 'a 'o a'u nei 'ua na'o pu'eomala." 'Aiseā 'ua 'ese'ese ai i'uga 'o lea feiloa'iga? 'Auā fo'i 'o le feiloa'iga sā fa'avae i luga o le felāmata'i ma le fāumālō. 'Ae lē fa'apēnā feiloa'iga a fānau a le Atua i lenei tāeao. 'Ua tātou maleifua fiafia fa'atasi i pu'eomanū, 'ae 'ua alu le 2000 tausaga ma pu'eomala, 'auā 'o le alofa ma le fa'amāoni 'o le Atua 'ua tātou fetaia'i ai.

2. Lāuga

'O le matua e maua i le lautusi 'o le Salāmo e 85, f10, e fa'apea:

" 'O le alofa ma le fa'amāoni 'ua lā fetaia'i. 'O le āmiotonu ma le fīlēmū 'ua lā feāsogi."

'Ae 'ou te le'i faia se manatu i la'u matua, se'i 'ou toe 'aumaia lava fautuaga a Paulo i le 'Ekālēsia i 'Efeso, 'ātonu e toe fa'amanatu mai ai mo 'itātou le ala e toe fuata'iina ai lo tātou ola gālulue i lenei tausaga fou.

'Efeso e 4, f 26:   'Ā 'outou ita 'aua le agasala ai. 'Aua ne'i goto le lā 'o ita pea 'outou.

'Efeso e 4, f 32:   'A 'ia 'outou feagaleleia'i. 'Ia fefa'amāgaloa'i 'outou fa'apei ona fa'amāgaloina 'outou e le Atua 'iā Keriso.

'Efeso e 2, f 14:   'Auā 'o ia lava 'o lo tātou leleiga. 'Ua na faia 'ia tasi ē sā fa'alua. 'Ua na sōloia fo'i pā vāeloto o le feitaga'i sā vaeluaina ai.

'Efeso e 4, f 14:   'Ina 'ia lē toe tama nini'i 'itātou 'ua felafoa'iina e pei 'o peau, 'ua fe'avea'iina e matagi o le mau matā'upu.

'O nei fāsi fuai'upu 'uma, 'o ni lāuga aogā tele mo tātou. 'Ā tātou tu'ufa'atasia ia fuaitau a Paulo mo le 'Ekālēsia i 'Efeso, 'o lona uiga mo 'itātou i nei aso; 'Ia toe fuata'i le ola e ala i le fefa'amāgaloa'i. E faigatā tele lea mea 'o le fa'amāgalo, peita'i, 'ā māfaufau ma le fīlēmū ona maua fua ai lea 'o le gāua'i ma le loto maulalo.

'Ua 'ātoa lelei le 2000 tausaga, 'o lea lava e māsalosalo le lalolagi pe moni Iesū, ao ai Iesū. 'O lea fo'i 'ua 'āmata le 170 tausaga talu ona lotu Kerisiano tagata Sāmoa, 'a 'o lea lava e lē ātagia fōliga alofa o Iesū i ō tātou ōlaga. Aiseā? 'Ona 'o lo tātou fāumālō.

E fa'apēfea lā ona fa'atalaleleiina la tātou matāgāluega i lenei tausaga? 'A 'o le ā se fofō e mafai ai ona sōloga lelei lo tātou ola tāpua'i? Se'i toe fa'afofoga i la tātou matua: " 'O le alofa ma le fa'amāoni 'ia lā fetaia'i. 'O le āmiotonu ma le fīlēmū 'ia lā feāsogi." 'O le fofō lenā, ma 'o le fe'au fo'i lenā mo 'itātou i lenei tausaga fou.

'O 'upu ia e fai ma a tātou matua, 'o le tatalo a Asafo na fatu fa'apese mā le fānauga a Koru ma lātou fiafia ai, 'ina 'ia fa'afo'isia mai le manuia o 'Isaraelu. 'O le alofa ma le fa'amāoni 'ua lā fetaia'i. 'O le āmiotonu ma le fīlēmū 'ua lā feāsogi. Mānaia lea ata mo le 'āmataga o le meleniuma fou.

3. 'O le ā le uiga o ia 'upu iā 'itātou?
- 'O le ā le fa'amaoni? 'O le moni o au mea e fai.
- 'O le ā le āmiotonu? 'O le āmio 'ia tonu ma sa'o.
- 'O le ā le fīlēmū? 'O le āmio pūlea e lē so'ona fitivale.
- 'O le ā le alofa? 'O le sipili lea na te fa'aalualuina ma fa'afoeina le fa'amāoni, le āmiotonu, ma le fīlēmū e pei ona ta'ua i le matua.

E mānaia lā pe 'ā fa'asolo fa'apea a tātou sā'iliga: 'Ia fīlēmū muamua, se'i avanoa mai le fesoasoani alofa a le Atua. Tapuni lou potu e tatalo ai. 'Ā leai, su'e i lalo o se lā'au e pei ona tatalo Natanielu i lalo o le mati. 'Ā fa'asino mai e le Atua le ala e fa'atino ai lou mana'o, ona fai loa lea ma le fa'amāoni. 'Ā 'uma ona fai se mea i le moni, 'o fōliga lā na'o le āmiotonu.

'O le ā le aogā tātou te ta'u so'o ai le āmiotonu a le Atua, 'ae lē 'o moni lo tātou alofa i le Atua ma o tātou tuā'oi? 'Ia 'e alofa i le Ali'i lou Atua i le mālosi 'ātoa. Alofa i lou tuā'oi e pei 'o 'oe lava iā te 'oe?

'Ā lavea lou uso, e tusa lava 'o lenā 'ua 'e lavea. 'O 'itātou 'uma o uso iā Keriso, 'o 'a'ano ma ivi ma toto o lo tātou Ali'i. 'Ā tātou fevāevaea'i, 'ua āfāina le soifua o Iesū.

Le 'aufaigāluēga e, 'o le ā sā tātou mea e fai mo le ta'uleleia o le matāgāluega i lenei tausaga? 'Ā moni ma āmiotonu lo tātou fa'atuatua, e faia e le Atua le mea sili mo tātou. 'O fe'ese'esega a tamāli'i o Sāmoa, e fofō a alamea. 'O le mālosi o le alofa ma le vāfeāloa'i Fa'asāmoa e talepe ai pāvaeloto. 'O le alofa fo'i e toe teuteu ai tulāfono fa'avae 'ona 'o le fa'apēlepele i le ola tāpua'i o tagata. Ta'itā'i e 'o le matāgāluega, toe usuia le tao, nei te'i 'ua velo lo tātou mālosi i le māninoa. Alu ia le 2000 ma ona leaga fa'atasi ma o tātou vāivaiga fa'atagataola. Alofa mai le Atua e fa'amālosia tātou e lona agāga, 'ina 'ia tātou maua le fiafia fa'aleatua i lenei tausaga fou.

Le pa'ia e o le 'aufaigāluega a le Atua, susuga a toea'iina, faife'au ma o 'outou faletua, 'ia fa'afoe e le fīlēmū o le Atua la tou gāluega. 'Ia 'outou 'onosa'i ma fa'apalepale.

Le mamālu e o a'oa'o ma ti'akono, se'i o tātou fa'amāmā 'āvega ma tātou femālamalamaa'i i lo tātou vāfeagai ai ma le 'aufaigāluega fa'au'uina. 'Ia tātou fa'amāgalo mea 'uma, ma 'ia fa'agalo.

Manatua, 'o le alofa, 'o le fusi lea e 'ātoatoa ai ona lelei mea 'uma. E lē mafai ona 'oulua fetaia'i ma le fa'amāoni pe 'ā leai sou alofa. E lē mafai ona 'e maua le āmiotonu pe 'ā leai sou alofa. E lē mafai ona 'e to'afīlēmū pe 'ā leai sou alofa. Tātou manatu i le alofa fa'atamā o Tavita; tīgā ona fouvale lona atali'i 'o 'Apisaloma i lana nofoa'iga, 'ae lē vāea ai lona alofa fa'amāgalo. "E, 'Apisaloma, Apisalōma e, ta fia oti e sui ai 'oe."

'Ua tātou talitonu 'i le alofa lē fa'atuā'oia o lo tātou ali'i, 'ua tutusa 'uma ai ana fa'amanuiaga 'i ē āmiotonu ma ē agasala. 'Ua tutusa ai lana fa'amāgaloga 'i ē fa'amāualuluga ma ē fa'amāulalo. Le 'au ūso e, fa'aali ia lo tātou feālofani i lenei tausaga i fōliga o le alofa, le fa'amāoni, le āmiotonu, ma le fīlēmū. Ona tātou feāsogi ai loa lea i le feāsogi pa'ia, 'ae lē 'o le feāsogi o le fa'alata; ma tātou pepese fiafia i le pese e 375: Tā mai ia kītara.

E fa'amālūlū atu pe 'ā 'ua sala la'u gagana i lau tou fa'afofoga. 'Ia manuia le Tausaga Fou. 'Ia lagimāina le 'aufaigāluega tōfia. 'Ia lagimāina fo'i le matāgāluega.

4. Gāluega Fa'amisionare
   Matua: Korinito II, m1, f 19 - 20:
   Manatu 'Autū: 'Ia fa'aolaola le gāluega fa'amisionare.

230

Fai mai le misionare o nu'u 'ese 'o Paulo, "'Auā 'o le alo o le Atua 'o Iesū Keriso, 'o lē na tala'iina atu e 'imātou. Sā lē 'ioe ma leai ia, 'a 'ua iā te ia na'o le 'ioe; 'auā 'o ia 'o le 'ioe i mea 'uma 'ua folafolaina e le Atua. 'O le mea lea 'ua tātou 'āmene ai fo'i e ala iā te ia; e i'u atu i le vī'iga o le Atua."

Sā tātou sā'afi'afi i fa'amanuiaga a le Atua fa'apea: "Āu e 'o le lagi, 'aua ne'i fatiātāma'i. Peāu e o puapuagā, 'ia goto ifo i fafā, 'ae se'i saogalēmū atu le soifua o ou tagata i lenā tausaga." E ā lā pe 'ā tātou fa'aali lo tātou agāga o'otia 'ona 'o le alofa tūnoa o le Atua mai le pese 71, "'Ua 'ou vivi'i ma fa'afetai."

Manatu e fia fa'amamafaina

'O Iesū 'o le 'ioe a le Atua, 'a 'o misionare ma tātou 'uma 'o le 'āmene a le Atua, e ala 'iā Iesū Keriso. Manatua, 'o le 'ioe ma le 'āmene" e iloa ai le fa'amāoni. 'O le 'ioe fo'i ma le 'āmene" e iloa ai le pepelo.

'O le 'ioe ma le 'āmene 'o 'upu o le ta'utinoga. 'O le 'upu 'ioe fo'i, ma le 'upu 'āmene e tatau ona ō fa'atasi; 'auā 'ā na'o le 'ioe 'ae tu'u le 'āmene," e lē 'ātoatoa le vī'iga o le Atua. Mo se fa'ata'ita'iga; 'ā tatalo le faife'au e fa'apea, "Fa'afetai le Atua 'ona 'o le maliu o Iesū Keriso ma lona toe soifua mai. 'Ua mātou 'ioeina ai le tele o lou alofa."

'O le tali a le 'aulotu, "E moni, 'āmene." 'O le ā le uiga o ia mea?

'Ā e 'ioe 'i se mea, 'o lona uiga 'ua 'e lotomalie e talia le fe'au 'ua tu'u mai e fai. E pei ona fa'ata'ita'i mai e Iesū; so'o se mea e fingalo ai le Atua e fai e Iesū, e fai lava. Na o'o lava i le fa'asātauroina, 'o talia ma 'ioe 'i ai. Aiseā? 'Auā 'o ia 'o le 'ioe a le Atua i mea 'uma. 'O le 'auala tonu fo'i lea e tatau ona fai e le misionare ma tātou fo'i. 'Ā e 'āmene i se mea, 'o lona uiga 'ua 'e folafola atu, 'ua 'e matuā talia se fe'au, ma ole'ā faia loa. 'O le mea fo'i lea e tatau i le misionare. 'Ā tātou 'ioe lā ma 'āmene" fa'atasi, 'o lona uiga,'ua maua le vī'iga o le Atua i la tātou gāluega fa'amisionare. E mata na maua se vī'iga o le Atua 'ia tātou mea na fai i le tausaga 'ua mavae? Pe sā tātou 'ioe 'ea ma 'āmene 'i a tātou ta'utinoga ma folafolaga? 'Ia fa'amasino ifo 'oe' iā te 'oe ma e salamō ai.

'O lea, 'ua fetalai mai Iesū iā 'itātou i lenei tausaga fou: Le gāluega fa'amisionare 'ia fa'aolaola pea. 'O lona uiga, 'ia fa'amumū pea a tātou lāmepa mo le fa'aolaolaina o le Talalelei i so'o se mea. 'Ae 'aua le 'ioe 'ioe e 'avea 'oe ma misionare, 'ae toe vave fa'amāvae pe 'ā leai se totogi ma ita 'i tagata.

'O le manatu fa'aanamua, 'o le misionare, 'o le faife'au lea 'ua tu'ua lona 'āiga ma lona nu'u, 'ae alu e galue i nu'u 'ese mo le Talalelei. 'Ua ia 'ioe ma 'āmene i lona oti fa'amāturo, e pei ona faia e Ioane Viliamu, le ulua'i misionare i Sāmoa, lea na oti fa'amāturo i 'Eromaga, i le atu Niu 'Eperiti, po 'o Vanuatu. 'A 'o le manatu fa'aonapō nei, e lē na'o faife'au e ō 'i atunu'u 'ese e ta'u 'o misionare; 'a 'o faife'au 'uma fo'i 'olo'o gālulue i totonu o 'aulotu i Sāmoa ma Hawai'i e pei 'o a tātou fa'afeagaiga 'o alaala mai nei.

E fa'apēfea lā ona fai le gāluega fa'amisionare? 'Ua 'uma ona tu'u sa'o e Iesū le fa'ata'ita'iga 'i ona so'o sā lātou māfuta. Fai mai le tusi, na matuā sau lava Iesū ma le 'apa fafano ma le solo, mulumulu vae o tagata. Na meia le 'au so'o ina 'ua fai e lo lātou ali'i se mea fa'apea. E lē tioa tete'e Peteru ma fai atu, "Iesū, 'aua 'e te lē mulumuluina o'u vae;" 'ae fai mai Iesū, "E leai lā sou tofi fa'atasi ma a'u."

Na sau la mātou faife'au e mulumulu o'u vae i le isi aso; sā 'ou meia ma 'ou mā 'ona 'o le vāfeāloa'i Fa'asāmoa. Peita'i, na fai lava e le faife'au lana gāluega 'auā 'o ia 'o le 'ioe a le Atua 'i mea 'uma; ma sā 'ou 'āmene fo'i e talia le moni o lana gāluega fa'amisionare.

'Ua 'uma ona fai fa'ata'ita'iga a Iesū e uiga 'i le agāga moni o le gāluega fa'amisionare. 'Ia faia i le loto māulalo; ona fa'apea atu loa lea 'i ona so'o, "Ō lā'ia, 'inā tāla'i le Talalelei, 'ina 'ia fai tagata 'uma ma so'o iā te 'outou. 'Ia 'outou iloa ona femulumulua'i ma fealofani i le gāluega fa'a'au'auna. 'O lea 'ua 'ou tu'u atu le fa'aa'oa'oga; 'āfai lā tou te faia ia mea, 'amu'ia 'outou. Ō lā'ia ma le manuia; 'aua le 'avea ni mau 'ofu, ni se'evae ma ni tupe, 'ae afe i ni 'āiga tou te mālōlō ma 'a'ai ai. 'O tagata lava e talia lau tou tāla'iga, 'ua lātou talia a'u. 'O ē fo'i lātou te talia a'u, 'ua lātou talia lē na 'auina mai a'u: 'o le Atua lea. Le aufaigāluēga e, e fia maua e Iesū fua o le gāluega."

E fōliga tāfatolu le 'āmataga o le gāluega fa'amisionare:
- 'O le **misionare** lava ia: 'Ia lelei ona lagona (attitude) ma ona uiga ma ana fa'a'upuga. 'Ia talitonugōfie ai e tagata, 'o ia na 'auina atu e Iesū.
- 'O Iesū: 'Ia talitonuina e tagata, 'o le alo o le Atua na maliu ma toe soifua. 'O ia fo'i 'o le Talalelei, lea 'olo'o tāla'i atu e le misionare.
- 'O Tagata: 'Ia talitonu tagata 'o Iesū na 'auina mai e le Atua i le lalolagi na te fa'atino lona finagalo.

5. 'O ā lā au'upega a le misionare?

'O le lotomāulalo ma le fa'amāoni. 'Ua 'uma ona 'ioe ma 'āmene le misionare i luma o le Atua ma luma o le fa'apotopotoga a tagata, 'ole'ā alu e fai ma misionare; pe mativa, pe puapuagātia, pe oti ai fo'i, e lē tatau ona fa'afiti, 'auā na ia 'ioe ma 'āmene 'i le Atua 'ole'ā galue fa'amisionare. Peita'i 'aua le fa'amamafaina le mulumuluga o vae, 'ae 'ave le fa'amamafa i le femulumulua'i o loto e ala i le fāutua o le isi i le isi. E mata lā e mafai ona femulumulua'i o tātou vae ma o tātou loto i lenei tausaga fou? Ta'ilo. 'A fa'apēfea ona tātou faia pe 'ā lē mua'i femulumulua'i vae ma loto o le 'aufaigāluega, ma ē 'o gālulue 'o le fa'amisionare.

'O le tasi lea gāluega tāua a le misionare; 'o le a'oa'o atu 'o le vāfeāloa'i fa'akerisiano i tagata, ma le vāfeāloa'i fa'aleaganu'u. Na 'āmata lava le gāluega fa'amisionare a le Lotu Kerisiano e Ioane le Pāpatiso. Na matuā tu'u lava lona 'āiga i Heperona 'ae ta'asē 'i le vao o Kalilaia 'ona 'o le tala'iga o le afio mai o le Keriso. E lē na'o Keriso lā na tāla'i e Ioane, 'ae sā tau fa'atonu aganu'u ma āmio a tagata 'ia lelei mo le afio mai o le ali'i. Na oti lava fa'amāturo Ioane 'ona 'ua ia a'oa'i atu 'iā Herota ma Herotia e uiga 'i a lā aganu'u ma āmio valea.

Na soso'o ma le gāluega fa'amisionare a Iesū. E lē gata ina tala'i e Iesū 'o ia lava 'ua fai ma sui o le Atua i le lalolagi, 'ae sā na tau fa'asā'osa'o fo'i āmio ma aganu'u a tagata Iutaia, 'o le ala fo'i lea o le fasiotia 'o ia.

E 'ese le mātagōfie o fa'a'evagelia a 'autalavou 'ātoa ma la lātou fa'avae po 'o le ta'utinoga 'olo'o tauloto mai, "'Ia ola 'iā Keriso." Mā'umau lā pe 'ana fa'aopoopo i ai ma le 'upu "aganu'u" ona fa'apea lea 'o lona 'ātoaga o le ta'utinoga, "'Ia ola 'iā Keriso ma au aganu'u." E talafeagai lelei lea ma le soifuaga o 'autalavou i nu'u i fafo.

Le autalavōu e, se mea 'inā lelei o fānau 'ae ola i le Talalelei. 'O la'u lā fa'amisionare mo 'outou i lenei tausaga, 'ia 'outou ō e ā'o'oga i le Iuniversitē mo ni 'outou fa'ailoga, ona su'e loa lea i Mālua po 'o Kanana Fou 'ina 'ia mafai ona 'avea 'outou ma misionare; 'auā fai mai le 'upu a le Saina pe 'ā e lē au i Mālua po 'o Kanana Fou, "Āgoa oukou maua fuāmoa;" 'ae fai mai le 'upu a le pālagi, "What a shame!" Tupulāga e, 'amu'ia 'outou pe 'ā ofo atu loa o 'outou ola mo le gāluega fa'amisionare e pei ona ofo 'Isaia, "Le Alī'i e, 'o a'u lenei; inā 'auina atu a'u."

E fa'amālūlū atu i lau tou fa'afofoga'aga 'aemaise le aufaigāluega a le Atua pe 'ā fai 'o iai se gagana 'ua sala. 'Ae 'avea ia 'o lenei avanoa e 'ave atu ai se fa'afetai mai le 'aumātutua, iā 'outou susuga a le aufaigāluega. Susuga a toea'i'ina ma faife'au fa'au'u ma a'oa'o, 'ona 'o la tou gāluega fa'amisionare o le tausaga 'ua mavae. E lē se gāluega faigōfie; e ui ina sā lugā, lalō 'ona 'o tūna o le gāluega ma le 'ese'ese o talitonuga, 'a 'olo'o to'amālie pea mea 'uma 'ona 'o le fīlēmū o le Atua. Fa'afetai tele. 'Ia tūmau pea la tou 'ioe ma le 'āmene mo lo 'outou vala'auina.

E fa'amālūlū atu fo'i 'aulotu o le matāgāluega 'ona 'o le lē lava o la mātou tali atu e ala i le tautua lotu, ma le fa'a'oloaga o o 'outou 'āiga. 'A 'ua mātou fa'amanuia atu mo 'outou i lenei tausaga fou. 'Ia manuia la tou gāluega fa'amisionare 'ona 'o Keriso!

Lagi mamā pea le soifua o susuga a toea'i'ina ma faletua; susuga a faife'au ma a'oa'o ma faletua, 'aemaise le mamalu o le 'Ekālēsia aoao.

6. 'O le Ola Fa'alata
Matua: Ieremia 9: 8

'O laulaufaiva o tagata 'Isaraelu e pei 'o ū fanafana e oti ai. E ta'ito'atasi ma tautala fīlēmū i lona uso ma lana uō; 'a 'o lona loto 'ua tau lāmalama iā te ia.

'Ua tātou lagona 'uma le lautele, le mamao, le maualuga ma le loloto o le alofa o le Atua iā 'itātou. E le'i mafai e so'o se puapuagā na tātou fetaia'i i le tausaga na mavae atu nei, ona fa'ate'a'eseina 'itātou mai le alofa o le Atua. 'O lea fo'i 'ua 'āmata manuia le tātou malaga o lenei tausaga, ma 'ua tātou tautala ai i gagana a agelu i lenei vāiaso. Peita'i, fai mai Paulo, po 'o le ā lava le lelei o ni a tātou perofetaga, po 'o ni a tātou lāuga, 'ae a leai se alofa ma se vāfeāloa'i, e leai lava se aogā. 'O le mea lea, le fānau e a le Atua, 'ia tātou lāugaina le finagalo o le Atua ma tātou sāvalivali ai. 'Ae 'aua lava le na'o le 'upu ma le gutu, 'a 'o le āmio ma le fa'amāoni. 'O le matā'upu o lenei aso, "'Ia 'alo 'ese i le ola taufa'alata ma le taulāmalama."

'O le fa'alata o le mea lea sā fai i meaola i aso anamua, le fa'alata i penu Tulou! 'A 'o lea 'ua fa'aaogā e Iuta le sogi e fa'alata ai Iesū. 'Ua leva ona fuafua se ala e fa'alataina ai Iesū e Iuta le Sekara, 'o lē na gālulue ma 'a'ai fa'atasi ma Iesū, 'ae fa'ai'u i le a'a e Iuta o Iesū i lona mulivae. E lelei pe 'ana a'a i le tuāvae pei se polo lakapī, 'auā e lē ila ai se isi. 'A 'o le a'a i le mulivae, 'o se mea e matuā mamafa, 'auā 'o le mulivae na te tau'aveina le mamafa o le tino 'ātoa o le tagata.

'Ā 'a'ai fa'atasi se uso po 'o ni uō, e suamalie mea'ai, 'ae 'ā 'a'ai fa'atasi se uō ma sona fili, e matuā 'o'ona mea'ai. E pei lā 'o le 'a'ai fa'atasi o Iesū ma Iuta. E 'ai le gutu o Iuta, 'ae fea'a vae. 'Ua tolu tausaga o fuafua le telē o le a'a a Iuta i se itūaso talafeagai. 'O le mea tonu lava lea e ta'u 'o le "uō, uō foa." 'O lea 'ua 'o'ona mea'ai a Iesū 'auā 'ua 'ai ma le foa. E ui lava lā ina lē tīgāina le tino o Iesū i le a'a a Iuta, 'ae na matuā tīgā lona finagalo i uiga pepelo o Iuta. E lē gata 'i 'upu fa'alata sā fa'amalie ai fa'amasino ma tagata tau, 'a 'o lana kisi pepelo iā Iesū. Pe se tama a ai Iuta? Matuā lē mīgao! 'Ua moni ai le fetu'u a Iesū, "E sili pe 'ana lē fānau mai."

'Ua moni ai fo'i le fa'a'upuga a Ieremia lea e fai ma matua e fa'apea: "'O laulaufaiva o tagata 'Isaraelu e pei o ū fānafana e oti ai. E ta'ito'atasi ma tautala fīlēmū i lona uso ma lana uō, 'a 'o lona loto 'ua taulāmalama iā te ia."

Le 'au uso e, tasi lea vāivaiga fa'atagataola, 'olo'o tātou lavea ai fo'i. 'O le 'ese o 'upu mālie e fai mai i luma, 'ae ese 'upu e taupulepule i tua. 'O le mea lenā e ta'u 'o le laugutu i 'aute; 'o se mea e mata'utia le matuitui 'ae sā'iligatā sona togafiti. Peita'i, 'o le 'auala 'ua fa'asino mai e Iesū i lenei tausaga, 'o le 'alo 'ese i le taulāmalama ma le taufa'alata, 'a 'ia maua le ola salamōina ma le fefa'auōa'i.

E tasi le mea, le 'autalavou e, 'ia 'outou 'alo 'ese ma āmio taufa'alata (bribery) ma le taulāmalama i mea e fa'aleaga ai lou uso a tagata, 'auā 'o āmio nā e māfua ai le fai "gang" ma le pule i le ola. 'Aua le fa'alataina Iesū i mea e fai, pe 'e te māfaufau 'e te a'a i ou mātua ma le faife'au, ne'i te'i 'ua fetu'u oe 'i ni 'upu mātuiā ma le fologatā e pei 'o le fetu'u na fai 'iā Iuta. "E sili pe 'ana lē fānau mai." Po 'o le fa'apea fo'i, "E sili pe 'ā nonoa se ma'aolo i le ua ma lafoa'i i moana." 'Āfai e fa'amālaia fa'apea tātou, 'ua fa'aleaga 'ātoa le "history" o o tātou 'āiga

Tātou tu'u 'ese lā le fa'a'umi o le igoa o Iuta, 'o Iuta le Sekara, 'ae fa'aigoa 'o Iuta le Fa'alata ma le Taufea'a. 'O le taufea'a, 'o le āmio fa'ameaola, tulou. 'O le ala lea na fetalai ai Iesū iā Paulo i le ala i Tamaseko, "Paulo, e faigatā iā te 'oe 'ona 'e a'a i tui." Na māfua ona fai lea 'upu a Iesū 'auā sā fai se'evae o povi e iai mea matuitui e solisoli ai togāsaito ma togāvine a tagata Iutaia i Sasa'e Tūtotonu. 'Ā ita lā le povi ona a'a lea 'o le faifa'ato'aga i lona se'evae. 'Ae 'āfai tu'ugasolofanua ona fai lea o se'evae o le jockey. 'Ā telegese le solofanua ona a'a lea o lona tino i le tui 'ia ita ai ma tamo'e televave.

Tamaiti e, 'aua ne'i fa'alatalata i meaola taufea'a ne'i e lavea i se tui. 'O Sātani, 'o le meaola tau fa'alata ma taufea'a. 'Ā moto lou iloa o Iesū, e tasi lava le a'a a Sātani iā te 'oe, e pa'ū taliaga. 'O ai lā lenā 'e te fa'alata ma 'e lāmalama leaga i ai i lenei vāiaso?

Le 'au ūso e, 'aua lava, 'auā 'o le fua 'e te fuaina atu, e toe fua mai iā te 'oe. 'Aua le fa'alataina Iesū, 'ae fa'alatalata 'i ai e fai ma au uō. Tātou tatalo i le Atua e 'ave'ese le ola taufa'alata ma le taulāmalama i o tātou ōlaga i lenei tausaga fou.

'Ae 'avea ia lenei āvanoa 'ou te fa'afetai tele ai i la tātou 'aulotu, 'aemaise lau Susuga a le fa'afeagaiga ma lou faletua i le tausiga o le gāluega. Fa'afetai i le 'aufaipese, le faipese ma le fua taimi. 'Ave atu pea e le Atua lē 'o lelei ma loto lelei e fai ai le gāluega.

Fa'afetai fo'i i le autalavou ma le ā'oga Aso Sā, 'ona 'o le tausisia pea o 'outou tiute. Fa'afetai i le Māfutaga a Tinā 'ona 'o atina'e 'olo'o fai i le loto tetele. Fa'afetai i matāfale gālulue ma le 'au fesoasoani, 'ona 'o le gālulue fa'atasi; 'olo'o fa'aolaola ai pea le gāluega fa'amisionare i totonu o lo tātou lotoifale. 'Aua tātou te va'ava'ai laumata ma tusitusilima po 'o ai e tele, 'a 'o ai e la'itiiti ana mea e fai; 'ae galue lava le tagata ia mo le Ali'i; 'auā 'ua fetalai Iesū, "E lē pa'ū fua lou tou āfu." 'Ia manuia la tātou faigāmalaga i lenei tausaga fou. Soifua.

7. Māfaufauga mo le Leni (Lent)
Tusi Faitau: Hosea 2: 1 – 7
Matua Hosea 2: 1
"'Ia 'outou fa'apea atu i o 'outou uso, "'Āma e!' 'Ia fa'apea atu fo'i i o 'outou tuafāfine, "Ruāma e!"
'Ua tātou āga'i atu i le vāitausaga fa'akerisiano 'o le Leni (Lent). 'O le vāitau e māfaufau loloto ai ma le fa'aeteete le 'Ekālēsia Kerisiano i puapuagā o Iesū Keriso, e pei ona tu'uina mai māfaufauga fa'aleagāga i le tusi faitauaso (IBRA), mo vāiaso e lima mo le 'Ekālēsia Sāmoa e talatalanoa ai e uiga 'i le Atua.

'I le 'āmataga o nei talanoaga po 'o māfaufauga fa'aleagāga, 'ua toe fa'atepa ai le 'Ekālēsia Sāmoa i le tala lauiloa 'o le 700 – 800 LM, 'a 'o lumana'i le Mesia. 'O le vāitaimi tonu lenei na matuā iloga ai le gāluega fa'aperofeta a 'Amosa, Hosea, 'Isaia ma Mika. 'A 'o le tala 'ua 'ou filifilia ma tāula'i i ai se māfaufauga, 'o le gāluega a le perofeta 'o Hosea.

'O le igoa Hosea, e sau mai le 'upu 'Eperu 'o le "Yeshuah" Hosea; 'o lona uiga, e fa'aola mai e Ieova. 'O le a'a fo'i lea o le 'upu na māfua ai ona fa'aigoa le tama na fānau i 'Aikupito e igoa 'iā Iosua. 'O le tama na taumulimuli 'iā Mose. 'O le uiga o le igoa Iosua, 'o le fa'aolataga mai 'iā Ieova.

'Ina 'ua 'auina ifo le agelu a le Atua 'o Kapelielu 'iā Māria le tāupou Nasareta, na ia fa'apea atu, "Mārīa e, 'aua 'e te fefe, 'auā 'ua alofaina mai 'oe e le Atua. Fa'auta fo'i, 'ole'ā tō 'oe ma 'e fanauina se tama tāne, 'e te fa'aigoa fo'i iā te ia 'o Yeshuah, Iesū, 'auā e fa'aola e ia lona nu'u."

'O Hosea, 'o le fa'aolataga mai iā Iaue, 'o Ieova, 'o le Ali'i. 'I le matā'upu e lua o le tusi a Hosea, sā feagai ai le perofeta ma āmio fa'apaupau a le nu'u o 'Isaraelu; 'ae na usu Hosea 'iā

Komeri, le fafine fa'apaupau, fg 'o le tama tāne na fa'aigoa 'iā Isereelu. Na māfua mai lea igoa i le ata o le fai fa'ato'aga 'olo'o lūlū fatu saito i le 'ele'ele ma totō fatu o lā'au. 'O le uiga o lea 'upu 'Eperu o le Isereelu, 'ua totōina e le Ali'i.

E fa'apēnā le totōina e le Atua 'o lona nu'u 'o 'Isaraelu; le nu'u na totō ma fa'asūsū e le Ali'i; sā lāvea'ina e le Ali'i; sā tausia ma fa'aolaina e le Ali'i; sā agalelei ma fa'amāoni 'i ai le Ali'i i lona nu'u; 'a 'o lea 'ua ō 'ese ma le Atua, ma fai āmio fa'apaupau pei 'o Komeri.

Na toe fānau fo'i e Hosea mai 'iā Komeri le afafine, na fa'aigoa 'iā Loruama. 'O le uiga o lea 'upu Loruama, 'ou te lē alofa atu i 'i le 'āiga o 'Isaraelu. Na toe fa'ae'e fo'i le gafa, 'o le isi teine. Fai mai le afioga mai le Ali'i, "Ia fa'aigoa le teine lenā 'iā Loama." 'O le uiga o lea 'upu, "E lē so'u nu'u 'outou; e lē 'o a'u so 'outou Atua." 'Olo'o tūsia i le 'Esoto fa'apea, na ōsia le feagaiga a le Atua ma 'Isaraelu i le mauga o Sinai, "'O a'u 'o lo 'outou Atua. 'O 'outou 'o lo'u nu'u, 'a 'o lea 'ua Loama le feagaiga." E fuā fo'i le Atua 'ia ma ita. E ui 'i lea na lagona mālie ifo lava e Hosea i lona atamai ma lona fa'atuatua, puapuagā na feagai ma ia; 'a 'o le alofa fa'avalea o le Atua, le alofa taumulimuli, le alofa fa'atalitali o le Atua i lona nu'u, e lē mavae, 'auā 'o lana mānamea, ma 'o ona lava tagata.

'Ona 'ua fāi ifo le mālosi o Hosea i le fa'afeagai ma ona māfatiaga i āmio a le nu'u, na ala ai ona fa'aigoa lona afafine 'iā Loama, 'o lona uiga "'ou te lē toe alofa atu i le 'āiga o Isaraelu." Na toe ina leai se 'onosa'i o Hosea; na toetoe fo'i ina te'a 'ese lona agāga fa'aleatua, 'o le fa'apalepale; lea na sā'i ai ma fa'aigoa le teine 'iā Loama. E lē so'u nu'u 'outou.

'A 'o tuputupu a'e Loama i totonu o le 'āiga, sā va'ava'ai pea le perofeta i le taunu'uga o le ita ma le fuā o le Atua. 'Ua taui mai e 'Isaraelu le alofa o le Atua 'i le 'ino'ino ma le agaleaga; na toetoe ai lava 'ā tōfatumoanaina. 'Ai lava na iloa e Peri le tamā o Hosea, e tūlaga 'ese lea tama, na ia fa'aigoa ai lona atali'i 'iā Hosea - 'o le fa'aolataga mai iā Ieova.

'I totonu o puapuagā o Hosea, na ia lagona ai lona fa'alumaina, lona tautalagia ma lona fa'asinosinomia e tagata. 'O lea na lototele ai ma tautala mai i tagata i 'upu a le poto ma le atamai o le Atua fa'apea: "'Ia 'outou fa'apea atu i o 'outou uso, 'Āma e! 'Ia fa'apea atu fo'i i o 'outou tuafāfine, Ruāma e!"

'O puapuagā o le si'osi'omaga ma le ōlaga puapuagā o le tagata i le 'āiga, 'aemaise māfatiaga o aso fai so'o, tātou te fa'apea ifo ai lava i lo tātou mālosi fa'aletagata, "'Ua lava lea, 'ua 'uma, Loama ia. "Ou te lē toe alofa iā te 'oe; 'ua 'uma 'oe ma a'u; 'ua 'uma lava."

Fai mai le afioga molimoli mo le 'Ekālēsia Sāmoa mai le va'aiga fa'aperofeta a Hosea i le fa'aolataga mai le Ali'i, "'Ia 'outou fa'apea atu i o 'outou tuafāfine i le 'upu 'Eperu, Ruāma e! 'Ua 'ou alofa atu iā te 'oe; 'ua alu atu 'uma lo'u loto ma lo'u agāga 'ātoa ma lo'u alofa iā te oe; 'o 'oe o lo'u nu'u; 'o la'u mānamea 'oe. E lē mavae lo'u alofa iā te 'oe.

'A 'o fīnauina i se taimi o le 2004 le ata, "The Passion of the Christ," i le fa'aliliuina o puapuagā o le Fa'aola ma lona tino momomo māsaesae ma lona toto maligi, 'ole'ā tūmau ai pea e fa'avavau mo tupulaga 'uma o nei, ma 'ā tāeao le 'upu a Kaperielu 'iā Māria: "E te fa'aigoa 'iā te ia 'o Iesū, 'auā e fa'aola e ia lona nu'u." 'O ia na fetalai, 'o lo'u tino lenei 'ua tofitofi mo 'outou. 'O le ipu lenei o le feagaiga fou lea i lo'u toto. 'O le toto 'ua fa'amaligiina mo le fa'amāgaloina o agasala a le lalolagi. 'Āmene

Rev. Elder Iosia 'Evile F/T/F
Fa'afeagaiga 'Ekālēsia Mililani Hawaii

8. 'O le Fīlēmū o le Atua
     Tusi Faitau: Feagaiga Tuai - Salāmo 133: 1-3
                     Feagaiga Fou – Gāluega 1: 3-11
  Matua: Gāluega 1: 7-8
  "E lē tusa ona 'outou iloa o onapō ma ona tausaga, 'ua tu'u e
  le Tamā i lana lava pule. 'Ae peita'i, 'ole'a maua e 'outou le
  mana, pe 'ā afio ifo le Agāga Pa'ia i luga iā te 'outou; e fai foi
   'outou ma molimau iā te a'u 'i Ierusalema, ma Iutaia 'uma lava,
   ma Samaria, e o'o lava i tuluiga o le lalolagi."
  Manatu 'Autū:
  Agāga Pa'īa e, 'ia 'e fa'atasia 'imātou i Lou Fīlēmū.

    'O le ā 'ea le uiga o le fīlēmū? 'A 'o le ā 'ea sona fa'atinoga? 'Ua fai mai ni isi; 'o le fīlēmū, 'o le leai lea 'o se vevesi; 'o se taimi 'ua lē 'o toe lagona ai se tīgā; 'o le fīlēmū; 'o le leai 'o se pisapisaō; 'a 'ua to'amālie mea 'uma; 'ua leai se tūlaga e toe gāsē; 'ua fīlēmū tūlaga 'uma o le soifuaga.

    'Ātonu 'o se fesili fa'apēnā, sā taumafai e le 'au so'o o Iesū ona sā'ili se tali. 'O lea 'ua te'a atu tīgā sā fa'afeagai ma Iesū. 'Ua mou mālie atu fo'i vevesiga sā o'o i le 'au so'o 'a 'o fetaia'i Iesū ma ona puapuagā; se'ia tau atu i lona maliu. 'O taimi o le lē mautonu ma taimi sā lē maua ai se to'amālie ma se fīlēmū.

    Peita'i, 'o lenei 'ua lātou toe māfuta. 'Ua toe feso'ota'i Iesū ma ona so'o 'ae le'i toe afio a'e i le lagi; ma 'ua lātou talatalanoa i matā'upu e fa'atatau i le mālō o le Atua. Fai mai e 40 pō sā fa'afesāga'i ai Iesū ma ona so'o; sā lātou fa'alogologo i le mātagōfie ma le mānaia o fa'amatalaga a Iesū e fa'atatau i lona mālō; ma, e ui ina lē 'o fa'amatala mai e le tusitala o Gāluega le loloto na o'o i ai sāunoaga a Iesū i lona 'au so'o, e uiga 'i le mālō o le Atua, 'ae e mafai ona tātou fa'apea ane, 'o le mālō o le Atua 'o se nōfoaga 'ole'ā lē toe maua ai ni vevesiga. 'O le mālō 'ole'ā lē toe iai se pisapisaō ma lē toe maua ai ni fa'afītāuli. 'Ai lava 'o le māfua'aga tonu lea na fesili ai le 'au so'o 'iā Iesū, "Le Alī'i e, 'o onapō nei 'ea 'e te toe fuata'i mai ai le mālō 'iā Isaraelu?" Sala lā ina fesili le 'au so'o, 'auā fo'i 'o lea 'ua lātou fa'alogologo i molimau mātagōfie a Iesū i le mālō o le Atua. 'O ai sē e lē fia 'auai?

    'Ua autausagā 'o nofo kolone 'Isaraelu i nisi o mālō mālolosi; mai le tāfeaga i Papelonia, e o'o mai iā Kuresa le tupu o Peresia, se'ia o'o mai lava iā 'Alesana le Sili; ma 'o lea fo'i 'olo'o pūlea e le mālō o Roma o lātou tagata ma o lātou laufanua. 'O lea lā 'ua fia mapu mai i le nofo pologa 'ua leva ona tau'ave; ma 'ua fesili ai 'iā Iesū 'ona 'ua fia maua se fīlēmū. "Le Alī'i e, 'o onapō nei 'ea 'e te toe fuata'i ai le mālō 'iā 'Isaraelu?"

    'A 'o le ā le tali a Iesū? "E lē tusa ona 'outou iloa 'o onapō ma ona tausaga, 'ua tu'u e le Tamā i lana lava pule."

    i)   'O le Pule a le Atua.
    E lē ta'umateina lo tātou ōlaga e vevesi. 'O le lalolagi fo'i e tūmau i le pisapisaō 'ona 'o le agasala. 'A 'ia tātou loto tetele. 'Olo'o pūlea pea e le Atua mea 'uma lava i lona agalelei tele ma lona alofa tūnoa. E pei ona molimau Ioane, "'Ua pupula mai fo'i le mālamalama i le pōuliuli, 'ae le'i mānumālō ai le pōuliuli." E molimau si o tātou atunu'u i ni isi o fuaitau tāua: "E lē pō pea se nu'u. E iai le tāeao fou e toe oso a'e ai le lā."

E molimau fo'i la tātou 'Ekālēsia i lea tūlaga; ona sā iai taimi sā tauvevesi ai le 'Ekālēsia i ni isi o matā'upu na ali a'e. Sā fefulisa'i fa'alā'au mamafa le tōfāla'iga. Sā le'i faigōfie le fetu'utu'una'iga o le utaga loloto, ma tātou taumate i le 'ete pe tua ma ni ā?

Peita'i ane, e mānumalō pea le pule a le Atua, 'ua toe maua ai le to'amālie ma le fīlēmū. E 'avatu ai le fa'amālō ma le fa'afetai i le pa'ia 'o le 'Ekālēsia i ona tūlaga fa'alupeina, 'ona 'o le tōfā sā'ili i le Atua, 'aemaise 'o le utaga fetāla'i, 'ua mānumalō ai le pule a le Atua.

ii)   'O le Pule a le Atua na 'auina mai ai lona Mana
"'Ae peita'i, 'ole'ā maua e 'outou le Mana..."
E mo'omia tele e 'itātou le mana 'o le Atua; ona, e lē gata 'ina 'ia fa'aauau ai pea le pule a le Atua i le 'Ekālēsia, 'ae, 'ina 'ia tau tāofiofi ai fo'i le fiapule o le tagata i le 'Ekālēsia; 'auā fo'i 'o le 'Ekālēsia, 'o le 'Ekālēsia a le Atua; 'a 'o Iesū Keriso, 'o le Ao o le 'Ekālēsia. E lē 'o se 'Ekālēsia a Pai ma Lāfai. E lē 'o se mea tōtino a se tagata, po 'o se fa'alāpotopotoga. 'A 'o le popōlega lēnā; 'ina ne'i taumafai 'itātou e ta'ita'i le 'Ekālēsia i o tātou lagona, ma o tātou mālosi fa'aletagata, 'ae galo ai le pule a le Atua. 'O le mea tonu lenā na tupu iā 'Anania ma Sāfaira e pei ona tūsia i le Gāluega M5. 'Ua lā taumafai e fa'aau mai la lā pule i le mea e lē tatau ona au 'i ai. 'O lea na fa'asala i le oti, 'ona 'ua lā pelogia le Atua.

Le 'au pēle e, 'ia tātou taumafai e 'alo 'ese mai lea tūlaga, ona e lē i'u lelei. 'O 'itātou 'o le 'aufaigāluega fa'atasi ma le Atua, tātou te fa'atinoina lona finagalo

iii)   'O le Mana, 'ina 'ia gālulue fa'atasi
"'O le a maua e 'outou le mana, pe 'ā afio ifo le Agāga Paia i luga iā te 'outou." 'O le molimau mautū lea a le 'Ekālēsia Kerisiano: 'ina 'ia gālulue fa'atasi. 'Ai lava 'o le uiga lenā o le sāunoaga a Iesū fa'apea, "'Ole'ā maua e 'outou le mana...." E le'i patino na'o le 'au so'o, 'auā sā 'auai ma ni isi o 'ilātou o ē 'ua fa'atuatua iā Iesū: 'o tinā; 'o taulele'a; 'o tagata 'ese; fa'atasi ma le to'atele o ni isi sā iai.

E fa'apēnā fo'i 'itātou 'o le 'Ekālēsia, 'auā 'o le 'Ekālēsia e lē na'o faife'au, po 'o a'oa'o fesoasoani; 'o le 'Ekālēsia e lē na'o le 'aufaipese, po 'o le māfutaga a tinā, po 'o le 'autalavou. 'O le 'Ekālēsia e aofia ai tagata 'uma: e pei o faife'au, a'oa'o, ti'ākono, tinā, tupulaga talavou, tamaiti, fa'atasi ma ni isi o vāega tetele'o le 'au fa'atuatua. 'O le fa'amoemoe, 'ina 'ia tātou gālulue fa'atasi, pulupulu lima fa'atasi e māmā ai se 'āvega, 'ina 'ia tātou lagona fa'atasi ai le fīlēmū.

'O Iesū Keriso lava, na sā'ili mai i le tagata agasala, 'ina 'ia sa'oloto mai i le vevesi o le agasala. Na sā'ili mai e ala i lona soifua mamā ma le 'ātoatoa; na ofoina mai 'ina 'ia maliu tīgā i luga o le sātauro, ma tanumia i le tu'ugamau.

Peita'i, na toetū mānumalō mai le tu'ugamau ma le oti. 'Ua toe afio a'e i le lagi, 'ae 'auina mai lona Agāga Pa'īa e fa'amanaina o tātou tagata tātou te gālulue felagolagoma'i ai, ma tātou tūtūmau ai i lona fīlēmū moni.

Le 'au ūso e, 'o le ā lā le uiga o le fīlēmū pe 'āfai tātou te tūmau pea i uiga vevesi o le ōlaga; ma tūmau fo'i le pisapisaō o le lalolagi agasala? 'O le fīlēmū moni, 'o le pūlea lea e le Atua o tātou tagata ta'ito'atasi. 'O le fīlēmū moni, 'o le pūlea lea e le Atua 'itātou o le 'Ekālēsia, 'ina 'ia tātou gālulue fa'atasi ai mo le fa'atinoga o lona finagalo; 'ae lē 'o tātou loto.

'Ātonu 'o le tūlaga fo'i lea na molimau ai le Salāmo 133, "Faauta, 'o le mea e matuā lelei ma le mātagōfie, pe 'ā nonofo faatasi lava o uso..." E lē 'o se tama'i lelei; 'o le matuā lelei lava pe 'ā tātou gālulue fa'atasi. 'Ua fa'atusaina lea i le suāu'u lelei 'ua fa'au'uina ai lana 'au'auna.

'O lea fo'i 'ua fa'au'uina ai 'itātou o lana 'Ekālēsia i lona mana, 'ina 'ia tātou gālulue fa'atasi, gālulue punoua'i, ma 'ia tātou gālulue ma le lē fa'alogologotīgā. 'Ia tātou finafīnau mo le mea sili 'ina 'ia tātou lagona fa'atasi ai lona fīlēmū.

"Agāga Pa'īa e, 'ia 'e fa'atasia 'imātou i lou Fīlēmū." 'Āmene.

Susuga Fuamaila Soa, Jr. F/S
Waimanalo, Hawai'i
Fonotele i Mālua 2004

GĀLUEGA FAUTUAINA

Gālulue i Kulupu

1. Fa'avasega mea tāua ma 'ese'esega o le faiga o le Mālō o le Fua ma le Mālō Tūto'atasi e 'āmata mai i le 1900 e o'o mai i le taimi nei.

2. Fa'amatala uiga o 'upu ia fa'alemālō i le gagana Sāmoa:
    a) Treaty of Berlin
    e) Emissary
    i) Treaty of Friendship
    o) USS Abranda
    u) Deed of Cession
    f) Executive statements
    g) Bingham Commission
    l) Independence State
    m) Teritory of American Sāmoa

3. Su'e 'uma igoa o Kōvana o le mālō o le Fua o 'Amerika ma Pālemia o le Sāmoa Tūto'atasi.

4. 'O ā ni 'ese'esega o le Fa'amatai a 'Amerika Sāmoa ma Sāmoa Tūto'atasi?

5. 'Aiseā e faigōfie ai feso'ota'iga a mālō e lua o Sāmoa? Talanoa i ona fa'atusatusaga.

6. 'O ā ni aogā o lea mea 'o le Fa'amatai i tagata Sāmoa.

7. Fa'asoa su'esu'ega a kulupu ta'itasi i isi kulupu

Iunite VI
'O Faigāmālō ma le Talalelei

ILOILOGA O TOMAI

Vāega I - Tali fesili nei

1. 'O ai na 'āmataina āiaiga o le Mālō Tūto'atasi o Sāmoa?

2. 'O le ā se faiga a Sāmoa na ala ai ona tu'umuli 'ese vave le Mālō o Niu Sila?

3. Fa'amatala sau va'aiga i le fa'amanatuga o le aso o le Mālō Tūto'atasi o Sāmoa.

4. 'E te iloa 'ua fia nei tausaga talu ona fa'avae le Mālō o Sāmoa?

5. Se'i fa'asolo mai le nofoa'iga a pālemia o le mālō.

6. Fa'asolo mai tulagātofi o le Mālō Tuto'atasi o Sāmoa ma le Mālō 'Amerika Sāmoa.

7. Se'i fa'amatala mai le uiga o le mālō fa'ateritori o 'Amerika Sāmoa.

8. 'Ā malaga fa'atasi le Pālemia o Sāmoa ma le Kōvana Sili o 'Amerika Sāmoa i le fale pa'epa'e, 'o ai o lā'ua e fono ma le Peresetene o le USA?

9. E fa'apēfea ona fesoasoani le Fa'amatai i le Talalelei?

10. Pe mata e tatau ona fai se Fa'amatai i nu'u i fafo?

11. 'O le ā se 'ese'esega o le Mālō o Sāmoa i Sasa'e ma le Mālō i Sisifo i mea tau tāpua'iga?

12. Se'i fa'amatala mai ni mea 'ua 'e iloa i le tala'iga 'o le Talalelei i Tutuila ma Manu'a.

13. 'O ai le mālō o Sāmoa 'e te fia fai mālō 'i ai? 'O ā ni au māfua'aga lelei?

14. E iai ni 'ese'esega o aganu'u a Sāmoa ma lana gagana i motu 'ese'ese o le atunu'u?

15. 'O ā ni māfua'aga tatau na ala ai ona 'ave'ese le 'upu Sisifo mai le Mālō o Sāmoa?

16. 'Ua 'ese'ese 'aiseā lagona o Sāmoa i matai tamāloloa ma matai fafine i le Fa'asāmoa?

FA'ALEOGA MA FA'AUIGAGA O 'UPU

'Upu	Uiga
ātagia	aliali ai fōliga
āvaga	sola le tōfā manino
'atoaga	'ua 'ātoa numera 'o se faitauga
'Aliamānaia	tamāli'i Anoama'a
'Apisaloma	atali'i o Tāvita
agasala	aga 'ua sala pe sesē
āiaiga	tonu o mea e fai
ao so'ofa'atasi	ao po 'o tupu e to'alua lā te pūlea le mālō i le taimi e tasi
'āigailetai	motu i le talafātai
āfuaga	'āmataga
'Efeso	nu'u i Middle East po 'o 'Āsia itiiti
'ioega	māliliega
ipu omea	'o le ipu e fau i le omea po 'o le 'ele
osoosoga	tutupu lagona
ulusinā	'ua sinapapa'e lauulu
'u'umau	tāofia 'ia mau i lima
fa'ateritori	mālō fa'alemotu
fegalegalea'i	feōa'i ma fiafia fa'atasi
faigā'ekālēsia	taupūlega fa'alotu
fiailoa	mana'o 'ia lauiloa ia
fenumia'i	'ua lē mālamalama
fa'akolone	faiga fa'ato'ilalo mālō
fa'akerisiano	faiga fa'akeriso
fenāmua'i	manogi 'ese'ese
fotua'i	'o le a o'o mai
fa'amatuaofaivaina	fua a le kāmuta
fa'afualoa	fa'a'umi'umi le ola
fa'atuatua	talitonu ma fa'amoemoe i mea lē va'aia
feitaga'i	taua'i loto, fe'ino'inoa'i
fetaia'i	fetaui
feāsogi	kisi
fuata'iina	toe fotua'i se uiga fou
felafoa'iina	tafea solo
fefa'amāgaloa'i	fa'amāgalo ma alofa le isi i le isi
fāumālō	fiapoto, mana'o lava 'ia mālō
fofō	togafiti
fevāevaea'i	fe'ese'esea'i
femālamalamaa'i	taufai iloa 'uma se mea
fa'alata	lāmalama leaga

fa'amālūlū	fa'amalie loto
fa'amanitete	tausi e le isi mālō i le fa'amalumaluga a le isi mālō
fa'aauau	tau'ave pea
fālōlō	tau autilo
fa'avavau	i'uga o le ōlaga
gase	oti pe mate
gāfagafa	fuafua (measure)
lima ta'ita'iina	ta'ita'i solo pei se tamaitiiti
lololo	ga'oa
lauolaola	tupu tālaulau
lotoā	'o fanua 'ua si'omia
lautusi	itūlau o le tusi
leleiga	fa'alelei se misa
lāfoga	tupe lafo mo le mālō
lotonu'u	alofa i le atunu'u
League of Nations	Mālō 'Aufa'atasi
lē mīgao	lē popoi
lailoa	gasegase, tīgāina
meleniuma fou	'āmataga o lona afe o tausaga
mātalasi	'ua lasi le va'aiga
moso'oi ma laga'ali	o fugālā'au manogi
malie ō	fa'amālō, lotomalie
mo'omo'o	māna'ona'o
māsalosalo	lē mautonu
Matā'afa	tama a 'āiga
Mau	tete'e (Samoan League)
mitiafu pa'epa'e	'ofu lanu pa'epa'e
masa'a	to'esea
Mālietoa Tanumafili II	Ao o le Mālō o Sāmoa
Nonumaifele	tamāli'i Faleālili
Nātanielu	so'o o Iesū
Nāmulau'ulu	tulāfale Fa'asālele'aga
pule'aga	pulega o se vāega o tagata
paleali'i	pale o le ali'i
pu'eomanū	manuia 'ua maua
pu'eomala	mālaia 'ua fetaia'i
pāvaeloto	'aupā e vaelua ai se nu'u
popo	fua matua o le niu
perepesite	pālota fa'alaua'itele i le atunu'u 'ātoa
pulufana	'o pulu o le fana
Puleono	fa'alagiga o Savai'i
Sasala	salalau le manogi
sea ma le asi	'o fugālā'au manogi
sigano	fugālā'au o le fala su'i'ula
Salāmo	tusi a Tāvita

so'ona fitivale	lē fīlēmū
ta'avao	salalau solo i le vao
tōfā mamao	finagalo tāua
tūto'atasi	'ua lē fa'alagolago i se isi
Talalelei	tala fiafia i le fa'aolataga a Iesū
tu'inanau	mana'o lasi
tōfā sā'ili	manatu o su'esu'ega
Tulifaunaso'o	sa'o tama'ita'i
tai o malolo	taimi e a'e ai malolo ('o le i'a)
Tinilau	tamāli'i o Savavau
tautulu	tafe mai
tuāvao	vaomatua
tāfeaga	tutuli 'ese mai le atunu'u
tūlāgāmamalu	vāega 'ese'ese o mamalu ma pa'ia
tālafātai	gātaifale
taufa'afefe	fa'amata'u
Tūmua	fa'alagiga o 'Upolu
tafa'ifā	pa'ia ma mamalu i itū e fā
vilivili lalo	e lē 'o manino mai se matā'upu, e pei ona vili peau 'o le sami
Kaisa	ta'ita'i o le mālō o Siāmani
Kagekelī	'ie māfiafia 'ae lanumoana pāuli

'IA VĪ'IA LE ALI'I

Tātou pepese fa'atasi e vi'ia ai le Ali'i 'ona 'o lona agalelei mo lenei gāluega tele i le pese māsani a le Metotisi: "E lelei, e lelei le Ali'i."

1
'Ā pei se vaitafe le fifilēmū
Pe lūtia nei i le sou
I le ōlaga nei, 'ou te molimau pea
E lelei, E lelei le Ali'i.

Tali
E lelei, E lelei le Ali'i
'Ā tau mai Sātani i lona sāuā
'Ou te lē to'ilalo 'i ai
'Ou te pi'imau pea 'iā Iesū le Ali'i
'O ia 'ou te mālosi ai.
E lelei, E lelei le Ali'i

2
'O lona sātauro ma lona maliu
E maua ai le ola tūmau
Le toto na tafe i lona itū
E ola ai e fa'avavau.
E lelei, E lelei le Ali'i

3
E fia fōa'i le ōlaga nei
Ma lona mālosi lelei
'Ia fai ma tāulaga ia vī'ia ai
Le Ali'i alofa lenei.
E lelei, E lelei le Ali'i

REFERENCES

Henry, Brother Fred. 1979. Talafa'asolopito o Sāmoa. Apia: Commercial Printers.

Kramer, Dr. Augustin (English translation). 1994. The Samoan Islands, Volume I and II. Auckland: Pasifika Press.

Mailo, S.P. 1972. Palefuiono Parts I and II. Pago Pago, American Sāmoa.

Lefale, Tavita P. FSN. n.d.. Na fa'apēfea ona maua le Tusi Pa'ia? EFKS Gagaifo Uta Lefaga. Malua: Malua Printing Press.

Mayer, J. F. 1976. Samoan Language. Apia: United States Peace Corps.

Mano'o, Auimatagi Fa'asalaia'i. n.d. 'O lou Ala i Mālō, Le'uo Avataeao Kato. Auckland: Pasifika Press.

Milner, George Bertram. 1966. Samoan Dictionary. Auckland: Pasifika Press.

Murdock, George T. 1965. 'O le Vā Feāloa'i. Pesega (Apia): Church of Jesus Christ of Latter-Day Saints.

National Education Association (NEA). 2001. Thought Action. Volume VII, Number I, Summer.

Schultz, Dr. E. 1980. Samoan Proverbial Expressions. Auckland: Pasifika Press.

Simanu, 'Aumua Mata'itusi. 2002. 'O si manu a ali'i. Auckland: Pasifika Press.

Tiatia Faleatua ma Tatupu. 1985. Tusi Fa'alupega o Sāmoa 'Ātoa. Patea Vaili ed. Apia: Methodist Printing Press.

Tofaeono, Tanuvasa Tavale. 1995. Velevelegātupua. Auckland: Pasifika Press.

Tofaeono, Tanuvasa Tavale. 1994. Tusiga Solo. Auckland: Auckland University Press.

Tamasese, Tupua. 1989. Ia fa'agāganaina 'Oe e le Atua Fetalai. Apia: Commercial Printing Press.

United Bible Society. 1985. 'O le Tusi Pa'ia: Feagaiga Tuai ma le Feagaiga Fou. Suva: Bible Society of the South Pacific.

MATERIALS FOR FURTHER STUDY

ALLARDICE, R. W. 1985. A simplified dictionary of modern Samoan. Auckland: Polynesian Press.

AMOSA, MAULOLO LEAULA T. UELESE. 1999. O le Fausaga o lauga Samoa. Vaega I. Apia: National University of Samoa.

BUCK, SIR PETER. 1930. Samoan material culture. Honolulu: Bernice Pauahi Bishop Museum Bulletin, no. 75.

BUSE, J. E. 1961. Two Samoan ceremonial speeches. Bulletin of the School of Oriental and African Studies 24.104-15.

COOK, KENNETH WILLIAM. 1978. The mysterious Samoan transitive suffix. Proceedings of the Fourth Annual Meeting of the Berkeley Linguistic Society. Berkeley: Berkeley Linguistic Society. 53-66.

COOK, KENNETH WILLIAM. 1988. A cognitive analysis of grammatical relations, case, and transitivity in Samoan. University of California, San Diego Ph.D. dissertation.

COOK, KENNETH WILLIAM. 1991. The search for subject in Samoan. Currents in Pacific linguistics: Papers in honour of George W. Grace, ed. by Robert Blust, 77-98. Pacific Linguistics, C-17. Canberra: The Australian National University.

CHURCHWARD, SPENCER. 1926. A new Samoan grammar. Melbourne: Spectator Publishing Co.

DOWNS, EVELYN. 1942. Everyday Samoan. Devonport, New Zealand: The North Shore Gazette Ltd.

DURANTI, ALESSANDRO. 1981. Speechmaking and the organization of discourse in a Samoan *fono*. Journal of the Polynesian Society 90:357-400.

DURANTI, ALESSANDRO. 1981. The fono: A Samoan speech event. University of Southern California Ph.D. dissertation.

DURANTI, ALESSANDRO. 1981. The Samoan fono: A sociolinguistic study. Pacific Linguistics Series B, no. 80. Canberra: The Australian National University.

DURANTI, ALESSANDRO. 1984. *Lauga* and *talanoa*: Structure and variation in the language of a Samoan speech event. Dangerous words: Language and politics in the Pacific, ed. by D. Brenneis and F. Meyers, 217-37. New York: New York University Press.

DURANTI, ALESSANDRO. 1990. Politics and grammar: agency in Samoan political discourse. American Ethnologist 17.646-66.

DURANTI, ALESSANDRO. 1992. Language in context and language as context: the Samoan respect vocabulary. Rethinking context, language as an interactive phenomenon, ed. by

Alessandro Duranti and Charles Goodwin, 77-99. Cambridge: Cambridge University Press.

DURANTI, ALESSANDRO. 1994. From grammar to politics: Linguistic anthropology in a Western Samoa village. Berkeley: University of California Press.

DURANTI, ALESSANDRO AND ELINOR OCHS. 1986. Literacy instruction in a Samoan village. The acquisition of literacy: Ethnographic perspectives, ed. by Bambi Schieffelin and Perry Gilmore. Vol. 21 in the series Advances in discourse processes, ed. by Roy O. Freedle, 213-32. Norwood, New Jersey: Ablex Publishing Corporation.

EFI, TUPUA TAMASESE TAISI TUPUOLA TUFUGA. 1989. Ia faagaganaina oe e le Atua Fetalai. Apia: Commercial Printers Ltd.

TIATIA, FALEATUA AND TATUPU PATEA VAILI, EDS. 1985. O le tusi faalupega o Samoa atoa. Apia: Methodist Printing Press.

FIAMALUA, MATAIO P. 1998. The history and current status of the Samoan language in American Samoa. University of Hawai'i M.A. thesis.

FUNK, BERNHARD. 1893. Kurz Anleitung zum Verständnis der samoanischen Sprache, Grammatik und Vocabularium. Berlin: Ernst Siegfried Mittler und Sohn.

GRAY, CAPTAIN J. A. C. 1960. Amerika Samoa: a history of American Samoa and its United States naval administration. Annapolis: United States Naval Institute.

GRINDER, J. 1969. Conjunct splitting in Samoan. Linguistic Notes from La Jolla 2.46-79.

HALE, HORATIO. 1846 [1968]. United States exploring expedition during the years 1838, 1839, 1840, 1841, 1842 under the command of Charles Wilkes, U.S.N.: Ethnography and philology. vol. 6. Philadelphia: Lea Blanchard. Reprinted 1968, Ridgewood, N.J.: Gregg Press.

HEIDER, P. E. 1913. Kurzes vokabularium: Deutsch-Samoanish und Samoanish-Deutsch. Malua: L.M.S. Printing Press.

HENRY, BROTHER FRED. 1979. History of Samoa. Apia: Commercial Printers.

HENRY, BROTHER FRED. 1980. Talafaasolopito o Samoa. Apia: Commercial Printers.

HOCART, A. M. 1916. A Samoan sound change. Man 16.42-43.

HOUGH, A. 1923. O le faamatalaga o le gagana Samoan. Malua [Western Samoa]: Malua Printing Press.

HOVDHAUGEN, EVEN. 1986. The chronology of three Samoan sound changes. FOCAL II: Papers from the Fourth International Conference on Austronesian Linguistics, ed. by Paul

Geraghty, L. Carrington, and S. Wurm. Pacific Linguistics C-94.313-31. Canberra: The Australian National University.

HOVDHAUGEN, EVEN. 1987. From the land of Nafanua. Oslo: Norwegian University Press.

HOVDHAUGEN, EVEN, AND HANNE GRAM SIMONSEN. 1987. On the acquisition of t- and k-language by Samoan children. Draft manuscript.

HUNKUN, GALUMALEMANA AFELETI L. 1988. Gagana Samoa: A Samoan language coursebook. Auckland: Polynesian Press.

JOHNSON, A. P. AND L. E. HARMON. 1972. Let's speak Samoan. Apia: Church of Jesus Christ of the Latter-Day Saints Press.

KASIANO, AUIMATAGI SILAO. 1991. Gagana Samoa mo Pisikoa: Peace Corps Samoan language handbook. Apia: Peace Corps Training Staff.

KEESING, FELIX. M. 1956. Elite communication in Samoa, a study of leadership. Stanford: Stanford University Press.

KERNAN, K. T. 1974. The acquisition of formal and colloquial styles of speech by Samoan children. Anthropological Linguistics 16(3).107-19.

KRAMER, DR. AUGUSTIN. 1994. The Samoan Islands. Volume I. Honolulu: University of Hawaii Press.

KRAMER, DR. AUGUSTIN. 1995. The Samoan Islands. Volume II. Honolulu: University of Hawaii Press.

LARKIN, FANAAFI MAIAI [LE TAGALOA, AIONO DR. FANAAFI]. 1969. O le gagana Samoa. Apia, Western Samoa: Department of Education.

LE TAGALOA, AIONO DR. FANAAFI. 1996. O motugaafi. Apia: Le Lamepa Press.

LE TAGALOA, AIONO FANAAFI. 1997. O le faasinomaga. Apia: Lamepa Press.

LEAFA, LAFAI-SAUOAIGA SOLOMONA [SAUOAIGA, LAFAI]. 1995. Ia mana le lauga. Apia: Vasa-i-Faletea Publishing.

LESA, FAAFETAI. 1992. The status of the Samoan language in Hawai'i. University of Hawai'i M.A. thesis.

LOVE, JACOB WAINRIGHT. 1991. Samoan variations. New York: Garland Publishing.

MAILO, S.P. 1972. Pale fuiono. Parts I & II. [Pagopago], American Samoa.

MARSACK, C. C. 1962. Teach yourself Samoan. London: The English Universities Press Limited.

MAYER, J. F. 1976. Samoan Language. Apia: United States Peace Corps.

MAYER, JOHN. F. 1982. Samoan Language Program Guide.. Hawaii State Department of Education.

MAYER, JOHN. F. 1992. Samoan Languages for Health Care Providers. Second Language Teaching and Curriculum Center, University of Hawaii at Manoa

MAYER, J. F. 1992. Language variation in Samoan. Working Papers in Linguistics, University of Hawai'i 24: 65-89.

MAYER, JOHN. F. 2001. Code-switching in Samoan: T-style and K-style. University of Hawaii Ph.D. dissertation.

MILNER, GEORGE BERTRAM. 1961. The Samoan vocabulary of respect. Journal of the Anthropological Institute of Great Britain and Ireland 91.296-317.

MILNER, GEORGE BERTRAM. 1962. Active, passive or perfective in Samoan: A fresh appraisal of the problem. Journal of the Polynesian Society 71.151-61.

MILNER, GEORGE BERTRAM. 1966. Samoan dictionary. London: Oxford University Press.

MILNER, GEORGE BERTRAM. 1968. Problems in the structure of concepts in Samoa: An investigation of vernacular statement and meaning. University of London Ph.D. dissertation.

MILNER, GEORGE BERTRAM. 1973. It is aspect (not voice) that is marked in Samoan. Oceanic Linguistics 12.621-39.

MILNER, GEORGE BERTRAM. 1976. Ergative and passive in Basque and Polynesian. Oceanic Linguistics 15.93-106.

MOSEL, ULRIKE, AND EVEN HOVDHAUGEN. 1992. Samoan reference grammar. Oslo: Scandinavian University Press.

MOSEL, ULRIKE LA'I, AND AINSLIE SO'O. 1997. Say it in Samoan. Pacific Linguistics Series D-88. Canberra: The Australian National University.

MOYLE, RICHARD M. 1988. Traditional Samoan music. Auckland: Auckland University Press.

MURDOCK, GEORGE T. JR. 1965. O le va fealoai. Pesega [Western Samoa]: Church of Jesus Christ of Latter-Day Saints.

MYERS, MURIEL. 1978. Samoan linguistic acculturation in San Francisco. Anthropological Linguistics 20(1).395-406.

NEW ZEALAND MINISTRY OF EDUCATION. 1996. Samoan in the New Zealand curriculum. Wellington: Learning Media Ltd.

OCHS, ELINOR. 1982. Ergativity and word order in Samoan child language. Language 58(3).646-701.

OCHS, ELINOR. 1982. Talking to children in Western Samoa. Language in Society 11.77-104.

OCHS, ELINOR. 1985. Variation and error: A sociolinguistic approach to language acquisition in Samoa. The cross-linguistic study of language acquisition, ed. by D. Slobin, 783-838. Hillsdale, N.J.: Lawrence Erlbaum.

OCHS, ELINOR. 1988. Culture and language development: language acquisition and language socialization in a Samoan village. Cambridge: Cambridge University Press.

PAPALII, AUMUA MATAITUSI. 2002. O si Manu a Alii. Auckland: Books Pasifika and Honolulu: University of Hawaii Press.

PAWLEY, ANDREW. 1960. Samoan phonology in outline. Te Reo 3.47-50.

PAWLEY, ANDREW.. 1961. A scheme for describing Samoan grammar. Te Reo 4.38-43.

PAWLEY, ANDREW. 1962. Person markers in Samoan. Te Reo 5.52-6.

PAWLEY, ANDREW. 1966. Samoan phrase structure: The morphology-syntax of a western Polynesian language. Anthropological Linguistics 8(5).1-63.

PENISIMANI AND G. BROWN. (n.d.). Proverbs, phrases and similes of the Samoans. Papakura, New Zealand: P. E. Chamberlain.

PITA, VAIFALE. 1999. O Lauga eseese Faasamoa: Gafa ma isi pea manaomia. Parts I & II. Apia: Pita Vaifale.

PIZZINI, Q. 1971. An analysis of the predicate complement in Samoan. Oceanic Linguistics 10.38-60.

PRATT, REV. GEORGE. 1893 [1984]. Grammar and dictionary of the Samoan language. 3d ed., Apia: Malua Printing Press. First edition 1862. Reprinted 1984, Papakura, New Zealand: R. McMillan.

SALUA, FEPULEAI SEUAO F. TAEAO. 1995. O le tafatolu o au measina Samoa. Wellington: Presbyterian Church of Aotearoa New Zealand.

SAMASONI LEPULE DIXIE CRICHTON. 1999. Tusi lauga gagana a faleupolu. Vaega 1. Honolulu: Samoan Service Providers Association.

SAMASONI LEPULE DIXIE CRICHTON. 1999. Tusi lauga gagana a faleupolu. Vaega 2. Honolulu: Samoan Service Providers Association.

SAUOAIGA, LAFAI. 1988. O le mavaega i le tai. Apia: Malua Printing Press.

SCHULTZ, DR. E. 1980. Samoan proverbial expressions. Auckland: Polynesian Press [Books Pasifika].

SHORE, BRADD, LILLIAN CAMPBELL, AND UELESE PETAIA. 1973. Conversational Samoan. Books I & II. Apia: United States Peace Corps.

SO'O, AINSLIE. 2000. Utugagana. Apia: Pacific Printers and Publishers.

SUNIA, FOFO I. F. 1997. Lupe o le foaga. Vaega muamua. Pago Pago: Fofo Sunia.

SUNIA, FOFO I. F. 2000. Measina a Samoa: Lupe o le foaga, vaega II. Suva: Oceania Printers Limited.

TANUVASA, TAVALE. 1994. Fatufatuga: Solo Faasamoa. Auckland: Centre for Pacific Islands Studies, University of Auckland.

TANUVASA, TAVALE. 1999a. O le ala i le pule o le tautua. Auckland: Wordsell Press.

TANUVASA, TAVALE. 1999b. Fuelavelave. Auckland: Wordsell Press.

TIATIA, FALEATUA, AND TATUPU PATEA VAILI, EDS. 1985. O le tusi faalupega o Samoa atoa. Apia: Methodist Printing Press.

TU'I, TATUPU FAAFETAI MATAAFA. 1987. Lauga: Samoan oratory. Suva: University of the South Pacific.

TUITELE, MOEGA, AND JOHN KNEUBUHL. 1978. Upu Samoa: Samoan words. PagoPago: Bilingual/Bicultural Education Project of American Samoa.

TUITELE, MOEGA, T. MILA SAPOLU, AND JOHN KNEUBUHL. 1978. La tatou gagana. Tusi muamua. PagoPago: Bilingual/Bicultural Education Project of American Samoa.

TU'I, TATUPU FAAFETAI MATAAFA. 1987. Lauga: Samoan oratory. Suva: University of the South Pacific.

TUVALE, TEO, T. E. FALETOESE, F. F. A., AND F. L. KIRISOME. 1981. O le tusi faalupega o Samoa. Apia: Malua Printing Press.

VIOLETTE, LE R. P. L. 1879. Dictionnaire Samoa-Francais-Anglais. Paris: Maissonneuve.

'O LE TUSITALA

'O lē na tusia lenei tusi 'ua ta'ua o *Fāiā Fa'atūmua o Sāmoa*, 'o 'Aumua Mata'itusi Simanu. 'O le tinā pito matua o le gāluega fa'afaiā'oga i Sāmoa ma atunu'u i fafo. E le'i mālōlō lava talu ona galue, 'ona 'o le pele o le gāluega fa'afaiā'oga. 'Ua 'ātoa nei le 89 tausaga o le ōlaga, 'a 'olo'o mālosi pea e galue i le a'oa'oga o tamaiti 'aemaise le tusitusia o matā'upu e a'oa'o ai tamaiti. E pei ona iai ana tusi 'ua 'uma ona tusia e ta'ua 'o le *si manu a ali'i* ma le *Fāiā Fa'atūmua o Sāmoa.*

'Olo'o sāuni fo'i isi tusi e lua e lolomi e ta'u 'o le *Selesi 'Ena'ena mai le Motu i Sasa'e* (*The Brown Celeste from the Eastern Island*) ma le *Ta'alo Fa'atamaitiiti Sāmoa* (*Play as a Samoan Child*).

'O 'Aumua Mata'itusi 'ua na maua le fa'ailoga M.A. e ta'ua Fa'asāmoa 'o le Matua o Faiva i le gagana ma aganu'u a Sāmoa mai le Iunivesitē o le Amosā o Sāvavau o Sāmoa, 'ātoa ma ni fa'ailoga Diploma o le Tomai i le A'oa'oga o le *English as a Second Language*; 'o le *Diploma of Education*; *Diploma of Inspectorate Field;* ma le Certificate of *Curriculum Planning for Primary Education.*

'Ua 'ātoa nei le 69 tausaga 'o galue pea i le tofi o le faiā'oga 'ae le'i mālōlō lava. Sā iai le vāitaimi na lē faiā'oga ai 'ona 'ua ritaea mai le 'Ōfisa o Ā'oga ona failautusi lea mo le Minisitā o Atinaa'e a le Mālō o Sāmoa. Peita'i na tu'ua Sāmoa i le 1987 mo Hawai'i 'ona 'o fa'au'uga o le fānau i le Iunivesitē o Hawai'i, ma 'o le tausaga lenā na maua ai lana gāluega i le Iunivesitē mo le a'oa'oga o le gagana ma aganu'u a Sāmoa, e o'o mai lava i le asō, 'olo'o galue pea. 'Ua 'ātoa nei le 22 tausaga talu ona faigāluega i le 'Ōfisa o le Polokalame o le Samoan Studies i le matāgāluega o le Indo-Pacific Languages anad Literatures i le Iunivesitē o Hawai'i i Mānoa.

E 10 tausaga na 'avea ai 'Aumua Mata'itusi ma sui 'o le matāgāluega a Hawai'i i le sāofa'iga a le Komiti Ā'oga a le 'Ekālēsia Fa'apotopotoga Kerisiano i Sāmoa.

'O le ti'akono tama'ita'i a le 'Aulotu i Waimanalo Hawaii.
'O le tausaga 2004 na 'avea ai ma Peresetene Ta'ita'i Fono o le fono fa'avāomālō e ta'ua 'o le Fale'ula o Fatua'i'upu o le Gagana Sāmoa.

'O le matai i le nu'u 'o Sapunaoa i Faleālili, 'a 'o ona mātua sā gālulue i le gāluega a le Atua i le nu'u o Sātalo i Faleālili.

Na 'ātoa le 50 tausaga 'o gālulue i Sātalo Simanu ma Tilau se'ia o'o ina penisione i le lotu ma māliliu ai i Sātalo. Sē,'ua ta fia Faleālili fua lava!

NATIONAL FOREIGN LANGUAGE RESOURCE CENTER
University of Hawai'i at Mānoa

ordering information at nflrc.hawaii.edu

Pragmatics & Interaction
Gabriele Kasper, series editor

Pragmatics & Interaction ("P&I"), a refereed series sponsored by the University of Hawai'i National Foreign Language Resource Center, publishes research on topics in pragmatics and discourse as social interaction from a wide variety of theoretical and methodological perspectives. P&I welcomes particularly studies on languages spoken in the Asian-Pacific region.

TALK-IN-INTERACTION: MULTILINGUAL PERSPECTIVES
HANH THI NGUYEN & GABRIELE KASPER (EDITORS), 2009

This volume offers original studies of interaction in a range of languages and language varieties, including Chinese, English, Japanese, Korean, Spanish, Swahili, Thai, and Vietnamese; monolingual and bilingual interactions; and activities designed for second or foreign language learning. Conducted from the perspectives of conversation analysis and membership categorization analysis, the chapters examine ordinary conversation and institutional activities in face-to-face, telephone, and computer-mediated environments.

430pp., ISBN 978–0–8248–3137–0 $30.

Pragmatics & Language Learning
Gabriele Kasper, series editor

Pragmatics & Language Learning ("PLL"), a refereed series sponsored by the National Foreign Language Resource Center, publishes selected papers from the biannual International Pragmatics & Language Learning conference under the editorship of the conference hosts and the series editor. Check the NFLRC website for upcoming PLL conferences and PLL volumes.

PRAGMATICS AND LANGUAGE LEARNING VOLUME 11
KATHLEEN BARDOVI-HARLIG, CÉSAR FÉLIX-BRASDEFER, & ALWIYA S. OMAR (EDITORS), 2006

This volume features cutting-edge theoretical and empirical research on pragmatics and language learning among a wide-variety of learners in diverse learning contexts from a variety of language backgrounds and target languages (English, German, Japanese, Kiswahili, Persian, and Spanish). This collection of papers from researchers around the world includes critical appraisals on the role of formulas in interlanguage pragmatics and speech-act research from a conversation analytic perspective. Empirical studies examine learner data using innovative methods of analysis and investigate issues in pragmatic development and the instruction of pragmatics.

430pp., ISBN 978–0–8248–3137–0 $30.

PRAGMATICS AND LANGUAGE LEARNING VOLUME 12

Gabriele Kasper, Hanh thi Nguyen, Dina R. Yoshimi, & Jim K. Yoshioka (Editors), 2010

This volume examines the organization of second language and multilingual speakers' talk and pragmatic knowledge across a range of naturalistic and experimental activities. Based on data collected on Danish, English, Hawai'i Creole, Indonesian, and Japanese as target languages, the contributions explore the nexus of pragmatic knowledge, interaction, and L2 learning outside and inside of educational settings.

364pp., ISBN 978–09800459–6–3 $30.

NFLRC Monographs
Richard Schmidt, series editor

Monographs of the National Foreign Language Resource Center present the findings of recent work in applied linguistics that is of relevance to language teaching and learning (with a focus on the less commonly taught languages of Asia and the Pacific) and are of particular interest to foreign language educators, applied linguists, and researchers. Prior to 2006, these monographs were published as "SLTCC Technical Reports."

RESEARCH AMONG LEARNERS OF CHINESE AS A FOREIGN LANGUAGE

Michael E. Everson & Helen H. Shen (Editors), 2010

Cutting-edge in its approach and international in its authorship, this fourth monograph in a series sponsored by the Chinese Language Teachers Association features eight research studies that explore a variety of themes, topics, and perspectives important to a variety of stakeholders in the Chinese language learning community. Employing a wide range of research methodologies, the volume provides data from actual Chinese language learners and will be of value to both theoreticians and practitioners alike. *[in English & Chinese]*

180pp.; 978–0–9800459–4–9 $20.

MANCHU: A TEXTBOOK FOR READING DOCUMENTS (SECOND EDITION)

Gertraude Roth Li, 2010

This book offers students a tool to gain a basic grounding in the Manchu language. The reading selections provided in this volume represent various types of documents, ranging from examples of the very earliest Manchu writing (17th century) to samples of contemporary Sibe (Xibo), a language that maybe considered a modern version of Manchu. Since Manchu courses are only rarely taught at universities anywhere, this second edition includes audio recordings to assist students with the pronunciation of the texts.

418pp.; ISBN 978–0–9800459–5–6 $36.

TOWARD USEFUL PROGRAM EVALUATION IN COLLEGE FOREIGN LANGUAGE EDUCATION

John M. Norris, John McE. Davis, Castle Sinicrope, & Yukiko Watanabe (Editors), 2009

This volume reports on innovative, useful evaluation work conducted within U.S. college foreign language programs. An introductory chapter scopes out the territory, reporting key findings from research into the concerns, impetuses, and uses for evaluation that FL educators identify. Seven chapters then highlight examples of evaluations conducted in diverse language programs and institutional contexts. Each case is reported by program-internal educators, who walk readers through critical steps, from identifying evaluation uses, users, and questions, to designing methods, interpreting findings, and taking actions. A concluding chapter reflects on the emerging roles for FL program evaluation and articulates an agenda for integrating evaluation into language education practice.

240pp., ISBN 978–0–9800459–3–2 $30.

SECOND LANGUAGE TEACHING AND LEARNING IN THE NET GENERATION

RAQUEL OXFORD & JEFFREY OXFORD (EDITORS), 2009

Today's young people—the Net Generation—have grown up with technology all around them. However, teachers cannot assume that students' familiarity with technology in general transfers successfully to pedagogical settings. This volume examines various technologies and offers concrete advice on how each can be successfully implemented in the second language curriculum.

240pp., ISBN 978–0–9800459–2–5 $30.

CASE STUDIES IN FOREIGN LANGUAGE PLACEMENT: PRACTICES AND POSSIBILITIES

THOM HUDSON & MARTYN CLARK (EDITORS), 2008

Although most language programs make placement decisions on the basis of placement tests, there is surprisingly little published about different contexts and systems of placement testing. The present volume contains case studies of placement programs in foreign language programs at the tertiary level across the United States. The different programs span the spectrum from large programs servicing hundreds of students annually to small language programs with very few students. The contributions to this volume address such issues as how the size of the program, presence or absence of heritage learners, and population changes affect language placement decisions.

201pp., ISBN 0–9800459–0–8 $40.

CHINESE AS A HERITAGE LANGUAGE: FOSTERING ROOTED WORLD CITIZENRY

AGNES WEIYUN HE & YUN XIAO (EDITORS), 2008

Thirty-two scholars examine the socio-cultural, cognitive-linguistic, and educational-institutional trajectories along which Chinese as a Heritage Language may be acquired, maintained and developed. They draw upon developmental psychology, functional linguistics, linguistic and cultural anthropology, discourse analysis, orthography analysis, reading research, second language acquisition, and bilingualism. This volume aims to lay a foundation for theories, models, and master scripts to be discussed, debated, and developed, and to stimulate research and enhance teaching both within and beyond Chinese language education.

280pp., ISBN 978–0–8248–3286–5 $40.

PERSPECTIVES ON TEACHING CONNECTED SPEECH TO SECOND LANGUAGE SPEAKERS

JAMES DEAN BROWN & KIMI KONDO-BROWN (EDITORS), 2006

This book is a collection of fourteen articles on connected speech of interest to teachers, researchers, and materials developers in both ESL/EFL (ten chapters focus on connected speech in English) and Japanese (four chapters focus on Japanese connected speech). The fourteen chapters are divided up into five sections:

- What do we know so far about teaching connected speech?
- Does connected speech instruction work?
- How should connected speech be taught in English?

- How should connected speech be taught in Japanese?
- How should connected speech be tested?

290pp., ISBN 978–0–8248–3136–3 $38.

CORPUS LINGUISTICS FOR KOREAN LANGUAGE LEARNING AND TEACHING

ROBERT BLEY-VROMAN & HYUNSOOK KO (EDITORS), 2006

Dramatic advances in personal-computer technology have given language teachers access to vast quantities of machine-readable text, which can be analyzed with a view toward improving the basis of language instruction. Corpus linguistics provides analytic techniques and practical tools for studying language in use. This volume provides both an introductory framework for the use of corpus linguistics for language teaching and examples of its application for Korean teaching and learning. The collected papers cover topics in Korean syntax, lexicon, and discourse, and second language acquisition research, always with a focus on application in the classroom. An overview of Korean corpus linguistics tools and available Korean corpora are also included.

265pp., ISBN 0–8248–3062–8 $25.

NEW TECHNOLOGIES AND LANGUAGE LEARNING:
CASES IN THE LESS COMMONLY TAUGHT LANGUAGES

CAROL ANNE SPREEN (EDITOR), 2002

In recent years, the National Security Education Program (NSEP) has supported an increasing number of programs for teaching languages using different technological media. This compilation of case study initiatives funded through the NSEP Institutional Grants Program presents a range of technology-based options for language programming that will help universities make more informed decisions about teaching less commonly taught languages. The eight chapters describe how different types of technologies are used to support language programs (i.e., Web, ITV, and audio- or video-based materials), discuss identifiable trends in elanguage learning, and explore how technology addresses issues of equity, diversity, and opportunity. This book offers many lessons learned and decisions made as technology changes and learning needs become more complex.

188pp., ISBN 0–8248–2634–5 $25.

AN INVESTIGATION OF SECOND LANGUAGE TASK-BASED
PERFORMANCE ASSESSMENTS

JAMES DEAN BROWN, THOM HUDSON, JOHN M. NORRIS, & WILLIAM BONK, 2002

This volume describes the creation of performance assessment instruments and their validation (based on work started in a previous monograph). It begins by explaining the test and rating scale development processes and the administration of the resulting three seven-task tests to 90 university level EFL and ESL students. The results are examined in terms of (a) the effects of test revision; (b) comparisons among the task-dependent, task-independent, and self-rating scales; and (c) reliability and validity issues.

240pp., ISBN 0–8248–2633–7 $25.

MOTIVATION AND SECOND LANGUAGE ACQUISITION

ZOLTÁN DÖRNYEI & RICHARD SCHMIDT (EDITORS), 2001

This volume—the second in this series concerned with motivation and foreign language learning—includes papers presented in a state-of-the-art colloquium on L2 motivation at the American Association for Applied Linguistics (Vancouver, 2000) and a number of specially commissioned studies. The 20 chapters, written by some of the best known researchers in the field, cover a wide range of theoretical and research methodological issues, and also offer empirical results (both qualitative and quantitative) concerning the learning of many different languages (Arabic, Chinese, English, Filipino, French, German, Hindi, Italian, Japanese, Russian, and Spanish) in a broad range of learning contexts (Bahrain, Brazil, Canada, Egypt, Finland, Hungary, Ireland, Israel, Japan, Spain, and the US).

520pp., ISBN 0–8248–2458–X $25.

A FOCUS ON LANGUAGE TEST DEVELOPMENT: EXPANDING THE LANGUAGE PROFICIENCY CONSTRUCT ACROSS A VARIETY OF TESTS

THOM HUDSON & JAMES DEAN BROWN (EDITORS), 2001

This volume presents eight research studies that introduce a variety of novel, non-traditional forms of second and foreign language assessment. To the extent possible, the studies also show the entire test development process, warts and all. These language testing projects not only demonstrate many of the types of problems that test developers run into in the real world but also afford the reader unique insights into the language test development process.

230pp., ISBN 0–8248–2351–6 $20.

STUDIES ON KOREAN IN COMMUNITY SCHOOLS

DONG-JAE LEE, SOOKEUN CHO, MISEON LEE, MINSUN SONG, & WILLIAM O'GRADY (EDITORS), 2000

The papers in this volume focus on language teaching and learning in Korean community schools. Drawing on innovative experimental work and research in linguistics, education, and psychology, the contributors address issues of importance to teachers, administrators, and parents. Topics covered include childhood bilingualism, Korean grammar, language acquisition, children's literature, and language teaching methodology. [in Korean]

256pp., ISBN 0–8248–2352–4 $20.

A COMMUNICATIVE FRAMEWORK FOR INTRODUCTORY JAPANESE LANGUAGE CURRICULA

WASHINGTON STATE JAPANESE LANGUAGE CURRICULUM GUIDELINES COMMITTEE, 2000

In recent years, the number of schools offering Japanese nationwide has increased dramatically. Because of the tremendous popularity of the Japanese language and the shortage of teachers, quite a few untrained, non-native and native teachers are in the classrooms and are expected to teach several levels of Japanese. These guidelines are intended to assist individual teachers and professional associations throughout the United States in designing Japanese language curricula. They are meant to serve as a framework from which language teaching can be expanded and are intended to allow teachers to enhance and strengthen the quality of Japanese language instruction.

168pp., ISBN 0–8248–2350–8 $20.

FOREIGN LANGUAGE TEACHING AND MINORITY LANGUAGE EDUCATION

KATHRYN A. DAVIS (EDITOR), 1999

This volume seeks to examine the potential for building relationships among foreign language, bilingual, and ESL programs towards fostering bilingualism. Part I of the volume examines the sociopolitical contexts for language partnerships, including:

* obstacles to developing bilingualism
* implications of acculturation, identity, and language issues for linguistic minorities.
* the potential for developing partnerships across primary, secondary, and tertiary institutions

Part II of the volume provides research findings on the Foreign language partnership project designed to capitalize on the resources of immigrant students to enhance foreign language learning.

152pp., ISBN 0–8248–2067–3 $20.

DESIGNING SECOND LANGUAGE PERFORMANCE ASSESSMENTS

JOHN M. NORRIS, JAMES DEAN BROWN, THOM HUDSON, & JIM YOSHIOKA, 1998, 2000

This technical report focuses on the decision-making potential provided by second language performance assessments. The authors first situate performance assessment within a broader discussion of alternatives in language assessment and in educational assessment in general. They then discuss issues in performance assessment design, implementation, reliability, and validity. Finally, they present a prototype framework for second language performance assessment based on the integration of theoretical underpinnings and research findings from the task-based language teaching literature, the language testing literature, and the educational measurement literature. The authors outline test and item specifications, and they present numerous examples of prototypical language tasks. They also propose a research agenda focusing on the operationalization of second language performance assessments.

248pp., ISBN 0–8248–2109–2 $20.

SECOND LANGUAGE DEVELOPMENT IN WRITING:
MEASURES OF FLUENCY, ACCURACY, AND COMPLEXITY

KATE WOLFE-QUINTERO, SHUNJI INAGAKI, & HAE-YOUNG KIM, 1998, 2002

In this book, the authors analyze and compare the ways that fluency, accuracy, grammatical complexity, and lexical complexity have been measured in studies of language development in second language writing. More than 100 developmental measures are examined, with detailed comparisons of the results across the studies that have used each measure. The authors discuss the theoretical foundations for each type of developmental measure, and they consider the relationship between developmental measures and various types of proficiency measures. They also examine criteria for determining which developmental measures are the most successful and suggest which measures are the most promising for continuing work on language development.

208pp., ISBN 0–8248–2069–X $20.

THE DEVELOPMENT OF A LEXICAL TONE PHONOLOGY IN AMERICAN ADULT LEARNERS OF STANDARD MANDARIN CHINESE

SYLVIA HENEL SUN, 1998

The study reported is based on an assessment of three decades of research on the SLA of Mandarin tone. It investigates whether differences in learners' tone perception and production are related to differences in the effects of certain linguistic, task, and learner factors. The learners of focus are American students of Mandarin in Beijing, China. Their performances on two perception and three production tasks are analyzed through a host of variables and methods of quantification.

328pp., ISBN 0–8248–2068–1 $20.

NEW TRENDS AND ISSUES IN TEACHING JAPANESE LANGUAGE AND CULTURE

HARUKO M. COOK, KYOKO HIJIRIDA, & MILDRED TAHARA (EDITORS), 1997

In recent years, Japanese has become the fourth most commonly taught foreign language at the college level in the United States. As the number of students who study Japanese has increased, the teaching of Japanese as a foreign language has been established as an important academic field of study. This technical report includes nine contributions to the advancement of this field, encompassing the following five important issues:

- Literature and literature teaching
- Technology in the language classroom
- Orthography
- Testing
- Grammatical versus pragmatic approaches to language teaching

164pp., ISBN 0–8248–2067–3 $20.

SIX MEASURES OF JSL PRAGMATICS
Sayoko Okada Yamashita, 1996

This book investigates differences among tests that can be used to measure the cross-cultural pragmatic ability of English-speaking learners of Japanese. Building on the work of Hudson, Detmer, and Brown (Technical Reports #2 and #7 in this series), the author modified six test types that she used to gather data from North American learners of Japanese. She found numerous problems with the multiple-choice discourse completion test but reported that the other five tests all proved highly reliable and reasonably valid. Practical issues involved in creating and using such language tests are discussed from a variety of perspectives.

213pp., ISBN 0–8248–1914–4 $15.

LANGUAGE LEARNING STRATEGIES AROUND THE WORLD: CROSS-CULTURAL PERSPECTIVES
Rebecca L. Oxford (Editor), 1996, 1997, 2002

Language learning strategies are the specific steps students take to improve their progress in learning a second or foreign language. Optimizing learning strategies improves language performance. This groundbreaking book presents new information about cultural influences on the use of language learning strategies. It also shows innovative ways to assess students' strategy use and remarkable techniques for helping students improve their choice of strategies, with the goal of peak language learning.

166pp., ISBN 0–8248–1910–1 $20.

TELECOLLABORATION IN FOREIGN LANGUAGE LEARNING: PROCEEDINGS OF THE HAWAI'I SYMPOSIUM
Mark Warschauer (Editor), 1996

The Symposium on Local & Global Electronic Networking in Foreign Language Learning & Research, part of the National Foreign Language Resource Center's 1995 Summer Institute on Technology & the Human Factor in Foreign Language Education, included presentations of papers and hands-on workshops conducted by Symposium participants to facilitate the sharing of resources, ideas, and information about all aspects of electronic networking for foreign language teaching and research, including electronic discussion and conferencing, international cultural exchanges, real-time communication and simulations, research and resource retrieval via the Internet, and research using networks. This collection presents a sampling of those presentations.

252pp., ISBN 0–8248–1867–9 $20.

LANGUAGE LEARNING MOTIVATION: PATHWAYS TO THE NEW CENTURY
Rebecca L. Oxford (Editor), 1996

This volume chronicles a revolution in our thinking about what makes students want to learn languages and what causes them to persist in that difficult and rewarding adventure. Topics in this book include the internal structures of and external connections with foreign language motivation; exploring adult language learning motivation, self-efficacy, and anxiety; comparing the motivations and learning strategies of students of Japanese and Spanish; and enhancing the theory of language learning motivation from many psychological and social perspectives.

218pp., ISBN 0–8248–1849–0 $20.

LINGUISTICS & LANGUAGE TEACHING: PROCEEDINGS OF THE SIXTH JOINT LSH-HATESL CONFERENCE

CYNTHIA REVES, CAROLINE STEELE, & CATHY S. P. WONG (EDITORS), 1996

Technical Report #10 contains 18 articles revolving around the following three topics:

- Linguistic issues—These six papers discuss various linguistic issues: ideophones, syllabic nasals, linguistic areas, computation, tonal melody classification, and wh-words.
- Sociolinguistics—Sociolinguistic phenomena in Swahili, signing, Hawaiian, and Japanese are discussed in four of the papers.
- Language teaching and learning—These eight papers cover prosodic modification, note taking, planning in oral production, oral testing, language policy, L2 essay organization, access to dative alternation rules, and child noun phrase structure development.

364pp., ISBN 0–8248–1851–2 $20.

ATTENTION & AWARENESS IN FOREIGN LANGUAGE LEARNING

RICHARD SCHMIDT (EDITOR), 1996

Issues related to the role of attention and awareness in learning lie at the heart of many theoretical and practical controversies in the foreign language field. This collection of papers presents research into the learning of Spanish, Japanese, Finnish, Hawaiian, and English as a second language (with additional comments and examples from French, German, and miniature artificial languages) that bear on these crucial questions for foreign language pedagogy.

394pp., ISBN 0–8248–1794–X $20.

VIRTUAL CONNECTIONS: ONLINE ACTIVITIES AND PROJECTS FOR NETWORKING LANGUAGE LEARNERS

MARK WARSCHAUER (EDITOR), 1995, 1996

Computer networking has created dramatic new possibilities for connecting language learners in a single classroom or across the globe. This collection of activities and projects makes use of email, the internet, computer conferencing, and other forms of computer-mediated communication for the foreign and second language classroom at any level of instruction. Teachers from around the world submitted the activities compiled in this volume—activities that they have used successfully in their own classrooms.

417pp., ISBN 0–8248–1793–1 $30.

DEVELOPING PROTOTYPIC MEASURES OF CROSS-CULTURAL PRAGMATICS

THOM HUDSON, EMILY DETMER, & J. D. BROWN, 1995

Although the study of cross-cultural pragmatics has gained importance in applied linguistics, there are no standard forms of assessment that might make research comparable across studies and languages. The present volume describes the process through which six forms of cross-cultural assessment were developed for second language learners of English. The models may be used for second language learners of other languages. The six forms of assessment involve two forms each of indirect discourse completion tests, oral language production, and self-assessment. The procedures involve the assessment of requests, apologies, and refusals.

198pp., ISBN 0–8248–1763–X $15.

THE ROLE OF PHONOLOGICAL CODING IN READING KANJI

Sachiko Matsunaga, 1995

In this technical report, the author reports the results of a study that she conducted on phonological coding in reading kanji using an eye-movement monitor and draws some pedagogical implications. In addition, she reviews current literature on the different schools of thought regarding instruction in reading kanji and its role in the teaching of non-alphabetic written languages like Japanese.

64pp., ISBN 0–8248–1734–6 $10.

PRAGMATICS OF CHINESE AS NATIVE AND TARGET LANGUAGE

Gabriele Kasper (Editor), 1995

This technical report includes six contributions to the study of the pragmatics of Mandarin Chinese:

- A report of an interview study conducted with nonnative speakers of Chinese; and
- Five data-based studies on the performance of different speech acts by native speakers of Mandarin—requesting, refusing, complaining, giving bad news, disagreeing, and complimenting.

312pp., ISBN 0–8248–1733–8 $15.

A BIBLIOGRAPHY OF PEDAGOGY AND RESEARCH IN INTERPRETATION AND TRANSLATION

Etilvia Arjona, 1993

This technical report includes four types of bibliographic information on translation and interpretation studies:

- Research efforts across disciplinary boundaries—cognitive psychology, neurolinguistics, psycholinguistics, sociolinguistics, computational linguistics, measurement, aptitude testing, language policy, decision-making, theses, dissertations;
- Training information covering program design, curriculum studies, instruction, school administration;
- Instruction information detailing course syllabi, methodology, models, available textbooks; and
- Testing information about aptitude, selection, diagnostic tests.

115pp., ISBN 0–8248–1572–6 $10.

PRAGMATICS OF JAPANESE AS NATIVE AND TARGET LANGUAGE

Gabriele Kasper (Editor), 1992, 1996

This technical report includes three contributions to the study of the pragmatics of Japanese:

- A bibliography on speech act performance, discourse management, and other pragmatic and sociolinguistic features of Japanese;
- A study on introspective methods in examining Japanese learners' performance of refusals; and
- A longitudinal investigation of the acquisition of the particle ne by nonnative speakers of Japanese.

125pp., ISBN 0–8248–1462–2 $10.

A FRAMEWORK FOR TESTING CROSS-CULTURAL PRAGMATICS

THOM HUDSON, EMILY DETMER, & J. D. BROWN, 1992

This technical report presents a framework for developing methods that assess cross-cultural pragmatic ability. Although the framework has been designed for Japanese and American cross-cultural contrasts, it can serve as a generic approach that can be applied to other language contrasts. The focus is on the variables of social distance, relative power, and the degree of imposition within the speech acts of requests, refusals, and apologies. Evaluation of performance is based on recognition of the speech act, amount of speech, forms or formulæ used, directness, formality, and politeness.

51pp., ISBN 0–8248–1463–0 $10.

RESEARCH METHODS IN INTERLANGUAGE PRAGMATICS

GABRIELE KASPER & MERETE DAHL, 1991

This technical report reviews the methods of data collection employed in 39 studies of interlanguage pragmatics, defined narrowly as the investigation of nonnative speakers' comprehension and production of speech acts, and the acquisition of L2-related speech act knowledge. Data collection instruments are distinguished according to the degree to which they constrain informants' responses, and whether they tap speech act perception/comprehension or production. A main focus of discussion is the validity of different types of data, in particular their adequacy to approximate authentic performance of linguistic action.

51pp., ISBN 0–8248–1419–3 $10.